21 世纪通识教育系列教材
21st Century Textbooks of General Education

职业生涯规划与就业创业指导

Career Development Planning and Employment &Entrepreneurship Guidance

苏文平 ◎ 编著

中国人民大学出版社
· 北京 ·

谨以此书献给我可爱的学生们：

愿你们在大学期间找到自己真正的职业兴趣，开启成功的职业生涯！

· 出版说明 ·

随着信息时代的来临、经济全球化的深入与文化软实力竞争的加剧，重视大学生人文素养与创新能力的培养，提升大学生的综合素质，已成为各国教育改革与发展关注的重点和热点。人们越来越意识到：高等教育不仅要培养大学生良好的专业素质，更重要的是使得他们在走向社会之后拥有长足的自我拓展能力。只有以宽口径、厚基础、复合型为人才培养目标，才能更好地提高我国高等教育的质量，培育出适应现代社会需求的具备公民意识、社会责任感与创新精神的优秀人才。

从中外大学通识教育的实践来看，通识教育是一项系统工程，而课程体系建设始终是推进通识教育的核心任务，教材建设则又是其中的重要环节。为满足广大高校师生对高质量通识教育教材的需求，中国人民大学出版社组织多学科、多领域的专家学者，在广泛调研与深入研讨的基础上，组织编写了这套“21 世纪通识教育系列教材”，为推动高等学校通识教育教材建设进行了探索。

本套教材分为人文、政法和经管三大板块，定位为非专业统开课教材，突出“通识”的特色，强调内容阐释的“基础”和“宽度”，力求突破单纯的“专业视域”或“知识视域”，引导学生调整知识结构，拓宽文化视野，以达成人才培养效果上的“宽度”，从而实现高等教育培养复合型人才的目标。

本套教材中的每一本均由该学科领域有影响力的专家学者领衔编撰。通识教材的“基础”与“宽度”，需要特别重视教材纲目与内容的适用性、可拓展性和灵活性。唯有在该领域具有丰富教学经验及精深学术水准的名家，方能“取精用弘，由博返约”，编撰出体现“通识”特色的高水平教材。

本套教材形式与内容和谐统一，教材内容基础适用，语言简洁生动，并辅以典型、有趣的案例、图表，轻松活泼的栏目和插图等，图文并茂，引人入胜，照顾到青年学生群体的阅读习惯。

作为出版者，我们特别希望通过加强通识教育教材建设，推进高校课程体系的融会贯通，提高学生跨学科、跨文化的理解能力，为学生未来的职业生涯与人生发展奠定良好的知识和能力基础。这套通识教育系列教材只是开始，期望更多的专家学者共襄此事，推进通识教育教学的改革与发展。

中国人民大学出版社

·前言·

“9月，青涩的我们迈入大学这个期待了12年的地方，懵懂的我们在这片土地上怀着雄心壮志，心中却一片迷茫，不知道该何去何从。”

这是刚刚上完“职业生涯规划”课程的一位大一同学结课作业的开头。这段话，描绘了近年来我国高校大部分新生入学时的状态：迷茫。课堂上，我提出了这样一系列问题：

你们中的绝大多数是凭借高考成绩进入大学的，都知道自己成绩在班级甚至省市的排名；四年后离开校园，你的排名会有改变吗？会提高还是降低？为什么？

你是否想过，四年后离开大学校园时，有多少人会凭借考试成绩找到一份满意的工作呢？

你知道你现在做的事情会对你的未来有什么样的影响吗？

你有负责任地为自己未来或者说近四年的发展方向做过考虑吗？

在拿到录取通知书时就已决定读研的你，思考过考大学与考研的区别吗？

你知道要实现自己的目标需要付出怎样的努力吗？要选择什么途径呢？

随着课程的深入，同学们迷茫的眼神中现出了神采：上大学原来是要思考这些问题并付诸行动的！

大学是人生的关键阶段。因为这是你一生中最后一次有机会系统地接受教育，最后一次能够全心建立你的知识基础；可能是你最后一个可以将大把时间用于学习的人生阶段，也可能是最后一个可以拥有较高的可塑性、集中精力充实自我的成长历程。

近年来，“大学生就业难”问题备受关注。尤其是2013年以来，“史上最难就业年”、“史上更难就业年”、“大学生就业形势依然严峻”等报道频繁出现。然而，如果具体分析大学毕业生的个案，却令人不得不产生以下疑问：

每年找不到工作的大学毕业生分别是由于怎样的原因？

为什么有人考上了重点大学，毕业后却找不到工作，甚至连毕业证都没有拿到？

为什么有些未能考上名牌大学的同学毕业时却找到了令大家羡慕的理想工作？

在我国高等教育已经从“精英教育”转变为“大众教育”的今天，考入大学，甚至考入重点大学已经不能为未来的职业提供保险，大学毕业生的第一份工作不再主要取决于其所考取的学校及专业，与其大学生活如何度过越来越相关。希望越来越多的同学开始认真思考如何把握这个“丑小鸭变天鹅”的奇迹不断涌现的阶段。

本书循着大多数大学生朋友的学习生活轨迹，伴随大家度过初入大学时的新奇、兴奋，迷茫、失望，从同学们面临的问题着手，通过对职业生涯发展理论及其应用的系统介绍，结合当代大学生自身的特点及遇到的困惑，有针对性地提出解决方案及行动建议。希望最终帮助同学们尽快找到大学生活的目的和意义，建立符合自己特点的生涯发展目标，制定个性化的行动方案，通过行动提升进入职场所需要的职业素质与就业能力，度过充实、愉快而有意义的大学生活，信心满满地离开校园、进入职场。

从我 2007 年申请开设北京航空航天大学全校选修课“职业生涯规划”，至今已八年多了；从 2011 年经管学院将这门课指定为一年级新生的必修课，也四年半了。八年来，先后有 40 个班次、2 000 余名本科生上了这门课；而我本人，更是从这门课的教学中收获了作为一名教师的那种“得天下英才而育之”的愉悦与满足。

由于必修课安排在大一上学期，课程中的不少内容距同学们需要付诸实际行动还有不短的时间。为了令这门当下不那么“实用”的课程能够起到“方法论”的效果，我刻意要给同学们以“意犹未尽”的感觉，因此整个课程仅安排 8 次课、16 课时，课堂上还有约三分之一的时间用于测试、小组分享等活动。

令我欣慰的是：从同学们的反馈看，这门课对于他们的影响是深远的。从 2008 年春天参加工作坊的 12 名同学近年来各自的职业发展的小有成就，到 2011 级首次参加必修课学习的同学毕业前有板有眼的决策及行动，都很好地说明了这一点。正如一位同学在大四寒假给我的邮件中所说：“回首大学的三年半，我从一个小县城里的学霸，到成为北航的学生干部，拿到奖学金，最终在大四上学期拿到保研资格、推免到北京大学深造，我的大学可以说就是一部逆袭史。那是因为从大一开始，我在职业生涯规划的课堂上就种下了梦想的种子，积极心理学课堂上激发的自信与坚持，让这小小的种子不断成长，让我在逆袭路上不断地创造奇迹。而在我身边，经管学院更多更优秀的同学也正成为新时代的栋梁。”很多同学毕业前回顾初入大学时的情景，深深感慨“未来不可期”：“当时虽然开展了职业生涯规划，但是并不能完全理解、掌握老师所讲的东西，直到后来大二重新陷入迷茫，大三面临抉择、开始实习的时候，回想起苏老师所讲授的一些方法、知识、经验，才有所醒悟。不得不说，职业生涯规划是治疗迷茫病症的一剂良药。”

这一切，令我对 10 年前读到的著名爱尔兰诗人叶芝的名言“教育不是把桶灌满，而是把火点燃!”愈加深信不疑。

教书育人是教师的天职；而要行使好这一天职，不是靠给学生“灌水”，而是将他们“点燃”。只要我们用自己的热情点燃了学生，他们将会充分发挥聪明才智，创造无数的奇迹!

教学建议

在我国当前的教育体制下，大部分高中生将考大学视为学习的唯一动力。经过苦读终于进入理想的大学后，很多同学反而失去了奋斗的目标和上进的动力。

事实上，从个人发展的角度看，考大学只是阶段性的学习目标；进入大学学习是为顺利进入职场做更加充分的准备。因此，大学期间最主要的任务是确定未来的职业生涯发展目标。同学们不论是决定将来成为技术专家还是高层管理者，抑或将平衡工作和家庭的关系、潇洒生活作为目标，都需要在大学时期选择适当的方式去实现。

本书希望通过朴素、直白的叙述，借助笔者讲授、指导过的一些大学生的实际案例和近年来社会生活中的一些典型案例，分享成功的经验与失败的教训，提醒刚进大学的同学尽早适应大学生活，及早开始规划自己的职业生涯，并按照规划投入到各项学习、实践活动中。

建议授课教师采用参与式教学法，充分调动学生的积极性。为取得较好的效果，课堂讲授与学生参与的时间最好能达到2∶1的比例。课时分配及课堂活动安排见下表。

职业生涯规划课教学安排

教学进度	教学内容	计划课时	备注
第一讲	课程介绍；职业生涯规划概论及机遇事件学习理论 课堂活动："我对课程的期望" 课堂游戏（破冰之旅）：新朋相识 教材阅读：前言、第1章及章末"推荐阅读"	2或3	请同学们填写《选课信息表》，以了解大家对职业生涯规划的了解程度
第二讲	认识与熟悉团队；认识自我（1） 课堂练习：MBTI类型测试 课堂游戏：降落兴趣岛 教材阅读：第2章2.1～2.3节及章末"推荐阅读"	2或3	课后作业： "我最成功的七件事"
第三讲	认识自我（2） 小组分享：分享成功的喜悦及评选小组"牛人" 课堂游戏：我的五样 教材阅读：第2章2.4～2.6节	2或3	课后作业： "我的职业理想"； 阅读《毕淑敏的五样》
第四讲	认识职场 小组分享：分享"我的职业理想" 小组练习：发现"好工作" 教材阅读：第3章及章末"推荐阅读"	2或3	小组作业： 介绍某一职业（各小组从组内同学的"理想职业"中选出）
第五讲	确立目标，自我规划 小组活动：运用SWOT分析法分析自己的理想职业并在小组中分享 教材阅读：第4章及章末"推荐阅读"	2或3	课后练习： 进行访谈生涯人物； 完善"我的理想职业"； 阅读《中东打工记》

续前表

教学进度	教学内容	计划课时	备注
第六讲	如何达到目标？职业素质与能力的提升 小组活动：根据《中东打工记》分析潇潇的职业素质与能力 教材阅读：第5、第6章及章末“推荐阅读”	2或3	课后练习： 填写目标活动单； 写求职信与求职简历
第七讲	求职策略及职场礼仪 小组分享：简历评议 视频：大学生找工作面试片段 教材阅读：第7章及章末“推荐阅读”	2或3	为班上同学（不特定）准备一份价格不超过5元的小礼品并附上祝福语
第八讲	走向未来——大学校园与职场的差异 课程收获与感受分享（先小组交流，后全班分享） 教材阅读：第8、第9章及“推荐阅读”	2或3	同学们互送礼物与祝福

致谢

在经历了近半年的全心投入后，这本《职业生涯规划与就业创业指导》终于完稿了。本书是我10余年来从事大学生职业生涯规划与就业创业的教学、指导、咨询及研究的经验、成果的总结，更是一直关心、支持我的家人、朋友、同行、领导和信任我的可爱的学生们集体力量的结晶。

自从2005年春季选定职业生涯教育作为自己的专业方向以来，我有幸结识了很多良师益友：清华大学樊富珉教授，澳门大学金树人教授，台湾师范大学田秀兰教授，北京师范大学侯志瑾教授、于海波教授和乔志宏教授，台湾阳明大学黄素菲副教授，西南财经大学罗锋老师等专家，我的同行、亦师亦友的南京师范大学顾雪英教授、北京化工大学周宏岩副教授，王冰梅、陈畅、于旭光、张小菊、高艳等好姐妹……他们都在不同层面给予了我很多帮助与支持。

其次，我要感谢多年来支持我教学、研究、实验的北京航空航天大学及经管学院的领导和老师们：原北航校长怀进鹏院士多次在公开场合称赞我的工作，并为我的上一本教材写了热情洋溢的推荐信，北航招就处历任领导程基伟、洪冠新、程文浩及赵敏老师对我的课程及工作坊给予了大力的支持，北航经管学院院长王惠文教授、前副院长魏法杰教授和贾国柱教授、研究生指导办主任牟晖博士、党总支副书记王喜忠博士、本科教务朱伟老师及学生职业发展中心的同事们都对我的教学、咨询及研究提供了很多帮助。

接下来，我要感谢可爱的学生们：经管学院优秀毕业生姜建辉、杨巨辉、李伊岚、李春翔、张帆、罗寅、葛巾津、彭超、王娜娜等在我组织的职业生涯规划辅导活动中分享了各自的经验；我的硕士生马野、赵晶、陈然、谭佳、吕泽铭、张曼云、黄欢欢、刘馨、苏嘉、张哲、郭慧茹等在我开设课程、举办辅导活动及成书过程中，提供了各种各样的帮助；张哲、张溢、葛巾津、崔铮铮、李佳妮、苏嘉、彭超、李垚、潘琛、胡杰、邓舒浓等同学提供了自己精彩、鲜活的案例。还要感谢多年来一届届认真听课、学习、积极参加活动的同学们，以及校内外通过职业生涯规划讲座与我有一面之缘的同学们。得益于他们的积极配合与反馈，我在职业生涯教育方面的投入才这么持久。

我还要特别感谢中国人民大学出版社的熊鲜菊女士，如果没有她的热情邀请及热切鼓励，我难以在 2015 年末完成本书。

最后，我要感谢我的父母和兄长长期以来对我的信任、敦促与支持，感谢我的先生多年来对我的帮助、鼓励与包容。

·目　录·

第一编　生涯唤醒

第二编　自我认知与职业职场探索

第三编　职业生涯规划及方案制定

第四编　生涯规划方案实施——就业创业指导

第五编　职场人职业生涯管理

第一编

生涯唤醒

第1章 大学生职业生涯规划导论

名人名言

凡事预则立，不预则废。

——《礼记》

你的过去选择了你的现在，你现在所做的一切同样选择着你的未来。

——托马斯·弗里德曼

学习目标

通过本章内容的学习，帮助同学们认清上大学的目的，重新明确学习的目标，为有效管理时间、合理安排各项活动，度过充实而有意义的大学生活打下基础。

大学阶段是一个会影响同学们个人未来的重要时期。这个时期，同学们身体强健、精力充沛，思维活跃、梦想无限，远离家庭束缚，心灵自由飞翔。同学们可以不必太看重分数，在科学实验、发明创造、社会活动、人际交往中施展魅力；可以根据自己的特长与兴趣，充分发展自己的业余爱好；可以享受成年人的独立、自主，却暂时不必为生计发愁……

然而，这段美好的路程终究要结束，不论是在本科毕业后、硕士毕业后，还是在博士毕业后。这段旅程的终点是什么？下一段旅程又将如何？

有些同学尚未意识到：大学生活的终点是社会，是职场；完成学业后，同学们要通过从事某种职业在社会上安身立命。一个大二学生在上完职业生涯规划课后写道："进入大学，不仅意味着我中学时代的结束，也意味着我距离踏入社会更近了一步；大学是让我们真正能够得到提升的地方，是我们进入社会的最后一处缓冲区，同时也是我们走向成熟的地方。"

近年来，我国的大学生就业难已经成为一个引起社会各界高度关注的社会难题。自 2005 年首次出现超过 100 万名应届大学毕业生找不到工作的现象以来，连续十年毕业生当年就业率都在 75%左右。2013 年，应届大学毕业生人数高达 699 万，当时被称为"史上最难就业年"；2014 年，毕业生人数达到 727 万；2015 年应届毕业生人数达到 749 万，预计接下来的几年还将小幅增长。有调查结果表明：不少大学毕业生的起薪还不如农民工，由此引发了新的"读书无用论"；一些偏远地区的高中生放弃高考到长三角及沿海地区打工，跳过大学阶段而直接进入职场。

以上现象使得已进入大学的同学们颇感迷茫：四年后自己的命运如何？难道千辛万苦考入大学，到毕业时只能在摩肩接踵的招聘会上迷失自我吗？

答案当然是否定的。大多数应届毕业生在离开校园前找到了工作，他们中有不少人获得的工作机会令人羡慕，远非高中毕业生所及。从个人长远的发展看，接受过高等教育的就业者，其职业发展潜力和职位升迁机会远远大于未受过高等教育的就业者。对社会从业人员收入的调查也显示：拥有本科毕业证的人群的平均收入，远远高于只有高中毕业证的人群的平均收入。

但要收获这些成果，需要同学们在进入大学后尽快适应新的生活节奏和学习方法，及早明确自己的职业倾向及所适合的岗位类型，在校期间注意培养自身的职业素养及相应的工作技能。简言之，就是需要进行科学的职业生涯规划，并将规划方案付诸实施。

1.1　何为职业生涯

笔者从事职业生涯教育工作十多年，讲授“职业生涯规划”课程也已超过八年，几乎每学期都会听到一些大学生尤其是低年级本科生说：“我现在才大一/大二，将来还要读研，五六年后才开始找工作呢，用不着现在就考虑职业生涯规划啊！”事实确实如此吗？笔者认为有必要先澄清这个问题。

目前，“职业生涯”一词频繁见诸报刊、网络等大众媒体。早在十余年前，国内就有高校为本科生开设“职业生涯规划”这门课程，近年来在教育部的倡导下，越来越多的高校将这门课纳入本科生的必修课。然而，很多学生及其家长尚未明确“职业生涯”（career）这个专业名词的含义（在较为专业的领域内，通常简称为“生涯”；为适应读者的习惯，本书在大部分情形下使用“职业生涯”）。

首先，生涯指的是生命从开始到结束的历程；生活中，我们更常使用的是“人生”一词。图 1—1 展示的是我国“航天之父”、“导弹之父”、“火箭之王”、“自动化控制之父”钱学森先生的生涯历程。

美国国家生涯发展协会（National Career Development Association）对“生涯”的定义是：个人通过从事工作所创造出的一种有目的的、延续不断的生活模式。

在这一定义中，“延续不断的”（time extended）是指生涯既非作为某个事件或选择的结果而发生的事情，也非局限或束缚于某一特定的工作或职业；确切地说，生涯本质上是一个受到个人内在和外在力量影响的、持续一生的过程。

“创造出”是指生涯是人们在意愿与可能性之间、现实与理想之间妥协和平衡的产物。事实上，生涯发展是人们一系列接连不断的选择的结果；当人们做出选择时，需要权衡这些选择的收益及其代价与风险：没有“十全十美”的生涯道路，但也许存在最适宜的道路。

“有目的的”是指生涯对个人来说是有意义和有价值的。生涯不是偶然发生或应运而生的，而是慎重考虑、规划、制定和执行的结果；生涯因个人的动机、抱负和目标而形成、发展，反映了个人的价值观和信念。

“生活模式”意味着生涯不仅是一个人的职业或工作，而且包含所有的成人生活角色，以及人们安排、整合这些角色的方式。

同时，该定义强调生涯对个人而言是独一无二的。现实生活中，任何两个人都不可能拥有完全相同的生涯，因为生涯是基于个人特定的经历；即使人们可能拥有相似的兴趣和技能，甚至在同一个机构中从事相同的职业，其生涯仍然不同。

总之，“生涯”（职业生涯）定义的焦点是“发展属于我自己的生涯”。下面，我们根据钱老的生涯，从长度、宽度及厚度来分析生涯的含义。

（1）生涯长度。指的是生命从开始到结束两个端点之间的跨度，不仅指绝对的长度，还包括人生一段一段的“阶段性”边际。钱老的生涯长度为 98 年，国内成长求学 24 年→海外留学工作 20 年→回国工作 54 年，构成了他阶段性的生涯长度。

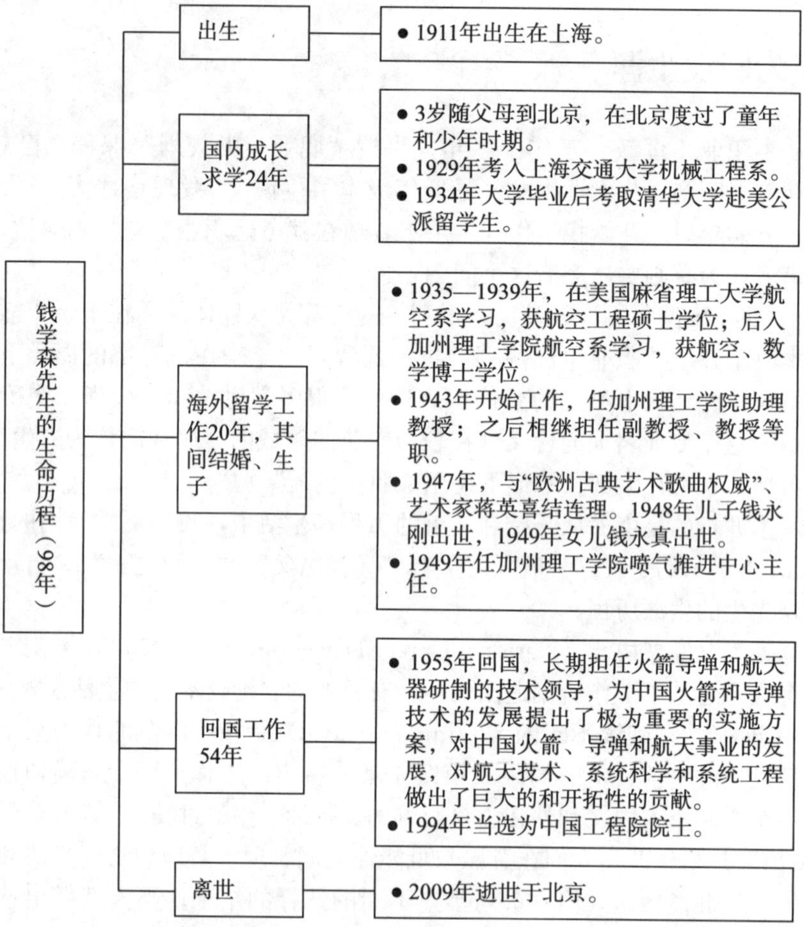

图 1—1 钱学森的生涯

从生物学的属性看生涯长度，生涯演进是单向的，出生→成长→衰老→死亡，具有不可逆性。我们无法掌控自己的人生会有多长，因此，在生涯长度的生物属性面前，常常有无能为力的无奈感，也会有时不我待的紧迫感。但另一方面，我们可以在一定的限度与范围内改变或增加生涯长度，顺应生物节律，加强保健与锻炼，以期延缓衰老。俗话说：健康是"1"，而家庭、事业、朋友、成就等是"1"后面增加的"0"。没有了"1"，其他的"0"就毫无意义。而这个"1"，是我们可以有限改变和塑造的部分。

(2) 生涯宽度。指的是不同生命角色之间的跨度。美国著名学者唐纳德·舒伯(Donald Super) 认为，生涯是我们生活中各种事件的演进历程，包括个人一生中各种职业与生活的角色——除了工作以外，还包括家庭、公民等与工作有关的九个主要角色，以及由此表现出的独特的自我发展形态；生涯实际上是在这九种生命角色之间铺陈、转换、递进的过程。

这一生，你是想一直单身还是会结婚？结婚后，你是打算加入丁克一族还是生儿育女？结婚后，你须扮演他人夫或妻的角色，有了孩子后还要扮演父或母的角色。这就涉及不同的角色，生涯宽度正是与人生角色的多寡有关的概念。

舒伯提出了子女、学生、休闲者、公民、工作者、配偶、持家者、父母和退休者等九种主要人生角色。其中，有的角色与家庭有关，如子女、配偶、持家者、父母；有的与职业有关，如学生、工作者、退休者；有的与自我有关，如休闲者；有的与社会有关，如公民。

从钱老的一生中可以看到：他在家庭中相继扮演着儿子、丈夫、持家者及父亲的角色，在职业上从学生（本科生、硕士生、博士生）过渡到工作者（助理教授、副教授、教授），在社会层面上一生都在诠释“中国公民”的角色内涵。同时，钱老热爱艺术，经常与夫人蒋英女士去听音乐会、看美术展，困苦时两人在家吹笛、弹琴相互鼓励，艺术的火花激发了他对于科学的思考，可见休闲者角色对其工作者角色起到了很好的调剂、补充与启发的作用。

这九种角色，除了有不同领域的分类外，还有其他分类：有些为关系角色，如子女、配偶、持家者、父母；有些为活动角色，如学生、工作者、休闲者、退休者、公民；有的是被动承担的角色，如子女，有的是可以主动选择的角色，如学生、配偶、持家者、父母等。

可见，我们在生涯角色的安排上拥有选择的自主权：一是承担什么，二是承担多少；即使是不能自主选择的角色，也可以安排对其投入时间及精力的多少，这体现了生涯的主动性。

（3）生涯厚度。指的是个体在不同生命角色上投入的深度。同一角色的深度往往会随着时间的变化而有所变化，不同角色的深度则会在同一时间呈现出此消彼长的状态，如职业女性在平衡工作与家庭的关系时出现两个角色交叠的情况。

如果你是一名职业女性，结婚生子后是打算继续工作、请家人帮助照顾孩子，还是留在家里做几年全职母亲，以更多地陪伴孩子的成长？同样是母亲角色，有人选择与工作者角色并行，认为工作者角色很重要且能够对母亲角色起到补充与增进的作用；有人则选择全心投入母亲角色，等到孩子长大后再重新扮演工作者的角色。个人对于一个或几个角色在某个阶段的投入深度即生涯厚度。

在人生初期，父母、家庭构成了子女全部的生活世界，因此子女角色是个体唯一的角色。随着年龄增长，个体逐渐从家庭进入学校和社会，从幼儿园、小学、中学至大学扮演着学生角色，子女角色的比重开始降低。参加工作、建立自己的家庭后，个体在子女角色上的投入降到最低。直至人到中年，随着父母逐渐衰老及疾病困扰，需要更多的关注、照顾，对子女角色的投入又会上升。

配偶、父母及持家者是我们成年之后随着家庭关系的发生逐渐被赋予，并将持续一生的角色。虽然我们对于这些角色的理解很多来自原生家庭的影响，但大学阶段是否有良好的情感关系、较强的责任感及对于家庭前景的清晰展望，直接关系到我们在大学阶段的生活状态以及今后各方面的平衡发展。

学生角色会在全日制求学阶段达到高峰。毕业之后走上工作岗位，最初几年要适应工作及职场，对学生角色的投入将降到低点。随着工作中出现新需求，需要进一步学习和深造以更新知识和工作技能，工作者会投入到在职或脱产学习中，学生角色会再次达到高峰。学生与工作者角色的起起落落，构成了我们大部分的职业生涯发展状态。甚至退休后，许多人还会选择参加老年大学的学习以丰富退休生活，对学生角色的投入再一次上升。

休闲者也是伴随个体一生的角色，对其投入的多少与个人的价值观、生活方式有关。从休闲者与学生及工作者的关系来看，休闲者既可以作为学生及工作者角色的有益调剂，也可以作为其重要补充。因此，如果将休闲者的角色扮演好，将会对个人积极学习、高效工作、快乐生活起到重要的保障作用。钱老的经历就证明了这一点。

对大多数人而言，工作者角色不需要贯穿人生的始终，但它是所有角色中在单位时间内需要投入精力最多的。工作不仅意味着养家糊口、满足温饱，而且是形成社会联系的平台和纽带，更是自我实现的基点，通常所说的“安身立命”主要是通过工作者角色来实现的。

从对上述角色的描述可以看出，它们是相互联系、相互作用的，彼此之间有着并进或此起彼落的关系。在相应的时间履行相应的角色，并且将角色的范畴、投入程度在整个生涯长度的轴上进行分配，便形成了舒伯提到的生涯彩虹（见图 1—2）。

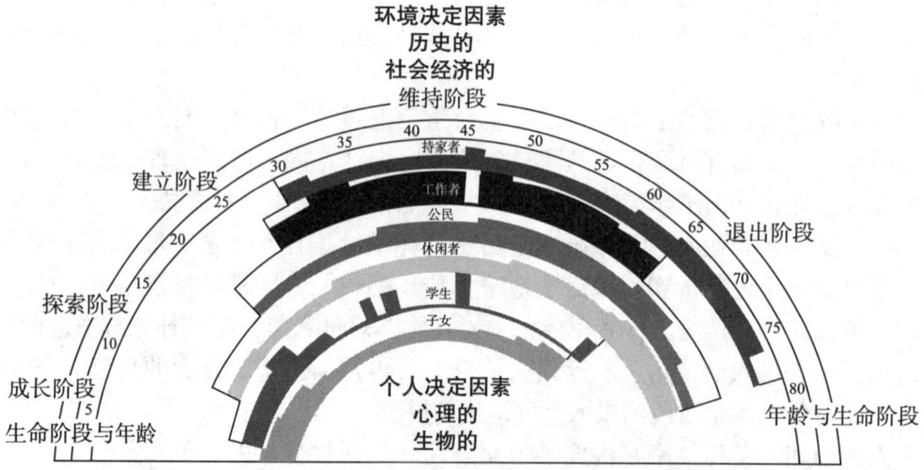

图 1—2　舒伯的生涯彩虹图

在人生的不同阶段，各种角色的重要性不同，每个人可根据自身的情况有不同的排序。不过，全日制大学生的第一角色应该是学生，休闲者、子女等角色都应该排在后面。这也提醒大学生不要因为过多地参加社会活动、玩游戏而影响了学习，“上党课”、“家长从外地出差来本地”都不应成为学生请假、缺课的理由。

生活中，那些面临生涯难题的人们常常会混淆职业生涯、职业、职位、工作等几个概念，这里简单介绍一下。

职业（occupation）是指不同行业和组织中存在的一组类似的职位。例如，工程师是一种职业，它在制造业、建筑业、IT 业等多个行业的企业中都存在。

职位（position）是指组织中个人所从事的一组任务；它是由重复发生或持续进行的任务构成的工作单元；这里的任务是有起点和终点的工作行为单位。人们找工作其实是申请一个职位；一个人一生中可能会在同一个机构从事同一个职业，但仍会在许多不同的职位上工作。

与生涯定义中提及的“工作”不同，现实生活中的工作（job），通常是指具备某些相似特征的人从事的带薪职位。

一份工作可能包含一个或一组相似的带薪职位，一个人一生中可以从事许多不同的工作；目前全球各地普遍实行每周 40 小时工作制。工作由人来完成，以任务、结果和组织为中心。

总之，当一个人做出人生选择时，只有生涯对于每个人是独一无二的，它甚至可以不包括职业活动。可以这么说：生涯是我们所生活、经历且已置身于其发展过程中的事情，所有人一出生就身处生涯中了。

理解了职业生涯的真正内涵，刚进入大学的同学们就不会再认为职业生涯规划与自己无关了吧！进行职业生涯规划不仅仅是为了找工作，更是为了帮助自己找寻最适合自己的生活方式；找工作只是职业生涯规划中的一环，是达成我们向往的生活方式的手段。在找工作之前，我们需要先了解很多内容，尤其是自身特质与心仪的职业及二者的关联。

1.2　大学阶段与个人职业生涯发展

“既然我们一出生就身处生涯中了，为什么到上大学才开设职业生涯规划课?”这是笔者经常听到的另外一个问题。

要回答这个问题，需要从职业生涯发展理论的发端谈起。1909 年，弗兰克·帕森斯（Frank Parsons）的遗作《选择一个职业》在美国出版，书中提出了人们正确选择职业应遵循的“人职匹配论”（Person-vocation Theory），这逐渐成为用于职业选择和职业指导的经典理论。100 多年来，基于帕森斯的“人职匹配论”，得益于多位心理学家、社会学家、就业指导专家的研究与应用，形成了后来的一系列职业生涯规划与管理的理论与方法。

在此期间，唐纳德·舒伯在 1953 年提出了（职业）生涯规划的概念，即一个人一生中经历的与职业相关的经验方式，将一个人的职业生涯延展为自出生到离开的全生命过程，因而产生了职业生涯规划（career development planning），这不同于帕森斯最初提出的职业规划（occupation planning）。随着理论的完善，西方一些国家开始在中小学校直至大学开展职业生涯教育。1973 年，美国联邦教育总署署长力推以职业生涯发展理论为基础的教育理念，旨在解决学校教育和社会生活脱节的问题，引导青年学生从推崇“升学主义”转向注重个人生计与未来发展。此后，职业生涯规划的理念在美国的学校教育中开始发挥重要、持久的影响力。美国开始推行“从幼儿园到大学阶段的融入式”的职业生涯教育，从中小学就通过课程、讲座、访谈等引导学生对职业进行探索，了解自己感兴趣及适合的职业方向，高中生以此作为选择大学及专业的重要依据。大学生更是以未来职业发展目标为导向来确定专业选择和毕业时的就业目标，通过学习及参加各项实践活动，相应地提升素质与培养能力。

近几年，我国一些强调“素质教育”的中学也实验性地针对高中生开设了职业生涯规划讲座，让学生在填报高考志愿时考虑自身长远的职业生涯规划。

然而，由于我国长期存在城乡差异、各地经济发展不平衡、教育资源分配不均等现实问题，广大农村地区及偏远省份、小城镇的中学生，仍普遍寄希望于通过高考“独木桥”完成“鲤鱼跃龙门”，来改变自己及家族的命运，甚至以“只要不学死，就往死里学”为誓言，以考上大学为唯一要务。在这种情况下，根本不可能开展职业生涯教育。

当前，考上理想的大学仍旧是大多数中学生的梦想。进入大学，梦想成为现实，中学生成为大学生。可进入大学后不久，同学们就发现，大学和高中有很大的不同。一位大一同学感慨道：

“经历了高考之后漫长而略显颓废的暑期，终于等来了开学的日子，满怀憧憬与斗志迈入了大学的校门，希望开始一段充实而美好的大学时光；熬过了苦累的军训，正式开始了盼望已久的大学生活。然而没过几天我却发现，这不是我想象过的也不是老师口中的天堂，而是一个突如其来的令我始料不及的炼狱。

“迎面扑来的各种学生组织、社团，繁杂的生活琐事，晦涩的专业知识让我的生活变得一团糟，每天忙忙碌碌却找不到任何动力与兴趣，更对自己的未来与前途感到迷茫，很多东西我都没有规划过，没想过自己想要干什么，没想过自己要得到什么，没想过自己适合什么……”

具体而言，大学与中学的生活有哪些不同呢？

首先，大学生会觉得自己“没人管”了。高中阶段，不少住校同学的作息时间是从早晨6点到晚上22：30，都被学校安排得满满的，周末仅休息一天甚至半天；自己时刻处于班主任及任教老师的监督之下。不住校的同学，因为学业繁重，经常要“刷题”到夜里近12点才能休息。进入大学后，每周30多个课时已属少见，周六、周日也基本上不会排课。

同学们拥有了更多的自由和独立，这同时意味着需要承担更大的责任；可以支配的时间和金钱比高中大大增加，这就要求同学们对时间和金钱的使用更有规划。

大学的课堂更大了，阶梯教室可容纳几百人，老师不会关注到坐在后排走神的学生；这需要同学们自我激励，靠自我约束力来使自己保持对学习的投入。

得到老师的反馈比高中时少多了，可能一个月才与班主任见一次，而且班主任对学生鲜有硬性的严格要求，没有了“考试成绩”这道紧箍咒；同学们需要根据个人的情况，自己去了解不同的流程，了解毕业要求。

课堂中的测验更少了，很多课程甚至没有期中考试。可是老师推荐了不同版本的教材及补充阅读材料，需要同学们完成更多高质量的作业。

班级和宿舍的同学来自天南地北、城镇乡村，不像高中时大家几乎都来自同一地区；大家的想法可能差异较大，不像高中时将“考上理想大学”作为第一要务。同学们要与这些兴趣、生活习惯、文化背景、价值观等都与自己有所不同的新同学共同学习、生活四年，要学会包容、尊重差异。

大学学习强调批判性与逻辑性思维；除了课程学习之外，大学时代要经常接触新想法，要学会批判性地看待这些想法。

大学的课程设置要求同学们更多地投入社会实践、学生会工作、志愿者工作及与专业相关的实践活动。

……

一位刚刚上完职业生涯规划课的大一同学说：“小学中学，总有一个明确的、更高层次的、更容易比较的短期目标在等着我们：一开始我们就很明白，学期末成绩最好可以拿奖学金，小学毕业要上初中，中考后有个重点中学等着我，大学是所有中学生的梦想。一路走来，这些像天使一样温暖可人的目标，在我们可以看见的远方对我们呼喊，向我们招手，而我们也舍不得远离她。每次走近了，总会有更好的在等着我们。可是，大学真的不一样。从职业生涯规划的第一堂课起，我一边明确了大学选择的多样性，一边在这五彩的世界中徘徊：到底哪一个色彩是属于我的?”

大部分大学生在进入大学前后跨入了法律意义上“成年人”的行列。

进入大学校园，远离父母及家人的呵护与管束，任课教师和班主任也不像高中的老师那样严格要求，大家有了“继续努力学习”与“混学分”的选择。同时，由于大学评价体系指标的多元化，“考试成绩”不再是唯一的指挥棒；同学们可以凭借在科研活动、文体活动、社会活动及人际交往中的出色表现，获得老师和同学的肯定。同时通过参与这些丰富多彩的活动，可以全面展示和提升个人的素质与能力，为顺利进入社会与职场打下良好的基础。

同学们可以享有的资源不再像中小学时期那么局限于自己所在的学校。进入名校的同学可以享有优质的师资、先进的教学设施和实验设备，以及丰富的校友资源。与此同时，由于大学是开放的，其他学校的同学在很大程度上可以分享这些资源：从聆听名校名师的课程及讲座，到在这些学校举办的名企招聘宣讲会上投递简历；各大学也以开设校际选修课、图书资料跨校共享等方式为同一城市的大学生提供学习便利。随着互联网的普及与发展，即使考入了普通大学，通过慕课（massive open online courses，MOOC，即大规模开放在线课程）等网络教学课堂也能够获得与世界同步的丰富的信息资源。然而，如果缺乏自觉性和主动性，这些资源的作用将大打折扣。

进入大学，同学们还会接受新的教学理念和新的教学方法。由于不再有“高考指挥棒”的束缚，大学教师会自由地发挥自己的专业所长，为同学们打开更广阔的视野，提供更广泛的知识。同时，互联网技术的普及，使得翻转课堂（flipped classroom，指重新调整课堂内外的时间，将学习的主动权从教师转移给学生）等新的教学形式成为可能。教师会减少在课堂上讲授课程内容的时间，以便有更多时间与学生交流，学生需要在课前完成自主学习，比如观看课程视频、阅读电子教材、在网络上与其他同学讨论、查阅相关资料等。

分析了大学与中学的不同后，要请同学们回答一个问题："你为什么上大学?"正在阅读本书的你，之前认真地考虑过这个问题吗?

当然，对于地处偏远、祖辈务农的同学们来说，"跳出农门"是脱口而出的回答。那么，除此之外呢? 以下内容是笔者在课堂上得到的一些回答：

> 十年寒窗苦读，不就是为了考大学吗? 考上了就上呗!
>
> 没有个本科毕业证，怎么找工作啊! 除非考不上大学，考上了怎么能不上呢?
>
> 上大学能学习到更多的知识，尤其是专业知识。大学是知识的天堂嘛!
>
> 大学应该是人生一段重要的经历吧! 很多名人在谈到大学生活时都充满感情，不上大学一定很遗憾吧!
>
> 我还没满 18 周岁呢，不上学，去工作太早了吧? 也没人会雇用我啊!
>
> ……

1999 年以来，我国高等院校持续扩招，大学教育已经逐渐从"精英教育"转变为"大众教育"；2014 年，全国高等教育毛入学率已达到 37.5%，北京、上海等大城市的高考录取率已超过 70%，没上大学的年轻人变成了少数。可对于"为什么上大学"，并非人人都清楚。在中学的应试教育中，大学被描绘成学习的终点："上高中时，学习非常紧张、作业特别多，几乎每天都要忙到 11 点多才能休息；老师和家长经常鼓励我们说：一定要坚持啊，考上大学就轻松了。"一位大一同学的说法很有代表性。

事实上呢? 一位大二的同学感慨："转眼间，又是一年高考时，又有一群孩子以为他们脱离了苦海，殊不知他们脱离的是天堂。"

大学相对宽松的学习环境，大学教学方式和高中阶段的教学方式之间较大的差异，都可能是导致这些学习问题的原因。北京师范大学心理学学院院长许燕教授指出，大学新生一般不了解基础教育与高等教育学习方式有着质的区别，入校后有可能出现诸多的不适应。首先是对大学学习方式不了解。形象地说，基础教育阶段学生是"被老师抱着走"，教学是满堂灌，学习方式更多的是记、背、考。而大学强调学习动机和主动性，老师只是对难点、重点、学科前沿和实践应用等进行引导，不再照本宣科，课堂教学中有 60%是课本之外的知识。其次，大学教育不是等待老师提供答案，更多的是对思维能力的培养，包括带着批判性的眼光、创新的思维去汲取知识，去发现尚需求解的未知。这才是大学培养人才的真谛。由于在小学、中学阶段许多学生、家长都将上大学作为学习目标，进入大学后自然会出现学习目标模糊的现象。根据麦可思对部分高校 2013 级新生的调查，51%的新生遇到了学习问题。其中，"对所学内容缺乏学习动力"的，本科生的占比为 65%，高职高专生为 60%；"缺乏自学方法"的，本科生为 55%，高职高专生为 58%；感觉"学习氛围不浓"的，本科生为 45%，高职高专生为 47%。

笔者通过近年来在教学、辅导中与大学生的沟通及对北京航空航天大学本科生的抽样座谈发现，同学中存在一些共性的问题，这可以从他们的言谈中反映出来。

●“大学第一学期排课一点儿都不紧，感觉挺轻松的，经常有大把时间不知道怎么安排；但高等数学等课程又很难，老师讲得还特别快，不像高中时有很多时间复习，班里好几个同学都挂了，挺受打击的。”

大学的学习特点与高中有很大不同，如果一开始没有做好准备、一味放松，有些同学很可能在大一收获人生的第一个“不及格”。也有一些同学进入大学后学习仍然很用功，但效果欠佳。

●“努力了一学期，期末考试成绩在班上只能算是中等水平，照这么下去，保研肯定没戏。听说考研特别难，估计考不上研究生。我又不像有些同学那样社会活动能力强、有文体特长，简直一无是处。真不知道将来该怎么办!”

大学，尤其是知名的重点大学，学习尖子云集，能够保持学习成绩优势的同学当然是凤毛麟角。这使得一些中学时深受“唯成绩论”影响的同学在进入大学、失去学习成绩的绝对优势后感到惊慌甚至失去自信。尤其是那些来自乡镇的同学，中小学阶段没有机会发展文体方面的特长，一心读书，进入大学后会感到自己一无是处。

●“大二的课程一下子多了，可大一养成了懒散的习惯，很难适应紧张的学习。再加上参加了很多社会活动，学习感到挺吃力的。”

养成良好的学习习惯很重要。大学相对自由的环境，使得缺乏学习主动性的同学会过分放松自己，影响考试成绩、影响自信心。

●“大三开学后，看到大四学长们参加各种招聘会，回来说起找工作之难，心理上就有畏缩情绪，不知道一年后自己该如何面对。真很羡慕那些已经保研的学长们：他们不用现在找工作，将来研究生毕业总归比本科生好找工作。可惜已经晚了，想读研只能自己考了。”

由于没有及早规划，一些同学直到大三才意识到问题的严重性；大学生活已经过去两年，错过了不少培养能力、提升素质的机会。

●“大三下学期，正犹豫是否要考研，考研辅导班开始高密度地进驻校园开宣讲会。每听一场都会更觉得自己不考研没出路；况且即使现在报了名，到时不想上课了也能把钱退回，所以就报了名。不过，钱都交了，就听听吧！大三暑期就交给考研辅导班了。学校要求的暑期实习只好应付了，好在只要求有实习单位盖章就行。”

“考研”成了不少大三同学补救前两年努力不足的救命稻草，殊不知，这是对就业难的一种逃避。一些并不适合考研的同学，因此错失了大三暑期的实习，加大了自己毕业前找工作的难度。

●“听说考研的成功率才 30%，所以要两手抓。找工作的事情不能一点儿都不管，重要的校园招聘会还是要去碰碰运气的。可惜现在才明白：两手抓，很难做到两手都硬；找工作肯定对复习有影响。最后离复试线差了近 10 分！可接下来也没什么好的工作机会了。”一位即将毕业的大四学生对自己当初的选择深感遗憾。

以上内容可能让兴冲冲进入大学的新生们很失望：大学就是这样的吗？寒窗苦读十多年进入大学后情况会这么糟吗？

当然不是。每年7月，都有一大批朝气蓬勃的年轻人拿着自己满意、别人羡慕的Offer从大学校园走向社会，他们中的大部分人五年、十年后将成为各个行业的中坚、骨干；还有一些同学获得了高考时擦肩而过的理想大学乃至欧美著名大学的硕士录取通知书，开始新的学习生涯。回首大学生活，他们也许会有遗憾，但这段难忘的学生时光令他们走向成熟。

为什么他们做到了，另外一些同学却“毕业即失业”呢？这要回到本节开头提到的那个问题：你为什么上大学？

如果你的回答仅仅是“摆脱高考的压力，从此不用再忍受班主任的管束和父母的唠叨”，那么进入大学后，你很可能手足无措，甚至过于放松、沉湎于网络游戏而荒废学业。

如果你认为大学是高中的延续，仍将书本学习当做唯一重要的活动，那么你很可能因全力投入学习后仍然无法得到高分而失望。

如果你认为大学中重要的不是成绩，而是社会能力、文体特长，会陷入另一个误区，甚至开始对自己的能力表示怀疑。

关于这个问题的更多答案，请看看下面的内容：

- 我看重教育，希望实现我成为一个受过大学教育人士的目标。
- 我希望利用大学的专业优势，为将来在自己感兴趣的领域成为专家打下良好的基础。
- 我希望毕业时能找到一份好工作，有较高的社会地位且收入不菲。
- 我希望不断地学习新理念和新技能，迅速成长。
- 我希望不要过于依赖家人，更加独立。
- 我希望结交更多的新朋友。
- 我希望有新的体验与经历。
- 我希望将来在社会上找到最适合发挥自己能力的位置/职位。

对于以上答案，你是否认真思考过？如果还没有，请现在用一周的业余时间认真思索，找出其中你最认可的三项，作为大学四年里你的目标。这些目标有助于你更好地安排大学生活。

其实，大学对学生的评价体系是很多元化的：学习成绩优异者、科研能力出色者、社会活动能力突出者、实际操作能力特强者、有文体特长者……都会成为被关注的对象。即使是没有特长、经过努力也未能取得优异成绩的同学，做事认真、踏实的态度也是被认可的，这往往是用人单位非常看重的员工素质，也是很多80后、90后员工所缺乏的，若保持这些品质，将来可能会成为职场中受欢迎的员工。因此，进入大学后，同学们应尽快地明确自己的学习目标，学会全面评价自己和周围的人。

目前我国大学录取学生最重要的依据是高考成绩；可以说，绝大部分同学是凭着优异的高考成绩进入重点大学的。然而四年后，大多数直接进入职场的同学并不完全是凭借其优秀的成绩单拿到工作Offer的，用人单位看重的是毕业生强烈的进取心、认真的工作态度、出众的学习能力与实践能力、良好的职场礼仪与人际沟通能力……大学期间，学习成绩不可谓不重要，但仅仅依靠学好书本上的理论知识、获得一张毕业证书，是无法保证同学们在走出校门后获得一份满意的工作的。

2006 年，北京大学光华管理学院金融专业毕业生高健因为找不到合适的工作，不得已自行“创业”，在北大三角地摆出招牌招揽“陪聊”生意的新闻轰动一时。虽然高健承认“工作难找首先是因为自己没有好好学”，说自己大学四年经常玩、打游戏，成绩在班里处于中下等，外语也不好，另外就是性格原因，不愿意求人，即使在找工作时也是这个姿态，但“北大光华”的金字招牌也不能保证毕业生一定有份好工作是不争的事实。与此形成鲜明对比的是：金融危机后的 2009 年，“江西一所民办高职院校两年制专科生曹晓洁还未毕业就已被福富软件、印度 Infosys、IBM（上海）等三家跨国软件公司同时看中”的新闻在网络上被热炒。

总而言之，大学与中学最大的不同是终点不同：对于大部分中学生而言，中学的终点是大学，自己将继续保持全日制学生身份，不必为生计发愁；大学的终点是社会，同学们要为离开校园后的自己负责，为毕业后找到心仪的工作而努力。

大学与中学的另一个很大的不同是绝大多数大学提供了更加开放的学习平台。首先，大学的课程表比高中阶段有更大的灵活性：不会将从早到晚的时间都填满，还有较大比例的选修课供同学们根据兴趣及需求选择。其次，班主任及任课教师不会像中学老师那样事无巨细地管理，大家有选择适合自己的学习方式的自由。此外，得益于课程及教学管理的灵活性，很多大学生都有机会跨校听课学习，甚至可以去自己心仪而未能考入的名校听自己崇敬的名师讲课；到了毕业前，“跨校求职”更是为自己找工作增添了无数机遇。

社会对人才的需求是多元化的，同学们在大学阶段的目标也应该是多元的。当然，绝大多数同学都必须达成的一个目标是取得毕业证书。同时，毕业前需要具备离开校园后希望进入的行业及企事业单位所需的专业素养与工作技能。此外，同学们将在相对宽松的大学校园内度过至少四年的美好时光，将从青涩的少男少女成长为令人瞩目的青年才俊，个人成长应是与毕业证书、专业技能同等重要的收获。

所以说，大学为同学们全面提升自我、发展能力提供了足够大的平台，是“丑小鸭变天鹅”的最佳天地，是个人职业生涯发展的关键时期。正如一位上完职业生涯规划课程的大二同学总结的：“由于各种各样的原因，现在的大学生们在高考压力过后，瞬间摆脱了事先被社会和父母、老师规划好的生活，开始自己独立的生活；大多数人在纷繁复杂的大学生活中迷失了自己，缺乏目标，对未来充满了迷茫，不知道该做什么，浑浑噩噩地虚耗时光。殊不知规划好自己的生活，绘出一张美好的蓝图，盯紧一个坚定而又远大的目标，恰恰是成功的关键。如果你连要去哪里都不知道，那么又能去哪里呢?”

1.3　职业生涯如何规划

前面已经说明，我们一出生就身处职业生涯中了，职业生涯与我们的成长相伴，因此它是不断发展的。

职业生涯发展（career development）是个很大的概念，指那些共同塑造我们的职业生涯的经济、社会、生理、心理、教育以及机遇等因素之总和。一个人的职业生涯发展受到个体的个性、体能和特质、心理健康、所处社会阶层、团队关系、资金与财务资源、受教育水平和经历及机遇因素的影响；所有这些个人内部和外部的因素结合起来，共同影响人们职业生涯道路的展开方式。

前文提到，职业生涯发展的概念起源于美国，最早可以追溯到“职业指导之父”帕森斯在1908年发起的职业指导工作；1909年出版的帕森斯的遗著《选择一个职业》中，提出了人们正确选择职业应遵循的三条原则：

（1）个体对自身的兴趣、技能、价值观、目标、背景和资源进行认真的自我评估；

（2）针对学校、业余培训、就业和各种职业，考察所有可供选择的职业机会；

（3）鉴于前两个阶段所发掘的信息，仔细推断何为最佳选择。

帕森斯提出的这些观点被称为“特质因素论”，又称“人职匹配论”，是用于职业选择和职业指导的经典理论。

舒伯从人们的自我概念、所处年龄段和生活角色来看待职业生涯发展，使我们能够更清楚地理解生涯发展和决策制度所包含的内容。显然，职业生涯规划不仅仅是选择一个大学专业、一种职业或一个工作地点，还包括对我们自身及在生活中扮演的所有角色的彻底剖析。

美国心理学家霍兰德（John Holland）提出了一种被称为“类型学”的理论，指出人格类型与工作中的环境类型的匹配。霍兰德的RIASEC职业兴趣理论是职业生涯领域中使用最为广泛的工具，被用于研究各种社会、工作环境，包括职业、职位、组织、学校和人际关系；据此编制的职业兴趣量表于1970年问世，已经被翻译成超过25种文字。

1991年，彼得森（Gary Peterson）、桑普森（James Sampson）与里尔登（Robert Reardon）合著的《生涯发展与服务：一种认知的方法》中阐述了一种思考职业生涯发展的新方法，即认知信息加工（cognitive information processing，CIP）方法。CIP法基于下列假设：

（1）生涯选择以人们的思考与感受为基础；

（2）进行生涯选择是一种问题解决活动；

（3）作为生涯问题解决者，人们的能力以其所知及其如何思考为基础；

（4）生涯决策需要良好的记忆；

（5）生涯决策需要动机/动力；

（6）生涯发展是持续进行的，是人们毕生学习与成长的一部分；

（7）人们的生涯很大程度上取决于其思维的内容与方式；

（8）人们的生涯质量取决于人们对生涯决策和生涯问题解决方案的了解程度。

职业生涯规划（career planning）是指个人以上述各种理论为依据，对自己的人格特征、职业兴趣、工作价值观、素质能力等进行综合分析与权衡，结合所处时代的社会、政治、经济发展等特点及个人所需扮演的社会角色，与某类（自己选择的）专业/行业及某些组织（工作单位）相结合，确定其最佳的职业生涯目标，并为实现这一目标做出行之有效的安排。

根据 CIP 理论，职业生涯规划的整个过程可以用信息加工金字塔（见图 1—3）来呈现。

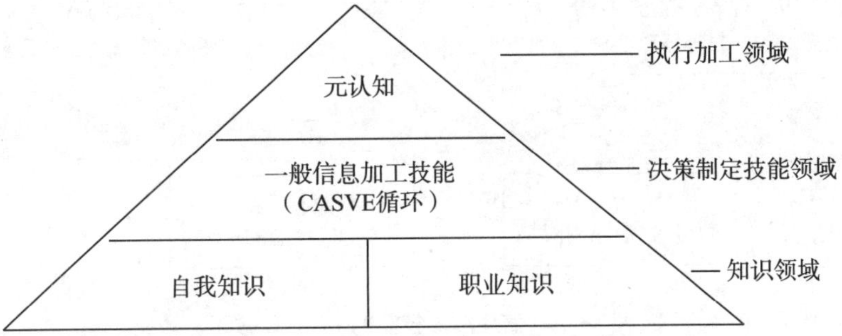

图 1—3　生涯决策的信息加工金字塔模型

金字塔底部的知识领域可以比作计算机存储器中的数据文件；各种信息以图式或动态信息的方式被存储，使我们能够对生涯问题解决和决策制度中的信息进行处理和加工。比如在有关职业及职场的知识领域，如果对工程师这一职业有更多了解，我们就能开发出更加完善、更加详细的有关工程师的任务、技能、兴趣等的图式；同样，在自我知识领域，如果我们做过兴趣测验，就会对自己的兴趣倾向有更清楚的了解。

金字塔的第二层“决策制定技能领域”用以指导我们如何进行决策，具体包括进行科学决策的五个阶段（见图 1—4）。这个环节可以比作用来进行数据处理的计算机程序。

CASVE 循环包括五个阶段：沟通（communication）、分析（analysis）、综合（synthesis）、评估（valuing）、执行（execution）。在 CASVE 循环中，沟通阶段是指个人发现职业理想与现实之间存在差距，意识到“我需要作出一个选择”，是决策的开始。这一步往往伴随着焦虑和痛苦，是一个由平衡到不平衡的觉醒过程。例如，许多大一同学在接触职业生涯规划之前认为上了大学只要好好学习、认真读书就可以了，从没想过将来做什么工作，或者觉得找工作是很遥远的事情。在了解到职业生涯规划不仅与就业及创业相关，还涉及自己多个人生角色的安排后，他们意识到，要对大学生活进行整体规划，及早开始职场准备，于是开始思考生涯的目标与意义、向哪个方向发展等问题。当问题出现以后，进一步细化问题、明确问题，便完成了沟通阶段的任务。

在分析阶段，决策者要对理想与现实之间的差距进行分析，将问题的各个部分联系起来，对现状进行评估，对所有的信息进行分析，了解自己及可能的选择，其中还包括确认所要作出的决策——决策的性质、具体的目标、决策的标准，等等。

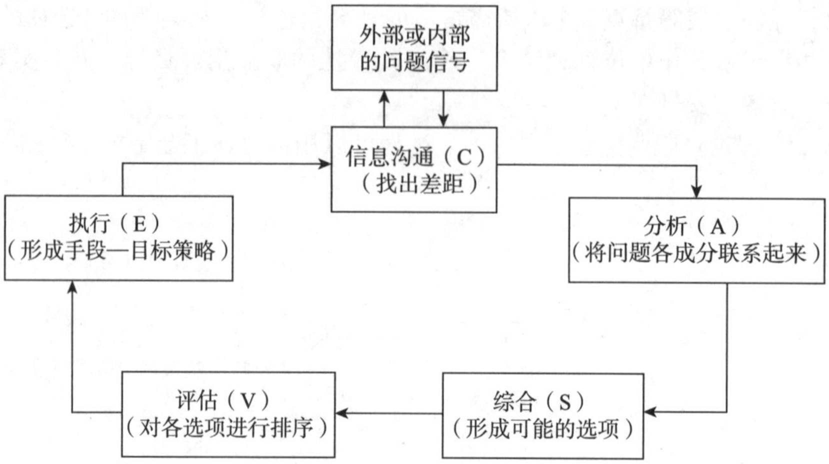

图 1—4　信息加工技能的 CASVE 循环

不少人将目标与达到目标的手段相混淆，比如为了学历及毕业证书而读书，但提高学历、获取毕业证书只是提升工作技能的过程，而非职业发展的最终目标。事实上，决策过程中最容易出现问题的是分析阶段。许多人倾向于用简单化的方式得出结论，直接采取行动，比如并没有考虑出国留学或考研的目的就开始盲目行动。这样的决策未能真正弄清问题的关键，也未能收集充足的信息，往往并不能得到很好的执行。

在综合阶段，会综合、加工上一阶段提供的信息，从而制定消除差距的行动方案。其核心任务是确定“我可以做什么来解决问题”，是一个扩展并缩小选择清单的过程。首先，扩展消除差距的各种选择，尽可能多地找到消除差距的方法，发散地思考每一种方法，甚至采用头脑风暴进行创造性思维。然后，减少有效方法的数量，通常缩减到 3～5 个选项，这是我们头脑中最有效的记忆和工作容量的数目。

在分析和综合阶段中包括对信息和决策过程的核查，其标准是：差距是否已经被消除。

在评估阶段，需要对行动方案进行评估，从而作出一个选择（职业、专业或其他）。此时，好的问题解决者会选出一个最佳选择，作出情感上的承诺去实施这一选择。一旦第一选择出于某些原因不能成功，在评估阶段排在后面的那些选择也是合适的备选方案。

在执行阶段，会实施选择，把思考转换为行动。在此阶段要将手段与目标相联系，并确定一系列步骤以达到目标。

此外，CASVE 循环是一个不断重复的过程，在执行阶段之后，生涯决策者又回到沟通阶段，以确定已经选取的选择是不是最好的，能否最有效地消除理想与现实间的差距。

CASVE 是持续的过程，不是单个事件，成功地完成决策过程依赖于五个阶段中每一个阶段的成功。

金字塔的顶端是执行加工领域。这部分好比是一种工作控制功能，指导金字塔第二层的各种程序将以何种顺序进行运作。比如，你可能会考虑在确定职业及进入哪类机构（企事业单位）工作之前，先着手解决所学专业方面的问题；或者你可能先考虑自己喜欢的生活方式（如不喜欢坐班、希望能经常旅行等），再进行职业选择。这些想法将主宰我们决定为实现自己的目标而奋斗的时间与方式以及解决职业生涯问题的途径，同时，这些想法也能够帮助我们弄清楚自己在何时能够实现目标。

元认知由三个部分组成：自我觉察、自我对话、监督与控制。

成为一个有效的职业决策者意味着“个人能意识到自己就是任务执行者”。自我觉察是指个人能在从事信息加工任务时意识到自己的感受，意识到哪里出了问题，哪里需要改进，以适时地进行调控。

自我对话指能够对自己的决策过程作出评价。积极的自我对话往往表明自己在这个领域是能够胜任工作的、有能力的。积极的自我对话有两点好处：一是产生积极的期待；二是强化积极的行为。消极的自我对话会导致职业决策出现问题，因为它干扰了信息加工的有效性和效率。

同时，良好的问题解决和决策包括了解何时前进和何时停下来收集更多信息，还包括对决策中的强迫性和冲动性进行认真的权衡。强迫性决策导致穷思竭虑和漫无边际的信息加工。优秀的决策者能够觉察出何时需要更多的信息，以便更好地了解存在的差距及各种选择，他们也能知觉到自己准备作出选择和承诺的时间，做到自我监督与控制。

每个人都拥有自己独特的信息加工金字塔。个人信息加工金字塔的特征能够提供此人解决生涯问题及进行生涯决策的有效性方面的信息。你的金字塔是怎样的？是知识领域强大但决策技能部分薄弱吗？其结构是否会随着你自身和职业方面新知识的增加而发生变化呢？在执行加工领域，你的思维质量如何，是积极的还是消极的？在职业生涯的各个阶段，我们都需要回答类似的问题。由于我们不断接受外界的信息，不断重新认知自我，我们的信息加工金字塔的内在构成也随之不断调整。

总之，CIP 理论是帮助我们学会如何解决生涯问题和进行生涯决策的简单而有效的方法，它强调在进行决策时如何定位、存储和使用信息，因此改善了生涯发展。本书以此作为制定职业生涯规划的主要理论框架。

1.4　大学生的职业生涯如何规划

一位上完职业生涯规划课的大一同学写道：“刚进大学，新奇之外就是茫然：首先，现在的专业是被调剂来的，不知道怎么学；其次，对自己未来的职业规划就没考虑过。所以进入大学后不仅环境让我迷茫，还有一个问题始终困扰着我——为什么上大学？”一位大二同学是这样总结的：“初入大学的兴奋，随即到来的不知所措，然后是长期深陷的迷茫；前路如何，少有人告诉你。”一位大四同学在回顾自己的大学生活时写道：“其实刚步入大学殿堂时，除了新奇，我十分迷茫，甚至可以说失去了动力。从高考的压力中解放出来，想得更多的是放松而不是朝着未来努力。在这个千变万化、绚烂多彩的世界，有太多的东西吸引着我的注意，让我跃跃欲试，有时候时间在抉择之间就悄悄溜走了。到最后，光有一身蛮劲，却不知道该往何处使。”

根据笔者在两家特点迥异的高校 20 多年的教学经验，“迷茫”确实是很多同学刚刚进入大学时的感受。在度过了最初的迷茫期后，同学们开始结合自身的情况认真思考自己未来可能的选择。虽然由于尚未掌握实际的方法，难以立即做出切合自身特点的选择，但对未来的预期很大程度上消除了刚入大学时的不安与惶恐。不少高校已经尝试为大学新生提供关于未来职业发展方向等方面的引导，帮助新生明确目标，重新找到努力的方向和前进的动力。

我们这个时代造就了很多风云人物：政界的李克强，科技界的袁家军、施一公，商界的李彦宏、俞敏洪……二三十年前，他们都还是风华正茂的大学生，虽然他们在大学时代的表现不尽相同，但具有共同的特点：将绝大部分时间花在自己感兴趣、对社会有意义的学习和活动中，而非沉湎于“杀时间”的各种游戏活动。他们的大学生活，为其后来在各界的成功发展奠定了非常坚实的基础。

从这些成功人士身上，我们能学到什么？成功人士是如何炼成的？这里，笔者借用人们熟知的黑箱理论进行分析。

黑箱又称黑匣子，是指那些既不能打开又不能从外部直接观察其内部状态的系统，只能通过信息的输入输出来确定其结构和参数。黑箱方法从综合的角度为人们提供了一条认识事物的重要途径，尤其是对某些内部结构比较复杂的系统，以及迄今为止人们的力量尚不能分解的系统，黑箱理论提供的研究方法是非常有效的。

黑箱理论认为，自然界中没有孤立的事物，任何事物间都是相互联系、相互作用的；即使人们不清楚黑箱的内部结构，仅注意到它对于信息刺激做出何种反应，注意到它的输入、输出关系，也可对它做出研究。如果能设计出一个系统，在同样的输入作用下，其输出和所模拟对象的输出相同或相似，即可确认实现了模拟的目标。在此，信息的输入就是一个事物对黑箱施加影响，信息的输出就是黑箱对其他事物的反作用。

事实上，人们在对信息进行分析和综合时，很少追求结构上的相似性，而总是把握信息及行为功能的观点。比如，父母在教育孩子时会说：“你看看人家小明多用功，期末数学考了 100 分；你才考了 80 多分，还天天想着出去玩。”虽然孩子心里认为自己其实是因为考试时粗心大意而没拿到 100 分，跟平时出去玩关系不大，但也无法反驳父母，以至于有 80 后网友创造出了流传广泛的“感动中国 2011 十大人物——别人家的孩子”：从小我就有个夙敌叫“别人家的孩子”，这个孩子从来不玩游戏、不聊 QQ，不喜欢逛街，天天就知道学习……

父母为什么会这样教育孩子？因为人的大脑是个典型的“黑箱”：我们无法准确判定大脑中的信息处理过程，只能从信息的输入（“不玩游戏、不聊 QQ、不喜欢逛街、天天就知道学习”等行为）与输出（“数学考了 100 分、考上了省里最好的中学、让父母感觉很有面子”等结果）来判定二者之间的关系。

在大学这一相对自由的时期，同学们可以参加多种活动：学习、自习、做实验、参加社团活动、实习/兼职、锻炼身体、旅游、谈恋爱、玩游戏、读杂书、逛商场、闲聊，等等。四年后，大学生可能具备以下部分或全部素质与能力：专业知识、社会知识、人际交往能力、实践能力、创新能力、外语技能、计算机技能、道德诚信、自信心、责任意识、游戏技能，等等。

仔细分析，毕业前找工作时用人单位重点考核、衡量的素质与能力，实际上与同学们大学时参与的各项看上去风马牛不相及的活动有着“输入—输出”关系：学习能让大家获得专业知识、提高英语及计算机水平，旅游、读杂书、实习/兼职可以帮助大家获得社会知识，聊天、参加社团活动有助于提升人际交往能力，等等。

同时，由于大学时代要学习的内容很多，学习特点也与中学时代不同，我们要掌握新的学习方式，有效地学习。

研究表明，学习方式不同，取得的学习效果是不同的（见图 1—5）。中小学期间，我们主要的学习方法是阅读、听讲、观察等，学习效率最多能够达到 50%。进入大学，我们需要尽快学会通过参与讨论、实践等活动更有效地学习。

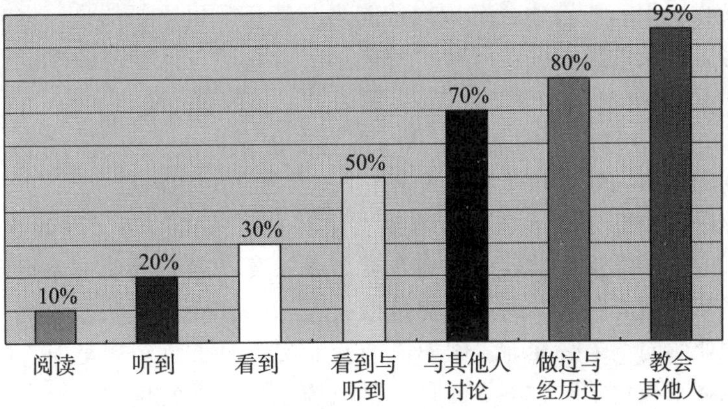

图 1—5　各种学习方法的效果对比

什么样的大学生活最精彩？首先请同学们确定自己所希望具备的“输出项”，再反推“输入项”，根据自己的目标进行规划，采取正确的学习方法，以期有一个精彩的、不给未来留遗憾的大学生活。

再次考虑前面的问题：你为什么上大学？

如果你是为了享受自己十余年寒窗苦读的成果，注定会失望。一张名校的录取通知书，甚至名校的毕业证，都不能保证你获取一份令人满意的工作。

如果你看重教育，希望实现“不断地学习新理念和新技能，迅速成长”、“成为一个受过大学教育的人士”的目标，可能需要像中学时代那样刻苦学习，并且还要努力适应大学新的学习特点。

如果你希望利用大学的专业优势，为将来在自己感兴趣的领域成为专家打下良好的基础，就需要及早确认自己的兴趣，了解自己所感兴趣的岗位对从业人士的要求，向专业课教师请教，最好能够在本科阶段参与导师的研究实践，而且可能要做好攻读硕士甚至博士学位的准备。

如果你希望“不要过于依赖家人，更加独立”，就需要让自己在经济上尽早独立。没有经济上的独立，单纯谈论“人格独立”是不现实的。俗话说：“拿人家的手短，吃人家的嘴软”，何况生活全部倚靠他人（哪怕是自己的父母）。不少同学进入大学后发现周围有的同学“很穷”，甚至靠助学金及贷款维持学习与生活，殊不知，作为独立的社会个体，几乎所有的新同学都是穷人：既然不是靠自己的劳动创造价值、获取收入，接受父母的资助和接受社会的资助有什么区别?

如果你希望“结交更多的新朋友”及“有新的体验和经历”，就不能在大学期间只顾埋头学习，而要多参加一些社会工作、学生会活动；即使是学习，也要多选修一些其他院系、专业的课程，以结识不同背景、专业的同学、老师及校友。

如果你希望“毕业时能找到一份好工作，有较高的社会地位且收入不菲”或者“将来在社会上找到最适合发挥自己能力的位置/职位”，那么你要做的事情就太多了：首先要全面地了解自己——性格、兴趣、能力、特长，同时要了解哪些职业既有较高的社会地位又收入不菲，最适合发挥你的能力与特长，更重要的是，你需要了解如何通过自己的努力满足这类职位对应聘者的要求，以及通过何种途径才能让招聘者发现你、认可你。

…………

以上提到的这些内容，其实都是大学生职业生涯规划的内容。

现实情况是，大部分同学在高考填报志愿时主要依据的是父母或者老师的建议。甚至有“90%的中国学生大学攻读的专业类型是在高考报名的前一天确定下来的”这样的说法。当然，也有些同学高考时就是根据自己的职业倾向填报志愿的，不过，那时确定的“职业倾向”未必准确。比如，笔者上初中时了解到居里夫人的事迹，非常敬佩她，立志将来当化学家，中学时期化学成绩也一直非常优秀，但在填报高考志愿时被老师和家长劝阻了，只好很不情愿地临时改换了其他工科专业。然而多年后，在学习了职业生涯规划的有关知识后才明白，自己真正的职业兴趣与化学研究工作几乎南辕北辙，假如我当初真的报考了化学专业，即便顺利地通过了各门专业课考试，拿到了毕业证，也很难想象自己能够在该领域做出令人满意的成绩。在教学和咨询中，笔者也发现不少从小立志从事科研工作，报考了科研能力强的著名大学的相关专业的同学，其职业兴趣乃至性格、能力等方面的个性特征，并不支持其在该领域的研究中取得优秀成果。

说到这里，有些同学已经明白了：明确自己的职业倾向，要结合自己的个性特征。完全正确！如果不顾个人的实际情况，仅仅凭借对某位偶像所从事职业的向往而选择专业/职业，很可能付出了非常大的努力，却无法取得预期的成果。

在全面了解自己的个性特征，并据此明确了自己的职业倾向后，接下来的问题是尽快找到帮助自己实现职业理想的平台，即确定自己毕业后的专业目标。

在我国大力发展市场经济的今天，不少同学向往未来从事商业管理工作；尤其是在政府倡导“大众创业、万众创新”的大环境下，一些同学希望在学习期间就创业、当老板。然而，一个没有实际工作经验的应届毕业生直接从事管理工作是不现实的。有此大志的同学，首先应去了解自己非常钦佩的商界精英们是如何做到目前这个位置上的，他们的第一份工作是什么。这也可能是同学们职场的起点。同时，创业对人的创新性、抗挫折性及风险意识等有特别的要求，也非大部分人所适合。

大致了解了自己可能从事的职业范围后，还要考虑如何以最佳方式实现自己的职业目标等问题。同学们需要尽早了解自己的目标职业的任职资格，分析具体岗位所要求的素质能力中，哪些属于生理、遗传及早期教育所形成的人的个性特征，是难以改变或调整的，哪些是可以通过自己的学习、实践培养与提升的。这样，就可以在大学期间有针对性地参加相关的活动。

当这一切都完成时，同学们也临近毕业，该找工作了。目前我国大学生就业采用的是求职者与用人单位双向选择的模式，同学们可以通过校园招聘会了解用人单位需求、投递简历，也可以通过社会招聘会、公司网站及亲友介绍等获得招聘信息、争取面试机会。求职本身也需要相应的技能，需要大家提前了解、练习。

有同学说：我不打算本科毕业后就工作，要先读研究生或者留学，现在还需要做职业生涯规划吗？对于这部分同学，需要回答的一个问题是：你为什么要读研/留学？这个问题与“为什么读大学”相似。就像一位同学在结课作业中谈到的：“在这个本科教育已经普及的时代，我和大多数同学一样，考进大学后的主要目标是将来考研或者出国留学，却从未想过如果没有考上研究生该怎么办，或者研究生毕业后要去做什么。”因为大部分同学理所当然地认为“研究生毕业后，肯定能找到好工作”。这当然是没有经过独立思考、实际调查的一种臆断。本书后面将专门对此进行分析。

因此，“为什么读大学”应该是高考前而非进入大学后要回答的问题；“考研究生/出国留学”也应该是思考了未来职业发展方向后再做的决策，而非一进入大学就确定的目标，否则四年大学就成了高中的延续。欧美国家的绝大多数高中生是在认真思考了这类问题后，决定高中毕业后是否上大学、是否立即上大学、报考哪所大学以及如何读大学（全日制或夜校）的，进而再决定本科毕业后是否读研、是否立即读研。假如同学们在高考填报志愿时由于没有机会认真思考、不能独立做主，或者掌握信息有限而未能自主、理性地选择专业，因此回答不了“为什么上大学”的问题，那么进入大学后则再没有借口回答不了“为什么读研/留学”的问题；无论选择读研还是留学，一定是根据自身的职业倾向、结合自己的职业目标而做出的理想选择，仍需遵循前文提到的决策步骤。

本书的撰写目的正是希望帮助同学们及早掌握科学的方法，全面了解自己的个性特征，发现自身的优势，认知外部世界，根据目标规划多姿多彩的大学生活，毕业时找到与自己的个性、能力最匹配的职位，为自己未来的事业发展打下坚实的基础。

西方的学者及教育工作者，经过百余年的研究与实践，已经形成了职业生涯规划的理论与方法；我国的研究者经过多年的反复实践与研究，借鉴西方的先进理念及理论，也提出了适合我国国情、针对当代大学生特点的职业生涯规划的方法与步骤。其中最核心的内容包括：

- 生涯唤醒（了解职业生涯规划的重要性及必要性）；
- 自我认知（全面、深入地了解自己的性格、兴趣、价值观、能力等个性特征）；
- 职业/职场探索（有针对性地了解自己未来可能从事的职业的各方面信息）；
- 职业决策（按照人—职匹配的原则，根据自己的个性特征及所希望从事的职业领域确定目标）；
- 规划及行动（根据自己的职业目标，规划自己大学的学习生活并根据规划采取行动）。

综上所述，本书对大学生进行职业生涯规划的建议是：首先请同学们理解职业生涯的内涵，明确规划的具体内容，根据生涯决策的信息加工金字塔模型，反复实践信息加工技能的CASVE循环，根据自身特质确定生涯发展目标，并通过持续有效的行动来消除理想与现实间的差距，最终达成自己的生涯目标。

希望同学们能够参照以上步骤，尽早明确自己大学时期的学习目标，科学规划自己的大学生活，度过充实而有意义的本科学习时期，毕业时获取满意的Offer（不论是工作Offer还是研究生录取Offer），最终实现自己的人生理想。

同学们，马上开始行动吧！

本章小结

本章希望通过启发大学生朋友对比大学生活与高中生活的差异，思考自己上大学的目的及未来工作、生活的目标，帮助同学们理清思路，尽快适应大学生活，重新树立大学学习的目标，不要虚度大学时代的美好时光。通过介绍职业生涯规划的基本理念，引导同学们采取科学的方法，规划自己的大学生活以实现各自的人生理想。

课后思考

我上大学的目的：____________________________________；
____。

我在大学期间的学习目标：________________________________。

这学期，除了上课，我希望参加如下活动：______，______，______，______。

推荐阅读

大学期间获得成功的最佳策略

1. 上每堂课。上课可以让你学到知识，与老师、同学互动，使你付的学费物有所值。

2. 成为积极的参与者。准时上课，坐在前排，积极参与、提问，全神贯注。

3. 了解你的任课教师和指导老师。按他们喜欢的称谓称呼他们，在办公时间拜访他们或者给他们写邮件。每堂课早点到，以便更好地了解他们。

4. 知道课程要求。阅读每门课的教学大纲，知道每门课的要求，比如测验方式、论文、学分及参加次数。

5. 加入学习小组。加入学习小组的效果会好于单独学习，你可以与小组成员共同测验、总结，相互学习。

6. 尽早寻求帮助。使用所有可用的校园资源。到学习中心、咨询中心、健康中心与辅导员或导师沟通，一旦发现问题努力寻求帮助。

7. 尽最大努力学习。每学期的前三周尽可能多投入，尽量买好教材，带去课堂，提前阅读。尽早准备论文、发言等，学校中的事优先考虑。

8. 随时随地地学习。在上课前复习笔记，等待上课时、排队时、上床前随时进行复习——经常短时间的复习，比一次性学到半夜效果更好。

9. 在精神状态最好的时候学习。了解自己的精力状态与学习倾向，尽可能在白天进行复习。

10. 承担责任。不要为缺课、没交作业或得分太低找借口。诚实地面对自己，为自己的选择和错误承担责任，并从中学习。

11. 寻求反馈。当获得一个学分成绩时，问一下自己：我从中学到了什么？我是如何学习的？我是如何提高成绩的？是否已经尽了最大努力？根据所学，为自己设定新的目标。

12. 争取更好的成绩。在期中时，对自己的成绩作出评价，想想如何才能得到更好的成绩，参加一些项目或重新考试。

13. 争取额外的学分。通过超出要求或超出期望之外的学习提高成绩，投入到课程学习中，理解并发现学习的意义。

14. 为自己的教育负责。即使老师讲的枯燥无味，你也可以在课堂上学得很好。问一下自己可以做什么，使这门课的学习变得更有效（参加学习小组，请教老师，积极参与）。增强自己对老师教学风格的适应性。

15. 培养所需的素质。想一下，哪些是克服障碍最需要的素质，努力培养。

16. 保持身体健康。如果生病，会影响在学校期间的成功。投入时间锻炼，保持健康的饮食、充足的睡眠，少沾烟酒，远离毒品。

17. 应对负面想法。通过积极的、现实的与有益的自我对话替代消极想法，想象成功，但不要成为完美主义者。若在朝目标迈进的过程中取得小进步，不要忘了犒劳自己。

18. 生活有条不紊。将钥匙等始终放在同一地方，整理重要的材料，将日常事务流程化，减轻自己的压力。

19. 优先考虑学校事务。学会平衡学校、社交与其他活动。

20. 保持与老师的联系。回顾目标及自己的进步。与班主任、辅导员保持良好关系，询问相关要求，不要未经核实就增减课程。

21. 坚持。受到挫折时，保持积极的习惯与策略，直到成功。成功来自每一小步的坚持。保持耐心，坚持不懈。

22. 控制支出。不要因为新衣服、CD、礼物、旅行以及其他非必需的东西负债。教育是保证未来幸福与工作成功的最好投资。要学会存钱。

23. 学习批判性思维，考虑决定的后果。在钱、烟、酒、性等事情上要深思熟虑。在获得情感与经济保障之前不要组建家庭；通过想象做出一些决定后自己会有什么反应，来控制自己的冲动。

24. 要避免成瘾。成瘾会浪费大量时间。问一下自己：遇到过那些成瘾后生活变得更好的人吗？身边是否有人的生活因沉湎于游戏被毁掉？这将是长期影响你的生活的决定。

25. 知道自己是谁，需要什么。去职业指导中心与咨询师交流你的兴趣、价值、目标、人格、学习风格、优势和职业选择意向。要尊重自己的风格，并创造条件取得成功。

26. 创造性地解决问题。想象一下自己本学期的成功与失败。什么可以帮助你变得更成功？下学期你的新目标是什么？克服困难的创造性想法是什么？如何解决问题，而不是任由问题一直存在？

27. 奉献。寻找可以让你贡献时间和才能的机会。在课堂外做些什么以服务于他人，并和学校教育形成互补。

28. 尊重自己与他人。当其他人的观念、做法和你不同时，支持、容忍、尊重他们。了解不同文化与不同观点。尊重自己，扩展友谊，与积极、成功、喜欢学习、支持尊重你目标的人交朋友。

29. 感恩。想一想你生活中拥有的：健康、家庭、朋友和机遇，你有如此多可以帮助你成功的资源。

30. 实践。牛顿第一运动定律指出，物体一旦开始运动，在不受外力作用的情况下，会一直保持匀速直线运动。所以从现在开始，不断向目标前进。

资料来源：摘自《卓越表现——从大学到社会》，有删减。

中国大学生最应该掌握的三个英文单词

现在我国的年轻人读到大学，学习英语往往已有10年以上。然而，下面提到的三个英文单词，仍有不少同学不知道，至少是不完全理解。

第一个是trade-off，《大英汉字典》的解释是“物物交换、交易；权衡”；它是由动词词组trade off演化来的，后者的意思是“不时地交替换位；以……作为交换”。其实，对应这个词的更贴切的汉语似乎是“甘蔗没有两头甜”。可惜，很多同学不明白：没有去听课或课后作业经常没有认真做，高等数学就有可能成为你上大学后，乃至你此生第一门挂掉的课；遇到“苛刻”的老师，哪怕你是因为去听党课而缺课太多，你也有可能不被允许参加结业考试，拿不到那门课的学分——政治上追求进步并不意味着你有逃课特权，党章没有规定学生可以不上教学计划规定的课程而去听党课。你的trade-off是：要么晚些“进步”学完全部的课程；要么做个“追求进步”的半吊子。

更大的 trade-off 是：要么大学四年轻轻松松混个毕业证，但大学毕业时找不到像样的工作；要么及早打定主意，参加实习以争取本科毕业后就找个好工作，抑或提前选好喜欢的专业，认真复习考取研究生。90 后最经典的惊人之语当属“嫁人就嫁（有钱的）黄世仁！喜欢大春，就把大春当情人好了”。令人可笑之余感到悲哀：早在 2 000 多年前一个中国待嫁女子就说出了“东家吃、西家住”的相亲 IN 语，还被东汉学者应劭在《风俗通义》记下来，流传了千年，成为不懂得 trade-off 的典型案例。所以，我一直怀疑这段 90 后惊人之语是无聊者的杜撰。倘若真是女孩子自己说出来的，这里还是要提醒一下：且不说黄世仁把喜儿抢去抵债并不是做太太，而是当通房丫头，白天的活一点儿不少；若与大春保持情人关系（假设大春同意的话），被黄世仁发现，活活打死应该是最轻的惩罚吧！总之，“出来混，迟早是要还的”，所以，还不如每件事都 trade off，免得最后还不起。

第二个是 make sense，通常直译为“说得通”，一位朋友说他理解为“在理”，感觉很贴切。在美国，好像特别讲究 make sense：一个很有辩才的律师如果让人感觉 make sense，把陪审团说服了，就能判一个被告有罪或者无罪释放。不过，对于我国的很多大学生朋友而言，他们做的事没有什么“不在理”的，道理怎么说不是说啊？现在的问题是很多同学没有做事情时自问一下“是否在理”这根弦，而是事后再找些牵强的借口来给自己打圆场。

第三个是 reasonable，可以翻译为“靠谱”。记得刚进外企那阵，老板向我介绍公司的规章制度，谈到出差期间的饮食标准时用过这个词：“只要 reasonable，都可以报销。”这考验的是员工的诚信。所以，reasonable 是个可以上纲上线的词儿。

我的理解：reasonable 与 make sense 是有关联的——事情如果 reasonable，往往能够 make sense；而事事都能考虑 trade-off，不大可能太不靠谱。充分理解这三个词并在行动上体现，应该能成为一个靠谱的人，也基本上可以算是一个成熟的人。

资料来源：摘自笔者的新浪博客。

我的本科时代

转眼间走完了大学四年，而大一入学时学长学姐热情地迎接我们的画面仍旧不时地萦绕在我的脑海。北航，这个让我疯狂、让我成长、让我崇敬的大学成为我一生中不可磨灭的印记。在这里，我有过快乐与活力，也有过失落与浮躁，但是我终究收获了许许多多，让自己更加坚定了一个信念：踏踏实实做事是做人的根本。

大一：心高气傲，投机取巧

我的大学是很浮躁地开始的。那时候我的脑子里只有自己的小打算，却很少付诸实践。在社团联合会，每次开会我都发表不少意见，真正到做的时候却退缩了，甚至连个传单都不愿意发。学高等数学，上课不好好听，下课也不写作业，要交作业了赶紧找学委抄一下。最后临时抱佛脚，找人辅导，勉强通过了考试。在寝室，我也是比较懒的一个人，冬天的热水要么找别人帮我带，要么直接用别人的，嘴上总说下次帮别人打水，却从来没有兑现过。

总的来看，大一我的索取多于付出：我希望从社团索取职位，希望从学长那里索取帮助，希望从同学那里索取小便宜，希望从老师那里索取高分。只是这些索取并没有相应的付出，更多的是自己准备捡天上掉下来的馅饼。这种外在的行为是自己内心的一种反映，当时却没有意识到自己是那么吝啬与功利。当然大一学年的结果并没有如我所愿：所有的社团管理层都没有接纳我，我的学习成绩差得让自己抓狂。生活方面，我也没有让自己很好地融入集体，一个人活得辛苦而孤独。这一切给了我火辣辣的一巴掌，让我静下心来好好思考自己的所作所为。不劳而获的思想和拖沓的执行力是阻碍我前进的最大阻力。我应该好好改变自己了。

大二：踏实做事，改变自我

经过整整一个暑假的反思，大二开学后，我开始尽可能少说多做。我负责学院学生会会务部的事务，事情琐碎，都是些物品摆放、人员引导之类的活，却很重要，因为每一次都会有学院领导出席。我尽量考虑周全，部署周密，弥补漏洞。这样的经历让我形成了小心谨慎的做事风格。学习上，有时间就跑去上自习，同时每天坚持背英语单词，一年下来我把托福和雅思的核心词汇都背完了。

大二学年，我还负责“梦拓计划”的相关工作，学弟学妹们一口一个“学长”喊得亲切，他们和我讲自己的人生经历，和我谈天说地，和我分享喜怒哀乐。我尽己所能帮他们解决问题，看到他们的笑容，我觉得自己的价值得到了体现。我突然有了一种被人需要的感觉。学期结束时，当我的组员说我对他们影响深刻，我忍不住哭了，其实是他们改变了我，让我知道全心全意地付出原来如此快乐，被人需要是多么令人满足。情感的纽带一旦建立，将是人生的一大财富。我的付出逐渐有了回报，成绩逐渐提高，各项工作也得到了学院领导的认可，而我的梦拓组员到现在也时常联系。

大三：不负所托，积极进取

大三开学后，我开始考虑本科毕业后干什么，突然发现自己没有实习经历，也没有特别突出的表现。和家里人商量后，我对自己的短期规划是继续读研究生，备选方案是直接就业。大三的整个基调就是稳定：学习上保持状态，学生工作做好，生活上开朗快乐。那时的我没什么太多的想法，唯一有些急躁的就是不清楚自己未来的路在何方，对此有些担忧。有时候空闲了，想着当个老师确实不错，传播正能量，传播知识。但是转念一想，如果我真的是这么想的，倒也不必拘泥于老师这个职业。

好在有了大一时的教训，我空想的时间少了，干活的时候多了。我受院长的委托，负责学院整体梦拓计划的实施；得到职业发展中心老师的肯定，负责研究生职业生涯规划讲座的安排；得到辅导员的培养，负责大班宣传新闻稿的撰写。同时，自己在学习上也没有落下，本专业课程都取得了优良成绩，还选修了几门自己感兴趣的图形学和声乐艺术课程，并积极参加了学校和学院的党课，大三结束时成为一名预备党员。平时有空，我还常去清华、北大、人大听金融方面的讲座，了解当前的前沿信息。大三学年，充实而又快乐，因为我做着自己喜欢做的事情，同时我也不愿意辜负这么多人对我的信任。

大四：新的篇章，新的征程

大四刚开始时，我没意料到自己会被保研，毕竟虚度大一，平均成绩处在比较尴尬的位置。后来，颇有些侥幸地保研成功了。我开始重新规划自己的生活。想起有些浑浑噩噩的大一和忙碌的大二大三，我希望大学第四年有意义地度过：读读书，出去走走看看，然后找一份实习工作，把毕业季走完。当时心态十分轻松，没有了任何约束，也不用为任何事情担心。

只是大四下半学期，出乎意料，我又回到沙河成为 2014 级本科生的辅导员。这是学院领导和老师对我能力的认可，也是对我个人的一种挑战。决定接受这个挑战可能与我大三想过当老师有些关系。由于没有足够的心理准备及管理经验，开始的那段时间可以用“混乱”来形容。现在回头来看：恰是那段时间，让自己又快速成长了。

结语

我的大学本科基本圆满，虽然一路走来并非一帆风顺，但是并没有影响我对生活的热爱、对未来的乐观。我不断地总结和提升自我，让自己变得更好，也通过自己的工作，让别人变得更好。我想这四年的经历总结起来不过是：踏踏实实干活，快快乐乐生活；不要对生活投机取巧，因为生活就是别人对你的写照。

作者木火为北京航空航天大学经济管理学院 2011 级本科生，2015 级硕士生。

第二编

自我认知与职业职场探索

第 2 章 自我认知

名人名言

知人者智，自知者明。胜人者有力，自胜者强。

——老子

最不了解自己的人，总认为自己最了不起。

——波恩

学习目标

本章内容是CIP金字塔底部左下角部分的“自我知识”。通过本章的学习，同学们能够认识认知自我对于职业生涯规划的重要性，了解认知自我的重要内容，掌握认知自我的多种途径，对自己的人格特征、职业兴趣、素质能力、工作价值观具有基本准确的了解，并将其与职业职场基本匹配。

目前国内的学生在高考填报志愿时，老师、家长的意见非常重要；即使是那些以第一志愿被录取的同学，很多人也并非按照自己的兴趣选择专业的；同学们自己填报的专业，不少是在了解信息不全面的情况下盲目选择的；同时，高考录取中调剂志愿的现象也很常见，有些“冷门专业”，超过2/3的同学都是经调剂录取的。

因此，相当多的同学进入大学后对自己的专业不太满意，但又不知道自己真正喜欢的专业是什么。在选修了职业生涯规划课并在课堂上做了一些简单的测试后，有些同学会根据测试结果提出调换专业；更多的同学只能明确自己不喜欢目前的专业，却不能确定自己到底喜欢什么专业。

如果在大学期间没有解决自己的兴趣与所学专业的匹配问题，这个问题将影响同学们对工作的投入与事业的成功。其实，除了兴趣外，人格类型、价值观、个人素质、能力结构等，都会影响个人的职业成功。

因此，自我认知是个人成长中非常重要的环节。现在，让我们一起借助游戏和测试，通过有关认知的思考，更加深入地了解自己吧！

2.1 自我的内涵

一个人是由外在自我、心理自我和社会自我三方面构成的（见图2—1）。

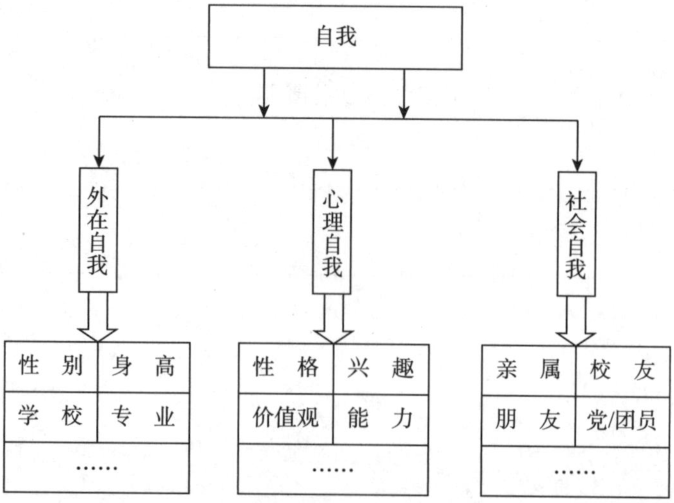

图2—1 职业自我的结构

外在自我指的是人们可以直接观测到的自我因素，是自我中最为凸显的部分，又分为身体特质和身体外特质两类。身体特质由物理实体构成，表现为身体特征，包括性别、身高、体重、外貌、视力等，基本可以通过观测或物理测量获知；身体外特质也称延伸自我，即日常生活中所说的“我的……”，如名字、家乡、学校、专业等。提到延伸自我时，我们往往会产生特定的情绪，例如在人群中听到自己的名字时，会迅速环顾四周；在看一张集体照时，会迅速找到自己的位置；向别人介绍自己的家乡、母校时，亲切、自豪之感会溢于言表。

外在自我属于个人基本信息，是求职时首先要关注的方面，这是因为不同的职业有不同的要求：比如从事教育工作要求口齿清晰，从事客户服务工作要求五官端正，从事食品行业要求无传染性疾病，等等。一些特殊职业往往有更严格的要求。

心理自我指的是自身内在因素，无法直接观测得知，具体包括三个部分：

（1）心理自我的动力系统——我为什么喜欢从事这份工作？为什么有人喜欢做教师，有人则喜欢做软件设计师？为什么有人工作干劲十足，有人则总是无精打采？原因在于个体的动力倾向不同，这涉及兴趣、价值观等心理因素。探索心理自我的动力系统，可以帮助我们找到让自己兴奋的职业领域。

（2）心理自我的效能系统——我能胜任这份工作吗？为什么有的人与人沟通驾轻就熟，面对电脑却常常束手无策？为什么有的人操作机械游刃有余，组织策划却毫无章法？原因在于每个人的能力不同，这涉及潜能、技能、自我效能等，这些因素构成了个体的效能系统。探索心理自我的效能系统，可以帮助我们弄清自己擅长的职业领域。

（3）心理自我的风格系统——我适合做这份工作吗？为什么有的人工作起来雷厉风行，有的人则慢条斯理？为什么有的人常常注意到细节，有的人则擅长发现潜在的信息？原因在于人的风格千差万别，这涉及气质、性格等。探索心理自我的风格系统，可以帮助我们弄清自身适合的职业领域。

求职时，外在自我只是应聘的第一道门槛，心理自我其实更重要。不同的岗位对应聘者的心理自我的要求也是不同的：比如工程设计要求严谨创新，财务管理要求细心缜密，市场营销要求灵活多变，客户服务要求耐心热情，等等。

同时，我们都生活在社会中，属于社会人。正如德国著名诗人歌德所言，人不能孤独地生活，他需要社会环境。每个人都会逐渐发展出复杂的社会自我，涉及家庭关系、朋友关系、职业群体、党群组织关系等，它隐藏于个人身后，对职业选择和发展起着支持或制约作用。对大学生而言，家庭中有亲子关系，学校里有同学关系和师生关系，还可能存在共青团员或共产党员的组织关系……这些构成了社会自我。

总体而言，职业自我包括外在自我、心理自我及社会自我。与心理自我相比，外在自我和社会自我较为客观，也相对容易探索明确。所以，本书主要讨论对心理自我的探索，在下面的章节重点介绍探索心理自我的具体内容和方法。

2.2 性格类型及其与职业的关系

分析心理自我，首先要分析性格。谈及同学朋友时，我们经常会听到："她性格特别好！""我很喜欢他的性格！"不过，当仔细问及"好性格"的标准时，不同的人回答竟大相径庭！有同学说："他很爽快，做事不拖泥带水。"有的答："她性格很温柔。"有的说："他为人很宽厚。"有的则说："她善解人意，有不开心的事情，跟她谈过后心里感觉好多了。"不一而足。

由此我们可以知道：好性格是相对的；朋友之间，彼此性情相投，就会接纳、喜爱对方的性格。

性格的形成受到遗传、生理、父母养育方式、生长地的文化习俗、学习经验等多方面因素的影响，一旦形成，具有独特性、一致性及相对稳定性。俗话说，江山易改，本性难移。人的一生被某种性格类型所支配，从而形成相对稳定的不同于其他人的独特的行为方式，两个不同性格的人即使从事同一工作，其处事方式及心理感受也是不同的。

古希腊医生、哲学家希波克拉底（Hippocrates of Cos）在公元前4世纪第一次提出"性格"这一概念，并区分了人的四种基本性格类型：多血质、抑郁质、胆汁质和黏液质。虽然气质类型的分类方法不尽科学，但两千多年来还是得到了广泛的认可，也为近现代人选择合适的职业提供了一定的依据。

随着现代心理学的发展，人们对性格的研究更加深入细致。现代心理学中性格类型的概念由著名的瑞士心理学家荣格（Garl G. Jung）于1921年提出。他认为，如果了解了人们的潜在心理活动和性格偏好，就可以预测其行为，于是提出了三种性格偏好维度。美国的凯瑟琳·布里格斯和伊莎贝尔·布里格斯·迈尔斯（Katharine Briggs and Isabelle Briggs Myers）母女发展了荣格的性格类型理论，将性格偏好维度发展为4种，将性格类型发展为16种，并且将这一理论运用到职业选择的实践中，通过大量的个案分析，总结出与不同性格类型相对应的职业体系，制定了迈尔斯-布里格斯性格类型指标（Myers-Briggs Type Indicator，MBTI）测评系统。这个测评系统目前被广泛应用在职业生涯规划与指导过程中，帮助求职者找到与其性格类型相匹配的职业，很多知名的外企也在进行员工培训及新员工岗位配置时使用。

MBTI有四个子量表，分别是：内倾—外倾（I-E），感觉—直觉（S-N），思维—情感（T-F），判断—知觉（J-P）。

第一个维度：根据个人的能量更集中地指向哪里，分为内倾型与外倾型两种类型（I-E）。心理学以人自身为界，将世界分为外部世界和内部世界。外倾的人倾向于将注意力和精力投向外部世界，热衷于个体间或群体间的交往，常常被外界的人和物吸引，喜欢大量的活动；内倾的人则将注意力和精力集中于自身的内部世界，喜欢独处或小群体间的社交，通常会避免成为关注的焦点。两种类型的区别是广泛而明显的，个体在自己偏好的世界里会觉得自在和惬意，到相反的世界中则会感到不安与疲惫。

我们来认识两位同一专业、住同一宿舍的大学好友林枫和李妍。在后面几个维度的分析中，我们继续以她们为例。

林枫是个精力充沛的活泼女孩；她上课喜欢坐在前排，老师提问时她一般都会积极发言，即使对答案没有把握。她与班里的大部分同学关系都不错，遇到开心的事情，会与同学们分享。林枫很喜欢参加集体活动，尤其是能够认识高年级及外系同学的聚会，聚会回来后还会兴奋很久。

李妍是个文静的女孩，虽然经常在宿舍熄灯后还通过网络与中学同学聊天。她喜欢坐在教室后排靠边的位置；上课老师提问时，如果没有点到她的名字，她是不会主动发言的。遇到开心或者不开心的事情，她往往只是与林枫说起或通过网聊告诉朋友。除了林枫，她与宿舍及班上其他同学的关系都不是很亲密。她有时会被林枫拉着去参加一些聚会，回来后往往觉得非常疲惫，恨不得赶紧上床一个人静静地休息一会儿。

对比外倾型与内倾型性格的特征（见表 2—1），显然，林枫的性格属于外倾型，李妍的性格属于内倾型。

表 2—1　　内倾型性格（I）与外倾型性格（E）的特征比较

外倾型性格	内倾型性格
与他人相处时精力充沛	独自度过时光精力充沛
喜欢成为注意的中心	避免成为注意的焦点
行动，之后思考	思考，之后行动
喜欢边想边说出来	在心中思考问题
随意地分享个人情况	更封闭，更愿意在经挑选的小群体中分享个人的情况
说的比听的多	听的比说的多
高度热情地社交	不把兴奋说出来
反应快，喜欢快节奏	仔细考虑后才有所反应
注重广度而不是深度	喜欢深度而不是广度

生活中这两种类型的人都很多，也有不少同学同时具备部分外倾特征及部分内倾特征。在平时的工作和生活中，不论是外倾型性格的人还是内倾型性格的人，都会面临需要自己适应的情形，比如，外倾型的人在很多权威人士面前发表意见时，应尽量先思考再寻找合适的机会，否则，其意见可能被立即否定；内倾型的人在面对需要尽快解决的问题但其他同事的资历、级别均低于自己时，必须尽快拿出解决方案、当众表达。我们需要做的是清楚自己在哪种情况下自我状态最好，将来应尽量寻找能令自己状态自然的工作环境。

第二个维度：根据个人收集信息的方式不同，分为感觉型与直觉型两种类型（S-N）。

平时两个人聊天，如果林枫要告诉李妍一件事，往往三言两语就说完了，李妍则会追问好几个“还有呢”。有好几次都把林枫问烦了：“就这些，没有了啊!”可李妍告诉林枫一件事时，往往从头娓娓道来，以至于林枫经常会急着问：“最后的结果呢?”有时候，林枫突发奇想，告诉李妍一个想法，李妍觉得不太可行，但又不好直接否定她；思考良久，终于有了些解决思路后跟林枫说出自己的意见，林枫往往会露出有点莫名其妙的表情：“哦？那件事啊。我也觉得不靠谱，还是算了吧!”有几次李妍都有点生气了。

林枫每次拉着李妍去参加聚会，会认识很多人，但能记住名字的没几个；有时候，两人走在校园中，有同学向她们打招呼，林枫热情地回应后会嘀咕一句：“这人是谁啊？看着有点面熟，真不记得是在哪里见过了。”这时，李妍往往会提醒她：“是两周前我们参加机械工程学院组织的新年晚会认识的那位喜欢踢足球的大二学长啊!”

放暑假前，林枫和李妍相约假期分别到对方的家里住几天，也算旅游了。林枫家在武汉，李妍家在郑州；她们分别给对方留了地址，并说明了如何从火车站去所住的小区。林枫的说明很简单：从汉口火车站下车，乘公交车到汉正街下车，往前走一小段路，路口右转往前再走一点儿，再往左转就到小区门口了。李妍则画了一张简图，下面附了详细的说明：从郑州火车站下车，从北出口出站后，过马路到对面乘 72 路公交车，到东风路小铺站下车，下车后顺着马路往前（北）走大约 150 米右转，沿着东风路往东走大约 100 米过马路，对面有个停车场，紧挨着停车场的右边就是金水区政府家属区，李妍家就在进门后的第二栋楼。

对比直觉型与感觉型性格的特征（见表 2—2），基本上可以判断林枫的性格属于直觉型，李妍的性格属于感觉型。

表 2—2　　感觉型性格（S）与直觉型性格（N）的特征比较

感觉型性格	直觉型性格
相信确定和有形的东西	相信灵感和推断
不喜欢新想法——除非它们有实际意义	喜欢新思想和概念
重视现实性和常情	重视想象力和独创力
喜欢使用和琢磨已知的技能	喜欢学习新技能，但掌握之后很容易就厌倦了
留心具体的和特殊的；进行细节描述	留心普遍的和有象征意义的；使用隐喻和类比
循序渐进地讲述有关情况	跳跃性地展现事实
着眼于现实	不愿意维持事物的现状，着眼于未来

感觉型和直觉型的人在面对同样的情形时，关注的中心和依赖的信息通道往往有很大的不同：感觉型的人关注的是事实本身且注重细节，直觉型的人注重的则是基于事实的含义、关系和结论；感觉型的人信赖五官体验到的有形有据的事实与信息，直

觉型的人则注重“第六感”；感觉型的人擅长记忆大量事实与材料，典型的感觉型的人往往能清晰地讲出大量的数据、人名乃至概念、定义，直觉型的人则更擅长解释事实、捕捉零星的信息、分析事情的发展趋向。

两种类型的人各有所长，也都存在不足。感觉型的人既不要因直觉型的人缺乏对细节的关注与把握而感到气恼，也不必为其灵动、敏感而感到不好意思；直觉型的人则既不必指责感觉型的人给出过多的细节而厌烦，也不必在其百科全书式的记忆“功能”面前自叹弗如。我们应该在享受自我性格类型带来的优势的同时，有意识地弥补自身的弱点：直觉型的人可多关注一些细节，感觉型的人则可多留意那些潜在信息。

第三个维度：根据个人做决定的方式的不同，可分为思维型与情感型两种类型（T-F）。

虽然是形影不离的好朋友，但有时两个人对事情的看法很不一样。平时林枫请李妍帮自己做事，李妍尽管有时觉得为难也会尽己所能达成林枫的愿望；可有一次李妍生病，不能去上一门选修课，那位老师管得也不严，李妍就想让林枫代她签到，不料林枫说应该交请假条而不是找人签到，这令李妍很不高兴。复旦大学研究生林森浩投毒致室友黄洋死亡的新闻令二人都很震惊，紧接着，又曝出复旦大学 177 名学生联名写信为林森浩请愿“免死”的消息。对此，林枫在震惊之余感到很气愤：“杀人偿命是天经地义的！况且林森浩在黄洋住院抢救期间一直不肯说出自己的行为，这样的人如果不受到应有的惩罚，还有天理吗？真不知那 177 名学生是怎么想的！”李妍却说：“林森浩后来不也后悔了吗？你不觉得他有些心理问题吗？杀了他，黄洋也活不过来啊。况且他的父母多可怜呀！”两个人各执一词，直到法院判决林森浩执行死刑后，仍是如此。

以上分歧源于林枫属于思维型的人，偏好符合逻辑的决定，往往通过分析和权衡各种信息做出决定，不太习惯根据人情因素变通；李妍属于情感型的人，在做决策时依赖于自我的价值观念，比较关注决策可能给人带来的情绪体验，人情味较浓。思维型和情感型的主要特征如表 2—3 所示。

表 2—3　　思维型性格（T）与情感型性格（F）的特征比较

思维型性格	情感型性格
退后一步思考，对问题进行非个人因素的分析	超前思考，考虑行为对他人的影响
重视符合逻辑、公正、公平的价值；一视同仁	重视同情与和睦；重视准则的例外
被认为冷酷、麻木、漠不关心	被认为感情过多，缺少逻辑性，软弱
认为坦率比圆通更重要	认为圆通与坦率同样重要
只有情感符合逻辑时，才认为它可取	无论是否有意义，认为任何感情都可取
被渴望成功而激励	被获得欣赏而激励
很自然地看到缺点，倾向于批评	容易理解别人，对其缺点不太挑剔

同样，这两种性格类型也并无好坏之分。我们要努力理解和自己不同类型人的做法，尽量避免走入极端：思维型的人经常表现出“公私分明”，甚至能够做到“大义灭亲”，但有时太过强调原则，以至于让人觉得其“不近人情”、“冷酷”；情感型的人往往特别善于共情，很体察别人的难处，但也不要一味地同情“弱者”，以至于失去原则。

第四个维度：根据个人感到最舒适的生活方式，可分为判断型与知觉型两种类型（J-P）。

林枫和李妍刚刚住进同一宿舍时，晚上开“卧谈会”，大家谈起过去十几年的寒窗苦读，都有说不完的话。不过，出乎林枫意料的是，李妍和宿舍的另外一个女孩小时候一直都是放学后先在外面玩，等父母回家、吃完晚饭后才开始写作业；而林枫从小就是放学后很自觉地写完作业才出去玩的。李妍说初三之后作业特别多，可放学后马上就写作业又觉得不甘心，结果经常熬夜写作业；进入大学后作业少很多，感觉好多了。

林枫和李妍都喜欢追美剧。每次新下载一部美剧，林枫总会制定个简单的计划，从头到尾一集不落地看完，如果赶上功课多，她即使熬夜也会看完；而李妍往往先快速地从头到尾把剧情过一遍，再根据自己的感觉，仔细地看那些自己特别感兴趣的桥段，如果功课太忙就先不看了，等忙过那段后，有时间再随便打开一集看，也觉得很过瘾。

林枫做事计划性很强，一旦遇到计划被打乱，就会感到很烦躁；她最讨厌老师临时调课，因为她已经早早地将没有课的时间都安排了其他的事情。对此，李妍颇有些不以为然，经常用“计划没有变化快”来劝慰林枫；她对日程表发生的变化表现得安之若素，总是摆出一副不紧不慢的样子。

判断型的人喜欢有计划、有条理的世界，喜欢有序的生活；他们做事往往一板一眼，目的性较强。知觉型的人往往表现出很强的好奇心和适应性；他们会不断关注新的信息，考虑许多可能的变化因素，更喜欢灵活、随意、开放的生活方式。做决策时，判断型的人比较果断，一旦认为有了足够的信息，就会对新的信息置之不理；知觉型的人总希望获得更多信息后再决断，往往表现出优柔寡断、迟迟下不了决心。

对比判断型与知觉型性格的特征（见表2—4），基本上可以判断林枫的性格属于判断型，李妍的性格属于知觉型。

表2—4　　判断型性格（J）与知觉型性格（P）的特征比较

判断型性格	知觉型性格
做了决定后最高兴	当各种选择都存在时，感到高兴
坚持“工作原则”：工作第一，玩乐其次	坚持“玩乐原则”：先享受，再完成工作
建立目标，准时完成	随着新信息的获取，不断改变目标

续前表

判断型性格	知觉型性格
愿意知道将要面对的情况	喜欢适应新情况
着重结果（重点在于完成任务）	着重过程（重点在于如何完成任务）
满足感来源于完成计划	满足感来源于计划的开始
把时间看作有限的资源，认真地对待最后期限	认为时间是可更新的资源，而最后期限是可调节的

在学习、生活和工作中，判断型和知觉型的人要学会互相欣赏和相互包容：判断型的人既要欣赏知觉型的人“享受生活、活在当下”的态度，又要容忍他们的时间观念不强的缺点；知觉型的人既要欣赏判断型的人的做事果断，也要容忍他们面对计划改变时的不安。

需要指出的是：在同一维度上，人们并不是一成不变的，在日常生活、工作中，也会受其他因素影响而改变一贯的方式。当面临紧急的或期限明确的任务时，知觉型的人会果断起来；当面临具有很大变化的任务时，判断型的人也不得不灵活处事，虽然这些不自然的行为方式会让他们感到压力和焦虑。

将上述每个维度上偏好类型的代表字母组合在一起，就构成了一个人的性格类型；4 个维度、8 个端点可组合成以下 16 种性格类型，你必然属于其中的一种。

MBTI 的 16 种性格类型的具体描述如下：

1. ENFJ 型：外倾、直觉、情感、判断型——“公共关系专家”

优势：尊重各种不同意见，能够促进和谐、建立合作关系；果断而有条理，能够促进群体讨论，是天生的领导者。劣势：倾向于把人理想化；过快地做决定；不善处理冲突、清除表面掩盖下的问题；可能过于个人化地对待批评；可能不注意实际的精确性。

适合的职业有广告客户管理、杂志编辑、电视制片人、市场专员、社会工作者等。

2. INFJ 型：内倾、直觉、情感、判断型——“促进积极变化的催化剂”

优势：善于想出问题的替代性解决方法和创造性方法，能够理解复杂的概念；能促进人与人之间的和谐一致，致力于实现所信仰的东西；乐于帮助他人发展。劣势：思维单一、不够灵活，想法缺乏可行性；过于追求尽善尽美，过于独立；交流方式可能太复杂，令他人不易理解。

适合的职业有特殊教育教师、建筑设计师、职业咨询顾问、心理学家、作家等。

3. ENFP 型：外倾、直觉、情感、知觉型——“任何事都可能发生”

优势：思考富于创新，能够将天赋与别人的兴趣和能力结合起来；能够在感兴趣的领域成功；善于赋予合适的人以合适的任务，能以有感染力的热忱激励他人。劣势：

条理性不足，不善于分清主次顺序；通常不喜欢任何重复或例行的事务，在工作细节的处理上有一些困难；可能会感到厌倦并容易偏离正道；独自工作时经常效率较低。

适合的职业有管理咨询顾问、演员、艺术指导、公司团队培训师、心理咨询师等。

4. INFP型：内倾、直觉、情感、知觉型——“外表淡漠而内心深沉”

优势：乐于为认同的事业而工作；擅长独立工作，能与所尊重的人保持频繁的支持性交流；忠于职守；能够理解他人，与他人单独交流。劣势：制定计划时可能不够实际；如果工作进程没有朝既定目标发展，可能会垂头丧气；在竞争的环境中工作会有困难。

适合的职业有人力资源经理、翻译、服装设计师、编辑/网站设计师等。

5. ENTJ型：外倾、直觉、思维、判断型——“美妙的一切——我负责掌管权力”

优势：有远见，在有机会晋升到最高职位的机构中能够出色地工作；雄心勃勃，工作勤奋，诚实而直率；善于处理复杂且要求创造性的问题，能做出合乎逻辑的决定；能够时刻牢记长期和短期目标。劣势：爱发号施令，工作至上而忽视生活的其他方面；因急于做出决定而忽视一些重要细节；不善于表现出鼓励和赞扬。

适合的职业有公司CEO、管理咨询顾问、政治家、投资顾问、法官等。

6. INTJ型：内倾、直觉、思维、判断型——“能力＋独立＝完美”

优势：富于想象，善于创造体系，乐于迎接创造性的智力挑战；擅长理论和技术分析以及合乎逻辑地解决问题；可以单独做好工作，能够理解复杂且困难的事物。劣势：在创造性的问题解决之后可能会对工作项目失去兴趣；难以与能力不如自己的人共同工作；可能因过于独立而不能适应合作的环境；对于他人的想法可能不够包容，固执己见。

适合的职业有设计工程师、精神分析师、媒体策划、网络管理员、建筑师等。

7. ENTP型：外倾、直觉、思维、知觉型——“生命的倡导者”

优势：运用天才的独创能力和现场发挥能力去解决问题；在连续的、充满刺激的工作中表现最出色；擅长创新和客观公正地分析；自信，只要想做，就能做到。劣势：当创造性的问题解决之后会对项目失去兴趣；不愿做具体工作，不能持之以恒；不喜欢单调重复的工作，坚持以自己的方式行事；经常打断别人说话，会因过分自信而影响其能力发挥。

适合的职业有企业家、投资银行家、广告创意总监、电视节目主持人、大学校长等。

8. INTP型：内倾、直觉、思维、知觉型——“有创造才能的问题解决者”

优势：擅长长远考虑，具有创造性思想；喜欢能够学到新知识、掌握新技能的环境；能一个人工作且全神贯注。劣势：其思想、观点对别人来说过于复杂、难以理解，某些观点不现实；可能因丧失兴趣而不能持之以恒；对琐碎的日常工作缺乏耐心；对别人的情感、批评和要求反应迟钝。

适合的职业有软件设计师、风险投资家、法律仲裁人、金融分析师、音乐家等。

9. ESTJ 型：外倾、感觉、思维、判断型——“关心你的事务”

优势：务实，对既定目标坚韧不拔；善于了解并重视集体的目标；擅长做出客观的决定；在推销或谈判时非常有说服力，坚持不懈；善于看到工作中不合逻辑、不协调、不切合实际和无效的部分。劣势：对不遵守程序的人或对重要细节不重视的人缺乏耐心，不能忍受没有效率的工作；追求目标时总想凌驾于别人之上；对当前不存在的可能性没有兴趣；不虚心听取反面意见。

适合的职业有公司中高层管理者、军官、预算分析师、药剂师、保险经纪人等。

10. ISTJ 型：内倾、感觉、思维、判断型——“从容地工作，并且做好”

优势：遵守既定的规则和程序，所有工作都完成得准确细致；能够专心致志地工作，可以不需要别人的合作独立工作；情绪稳定、可以依靠，能够将工作有始有终坚持做完。劣势：对于改变后的工作系统适应性较差；直到见到实际应用后的结果才肯接受新观点；不喜欢变化，难以理解与自己的要求不同的要求；对自己及自己对组织的贡献认识不足。

适合的职业有天文学家、会计、房地产经纪人、行政管理人员、信用分析师等。

11. ESFJ 型：外倾、感觉、情感、判断型——“我能为你做些什么”

优势：能够与别人建立友好而和谐的关系；工作勤奋、富有效率，愿意为团体尽自己的力量；认真、忠诚，乐于遵守各种规章制度；善于组织，能够记住并利用各种事实。劣势：对批评过于敏感，在紧张的工作环境中容易感到压力；没有得到表扬和欣赏时可能会感到失望；做决定过快，不考虑其他的选择；不能找到新的方法解决问题，固执己见。

适合的职业有零售商、护士、按摩师、运动教练、餐饮业管理人员、旅游管理人员等。

12. ISFJ 型：内倾、感觉、情感、判断型——“我以名誉担保，履行我的义务”

优势：工作热情，认真负责；在有顺序要求、重复性的常规程序的任务中表现出色；细致、全面、注重细节；喜欢为别人服务，支持同事、下属的工作；喜欢用常规方法做事。劣势：低估自身价值，对于自己的需求的判断不果断；经常因兼职太多而超负荷工作；不擅长发现后果的征兆，对突然的变化较难适应；如果认为自己不被需要或不被欣赏，会感到灰心。

适合的职业有内科医生、营养师、室内装潢设计师、特殊教育教师、记账员等。

13. ESTP 型：外倾、感觉、思维、知觉型——“让我们忙起来!”

优势：观察力强，对于事实信息有出色的记忆力；对于完成事情所必需的事项持有现实的态度；对于不同类型的人有很好的适应性，乐于推销和洽谈；擅长创造性的工作。劣势：难以看到行为的长期后果；对于他人的情绪不敏感；对于规则和章程很容易感到受约束，不能容忍行政性的细节和程序；在行动上，对于最后期限和日程表缺乏责任感。

适合的职业有企业家、股票经纪人、土木工程师、旅游管理人员、游戏开发员等。

14. ISTP 型：内倾、感觉、思维、知觉型——“尽我所有，做到最好”

优势：会完成具体的任务和产品；能使杂乱的资料和难以分辨的材料变得井井有条；喜欢手工活，能掌握工具的用法；喜欢一个人工作或与自己尊重的人配合；有效区分和使用手头的资源。劣势：缺乏语言交流的兴趣；对抽象和复杂的理论很少有耐心；容易产生疲劳和厌倦感；对别人的需求和情感表现出无动于衷。

适合的职业有计算机程序员、警察、消防员、私人侦探、药剂师等。

15. ESFP 型：外倾、感觉、情感、知觉型——“不要焦虑——快乐起来!”

优势：脚踏实地，有很强的判断力；喜欢积极地工作，适应性强；在工作中营造生动、愉悦的氛围；在面对面或电话交流中极善交谈；能调动用户和员工的情绪。劣势：不善于提前计划和察觉行动征兆；容易冲动发脾气及焦躁不安；即使在很短时间内，独自工作都成问题；规范自己和别人时总是不能达到要求；对不相关事物和言外之意悟性不够。

适合的职业有公关专员、职业规划咨询师、演员、海洋生物学家、销售人员等。

16. ISFP 型：内倾、感觉、情感、知觉型——“这是有价值的思想”

优势：喜欢亲自参与，尤其喜欢帮助人的职业；喜欢变化并能很好地适应新环境；意识到工作重要时会努力工作；对组织忠诚，愉快地接受领导的命令；在积极支持的氛围中成长。劣势：不考虑隐含的意思和动机，轻易地接纳别人的行为；除非就在眼前，否则看不到机会；容易把批评和否定回答看得很重；不喜欢提前准备，对过多的规则和官僚体制不适应。

适合的职业有客户服务专员、服装设计师、厨师、护士、牙医、旅游管理人员等。

MBTI 性格类型理论及其应用揭示了不同类型的人们所具有的不同的、本能的、自然的思维、感觉及行为模式，使我们明白为什么不同的人会对不同的事物感兴趣，为什么不同的人擅长不同类型的工作，帮助我们与不同类型的人们相互理解、有效配合。半个多世纪以来，这种理论已广泛应用于团队建议、职业发展、婚姻教育、职业咨询等各个方面，目前已经成为世界上应用最广泛的识别人与人之间差异的有效测评工具之一。

总之，性格是将人与人区别开来的重要个性特征，也与我们的学习、生活和工作息息相关。根据人—职匹配理论，如果一个人所处的职业环境与其性格特点一致性高，他就会得心应手，愉快地工作，否则，虽然也能完成工作，但事倍功半，而且心力交瘁、疲惫不堪。最好的工作是与你的性格类型相适应的工作。MBTI 是性格认知中较为有效、掌握起来也比较容易的一种工具。同学们通过课堂上的学习引发对认知自己性格的思考，再通过课下的拓展阅读，就会对自己的性格类型与工作性质的匹配有基本的了解。

2.3 职业兴趣及其与职业的关系

"兴趣是最好的老师。"诺贝尔物理学奖获得者、华裔学者丁肇中说，"兴趣比天才重要。"近年来，很多家长为了提升孩子的综合素质，从孩子上幼儿园开始就报了不少"兴趣班"。

然而，现实生活中，刚刚被摘掉高考"紧箍咒"的大学生朋友，尤其是很多男同学，对玩电脑游戏表现出了特别的兴趣，以至于荒废了学业。如果我们都是以兴趣为导向，不知会有多少大学生放弃学业而专门去玩游戏了。笔者在近年来给本科生授课的过程中，发现了一个非常有趣的现象：同学们在填写信息表时，会在"爱好"栏目下写出好几项，据不完全统计，最多的是游戏、动漫、电影/美剧、音乐/听歌、旅游；"特长"栏目下，最集中的是钢琴等乐器类，其次是书法、国画等；而班上的同学中，2/3 是理工科生，他们的爱好、特长似乎与其所学的专业相关性很小。这是怎么一回事呢？

其实，我们日常所说的兴趣与选择专业、职业时所言的兴趣有很大差别。《中国大百科全书（心理学卷）》对兴趣的定义是：人们力求认识某种事物和从事某项活动的意识倾向，具体表现为选择性态度和积极的情绪反应。职业兴趣是指一个人是否喜欢某种职业，是一种职业选择与态度的倾向，同时是个体的兴趣类型与职业类型同目标职业对个体的能力素质要求（即职业环境）相一致的状态；不同的职业需要不同职业兴趣特征的人。下面这个例子可以说明职业兴趣对个人专业及职业选择的重要影响。

2003 年 7 月，23 岁的重庆小伙子刘同学被清华大学建筑系录取为本科生。考取清华虽然很不容易，但似乎也不应该是轰动全国的大新闻。然而，2003 年 8 月中央电视台《面对面》节目对刘同学进行了采访，不仅因为这是他五年中的第二次高考，更因为这是他放弃攻读清华大学博士生的机会而参加的一次高考。1998 年，刘同学第一次参加高考，被浙江大学录取，可惜高考分数低于他报考的生物医学工程、计算机及建筑专业的录取分数，被调剂到化工系。2002 年，刘同学以本专业第一名的成绩毕业，并被保送到清华大学化学反应工程专业，直接攻读博士研究生。2003 年 3 月，因个人兴趣原因，刘同学学习化学反应工程专业一个学期后，向校方提出了退学申请。他第二次参加高考，只填报了清华大学的建筑专业，最终被录取。

可以说，刘同学是为自己的兴趣而放弃了清华博士的桂冠，冒险重新参加高考的。谈及"为选择一个自己喜欢的本科专业方向而放弃即将得到的博士文凭"这个决定的原因，刘同学说，自己不希望一生都在一个不感兴趣的专业里痛苦地挣扎，而是希望在一个喜欢的专业里很快乐地做事。

兴趣可以让人们快乐地工作。早在两千年前，孔子就说过："爱之，能勿劳乎?"意思是：既然自己喜欢，还会觉得辛苦吗?在中央电视台对百度创始人兼CEO李彦宏的一次采访中，谈及其高强度的工作，李彦宏很平静地说：我每天到办公室后就挂到网上，一直到下班都是在做喜欢的事情，就像玩儿一样，没觉得很辛苦啊!

研究表明，兴趣可以激发潜能：如果一个人对某项工作感兴趣，往往能发挥他全部工作才能的80%～90%，且能够长时间保持高效率而不感到疲劳；而对工作没兴趣的人，只能发挥全部才能的20%～30%，并且容易感到精疲力竭。可以说，兴趣是职业成功的起点，一个人找到自己最感兴趣的工作，就等于踏上了通向成功的道路。兴趣会让人们充满激情，这正是孔子所言的"知之者不如好之者，好之者不如乐之者"。

不少同学在填报高考志愿时是根据家长或班主任的意见选择的专业，有的同学虽然是自己选择专业的，可上大学后发现与自己的预期相差甚远，因而产生了换专业的想法。不过，自己所学的专业是否真的与自己的职业兴趣相悖?自己希望调换的专业是否真的与自己的职业兴趣相匹配?这两个问题绝非有些同学想象的那么简单。

前面提到，刘同学因为对自己所学的化学反应工程专业没有兴趣而退学，重新报考了自己感兴趣的建筑学专业。不过，从职业生涯发展专家对刘同学进行职业兴趣测试的结果看，刘同学的职业兴趣与建筑学专业所需的职业兴趣并不匹配；刘同学下了很大的决心，费了很多精力复习考取的清华大学建筑学专业，很可能还是无法与其真正的职业兴趣相匹配。在本节中，我们要重点讨论职业兴趣的真正内涵。

美国著名的职业心理学家霍兰德提出的职业兴趣六边形模型，是职业兴趣理论中最受关注及肯定的；他编制的量表是当今世界上应用最广的职业测评量表之一。根据他的理论，个体的职业兴趣可以影响职业满意度。调查也表明，个人的职业满意度很大程度上取决于个人兴趣和职业环境的匹配程度。

霍兰德的职业兴趣类型理论有四个核心假设：

(1) 根据人格特质及兴趣倾向，人可以分为六大类，即现实型（realistic type，简称R)、研究型（investigative type，简称I)、艺术型（art type，简称A)、社会型（social type，简称S)、经营型（enterprising type，简称E)、事务型（conventional type，简称C)。这既是兴趣类型也是人格类型，因为霍兰德认为职业兴趣的选择反映了个体的人格特征。

(2) 职业环境也可以分成与人格特质相对应的具有同样名称的六大类型。

(3) 人们寻求能够与自己兴趣、能力相匹配的职业环境，如艺术型的人喜欢在艺术型的职业环境中工作，现实型的人倾向于去寻找现实型的职业环境。

(4) 兴趣与职业的匹配程度决定了个体的职业满意度、稳定性和成就感。

通过广泛、细致的调查研究，霍兰德给出了每种兴趣类型的特点。

1. 现实型（R，又称实践型)

具有此类倾向的个体往往身体技能及机械协调能力较强，常常沉浸于工具与技术的世界中。他们稳健、务实，喜欢从事规则明确的活动及技术性工作，热衷于亲自动手操作，具有比较强的实践性；他们往往不善言谈，对人际交往及人员管理、监督等活动不太感兴趣。他们倾向于选择的职业有：需要熟练技能的职业、动植物管理方面的职业、机械管理方面的职业、生产技术方面的职业、需要手工艺的职业、机械装置与运转方面的职业等。

2. 研究型（I，又称调研型）

具有此类倾向的个体喜欢理论思维或偏爱数理统计工作，常常对解决抽象问题投入极大的热情。他们通常倾向于通过思考、分析解决难题，而不一定落实到具体操作；他们往往是好奇的、聪明的、内省的、具有批判性的，喜欢具有创造性、挑战性的工作，不太喜欢固定程式的任务，独立倾向明显。他们对于人员管理及人际交往也不太感兴趣，倾向于选择的职业有：分析员、设计师、科学家、学者等。

3. 艺术型（A，又称创意型）

具有此类倾向的个体对具有创造、想象及自我表现空间的工作表现出明显偏好。他们有一定的创造力，特立独行，乐群性低，对结构化程度较高的任务及环境都不太喜欢，对机械性及程式化的工作毫无兴趣。艺术倾向明显的个体好自我表现，具有丰富的想象力，直觉力较好，敏感而开放。他们倾向于选择的职业有：各类艺术创作的工作，包括美术、音乐、舞蹈、戏剧等方面的职业。

4. 社会型（S，又称社交型）

具有此类倾向的个体喜欢以人为对象的工作，通常语言能力优于数理能力，善于表达，随和、乐于与人相处，愿意帮助他人，具有人道主义倾向，责任心较强；他们习惯于与人商讨或调整人际关系来解决面临的问题，不太喜欢以机械和物品为对象的工作。他们适合从事咨询、培训、辅导、劝说类工作，倾向于选择的职业有：学校教育以及社会教育方面、社会福利事业、医疗与保健方面、商品营销方面和各种直接为人服务的职业。

5. 经营型（E，又称企业型）

具有此类倾向的个体喜欢制定新的工作计划、事业规划以及设立新的组织，并为有效发挥组织作用而积极地开展活动。他们喜欢影响、管理、领导他人；自信，精力充沛、支配欲和冒险性强，具有较高的成就需求；不喜欢具体、精细或需要长时间集中心智的工作。他们倾向于选择的职业有：推销员、企业经理、政治家、工商与行政管理人员等。

6. 事务型（C，又称传统型、常规型）

具有此类倾向的个体喜欢高度有序、要求明晰的工作，对于规则模糊、自由度大的工作不太适应；不喜欢承担领导者的责任，习惯于服从，一般较为忠诚、可靠，偏保守；在工作中与人交往会保持一定的距离。工作仔细、有毅力，做事有条理、责任心强；对社会地位、社会评价比较在意，通常愿意在大型机构做一般性的工作。他们倾向于选择的职业有：银行职员、图书管理员、会计、出纳、统计人员、计算机操作人员、办公室职员等。

六种兴趣类型的人群中，R 型、I 型的人对事物较为关注，E 型、S 型的人对人群较为关注，C 型的人对数据较为关注，A 型的人对观点/观念较为关注（见图 2—2)。

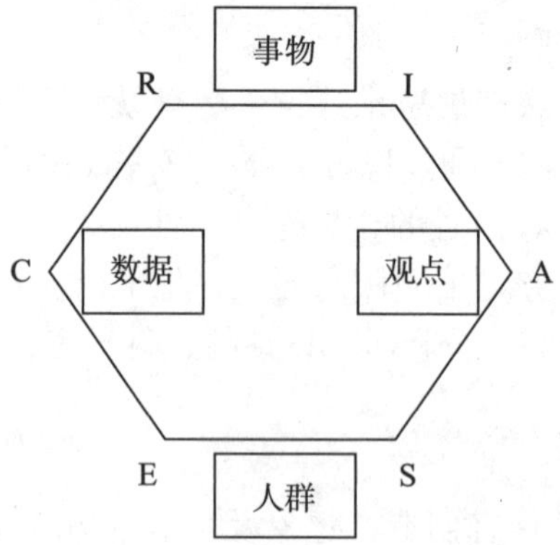

图 2—2　霍兰德职业六边形模型

由图 2—2 可知，霍兰德划分的六大类型并不是并列的，而是有着明晰的边界。六大类型的关系如图 2—3 所示。

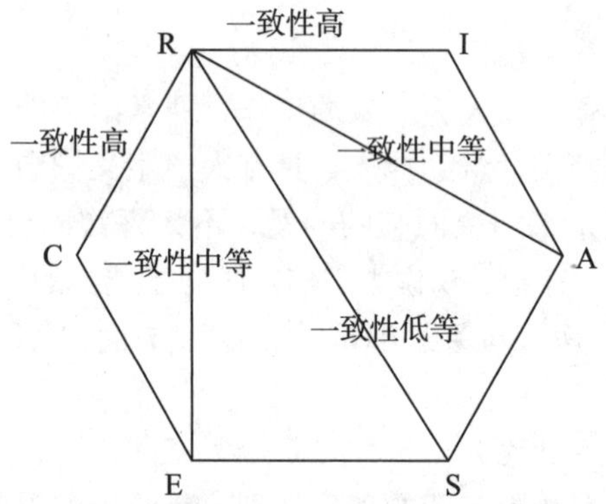

图 2—3　霍兰德兴趣类型的相互关系

从图 2—3 中可以看出，每种类型与其他类型之间存在不同程度的关系，大体可分为三类：

(1) 相邻关系，如 RI、IA、AS、SE、EC 及 CR。属于这种关系的两种类型的个体之间共同点较多，例如，R 型、I 型的人都不太偏好人际交往，在这两种职业环境中也都较少有机会与人接触。

(2) 相隔关系，如 RA、RE、IC、IS、AE 及 SC。属于这种关系的两种类型的个体之间共同点较相邻关系少。

(3) 相对关系，在六边形上处于对角位置的类型之间即为相对关系，如RS、IE及AC。相对关系的人格类型共同点少，因此，一个人同时对处于相对关系的两种职业环境都很感兴趣的情况较为少见。如果个人的兴趣与职业一致性高，就可以达到人职协调；一致性中等，则人职次协调；一致性低等，则会出现人职不协调。

根据上面介绍的六种兴趣的类型及其特点，你能从中发现自己的兴趣类型吗？如果还不清楚的话，可以通过下面的游戏做进一步探索。

课堂活动

降落兴趣岛

活动过程

大家工作累了，乘飞机去度假。途中，乘坐的飞机的发动机突然出现问题，飞机必须迫降。机长通过广播告诉大家："乘客们，不要惊慌，我们很幸运地距离六个小岛都不远，可以迫降在其中任何一个小岛上。只是这六个岛各不相同，岛上的人也都做着不同的事情，我们只能去其中的一个。我们将小岛的情况向大家介绍一下，通过举手表决来决定最终去哪里，选择人数最多的那个小岛将是我们的目的地。"接下来，机长依次介绍了六个岛的基本情况。

第一个岛屿是自然原始的R岛——岛上保留有热带的原始森林，自然生态保护得很好，也有颇具规模的动物园、植物园、水族馆等；岛上居民以手工见长，自己种植花果蔬菜，修理房屋，打造器物，制作各种工具。

第二个岛屿是深思冥想的I岛——岛上人迹较少，建筑物多偏处一隅，平川绿野，适合夜观星象。岛上有多个天文馆、科博馆以及科学图书馆等。岛上居民喜好沉思、追求真知，喜欢和来自各地的科学家、哲学家、心理学家等交换心得。

第三个岛屿是美丽浪漫的A岛——岛上有多家美术馆、音乐厅，弥漫着浓厚的艺术文化气息。同时，当地的原驻民还保留了传统的舞蹈、音乐与绘画，许多艺术和文艺界的朋友都喜欢在这里找寻灵感。

第四个岛屿是温暖友善的S岛——岛上居民个性温和、十分友善、乐于助人，社区均自成一个密切互动的服务网络，人们互助合作，重视教育，充满人文气息。

第五个岛屿是显赫富足的E岛——岛上居民热情豪爽，善于经营和贸易。岛上的经济高度发达，处处是高级饭店、俱乐部、高尔夫球场；来往者多是企业家、经理人、政治家、律师等，衣香鬓影，夜夜笙歌。

第六个岛屿为现代井然的C岛——岛上建筑十分现代化，是进步的都市形态，以完善的户政管理、地政管理、金融管理见长。岛民个性冷静保守，处事有条不紊，善于建立规则。

我们要在这六个岛中的一个降落，选择之前须注意的问题是：虽然每个岛的生活设施都很完善，但与外界没有联络；我们可能要在降落的这个岛上待几个月才能遇到救援船，在此期间我们要在那里工作和生活。

第一次选择：按照上面的条件，你的第一选择是迫降至哪一个岛屿？

第二次选择：如果第一选择不行，有第二选择，你选哪个岛？

第三次选择：第二选择也不行，有第三选择，你选哪个岛？

做完这个测试，有些同学感到很欣慰：自己的兴趣（如 R）与所学的专业（如机械工程）是一致的，说明自己选对了。另有一些同学很郁闷：自己的兴趣（如 S）与所学的专业（材料工程）正好在霍兰德六边形模型中对角线的两端，说明自己选错了专业，那么是否应该马上申请调换专业呢？

这里，需要提醒同学们三点：

首先，课堂上的游戏测试不一定准确，还需要通过其他方式进行验证。

我们再来分析刘同学选择的专业及职业兴趣。刘同学首次参加高考报考了三个专业：生物医学工程、计算机和建筑学专业。其实这三个专业对应的职业兴趣类型是有差异的：生物医学工程与 RC 比较吻合，计算机与 RI 比较吻合，而建筑学与 AI 比较吻合；刘同学被保送上清华读博士的化学反应工程专业与 IR 职业兴趣类型比较吻合。刘同学自己虽然对在浙江大学所学的本科专业没有职业兴趣，但从他专业第一名的成绩来看，其职业兴趣类型与专业需求是匹配的，反而与建筑学所需要的 AI 兴趣类型差异比较大。这就是职业生涯发展专家认为建筑学专业与其职业兴趣不太匹配的原因。

这里，我们再来分析一下本节开头列举的现象：很多同学的“爱好”集中在玩游戏、动漫、电影/美剧、音乐/听歌等方面，这些同学中的绝大多数并非拥有相关的职业兴趣，而是通过这些“爱好”来缓解其紧张情绪。另外一些同学虽然拥有钢琴十级等艺术特长，但这并不是其真正的兴趣所在，而是家长为其指定的。有些同学甚至说，自从通过了钢琴十级考试，自己就再没有碰过钢琴。

同学们真正的兴趣是什么？如果根据上面介绍的六种兴趣的类型及其特点，你还是无法确认自己的兴趣类型的话，可以仔细思考下面的这些问题。

- “我的白日梦”：请列举出三种你现在或曾经非常感兴趣的职业（排除所有现实的考虑）。这些工作中的哪些特征吸引着你？
- 请回忆三次做某件事情时令你感到快乐/满足的经历。请详细地刻画这三个画面，是什么令你感到如此快乐/满足？
- 从小到大你担任过哪些职务？你喜欢的是哪些职务？不喜欢的是哪些？请具体说明原因。
- 你最喜欢看哪种杂志？这些杂志中的哪些部分吸引着你？或者，如果你到书店看书，通常会停留在哪类书架前？（排除因为学习需要的因素。）
- 你最喜欢看哪几类电视节目？节目中是什么东西吸引着你？（排除仅仅为了放松或娱乐。）
- 你喜欢浏览哪类网站？喜欢看网站的哪部分内容？它们属于哪个专业领域？（要求同上。）
- 休闲的时候，如果只是出于兴趣的考虑，你最想做什么或学什么？这里面又是什么吸引着你?

● 你最喜欢的科目是什么? 为什么喜欢? (排除不喜欢某位老师等因素。)

● 生活中某些时刻，我们会因为全神贯注于做某件事情而忘了时间。什么样的事会让你如此专注?

如果回答了以上所有问题，得到的答案都是一致的，比如你喜欢和别人在一起，喜欢帮助别人、与人合作，充满热情、喜欢关心他人，而你目前所学的专业、指向的职业需要的是有动手能力、喜欢在工作中接触实物（机械、工具、设备和动植物）的人，这种情况下，你需要认真地考虑一下自己所学的专业是否并非自己的兴趣所在。

其次，即使确认你目前所学的专业与自己的兴趣是相悖的，仍然要慎重地考虑是否需要调换专业。目前，我国高校对学生调换专业有较为严格的规定，往往是大一学年成绩排在本专业前三名或前 5%的才可以申请调换专业；这使得大部分因为对所学专业不感兴趣而申请调换专业的同学不能如愿。这种情况下，一些同学想到了退学后再次参加高考。对此，笔者要奉劝同学们，一定要慎重。因为高考毕竟有很多不确定性；万一高考失利，同学们失去的不仅仅是一个较好的学习平台（初次考取的大学），还有一两年的宝贵时光。

本节开头提到的刘同学在接受记者采访时也提到:“在（最后决定退学的）一个月时间里，自己的想法很多。因为我放弃博士，除了重新参加高考报考建筑学专业外，也可以选择其他的道路。我毕竟是一个大学毕业生了，可以选择考研或就业。也就是说，如果没有浙江大学的本科文凭，我不敢做这种选择，因为对我来说成本太高了。”

因此，同学们在做最后的选择时必须充分考虑失败的风险。

最后，职业生涯规划并非要同学们“非感兴趣的专业不学，非感兴趣的工作不做”。对于兴趣与专业/职业的匹配，台湾学者金树人教授提出了职业兴趣的“落地生根”概念，对同学们应该很有启发。金教授在研究中发现，不少人的卓越成就并非一直按照自己的兴趣学习、工作而获得，而是在自己不太感兴趣的学习领域获得了专业的知识与技能，再将这些专业知识与技能应用于自己感兴趣的领域，最终取得了一直致力于自己感兴趣的专业领域的人们难以取得的成果。金教授举过这样一个例子：一位酷爱文学（职业兴趣类型为A）的植物学（职业兴趣类型为R）硕士研究生，毕业后到一家植物研究所工作。在文学名著中，他对《红楼梦》情有独钟，利用两年的业余时间研读全书多遍，利用自己的植物学知识写出了一篇颇有分量的红学论文，受到业内专家的高度重视及好评。

此外，我们特别强调个人兴趣与职业兴趣的关系。一个人的兴趣在某种程度上与其职业兴趣是一致的：比如，喜欢与人交往的人，往往不仅喜欢能够与人打交道的工作，在平时的娱乐中也会喜欢与朋友一起参与活动。然而，并非所有的个人兴趣都能转化为职业兴趣。比如，现在很多同学都喜欢玩游戏，可其中真正能成为职业“玩家”的人少之又少，能够通过玩游戏成为游戏开发人员的更是凤毛麟角。

1987 年出生的伍声是中国 DotA 界最具传奇色彩的人物，游戏 ID“2009”被业内人士尊称为“9 神”。这位“大学四年里，游戏就是生活，生活就是游戏”的年轻人给自己定的目标就是:“在四年的时间里好好玩游戏，玩出一个世界冠军来。”他成功了，却也感觉到了疲倦与迷茫：2010 年，虽然手握浙江大学生物医药专业的毕业证，但他并不觉得自己的简历在同龄人当中有多荣耀；他开始考虑如何抛开过去的生活，来重新审视这个世界，因为他觉得自己不可能将玩游戏作为终身职业。因此，我们要进一步了解自己感兴趣的日常活动可能培养自己的哪些素质与能力，这些素质与能力可否与社会所提供的某种职业相匹配。

兴趣是我们学习、工作的重要驱动因素。沃伦·巴菲特说过：“我和你没有什么差别。如果你一定要找一个差别，那可能就是我每天都有机会做我最爱的工作。如果你要我给你忠告，这就是我能给你的最好忠告了。”然而，职业兴趣单凭一堂课、一次练习是无法确定的。课堂学习更多地是引发同学们对自身职业兴趣的探索与思考，这是最终确定自身职业兴趣非常重要的开端。

总之，兴趣虽然是影响人们专业选择的重要因素，但绝非唯一的因素；个人的性格、价值观、能力乃至社会机遇等都对我们最终选择的职业有着深刻的影响。我们最终的职业选择是以上各种因素综合作用的结果。

2.4 素质能力与工作胜任力

1. 能力初探

如果平时提到某位同学“能力很强”，你会认为他是怎样的人？课堂上，不同班级同学的答案惊人的一致：“他/她是学生干部。”“他/她的组织能力很强。”“他/她的口才很好。”所指向的几乎都是社会能力、人际能力。

实际上，能力的内涵十分丰富，既包括同学们所提及的社会能力、人际能力，也包括诸如绘画、表演等艺术方面的能力及打球、滑雪等体育方面的能力，更包括几乎人人都需要的学习能力、适应能力，等等。心理学中的能力，是指人们成功完成某种活动所必须具备的个性心理特征。“必须”意味着如果不具备一定的能力，相关的活动就无法进行。虽然我们前面提及的性格、兴趣等个性心理特征也会影响活动的进行，但它们往往并非必要条件，其作用只是使不同个体的活动带有各自独特的色彩而已。

因此，我们在确定自己能够从事的职业的类型时，必须了解自己的能力及其与相关专业的匹配程度。

问及同学们自身的能力，不少同学会说：“我从小到大都没有当过学生干部，没什么能力。”这其实是大家对能力的狭隘理解造成的。下面这个练习可以帮助同学们探索个人的能力。

课堂活动

撰写“我的光荣史”及评选“班上的牛人”

活动目标

通过回忆、描述、分享曾经带给你最大成就感的事件，发现你的能力所在；通过小组及班级分享，评选出大家心目中“最牛”的同学，并藉此分析“牛人们”的能力。

准备与要求

1. 写下在生活中你做过的带给自己巨大快乐和成就感的 5～7 件事情。

2. 每件事情包括以下内容：你要达到的目标是什么，完成这件事情的障碍是什么，你具体做了哪些事情，取得了什么成就，用什么能够度量你的成就。

3. 提前准备，留有充分时间考虑，并按照要求写下来，填入表 2—5。

表 2—5　　技能探索表 1

序号	要达到的目标	障碍及限制	具体做了什么	取得了什么成就	成就可以用什么度量
1					
2					
3					
4					
5					
6					
7					

活动过程

1. 在小组中分享每个人曾经历的成功事件。

2. 每讲完一件事，就说明完成这件事所运用的几种能力。

3. 每个成员在分享别人成功的喜悦时，也指出完成这件事情用到了哪些技能。

笔者发现，课上同学们分享的光荣历史真是五花八门、精彩纷呈：既有成绩优异、考上理想的著名大学、参加全国奥数/物理竞赛获奖、获得美国高校奖学金等能够获得社会认可的“荣誉”事件，也包括学习不让父母操心、能够为父母做饭、经济完全或部分独立等个人成长事件；既包括小学二年级拼好魔方、中学读完整本英文书籍、掌握演奏乐器等需要较强的学习能力的事件，也包括诸如成功解决家庭矛盾、交到好朋友、学会做菜、独自旅行等需要人际能力和社会生存能力的事件；既包括成功减肥、保持良好学习及生活习惯等体现毅力的事件，也包括克服性格缺陷、主动适应新环境等体现挑战自我的积极心态的事件；等等。

通过分享，很多同学都觉得自己能力挺强的，不少同学还发现了自己的“新能力”；当然，很多同学同时为自己班上有这么多“牛人”而感慨，并由此为自己树立了更高的目标。

但是，为什么一开始问及“能力”时，同学们的回答都集中在很小的范围？大家为什么对能力如此有“偏见”呢？这可能源于对能力的理解有局限。

2. 素质能力的内涵

从定义来看，能力是一种个性心理特征，具有经常性、稳定性的特点，是影响活动效果的基本因素。能力的高低会影响一个人从事活动的快慢、难易和巩固程度。一个具有较强动手能力的人，学习工科专业会觉得容易些，掌握得也更快些，这是因为他所具备的能力与所从事活动的要求相匹配。

能力有一般能力和特殊能力之分，前者指符合许多基本活动要求的能力，如学习能力、记忆能力、观察力等；后者指符合某种专业活动要求的能力，如乐器演奏、体育竞技中所需的各种能力等。不同的职业岗位，既要求具备一些一般能力，也要求具备某些特殊能力。

在能力和知识的基础上，通过反复练习而形成的相对稳定的行动方式被称为技能；不同的职业也会有不同的职业技能要求。职业技能是一个人有效地完成特定职业活动所必需的各种能力特征的总和，既包括人们获得教育、培训之前的能力倾向，也包括个人在社会生活中积累的职业经验和通过教育、培训获得的学力与技能等。

能力倾向即潜能，具有潜在性、适应性、容纳性、可能性等特点，具有遗传方面的特征，同时包含经过训练后发展的潜在可能性。技能及潜能是用人单位特别感兴趣的，简言之，既包括你现在能做什么，也包括你将来的职业发展潜力，即你是否有可能承担某些工作。

一般来讲，职业对任职者的能力要求主要是技能层面的。技能分为专业知识技能、自我管理技能和可迁移技能。

（1）专业知识技能。是指那些需要通过专门学习才能获得的特别的知识或能力，这些技能涉及你学习的专业和课程。比如，律师这一职业需要很系统的法律专业知识，工程师这一职业需要专门的工程专业知识，会计这一职业需要完整的财务管理知识。专业知识技能需要经过一段时间有意识的、专门的学习才能掌握，而且不能够迁移。比如，如果没有额外接受训练，即使是一位经验丰富的成功的律师，也往往不能胜任普通工程师的职位；就算是一位资深的高级工程师，也承担不了初级会计的工作。

（2）自我管理技能。它经常被看成是个性品质，而不是技能，因为它常常被用来描述或说明人所具有的某些特征。这类技能可以从非工作领域迁移到工作领域，有助于你推销自己，是职业成功的重要品质。

（3）可迁移技能。也称通用技能，是职业生涯中除岗位的专业能力之外的基本能力，是适用于各种职业、能够适应岗位不断变换、伴随人终身的可持续发展能力。这种技能在德国、澳大利亚、新加坡及我国台湾地区被称为“关键能力”；在美国被称为“通用能力”，在全美测评协会的技能测评体系中被称为“软技能”。可迁移技能的特征是可以从生活中的方方面面（特别是工作之外）得到发展，并且可以应用于不同的工作。在职业规划中，可迁移技能是需要被最先和最详细叙述的，也是最能持续应用和最能够依靠的技能，专业知识技能的应用都是基于可迁移技能。

美国著名的心理学家和职业专家赫伍德·斐格勒（Howard Figler）将可迁移技能划分为十类，并对这些技能在职业竞争中的作用做出了高度的评价。这十种技能分别是：

● 预算管理，表现为对现有资源的最佳运用；

- 督导他人，表现为执行、实现能力；
- 公共关系，表现为营造良好氛围的能力；
- 应对最后期限的压力，表现出强烈的攻坚能力；
- 磋商和仲裁，表现出合理适当的妥协共存能力；
- 公共演讲，表现出公共引导和宣传方面的潜力；
- 公共评论协作，表现出公共引导和宣传方面的能力；
- 组织、管理、调整能力，是领导和资源协调能力的综合体现；
- 与他人面谈的技巧和能力，是个体交往潜力的集中表现；
- 教学和教导能力，表现出传授、传播方面的潜质。

在企业招聘中，可迁移技能往往是先于专业技能而被考核的；在大多数情况下，可迁移技能不足的应聘者，没有机会进入下一轮针对专业技能的筛选面试。笔者曾经先后对 1 000 多家用人单位进行问卷调查及访谈，结果表明：用人单位最看重的本科毕业生的素质与能力中，责任心、团队精神、道德诚信、沟通能力、学习能力、创新能力、承受压力的能力等排在前几位；与此同时，用人单位认为本科毕业生最有待提高的素质与能力中，排在最前面的分别是团队精神、沟通能力、责任心、承受压力的能力、创新能力和自我管理能力。

显然，目前同学们的自我评价与用人单位的要求有一定的差距；学校及同学们看重的学习成绩和外语成绩的得分都不高，学校在很大程度上还是以分数高低来判断学生，而用人单位看重的能力如团队精神、道德诚信等都难以靠分数测量。

技能主要经由后天学习获得，可通过练习得到强化，藉由过去所取得的成就得到印证。接下来，我们将根据辛迪尼·梵和理查德·鲍尔斯（Sidney Fine and Richard Bolles）的分类对能力从三个方面加以探索。

（1）内容性技能。是指那些需要通过教育或者培训才能获得的知识或能力。前面介绍的专业知识属于内容性技能。理查德·鲍利斯将内容性技能分为三大类（见表 2—6）。

表 2—6　　内容性技能列举

数据	人	事物
● 数字	● 儿童、老人、年轻人	● 机械、设备
● 统计	● 客户、顾客	● 材料、金属、布料
● 书面记录	● 学生、工作人员	● 森林、矿物、土地、植物、水、空气
● 开支	● 残疾人	● 产品、工具、计算机

正如福特汽车公司首席专家路易斯·罗斯（Louis Ross）所言，在信息时代，“对你的职业生涯而言，知识就像鲜奶，纸盒上贴着有效期，如果时间到了，你还不更新所有的知识，你的职业生涯就会腐掉”。因此，对于内容性技能的探索不能满足于已经学会的，还要不断学习时代所需要的新知识。人的一生中，从获取这些知识的途径来

看，学校学习只占大约10%，90%的知识是在学校之外获得的，所以我们也要特别关注社会实践、兼职实习等其他方式，通过各种途径获得的知识、产生的感想或引发的思考等都可以构成内容性技能。

（2）功能性技能。是指完成某件事情的程序或方法。平时我们所说的组织、分析等能力就是功能性技能，其重要特征是可应用于多个领域，也称可迁移能力。如果具备了组织能力，既可以用在学生活动中，也可用在企业会议安排中。理查德·鲍利斯将功能性技能分为三类（见表2—7），并对每一类都从低到高列出了不同程度的标准。

表2—7　　常见的功能性技能列举

数据	人	事物
●应用创新	●谈判、领导	●工艺制作
●分析预测	●说服、沟通	●拆装组合
●计算、推理	●影响、协调	●设计绘制
●归类、分解	●与人相处	●驾驶操作
●收集、整理	●服从、执行	●使用工具

（3）适应性技能。用来描述或说明个体具有的某些特征，体现了个体完成一件事情的态度、情绪等，更像个人品质，而不是单纯的技能。与内容性技能不同，适应性技能很难只通过学校课程学习而获得，应由家庭、学校和社会全方位进行培养。

适应性技能是职业成功所需的品质，能够帮助个人更好地适应周围的环境，因而在职场中的作用日益突出。招聘中，越来越多的用人单位更重视面试，考官会通过肢体语言、面部表情、语速、语调等了解应聘者，甚至通过一些模拟场景来考察应聘者的适应性技能，从而挑选出企业所需的人才。

调查发现，接受过高等教育的应聘者普遍具有较好的内容性技能，因此入职较为顺利；职场中发展得比较好的往往是那些拥有良好的适应性技能（如情绪稳定、热情、细致等）的员工。内容性技能很强，但适用性技能较差的应聘者，很可能会在工作中受挫。所以很多人认为，内容性技能和功能性技能使人得以录用，而适应性技能使人得以晋升。

三类能力中，我们比较容易衡量的是内容性技能。然而，由于知识、信息的快速更新，在当前的职场上，功能性技能和适应性技能显得更为重要。这也为我们提供了不局限于自己所学的专业，在更广的范围内选择职业的机会。

在工作中衡量人的能力，往往综合考察三类技能。我们先看一则移动通信设备制造公司在其网站上发布的招聘启事：

销售专员：要求1年以上IT及手机终端销售管理经验；具有良好职业操守和团队合作精神，较强的应变能力、观察力及沟通能力；责任心强，具备协调各方的能力，熟悉电信营业厅的营运管理；熟悉店铺营运流程，具备产品陈列技能；

熟悉电脑基本操作；亲和力强，谈吐优雅。

这则招聘启事中涉及的能力有观察力、沟通能力、管理能力、合作能力、协调能力、陈列物品能力、计算机操作能力、销售能力、应变能力等，这些能力都是销售专员这一职位对应聘者的要求。能力探索能够让我们清楚自己的能力构成，以便确定自己是否符合招聘职位对能力的要求。其中，内容性技能有：基础的IT知识、销售知识；功能性技能有：观察力、沟通力、管理能力、合作能力、协调能力、陈列物品能力；适应性技能有：应变能力、责任心、亲和力。

根据美国全国大学与雇主协会（National Association of Colleges and Employers）的一项调查，美国雇主最重视的技能按顺序排列如下：①沟通能力；②积极主动性；③团队合作精神；④领导能力；⑤学习成绩；⑥人际交往能力；⑦灵活性/适应能力；⑧专业技术；⑨诚实正直与职业道德；⑩分析和解决问题的能力。我们可以看到，①、④、⑥、⑦、⑩属于功能性技能，②、③、⑨则是适应性技能，而内容性技能仅有⑤和⑧。

内容性技能是工作的基础，功能性技能是对知识的操作和运用，适应性技能是对功能性技能的管理。如果将技能比作一艘船，那么内容性技能好比船板，功能性技能宛如船桨，适应性技能则如风帆。天之骄子若想学有所成，就要努力协调发展三种技能，方能在学海中乘风破浪。

3. 工作胜任力

事实上，在你进入职场时，用人单位最关心的是你对于所应聘职位的胜任力。

胜任力的概念最早于1973年由麦克莱兰（McClelland）博士在美国《心理学家》杂志上发表的《测试胜任力而非智力》中提出。他主张用那些对人在某一特定工作中的绩效表现有直接影响的特征测试代替智力和能力倾向测试，认为胜任力是与工作、工作绩效或生活中其他重要成果直接相似或相联系的知识、技能、能力、特质或动机。同时，他提出了进行基于胜任能力的有效测验的六个原则。这标志着胜任能力研究的开端，也为胜任力理论的诞生奠定了基础，为提高组织绩效和促进个人事业成功做出了实质性的贡献。随后，人们掀起了胜任力研究的热潮，使胜任力研究成为全球的焦点。

对胜任力的定义纷繁复杂。泽姆克（Zemke，1982）认为：对胜任力难下定义，因为它不是来自其他方面，而是来自一些基本程序和不同的哲学。在麦克莱兰提出胜任力的定义后，人们又提出了许多定义。具有代表性的定义如下：

- 胜任力是绩效优秀者所具备的知识、技能、能力和特质（McClelland，1973）。
- 胜任力是足以完成主要工作的一连串知识、技能与能力（Mclagan，1980）。
- 胜任力是个体的潜在特征，可能是动机、特质、技能、自我形象或社会角色方面的，或者是他所运用的知识体（Boyatzis，1982）。
- 胜任力是个体的内在特征，这一内在特征同工作和情境中相关绩效之间存在某种程度的因果关系（Spencer，1993）。

● 胜任力是对精确技能与特性行为的描述（Mansfield，1996）。

● 胜任力是可测量的有助于实现任务目标的工作习惯和个人技能（Green，1999）。

● 工作胜任力并不是指个人所有的知识和技能，而是指在工作中所使用的知识和技能（Sandberg，2000）。

● 胜任力不同于任职资格要求。任职资格要求仅仅是区别差与一般的必要条件，不能确保人员在所在岗位表现出色，胜任力则是区别一般与绩优的关键特征（陈澄波，2006）。

虽然对胜任力的定义众说纷纭，但是目前比较一致的看法是：胜任力是指在工作情境中员工的价值观、动机、个性或者态度、技能和知识等关键特征，以及组织与市场相关联的独特的智力、过程和产品能力。它具有三个重要的特征：（1）绩效关联，可以预测员工未来的工作绩效；（2）动态特征，与任务情境相联系；（3）可区分性，能够区分业绩优秀者与一般员工。只有符合以上特征的，才被认为是胜任力。

4. 素质能力的培养与提升

在完成“我的光荣史”及“班上最牛的人”的活动之后，请同学们填写表2—8。

表2—8　　技能探索表2

1. 我用得最多的技能是：________________。
2. 我从没有用到的技能是：________________。
3. 我渴望的职位所要求的技能是：________________。
4. 我需要提升的技能是：________________。

填完这张表格，不少同学可能会有些泄气：我需要提升的技能太多了！

不过，没关系——同学们要在三四年甚至更长的时间之后才真正进入职场，接下来的大学时光给了大家提升能力的充足时间和诸多机会。

很多同学都喜欢唐朝诗人李白的诗句——“天生我才必有用”。然而，应届毕业生们却经常因求职受挫而备受打击，甚至对自己的能力产生怀疑。能力探索能够使同学们全面了解自己的“才”。在职场中对能力的要求是复杂的，成才的关键在于用发展的眼光看待并提升自己的能力，可从以下几方面着手。

首先，通过实践拓展与提高能力。职业所要求的能力大多是要靠后天努力才能完善的，其拓展与提高的关键在于平时的积累。

如果我们确实欠缺某种能力，则应努力学习。不具备一定的技能有时是因为没有接触过，如修理电脑，只要认真学习有关知识，我们也能逐渐掌握这项技能。

如果我们的能力尚有欠缺，则要相信勤能补拙。希腊著名哲学家德谟克利特（Democritus）先天严重口吃，连日常说话都成问题。于是每天早晨，爱琴海海滨就多了一个口含小石子练习发声的青年。经过整整五年的练习，他终于登上了雅典的讲坛。

如果我们对自己某方面的能力不够自信，则应鼓励自己大胆地去尝试。你可能会发现自己表现不佳只是因为之前一直没有机会或胆量去展示而已。

能力探索让我们知道了自己的能力，但是能力毕竟不是嘴上说说就能提高的，只有付诸实践了，能力的提高才会指日可待。

其次，根据职业岗位的要求整合能力。一位企业老总在对大学生演讲时说："不要告诉我你学了什么，请告诉我你会什么。"之后还举了自己公司用人的一个实例。中文系毕业生小张和小王同时应聘办公室文员，他最后选择的是内容性技能"薄弱"的小张，因为他比对手小王多些"雕虫小技"，即除了文字处理之外，还掌握了电脑障碍处理、组织会议和活动等技能，而这些问题确实是办公室工作经常碰到的头疼事。通常比他人多的这"一丁点"技能就能让老板刮目相看。

这位老总所说的"你学了什么"主要是指内容性技能，而"你会什么"主要是指内容性技能与功能性技能的整合。哈佛大学教授戈尔曼（Gorman）认为，"人的成功要素中智力仅占 20%，而其他因素占 80%"。这些其他因素主要是指适应性技能。现实中的成功者往往是那些"不唯有超世之才，亦必有坚忍不拔之志"的职业人士。他们拥有良好的适应性技能，能够和他人沟通协调、融洽相处，情绪稳定，对挫折有较强的耐受力和压弹力等。社会在不断进步，促使职业发展的要诀是综合运用自己的各项技能，不能仅满足于内容性技能的获取，还要注意功能性技能的锻炼，尤其是适应性技能的提升。

职业活动不是只需要单独地使用某种能力，而是需要综合运用多种能力。实际上，我们不可能单靠一种能力就能胜任某种职业，但每种职业都会特别强调某种能力。例如前面提到的秘书职业，就需要语言能力、资料处理能力、创造力、简单的电脑维修技能、会议安排等多种能力，但是其核心职业能力是资料处理能力。

没有一个人是万能的。对于那些目前还不具备的能力，我们要认真思考原因：是自己确实没有这种能力且短期乃至较长的时间里都难以具备，还是没有意愿获得或动力不足，如孟子所言"非不能也，是不为也"。对于那些已经拥有的技能，我们也应琢磨有哪些是可以做得更好的，哪些是目前难以再提升的，可以根据表 2—9 列出的内容进行练习。

表 2—9　　素质能力提升表

我梦想中的职业：		
功能性技能	我已经拥有的	
	我仍需发展的	
内容性技能	我已经拥有的	
	我仍需发展的	
适应性技能	我已经拥有的	
	我仍需发展的	

能力是最终使我们完成某项工作的关键因素。然而，笔者在教学中发现，很多同学都认为自己能力平平、乏善可陈，这实际上是对能力的误解。总体而言，能够考进大学的同学，都有较强的学习能力，智商也普遍较高；不少同学同时具备身体技能和人际关系技能。具备了这些基本技能，再根据自己希望将来从事的职业的岗位要求进行相关能力的培养，在迎接职场挑战时将更加自信。

2.5 价值观及其与职业的关系

1. 价值观及职业价值观

《苏菲的世界》一书中，在哲人的启发下，14岁的苏菲开始了思考：生命中最重要的事情是什么？如果问一个正生活在饥饿边缘的人，他的答案一定是“食物”；如果问一个快要冻死的人，答案一定是“温暖”；如果问一个寂寞孤独的人，那答案可能就是“朋友的陪伴”了。

然而，当这些基本需求都获得满足后，是否还有些东西是每一个人都需要的呢？哲学家认为，答案是肯定的：他们相信人不能只靠面包过日子。当然，每一个人都需要食物，需要爱与关怀。不过除了这些以外，还有一些东西是人人都需要的，那就是：明白我们是谁，为何会在这里。可见，人的需求是有层次的。

在生命中你认为什么是最重要的？你最需要什么？你生命的意义是什么？这就是一个人的价值观。

若问什么是“好”工作，通常是仁智各见，莫衷一是。有人看重高薪，有人追求稳定，有人乐于竞争，有人安于清闲……什么样的因素会特别打动你，让你毅然选择某份工作？在选择职业时，我们会考虑多个因素，但没有哪个工作能够满足所有的条件？而你最看重的又是什么？这一点可能会左右你的选择，这就是职业价值观。

课堂活动

“我生命中最宝贵的五样”

活动过程

人的一生中总有许多东西难以割舍。在同学们的生活中，同样也有些东西非常重要。现在，给大家五分钟时间，请大家安静地认真思考，然后写下你认定的生命中最宝贵的五样东西。接下来，请同学们逐一删去你认为五样中不那么重要的项目，最后只留下一项。练习结束后，请同学们认真思考：最终留下的，是不是你生命中最宝贵的东西，是不是你生命存在的意义？

这是一项探索个体价值观的练习。那么，这里的价值是指什么？我们为什么会认为有的事物有价值（意义），而有的事物没有价值（意义）呢？

价值涉及两个方面，一是主体的需要，二是客体的某种结构、属性，两者缺一不可。客体及其属性是价值的载体，如果没有这种载体，也就失去了价值的源头。但是如果这种载体不与人发生功能联系，则只能是纯粹的自然之物，只能是事实而不表现为价值。只有当主体以自身的需要为基础对它们的意义进行鉴定时，才表现为价值。比如，我们习惯于将有利于满足人类需要的鸟称为益鸟，把不利于满足人类需要的鸟称为害鸟，这里的“益”和“害”都是相对于人类这一主体的需要而言的。

价值观是指个人对客观事物（包括人、物、事）和对自身行为结果的意义、作用、效果和重要性的总体评价，是对什么是好的、什么是应该的给出的总的看法，是推动并指引一个人做出决定、采取行动的原则与标准，是个性心理结构的核心因素之一。价值观就是我们在生活和工作中所看重的原则、标准或品质。它指向我们一生中最重要的东西，因此它也是一套自我激励机制。人的价值观在形成之后相对稳定和持久，此时对于很多事情就会有一个基本的评价体系。但是随着人们的经历或经验的增加，以及人生观和世界观的改变，价值观也会发生变化。

心理学在探求人的价值观时，会用到“价值因子”这一概念。目前，心理学界对于价值因子的分类有多种，其中罗克奇（Milton Rokeach）的分类方式为大多数人所认可。罗克奇根据工具—目标维度把价值因子分为终极性价值（terminal values）和工具性价值（instrumental values）两类（见表 2—10）。终极性价值指的是一个人希望通过一生来实现的目标，是理想化终极状态和结果；工具性价值指的是达到理想化终极状态所采用的行为方式或手段，是个体实现终极性价值的手段。

表 2—10　罗克奇的价值因子分类

终极性价值	工具性价值
● 舒适的生活（富足的生活）	● 雄心勃勃（辛勤工作、奋发向上）
● 令人振奋的生活（刺激的、积极的生活）	● 心胸开阔（开放）
● 成就感（持续的贡献）	● 能干（有能力、有效率）
● 和平的世界（没有冲突和战争）	● 欢乐（轻松愉快）
● 美丽的世界（艺术和自然之美）	● 清洁（卫生、整洁）
● 平等（兄弟情谊、机会平等）	● 勇敢（坚持自己的信仰）
● 家庭安全（照顾自己所爱的人）	● 宽容（谅解他人）
● 自由（独立、自主的选择）	● 助人为乐（为他人的福利工作）
● 幸福（满足）	● 正直（真挚、诚实）
● 内在和谐（没有内心冲突）	● 富于想象（大胆、有创造性）
● 成熟的爱（性和精神上的亲密）	● 独立（自力更生、自给自足）
● 国家的安全（免遭攻击）	● 智慧（有知识、善思考）
● 快乐（休闲的生活）	● 符合逻辑（理性的）
● 救世（永恒的生活）	● 博爱（温情的、温柔的）
● 自尊（自重）	● 顺从（有责任感、尊重他人）
● 社会承认（尊重、赞赏）	● 礼貌（有礼、性情好）
● 真挚的友谊（亲密关系）	● 负责（可靠的）
● 睿智（对生活有成熟的理解）	● 自我控制（自律的、约束的）

工具性价值和终极性价值虽有差别，却也相辅相成。例如，我们认真努力地去完成一项工作，其工具性价值是锻炼能力，终极性价值则是获得舒适的生活；我们与别人和谐地交往，其工具性价值是助人为乐、博爱，终极性价值则是自尊、快乐。我们在探寻价值时，由于生活经历的局限，比较容易体会、认同工具性价值，而事实上，往往正是那些终极性价值会长期影响着我们的职业感觉，影响着我们的职业价值观。

舒伯认为，职业价值观是个人追求的与工作有关的目标，即个人的内在需求及其在从事活动时追求的职业特质或属性；它是人生价值观在职业问题上的反映，即个人对于与工作有关的客观事物的意义、重要性的评价和看法。不同的个体对职业的需要和看法各不相同，因而产生了各自不同的职业价值观。

职业价值观体现了一个人真正想从工作中得到什么，它决定了个体对工作的相对稳定的、内在的追求，对于个体的职业选择与发展起着方向导引及动力维持的作用。

对于职业价值的内在结构，不同的学者有不同的划分方法。对职业价值观因子的研究，不同的学者也有不同的看法，比较有代表性的是舒伯的职业价值观量表研究，具体的因子有 15 个（见表 2—11），并可归纳为三个维度，分别是：

（1）内在价值维度，指与职业本身性质有关的因素，即工作本身的一些特征。它包括 7 个因子：智力激发、利他主义、创造发明、独立自主、美的追求、成就满足、管理权力。

（2）外在价值维度，指与工作内容无关的外部因素，即工作的环境。它包括 4 个因子：工作环境、同事关系、上司关系、多样变化。

（3）外在报酬维度，指在职业活动中能获得的因素。它包括 4 个因子：声望地位、安全稳定、经济报酬、生活方式。

表 2—11　　舒伯的职业价值因子

职业价值	职业价值的内涵
利他主义	工作目的和价值在于直接为大众的幸福和利益尽一份力。
美的追求	工作目的/意义在于致力于使这个世界更美好，且能得到美感的享受。
创造发明	工作目的/意义在于能让个人发明新事物、设计新产品或发展新观念。
智力激发	工作目的/意义在于提供独立思考、学习与分析事理的机会。
独立自主	工作目的/意义在于允许个人按自己的方式或步调来进行，不受太多限制。
成就满足	工作目的/意义在于能看到自己努力工作的具体成果，不断完成自己想要做的事，并因此获得精神上的满足。
声望地位	工作目的/意义在于能提高个人身份或名望，所从事的工作在人们的心目中有较高的社会地位，自己受到他人的推崇和尊重。
管理权力	工作目的/意义在于能赋予个人权力来策划工作、分配工作且管理下属。
经济报酬	工作目的/意义在于能获得优厚的报酬收入，使个人有能力购置他所想要的东西，生活较为富足。

续前表

职业价值	职业价值的内涵
安全稳定	工作目的/意义在于能提供安定生活的保障，即使经济不景气也不受影响。
工作环境	工作目的/意义在于追求比较舒适、轻松、自由、优越的工作条件和环境。
上司关系	工作目的/意义在于能与主管平等且融洽地相处，获得赏识。
同事关系	工作目的/意义在于能与志同道合的伙伴一起愉快地工作。
多样变化	工作目的/意义在于能尝试不同的工作内容，多姿多彩、富有变化。
生活方式	工作目的/意义在于能选择自己想要的生活，并实现自己的理想。

正如创意工场的创办人李开复先生所说，职业价值观在职业生涯规划中的作用就在于，“行为、态度和价值观环环相扣，一个人要想取得成功，就必须拥有正确的价值观，因为价值观是指导所有态度和行为的根本因素”。因此，职业价值观不仅关系到个体的职业选择，而且推动着个体的职业发展。

2009年，李开复结束在苹果、SGI、微软和谷歌等多家知名公司担任职业经理人的生涯，放弃了未来四年谷歌总部给予他的1 000万美元的天价薪酬，选择自主创业。他在自己的博客中写道：“离开谷歌后，我终于可以放声大笑。离开谷歌的李开复似乎一下成为自由的鸟儿，可以自由飞翔。”李开复做出这个重大的决定，主要是其独立自主、利他主义、成就满足的职业价值观使然。

2015年12月初，一则“FaceBook创办人扎克伯格夫妇决定将其99%的股份（市值高达450亿美元）都捐赠给基金会”的新闻被全球各大网络媒体转载。有人不相信这是出于“情怀”，认为扎克伯格夫妇这么做是为了避税。但如果我们仔细分析扎克伯格夫妇近年来的言行，就知道这是他们的价值观使然：他们不仅具有智力激发、创造发明的价值观因子，还具有很强的利他主义的价值观因子，因此，成立基金会、捐赠股份是顺理成章的选择。

职业价值观通常都是与某种工作相关联的。如果你特别在意工作的稳定性，那么公务员、国企管理人员可能是不错的选择；如果你看重的是创造性，那么广告设计、策划管理等工作会很有吸引力。

职业价值观还能让你在面临困境时仍保持斗志。当工作与个人价值观相悖时，工作往往会变成痛苦的来源；但如果工作与个人价值观相符，即使其他的条件并不如意，你往往也能自得其乐。

一个清楚自己职业价值观的人，明白工作的目标和意义是什么，自己在工作中真正想要的是什么，能够将自己最强烈的需要与不同的工作性质联系在一起，面对许多职业决定，较易作出明智的决定，最终找到适合自己的职业。

2. 职业价值观评估

职业价值观是个体独特经历的反映，影响着我们的职业选择和发展，因此理清自己的职业价值观是十分必要的。那么我们如何才能理清自己的职业价值观呢?

在职业价值观的心理测评中，目前使用较多的是宁维卫于1990年修订的舒伯编制的《职业价值观量表》，以及麻省理工学院斯隆商学院施恩（Schein）教授提出的职业锚理论及其测评方法。前者修订的职业价值观量表包括60个项目，涉及15个职业价值观；后者将职业锚分为技术职能型、管理型、自主独立型、创造创业型、安全稳定型、服务奉献型、挑战型及生活型8种，常用40个问题进行测试。

需要说明的是：虽然职业价值观一旦形成往往能够决定我们的职业追求，但它也会随着现实环境的变化而发生一些改变。尤其是对大学生而言，由于年轻、尚未形成独立的人格，在进行职业生涯规划时，职业价值观存在一定的可变性和现实性。

一方面，职业价值观应符合社会现实。探索职业价值观需要将个人价值观同社会价值观在一定程度上相结合。即既要知晓"我想要什么"，也要符合"社会需要什么"。人是社会人，不可能脱离社会而单独存在，社会价值是实现个人价值的基础，没有社会价值，人生的自我价值就无法实现。

一些即将走出校门、没有任何工作经验的大学生，期望进政府机关，一毕业就能够从事管理工作，做白领、成精英，并不现实。人才市场中，营销、销售等岗位的需求很大，却是很多同学最不愿意选择的工作。所以一个怪现象就很自然地出现了：招人的部门没人去，想去的部门不招人。调查显示，大学生最愿意去的三个地方依次是政府机关、事业单位、大型国企。这表明大学生的职业价值观中对"声望地位"和"安全稳定"十分看重，这是个人发展的必然要求，无可厚非；但是现阶段就业形势非常严峻，职业追求与就业现实的落差要求我们及时调整观念。其实职业本无高低贵贱之分，职业声望并不是工作本身赋予你的，而是靠自己争取获得的。

从马斯洛（Abraham Harold Maslow）的需求层次来看，对同学们而言，当前更加现实的追求是找一个自己能够胜任的工作，不断积累经验，即先满足低层次的需要，再追寻高层次的需要。

另一方面，职业价值观应经常被审视和理清。随着所处生涯发展阶段和社会环境的变化，我们的职业价值观也不断得到修缮，如鲁迅弃医从文就是对自身职业价值观的修缮。

我们应经常审视自己职业价值观中是否有不太合理的地方。在确定自己的职业目标时，我们一定要认真地问问自己：究竟想要怎样的工作，想过怎样的生活。如果你愿意竞争、追求成就，可留在大城市打拼；如果你只是受舆论或他人影响而"宁要城里一张床、不要乡镇一套房"，这种想法可能就不太成熟。

此外，当今社会多元文化的冲击也会导致原有价值观体系的改变。如今是"三百六十行，行行出状元"，曾经被人不齿的"戏子"今天成了很多青少年追捧的明星，士农工商中的末者而今是经济发展的推动者。

和其他特质相比，职业价值观隐藏较深，不易察觉和理解，却又能产生重要影响。职业价值观的最终获得来自生活的磨砺、成败得失之后对职业的总结。所以对大学生尤其是大一新生而言，对职业价值观的探索是有些难度的，即便探索有所得，也可能是肤浅的、理想化的或模糊的，这就需要我们日后多磨砺、多思考、多反省，使之逐渐明晰。

总之，价值观是一种价值体系；在生命中你认为什么是最重要的，生命的意义是什么，这就是一个人的价值观。我们每个人都受到生存环境和生活方式的影响，形成了自身独特的价值观，这种独特的价值观会影响我们对职业的选择。我们在择业时可能会受到外界的诱惑而违背自己的价值观，做出错误的选择，导致自己在将来的工作中不如意。因此，认识并尊重自己的价值观非常重要。

2.6　自我评估

个体在成长过程中，一直在不断地进行自我认知：幼儿学会说话后，先知道了自己的姓名、性别和年龄，接下来会表达自己的喜好与厌恶，之后会了解父母的职业。随着年龄的增长，同学们开始通过比较、将自己放在整个社会的维度上来加深自我认知、进行自我评价。可惜，随着学业压力的增大，不少同学陷入了自我认知的误区：除了学习之外，对其他事物丧失了好奇心和兴趣；除了老师、家长认为正确的事情之外，自己缺乏对世界的独立判断；除了学习能力（考试能力）之外，不知道自己还有其他的能力；等等。由此可知，自我探索是个人成长过程中非常重要的一项内容。刚刚进入大学、处于快速成长期的同学们，对自己的性格、兴趣及能力的认知往往不是特别清晰，而且价值观尚未稳定、成熟，因此，有必要唤醒同学们进行自我探索的意识。这里介绍一些便于操作的方法。

通过前几节的探讨，同学们已经知道，在谈及一个人时，除了他的姓名、性别、社会身份外，同时会涉及他的全面的信息，包括心理自我：人格类型——他适合做什么及与他相处有何注意事项，兴趣——他喜欢做什么，素质能力——他能做什么，价值观——他看重什么。这些个性特征从各个侧面展示了个体的职业心理，对于其选择最适合的职业有重要的参考意义。这些个性特征中，性格有一定的先天的成分，需要自己去发现；兴趣、价值观的形成受成长环境的影响，有一个稳定、成熟的过程；能力主要是靠后天的努力获得的，可以不断提高。研究表明：个体的能力是职业规划中最为外显的因素，性格和兴趣次之，价值观则最为隐蔽。

上述四个因素对我们的职业选择和发展有着至关重要的影响。一个人对其职业选择是否满意，不仅仅取决于其中某一因素，而需要将四种因素作为整体来把握。因此，各因素之间的整合尤为重要。

在进行个体个性特征的整合时，应力求全面分析、重点把握。一方面，应深入细致地理解各个心理因素的评估信息，特别是相关特征以及测评分数的含义；另一方面，还需关注得分偏高或偏低的特质，这些特质往往是个体职业心理中非常突出的特点，把它们联系起来，往往可以看出某个人的特征。在此过程中，应尽量区分不同特质。

1. 人格类型与素质能力

目前，不论是组织招聘还是个人择业，在考量胜任特征时，往往主要强调能力，对于人格类型不够重视。事实上，能力反映的是个体在活动中所能达到的水平。如果性格与所从事活动的要求比较吻合，则能力的发挥比较自然；否则就要付出很大的努力。与此同时，性格的差异决定了个体的能力优势体现在不同的方面。

我们前面介绍的林枫（ENTJ 型）和李妍（ISFP 型），所学专业相同，两个人的成绩都不错。如果大学毕业找工作，二者所体现的内容性技能是接近的，但表现出的功能性技能和适应性技能会有很大的差异，适合的职业类型也有很大的差异。如果两个人都选择从事会计工作，林枫可能会经常面临“账做不平”的问题，不胜其烦；李妍则可能遇到同事在报销时不符合财务制度请她通融的情形，她会被夹在人情与原则之间感到左右为难。

2. 职业兴趣与素质能力

人的兴趣和能力领域可能是重合的。兴趣促使我们更加关注工作的内容，因而有利于相关素质能力的提升，进而使人们更好地胜任工作。同样，胜任某项工作也会激发人们更大的兴趣，从而更加努力地工作，这样一切就会比较顺利。由于现实条件的限制，人们经常会遇到个体感兴趣的未必是擅长的，或擅长的未必是感兴趣的等情形。此时职业选择会出现两种情况：一是以兴趣为导向选择职业，会令人兴奋，从而会倍加努力以胜任工作，但若能力仍有差距，则会表现出焦虑的情绪；二是以能力为导向选择职业，会给人带来轻松，但若忽略了兴趣，也极易导致职业倦怠。

对于兴趣与能力不匹配的现象，笔者有切身的体会：由于具有很强的艺术/创意型的兴趣倾向，笔者在年轻时就表现出超常的艺术鉴赏力，对于构图、色彩等具有很强的敏感度，初期使用傻瓜相机拍出的风景照就得到过专业人士的赞赏。然而，由于实践型兴趣倾向极弱，笔者对于任何与机械操作相关的行为（包括使用手机）都心存畏惧，因此一直无法掌握专业相机的使用方法，20 多年来，摄影技术只能达到业余水平，根本不可能成为专业摄影师。

同时，由于不同的组织、不同的岗位设置对员工的素质能力要求有很大的不同，因此，选择适合自己个性特征的组织及岗位就显得非常重要。假如林枫和李妍都愿意到企业工作，由于林枫性格外向、善于与人沟通，又很较强的规则意识和计划性，在管理规范的大中型企业中会有更好的发挥平台。李妍性格内向、不太喜欢与人沟通，但善于把握细节，富有想象力与创造力，也喜欢适应新情况，因此在创业型公司中会有更大的发挥余地。

3. 职业兴趣和职业价值观

职业能够给人们多重回报：工作过程可能满足人们的创造、自由、审美等诸多诉求，工作结果会带来各种回报，如薪酬、福利、进修机会等。然而，在审视具体工作时，我们经常会发现让自己感到遗憾的地方。比如，一份工作很难给自己提供希望得到的所有资源：也许我们会对某项工作带来的各种报酬感到满意，但对工作内容、工作活动本身不感兴趣；或者对内容有兴趣，但对工作结果不满意；或者对工作所得的薪酬满意，但对社会地位不满意；等等。解决这类冲突的过程，实际上就是价值澄清的过程，这有助于弄清我们为何对某些职业而不是另一些职业感兴趣。

整合自己的各种个性特征后，最理想的结果莫过于选择的职业是四者的结合点。然而，经过上述分析，我们或许已经发现心理自我的几个方面经常存在冲突，往往会面临鱼和熊掌的两难选择。因此，解决冲突、寻求协调也是自我探索的一个重要目的。职业选择应从长计议，所谓不谋一世者不足以谋一时。

虽然兴趣对一个人的职业选择有很大的影响，但并不意味着刚进入职场就要进入自己最感兴趣的工作领域。我们可以先选择一个与自己兴趣接近的领域，通过工作来培养、提高自己各方面的能力；然后在价值观的引领下，选择合适的机会进入自己最感兴趣的领域。在我们的职业生涯中，借助对性格、兴趣、能力和价值观的全面整合，将使我们获得最大的成功。本章末的推荐阅读《与北大无缘的牛津教授》中的主人公刘冀珑教授，中学时代就对细胞学产生了兴趣；其间虽然遭遇高考、考研的挫折，最终还是确认了自己的职业兴趣。几经周折研究生毕业后，他迫于生活压力做起了企划部经理，虽然收入不菲，但他很快放弃高薪，专注于研究。这一方面是因为职业兴趣，另一方面是因为企划部经理一职虽然可以部分满足其成就满足、发明创造等价值观，却无法满足其智力激发、独立自主等价值观。

笔者的职业生涯发展经历也可以说明这一点。高中时，由于“学好数理化、走遍天下都不怕”的观念盛行，虽然文科成绩优异，笔者还是选择了理科，经过刻苦学习考入了北京航空航天大学。然而，大量纯工科课程令我叫苦不迭，尤其是材料力学、理论力学、工程力学、电子工程学等课程，令人常常处于崩溃的边缘，几乎都是跌跌撞撞地通过了考试。工作后，无意中从事了人力资源管理的教学及实践，竟然很快无师自通、游刃有余。后来，进入了职业生涯教育领域，笔者首先系统地进行了自我认知，发现自己最显著的职业兴趣为AS，最弱的方面是RI，与自己大学时期学习遇到的困难及后来工作中的经历非常吻合。根据自己的这个特点，笔者在接下来的工作中更侧重于教学与咨询，而不是偏重于理论的研究课题。

笔者曾经有过三年的企业人力资源管理经历，从外企回到高校任教时，高校教师的收入远远低于外企管理层，很多人对此十分费解。而笔者已非常清楚自己的职业锚是自主独立型、服务奉献型与安全稳定型，高校教师一职全部能够满足，因此是最佳选择。

通过主动学习、全面探索自己的个性特征来解决自己的专业困惑，远比单纯地从老师那里获取“标准答案”来得准确且有意义得多。不少同学通过上课、学习，明白了自我认知和职业探索不是一劳永逸的，延展至踏上工作岗位之后也是可能的。

每个人都有自己独特的性格（人格类型）、兴趣、素质能力和价值观，这些特性组合在一起，使得每个人都有自己的特点。性格、兴趣、价值观没有好坏之分，能力也体现在方方面面，很多认为自己没什么能力的同学通过课堂练习及分享，也发现了自己的很多能力。因此，只要能找到适合自己个性特点的职业，我们就能够充分发挥自己的才能。所以，发现独特的自我是走向成功的前提。当然，自我认知不是一蹴而就的，需要同学们将自我探索视为线贯穿一生的课题。

本章小结

本章希望通过同学们日常生活、学习中经常接触、经历的事件，引发大家对自身个性特征的思考与探索；应用一系列心理学的研究成果，通过简单的测试、练习，引导同学们全面地认知自我，并初步了解个性特征与不同职业的匹配。

课后思考

我的人格类型是：________________；适合的职业有________________。

我的兴趣类型是：________________；适合的职业有________________。

我的主要素质能力是：______________；适合从事的职业有______________。

我的主要职业价值观/职业锚是：__________；适合的职业有____________。

推荐阅读

人格类型认知让我的职业选择更理性

我最早接触到MBTI是在大四上学期：当时已经确定保研，但专业不是之前自己预期的金融工程，而是企业管理，颇觉纠结。在专业人士的推荐下，初次阅读了P.D.蒂戈尔、B.B.蒂戈尔撰写的《就业宝典》，书中深入浅出地介绍了MBTI人格类型（就是人们平时所说的性格）测试理论，很吸引人，我开始试着对自己的性格进行分析和探索。后来通过职业生涯规划课上教师的讲解，对自己的性格有了更深的认识。了解自己，认识自己，才能看清方向。

根据初步的测试，我的人格类型组合为INFJ，内倾、直觉、情感、判断这八个字很简练地总结了我性格的各个方面。

（1）内向、有理想、有创造力、性格深厚复杂，难以被人了解；

（2）外表恬静，但内心有强烈的感情，正直而忠诚，敏感、热切而坚忍，生活在思想的世界里，追求生活和存在的意义及其中的联系，渴望为他人的幸福贡献力量，在危急的关头总是积极参与；

（3）富有独创性，细致谨慎，深思熟虑，不易被愚弄和欺骗，不容易受人牵制；

（4）内心为自己感到骄傲，但轻易不会表露。

我不太喜欢热闹，更喜欢独处，特别独立，注重隐私，不轻易对人说出内心的感受和认知，但是愿意同自己信任的人分享内在的自我；朋友圈子不大，但是交往深厚持久。在了解和把握他人的心理方面有先天的敏感性，能准确地理解人际关系，毫无保留地激励、赞扬同伴，避免争吵，赢得他人的合作和追随。与口头表达相比，我更喜欢用写作的方式去抒发感情。这类人的标签有很多，比如温和、关心他人，富有想象力等。

我喜欢每次全神贯注地做一件事情，在一个时期专心致志地投入到某一项任务中，比如准备考试和减肥两项任务总是不能同时进行，就好比多窗口任务总是会让个人系统显示配置不足，无法同时启用功能。

随着年龄的增长，性格类型一般情况下是不会改变的，但是可以发展得更完善。内倾的性格让我在语言表达和拓展人际关系方面比较薄弱，认识到这一点之后，我开始有意识地多与陌生人接触，让自己变得活泼开朗。如果我感到自己不被需要，或者环境一成不变、缺乏激情，心理上就容易产生压力和恐慌感，觉得自己是在荒废生命。这种时候，我就主动调剂自己的业余生活，从另外的方面提升自己的个人素质。

了解了自己的性格，就可以在学习、生活中减少不必要的精力消耗，进一步有效地进行职业规划。一般来说，我的这种性格类型适合从事创新型的工作，包括帮助别人成长，处理紧急突发事件，生产（或提供）一种自己能感到自豪的产品（或服务），这些工作符合自己的价值观，能够发挥个人独创性，有较充足的个人决策空间。适合的就业领域包括：咨询、教育、科研、文化、设计、公共关系、政治等。职业类型包括：心理咨询工作者，心理诊疗师，职业指导顾问，大学教师（人文学科、艺术类），心理学、教育学、社会学研究人员，高校辅导员、教导员等；人力资源经理、企业组织发展顾问、职位分析人员、人才测评师、员工培训主管、媒体特约规划师、编辑/艺术指导（杂志）、口译人员、社会科学工作者、临床医学工作者；作家、诗人、剧作家、电影编剧、电影导演、画家、雕塑家、音乐家、艺术顾问、建筑师、设计师；等等。总体来看，我这类性格的人适合从事与人和艺术/创意相关的工作，跟数字和逻辑基本无缘。

初步了解了自己的性格后，我觉得从金融工程专业转到企业管理专业并非一件坏事。在接下来几年的研究生学习中，我跟随导师参与了两个企业人力资源管理咨询项目，进行访谈、资料整理，后来参与编写了两个案例，都有不错的表现，并得到了导师的肯定，自己也颇有成就感。硕士论文的题目也是自己选定的。当时有个导师建议的选题，研究框架已基本确定，做起来会比较省力，但我想做个与大学生创业有关的选题。导师很支持我的新想法，最后论文完成得也比较顺利。

不过，我认为不能绝对迷信性格与工作领域的对应关系。本科学的金融工程专业显然与我的性格类型有较大的反差，研究生学的是企业管理，在我们学校也是偏重理科思维的。为了寻找适合的职业，我尝试过一些兼职和实习：做过家教，结果发现自己耐心不足，不适合跟孩子打交道；做过宣传设计，发现主动产生创意和灵感与强迫自己想出创意来完全是两回事；学过法律第二学位，发现枯燥的法律条文背后也有着一个个小说般的案例；做过证券投资顾问助理和市场助理，发现跟数据打交道并不是特别令人讨厌，大多数情况下也可以很有乐趣。此外，求学期间，我还参加过许多志愿者活动：给退休老人送温暖、保护环境、帮助残疾人等，还专门学了一段时间的手语以帮助聋哑人，这些活动都让我觉得自己对社会有价值。

硕士毕业求职时正赶上“史上更难就业季”，作为一个北漂的姑娘，我真的感到压力山大。我想尽可能选择上面列出的职位，在投简历时也做过尝试，比如人力资源类和教育培训类的职位，但是最终杳无音信，反而是一些与数据、分析有关的工作给了我机会；最终考虑到生活的现实，我签约了一家国企，从事汽车金融相关的工作。虽然看上去与性格不是特别匹配，但是在实际的日常工作中，也能让我发挥长处，体会别人的想法，做团队的黏合剂。工作之余我依然会做些帮助他人的事情，继续参加各类志愿者活动，学习音乐、舞蹈，弥补自己童年的遗憾，提高艺术素养，也算是主动地向适合性格的职业领域靠拢。

不知不觉工作大半年了，说起未来五年的规划，我也有了大致的方向。首先是适应工作，在工作中充分发展我的性格的长处，改善性格上的弱点；一方面希望通过工作进一步了解自己，明确自己未来的努力方向，另一方面希望积累工作经验和为人处世的方法，尽可能提高自己。有句话说，不要高估两年后的自己，也不要低估十年后的自己。所有的工作都有欢乐和烦恼，我们能做的就是把握自己的方向，做好当前的事情，寻找更好的发展机会（升职或跳槽）。愿大家都能成为更好的自己。

作者张学为北京航空航天大学经济管理学院 2012 级硕士生。

与北大无缘的牛津教授

1971 年出生于九江县，8 年前任教于牛津大学，组建实验室，成为博士生导师；5 年前首次发现一种新的细胞器，并命名为“细胞蛇”；他从中学开始就想学习并从事细胞研究，但阴差阳错，直到 12 年前才开始进入这个领域。他说最幸运的事情就是把兴趣变成了工作：“你不知道显微镜下的细胞有多么美！”他就是刘冀珑，英国牛津大学医学理事会功能基因组研究所果蝇实验室主任、博士生导师。

不认识植物的林大毕业生

估计所有人都会有这样一种认知：能成为牛津学生的应该都是学霸，能做牛津老师的应该是学霸中的战斗机。不过这个认知在刘冀珑身上被推翻，至少他在读本科时算不上学霸。

从中学开始，刘冀珑就喜欢上了细胞生物学，梦想是进入北京大学生物系学习。可命运跟他开了一个玩笑：当年的高考，分数比他低五分的两个同学考进了清华大学，比他低四五十分的上了上海交通大学，可是他却被北京林业大学录取。

从得知录取结果的那一刻起，刘冀珑就琢磨着怎么退学。虽然没退成，但这个人生大弯道也让他忽视了自己的专业森林保护，而是成天泡在哲学书籍中寻求慰藉。“那时我最喜欢读西方古典哲学！”大二时，他又开始看文艺类书籍：“总之就是不怎么看本专业的书，我对自己的要求就是不要挂科。”

凭着临时抱佛脚混个及格当然不是问题，不过也偶有失手。一次他泡完图书馆回教室，怎么一屋子人都在做卷子呢？刘冀珑硬着头皮去问老师，原来那天是期中考试，而他早已把这件事情忘得一干二净。“老师也根本不认识我，因为我一直逃课，他都没见过我。”

虽然此后再没有类似事件发生，但是对于专业的不热衷，使这个森林保护专业出身的学生有时竟叫不出一些街边树木的名字。

做不了北大的学生

刘冀珑好像和北大没有缘分。考大学时，尽管考分不低，阴差阳错，他与北大失之交臂；这一度让他极其郁闷，甚至一改高中时期的意气风发。为了弥补高考时的遗憾，他从大三开始自学细胞生物学。那时科学出版社出了一套翻译的《细胞分子生物学》，图书馆刚到货就被他借走。“每天早上4点起床，到教室自学。”经常周三骑车到北大听专业讲座，有时还写信给教授请教问题。“那时我曾写信给一位北大著名的细胞生物学家，现在我还保存了两封他助手的回信。”

当年的研究生考试，他成绩不错，但命运再次跟他开了个玩笑：“记得北大细胞生物学专业要招六个人，我考了第四。可北大有几个保送生，所以只录取了前两名。”虽然可以转到北大的植物分类专业，但是刘冀珑更想读跟动物相关的细胞生物学；老师告诉他中国农业大学的生物学院水平很高，他就决定转到那里攻读动物生理学和生物化学。

但是多年后，刘冀珑在牛津大学的实验室接收了两个来自北大的研究生和一个毕业于北大的访问学者，“两个北大学生开始都是来做交换生的，一年后他们申请了我这里的博士生”。

做学问的也能做经理

研究生毕业后，刘冀珑“失业”了一年。那是1995年，研究生凤毛麟角，找工作可以说很容易，可他偏偏让自己玩了一年。由于从初中开始就住读，跟父母朝夕相处的机会不多，这一年待在家乡县城和父母住在一起弥补了以前的缺憾。现在想起来刘冀珑都觉得非常浪漫，自己不上班，同年毕业的女朋友也不上班，两人一起玩着玩着就把终身大事办了。不过浪漫不能当饭吃，第二年儿子的出生让刘冀珑有了养家的压力，于是他找到了第一份工作。

谁也没想到，这个生物学硕士竟然成了一家公司的企划部经理。“这份工作跟专业完全不相干，之所以选择这份工作，我想是因为我喜欢画画，美术基础还可以。”这个经理做得很美：月薪4 000元，还有一些补助。在1996年，那是不错的收入。

刘冀珑似乎也淡却了研究细胞生物学的执念，但是在家人的游说下，他又去考了博士。“考博士只是一时兴起，就是想证明自己，并没想着真的去读。”因此接到录取电话时，他下意识的反应是拒绝。

他最终还是去读了，可有意思的现象也出现了：“人家一下课就去找导师研究学问，我一下课，等在走廊上的公司助理就过来请示各种工作怎么开展。”好在做学问的兴趣最终还是压倒了赚钱的兴趣。一段时间后，刘冀珑辞去了公司工作，全心全意泡在了实验室。

两次跨越大洋

2000年博士毕业后，刘冀珑跨越太平洋到美国康涅狄格大学的杨向中教授实验室做博士后，从事动物克隆和生殖生物学的研究工作。

2003年，他在美国马里兰州卡耐基研究所从事第二个博士后研究，师从“现代细胞生物学之父”高尔博士。直到那时，刘冀珑才真正进入细胞生物学领域。从高考开始，14年跌跌撞撞，似乎这时才跟“真爱”重逢。“我总觉得，人一定要找到兴趣，只有兴趣才能让你真正深入。”

2006年底，刘冀珑的第二个博士后工作已进行了近四年。同事们纷纷开始找工作，他则有些犹豫：“觉得自己还没有资格进入好一些的大学。”但是他的导师这样说：“你配得上任何一所大学。我的学生有很多，但我并不是对任何人都说这句话。”

刘冀珑受到了鼓励，当时他看到了牛津大学的招聘广告，便寄去了个人资料。一个月后他收到了对方的回复：邀请他到牛津面试。

可能是照顾时差的原因，刘冀珑的面试被安排在上午最后一个，面试时间比预定的要长。面试结束后，他被领着参观研究所；参观过程中，研究所的人员过来问他是否有时间和所长再谈一会儿。再次见到所长时，他被告知：所有评委都决定把这个职位给他。

不过，刘冀珑并没有马上接受这个Offer。所长问能否请他和研究所的所有实验室主任再进行一对一的面谈。他连午饭都没有来得及吃，从中午12点谈到了下午4点。经过几个星期的慎重考虑，他决定接受牛津大学的邀请，于是举家跨越大西洋从美国搬到英国。

放一群有热情的羊

从追随导师到自己成为导师，刘冀珑走过了一条不平凡的路。35岁时，他在牛津大学组建实验室，成为博士生导师，主要以果蝇为模式动物从事基本的细胞生物学和疾病工作的研究。他的学生来自世界各地。如果你问他怎样才能成为牛津的博士生、成为他的学生，他会说：经历当然很重要，但更重要的是这个人是否有好奇心和内在动力，说到底还是对科学研究的兴趣。“如果你不爱这个东西，就不可能一直兴致勃勃地做下去。”他自己就是对这个要求的诠释：从高中开始的热爱，到大学期间凌晨4点起床的自学。“我觉得显微镜下的细胞非常非常美，没有比这更美的世界。”学生要有热情，导师则需要放羊。“要给予他们足够的自由，这样才有创造力。”

科学家也要生活。在牛津大学古典而优美的校园中，刘冀珑还保持着从前的爱好——写诗和钓鱼。不过因为工作的关系，钓鱼时间越来越少，很多时候只能在诗词里回顾：

早上黑云带露，雨后红花含泪。彩虹桥下野鸭飞。一池草正绿，半河水恰味。

小时上学也近，沿路景色亦美。屋前塘里鲫鱼肥。几岁成渔翁，钓竿随身背。

资料来源：《九江人刘冀珑在牛津当教授与北大无缘》，载《九江晨报》，2015-12-10。

第3章 探索职场与职业

名人名言

创造人的是自然界，启迪和教育人的却是社会。

——别林斯基

在你最感兴趣的领域中，隐藏着你人生的最大秘密。

——比尔·盖茨

学习目标

本章内容是CIP金字塔底部右下角的“职业知识”。通过本章的学习，同学们可以认知并理解社会、职场和职业的内涵及其对于大学生职业生涯规划的重要性，更好地了解身边的社会及大学毕业走向工作岗位后面临的社会职业环境，了解职业对同学们而言的真正意义、个人希望及可能从事的职业类型，为科学规划个人的职业生涯打好基础。

3.1 职场的内涵

1. 社会——职场的基地

同学们可能经常听到这样一句话：大学毕业后就要离开校园、走向社会了，环境就没有那么单纯了。这令同学们对于走向社会既好奇又有些担心。

这里提到的与校园相对应的社会是个综合的、笼统的概念，可以理解为以职场为中心、向外辐射的各种社会关系；社会的复杂也是相对于校园而言的。

社会是什么？事实上，同学们从小就生活在社会里，正是每个人身边的社会帮助你了解这个世界。

父母及家庭其他成员、亲戚朋友是每个人接触的最早的社会环境。父母的性格、受教育情况及其所从事的职业，他们对子女的期望及对外界事物的评论，使每个孩子对社会有了最初的认识。每个人从小接触的亲戚朋友，幼儿园的小伙伴、中小学的同学，也构成了身边社会的重要内容。

社会是分区域的。一个人生活的国家，其文化传统、政治制度、经济发展状况、居民人文素养、法律环境、社会习俗等构成了基本的社会环境。

我国地大物博、人口众多，全国各地在地理环境、气候状况、文化习俗及经济发展水平等各个方面都存在差异，影响着生活于其中的每个人。虽然春节是全国性的传统节日，可北方地区腊月二十三过小年，南方地区则是腊月二十四过小年；大年初一，北方地区必须是全家聚在一起包饺子吃，所谓“好吃不如饺子”，南方地区则一定要吃年糕，所谓“年年高升”。在受“学而优则仕”观念影响深远的地区，人们心目中的成功是大学毕业后留在北京的机关里，年纪轻轻就能被提拔为处级干部；在广州、温州等市场经济发达地区，成功的标准是拥有自己的产业、当老板。

随着全球经济一体化进程的加速，需要我们以全球化视角来看待事物、思考问题。由一位英国心理学家编写、在世界各国广为使用的心理测试题中有这样一道题：“您出门时通常会拿伞吗?”参考答案是：答“会”者被认为是生活态度消极的人，经常担心天气不好；答“不会”者被认为生活态度积极，总是认为天气宜人。然而，这道题的背景是英国作为岛国一年四季频繁降雨；生活在气候干燥的中国北方地区的人，可能会觉得莫名其妙：没事出门带伞干嘛呢？学习英语，常常会读到人们谈论天气的段落；没有当地的生活经验，很难真正理解英国英语读物中人们频繁谈论天气的内涵。

很多大学生朋友认为社会与自己距离遥远；其实，我们自身就是社会的一部分，因为“有人的地方就是一个社会”。社会环境是由经济发展水平、社会文化环境、社会价值观念、政治制度与氛围、家庭关系及个体对他人的了解与认识共同作用而形成的，社会环境深深地影响着职业的分类、变化及发展。因此，认知社会环境是我们了解职业的起点。大学时代是我们开始系统地认识社会、了解我们所处的社会环境的时期。校园虽然与职场有很大的不同，但相同之处也很多；进入成年期的大学生，要逐渐尝试更全面地了解社会。

课堂活动

我身处何处

活动目标

认识同学们身边所处的社会环境。

准备和要求

学生每 6 人一组，每组的成员来自至少三个不同的省（自治区、直辖市），分享各自家乡不同的风土人情和风俗习惯；进一步挖掘这些不同对自身观念及做事风格的影响。

大学时代是同学们个人成长、价值观形成的关键时期；绝大部分人离开自小生活的熟悉区域，重新适应新的气候及社会环境，开始了相对独立的生活，远离父母的庇荫做各种决定。很多同学第一次住校，与室友争吵、妥协，最终找到和睦相处的方式。大学生对社会的认识逐渐拓展、深入，开始把书本、小说中描绘的社会与身边的社会联系起来，形成了自己真正的“社会观”。这一切，都在潜移默化地影响着人们对职业的理解。

社会发展深刻地影响着人们对职业的认知与选择。新中国成立以来，社会不断发展，人们的观念也随之发生变化。比如，从“知识无用论”到“学好数理化，走遍天下都不怕”，观念发生了转变。尤其是改革开放以来，整个社会对职业的认知与评价发生了翻天覆地的变化，甚至颠覆了很多影响中国几千年的传统观念。其中，最典型的例子莫过于对商界人士的看法。封建社会形成了“士农工商”的传统排序，将从事商业经营活动视为最低等的职业；“商人重利轻别离”等诗句、无奸不商等成语，也反映了社会对商人普遍的道德评判。然而，随着改革开放的深入、市场经济的日益发展，“商界精英”已经成为社会对成功商业人士的一种尊称；全国各著名高校的商学院，也逐渐吸引最优秀的同学报考。

具体到人们对“热门职业”的认知，经历了一系列变化：建国初期的“劳动最光荣的”工人、“文革”时期的军人、“文革”结束后的国企干部、20 世纪 80 年代“科学技术是第一生产力”背景下的知识分子、全面改革开放后的商业精英及外企白领、国企改制后的公务员、互联网兴起后的 IT 工程师、2008 年金融危机后的国企及事业单位职员……近几年来，国家大力倡导创新、创业，创业者又受到不少年轻人的追捧。

然而，正如本书第1章介绍的职业生涯发展理论所强调的：任何职业都只适合一部分人，如果不考虑自身的特质，一味追求热门职业，一旦热门不热，那些素质能力与职业不匹配的人就会处于尴尬的境地。互联网热潮中流行一句话："猪站在风口也能飞起来"。可如果风停了，那只飞起来的猪会掉下来，摔得浑身是伤！

因此，作为正在接受高等教育、即将成为社会经济发展主力军的大学生，非常重要的一点是要独立思考，以客观、辩证、发展的视角看待社会对个人职业选择的影响及周围人的评价。职业的"好坏"因人而异，社会对职业的评判有时是因为受到了一些偶然因素的影响。

本书提供的一些思路与方法，可以帮助同学们正确地认识社会、职业与职场的关系。

人们选择职业时，往往正在准备进入职场。职场所处的宏观环境就是我们前面提到的社会，职场的微观环境是指每个人的就业环境。在一定的（宏观）社会环境下，每个人将要进入的组织（用人单位）所提供的（微观）职业环境千差万别。

对于绝大多数人而言，职业生涯是与其工作或服务的某个或某些组织相联系的，因此，大学生必须了解各种组织类型及组织形态的变化。有效的职业生涯发展，要求个人需要与组织需要之间相互匹配；整个职业生涯中，个人和组织双方共处于一个不断变化的环境中，二者的相互匹配过程也是动态的过程。如果匹配过程能够有效地推进，组织与个人都能受益：组织得到的将是合理运用与开发人力资源，以及绩效的提高和人际关系的改善；个人将能较好地管理自己的职业生涯，职业与家庭较好结合，个人才干得到有效发挥，态度与价值观得到较好的实现，个人也得到较好的发展。

因此，大学生在进行职业生涯规划时，要根据自己的性格、价值观、兴趣、特长等因素，结合将要加入的组织的具体情况，了解其组织类型和特点、组织文化、组织结构、该组织对全体员工及某个具体工作岗位上的员工提出的工作要求，以确定自己能否在该组织中找到适合自己发挥能力的平台。

2. 组织类型及特点

一个人的职业选择，除了考虑社会环境和经济环境外，还要重点了解将加入的组织的内部环境。具体内容包括以下五个方面：

（1）组织类型：常见的组织类型有五种。一是营利性组织，即现代社会中经济活动发生的主要场所，包括规模不同的工业、商业等企业；二是非营利组织，包括红十字会、基金会、教育服务中心等机构，以及近年来在我国出现的自然之友、北京地球村环境文化中心等非政府组织；三是政府组织，在我国包括所有政府办事机构；四是准政府组织，即大家通常所熟知的财政拨款的事业单位；五是各类协会。虽然组织的分类不是固定不变的——随着我国经济体制改革的深入，事业单位的比例越来越小，但这样的分类能帮助大家了解一些工作单位的基本类型并迅速了解一些组织文化的特征。

（2）组织实力与经营战略：了解组织所处行业、发展战略、战略措施、竞争实力以及发展态势等信息。一般来说，实力雄厚的组织为员工职业发展提供的空间相对较大；组织的发展战略与不同职业人的职业发展关系密切。组织的发展态势不同——处于发展期、稳定期还是衰退期，员工个人的职业生涯发展速度也就不同。

(3) 组织特点和人力评估：了解组织规模、组织文化、组织气氛、组织层级、组织结构、组织人力资源需求状况、人力资源规划、员工升迁政策、员工流动政策、员工培训政策等。这些对个人职业发展方向、发展路径及实现个人生涯目标的时间都有重大影响。

(4) 组织领导人分析：了解领导人的管理理念和个人能力。组织主要领导人的抱负和能力是组织发展的决定因素之一。对于一家营利性组织而言，企业家要做的事不是找到顾客群，而是创造顾客群；满足顾客的现实需求和激发顾客的潜在需求不是一回事。一个真正的企业家能够创造顾客群，其产品和服务能够满足顾客的潜在需求，他所领导的企业才能发展壮大，为员工提供不断发展的机会和不断上升的空间。比如在世界范围内有影响力的华为、海尔、联想等公司，其创始人任正非、张瑞敏、柳传志的管理理念、个人能力及价值观等个性特质，都对各自的公司有着深入、持久的影响。对于非营利组织而言，领导人的作用更大。此外，组织的领导人是否真正考虑员工个人的职业发展也是评价分析该组织的重要因素之一。

(5) 人力资源管理制度与工作/岗位分析：了解人事管理方案、薪资报酬、福利措施、员工关系、发展政策和工作岗位的基本能力要求、工作绩效评估标准等信息。这些信息一方面决定了新员工入职后能否胜任岗位、工作顺利与否，另一方面也关系到员工能否获得与付出相当的回报、能否在该组织中实现个人的生涯规划目标。

3. 组织文化

组织文化是每个员工职业生涯所处的文化背景，每个人的生涯成长与理解和有效地运用这些知识的能力有关。组织文化是一个组织所倡导的并且为组织上下员工身体力行的价值观和行为准则，它使组织独具特色，区别于其他组织。如果仔细考察，这种共同的价值观体系实际上是组织所重视的一系列关键特征。以下七个方面的特征是组织文化的本质所在：

- 创新与冒险：组织在多大程度上鼓励员工创新和冒险。
- 注意细节：组织在多大程度上期望员工做事缜密、善于分析、注意小节。
- 结果导向：组织管理人员在多大程度上将注意力集中于结果而不是强调实现这些结果的手段和过程。
- 人际导向：管理决策在多大程度上考虑到决策结果对组织成员的影响。
- 团队定向：组织在多大程度上以团队而不是个人为单位来开展工作。
- 进取心：员工的进取心和竞争力如何。
- 稳定性：组织活动重视维持现状还是重视成长的程度。

最初的组织文化源于组织创建者的经营发展理念，这反过来会对组织的员工甄选标准产生强烈影响。组织现任高级管理人员的行动为员工的行为标准设定了范围，表明了哪些是可以接受的行为，哪些是不可以接受的。20 世纪 90 年代以来，组织文化对于员工行为的影响越来越重要。因为现代组织渐渐拓宽了控制幅度，使组织结构趋于扁平化，引入了工作团队，降低了正规化程度，授予员工更大的权力，这些都要求一种强有力的组织文化提供共同的价值观体系，从而保证组织中的每个人都朝着同一个方向努力。

然而，在组织的各种特征中，组织文化较难量化。之所以说它难以量化，是因为它应该渗透到每个员工的日程工作中，而不是墙上写的标语、公司宣传单中的口号或领导在大会上讲的那些“企业文化”。从一些社会上流传的针对某公司的故事及笑话中，往往可以了解这个公司的文化。比如，一个关于普华永道的故事是这样的：

各大公司到非洲去看大象，轮到普华永道的哥们儿，他过去先跟大象说：我是普华永道的。大象就哭了，因为连大象都知道在普华永道干活辛苦。然后他跟大象说：我们来非洲数大象。大象就乐了，原来普华永道还是不着四六靠审计吃饭。最后他跟大象说：我们来非洲还打算招几头大象回公司上班，结果大象吓得一边哭一边掉头就跑。

普华永道的员工总是飞来飞去地出差，这个笑话说的就是工作的辛苦。因此，最本质的组织文化应该到该组织的楼道里去找，到电梯里去找，到食堂里去找，甚至到洗手间里去找，因为员工在私下所说的悄悄话或者笑话往往是组织文化的真实表露。真正的组织文化是在没有任何掩盖时仍然坚持的理念。你将要就职的组织的文化到底是怎样的？它最根本的价值观是什么？与个人的价值观是否一致？优秀的组织文化是组织发展、管理之魂，你在决定进入一个组织前必须有所了解。如果你不幸到了一个组织文化与个人价值观相抵触的单位工作，往往会发现自己不仅处处受到限制，而且自认为很得意的成绩得不到应有的肯定。

另外，对大学生有一个忠告：在考察组织文化时，最好将该组织是不是学习型组织作为重要的考虑因素。学习型组织是时代的产物。美国著名的《财富》杂志曾经报道：20 世纪 70 年代被该杂志列为全球 500 强的企业中，到 80 年代有 1/3 已经销声匿迹；自 80 年代起，每年都会有 30 家企业从 500 强行列中退出。资料表明，现代企业的平均寿命只有 40 年，比人的寿命短得多。为什么会出现这种现象？据分析，一个汇聚优秀人才的组织并不一定是一个最具竞争力的组织，所有组织成员的高学历无法保证企业经营的成功。有学者做过这样的研究：在一些组织中，所有成员的智商都在 120 以上，而组织的整体智商却只有 62；组织的智商可能妨碍组织内个人的成长与发展。因此，现代组织仅提高员工个人的素质是不够的，还需要积极提升组织的素质，以使人才在组织中充分发挥个人的能力。这就要求组织不断地学习，创建学习型组织。

组织文化的贯彻者是全体员工，尤其是组织的高层管理者及各级管理人员。对刚刚步入职场的大学毕业生而言，影响最大的莫过于其直接上级即主管。主管对下属给予鼓励和指导，会促使新人迅速成长、不断进步；主管对员工仅仅下任务，一旦没有出色完成就严厉批评，会令人萎靡不振，甚至丧失对职业的热爱和对工作的热情。主管的管理风格和工作中的言行也会影响其带领的工作团队。因此，大学毕业生在确定接受的第一个职业挑战时，应该对将来的领导和同事有相应的了解。

总之，职业生涯的发展是有阶段性的，不同阶段的侧重点不同。对于大学毕业生而言，学习型组织的文化和环境非常有利于其尽快适应工作环境、提高职业技能，为将来的职业发展打下坚实的基础；工作单位的领导，尤其是直接主管，也在很大程度上影响员工的职业发展。因此，在选择工作时要更多地考虑这个组织是否有利于自身的学习和提高。

4. 组织结构

组织结构是指对于工作任务如何进行分工、分组和协作。不同的组织具有不同的结构，组织结构对于员工的态度和行为都有影响。

管理者在进行组织结构设计时，必须考虑六个关键因素，即：工作专门化（把任务分解成各自独立的工作应细化到什么程度），部门化（对工作进行分组的基础是什么），命令链（员工个人和工作群体向谁汇报工作），控制跨度（一位管理者可以有效地指导多少个员工），集权与分权（决策权应该放在哪一级），以及正规化（应该在多大程度上利用规章制度来指导员工和管理者的行为）。常见的传统组织设计形式有简单结构、官僚结构和矩阵结构。从 20 世纪 80 年代开始，有些组织的高级主管为增强组织的竞争力开始设计新型的组织结构，团队结构是其中广为采用的一种。团队结构的主要特点是打破部门界线，并将决策权下放到工作团队成员手中，要求员工既是全才又是专才，对员工能力的提高有很大的促进作用。在大型组织中，团队结构一般作为典型的官僚结构的补充；而在小型公司中，可以把团队结构作为整个公司的组织形式。在投资银行、咨询公司中，团队结构几乎成为公司开展业务的主要组织结构形式。

组织结构是管理人员达到组织目标的一种手段，组织的战略、组织规模、采用的技术和组织所处的环境是影响组织结构的重要因素。组织的内部结构可以解释和预测员工的行为：除了个体和群体因素之外，员工所属组织的结构关系对员工的态度和行为具有重要影响。因此，在决定入职前，应该了解该组织的组织结构。随着新经济时代的到来，越来越多的组织，包括营利性的企业和金融机构、非营利组织、政府组织、各种协会等都从形式和结构上发生了改变。在这些变化中，最引人注目的是组织结构从三角形变成菱形，组织日趋扁平化。在三角形的组织结构中，处于组织最高层的管理者、执行者、办公人员和部门主管等只占全体员工的 15%，由于没有足够的空间让更多的人进入组织管理的更高层次，大部分工作者的生涯集中于三角形中较低的层次。在菱形的组织结构中，除了 5%～10%的高层执行者和管理者外，还有 50%～80%的员工成为组织中的核心员工。组织形态从三角形到菱形的转变，将对个人职业生涯产生影响。

因此，现代社会成功的组织的特征之一是保持扁平化的管理结构，从管理导向的系统转变为团队导向的系统；每一个团队成员都拥有足够的专业知识，团队由一些服务提供者和其他自我管理、独立对利润负责的成员组成。在这一变化趋势中，与团队工作、多重技能、终身学习、领导力和自我指导的生涯决策等有关的技术得到发展。

综上所述，大学生在进行职业生涯规划时，首先要了解自己所处的社会环境及各种组织环境。这是人们认知社会的具体内容，也是人们认知职业的前提。

3.2 职业的内涵

进入21世纪以来，世界发生了令人应接不暇的巨变：新技术信息每两年翻一番，意味着同学们大一所学的知识到大三就可能有一半过时了；美国《纽约时报》一周所刊载的信息量，相当于生活在18世纪的人一生的资讯量。这些变化对人们的职业影响巨大：2000年《财富》评出的全球10强企业中，到2010年已经有7家换了面孔。通过谷歌搜索的“2010年最急需的10种职业”，在2004年根本就不存在。

随着互联网浪潮席卷全球，互联网技术及其应用开始逐渐影响、改变我们的社会生活，尤其是消费习惯，互联网思维也加速改变着产业结构和企业经营模式。尤其是2010年以来，整个社会从PC互联网时代进入移动互联网时代，更多的人从开始接触、使用互联网到对互联网服务形成了依赖。这些变化令人目不暇接，冲击着我们对传统社会的认知，也改变着职业结构及人们对职业的看法。

职业是指人们在社会生活中所从事的以获得物质报酬作为自己主要生活来源并能满足自己精神需求，在社会分工中具有专门技能的工作。它是对特征相同或相似的一类工作的统称，以国家的职业分类大典为标准。

1958年，联合国正式颁布了《国际标准职业分类》，将职业分为9个大类、83个中类、284个小类、1 506个细类。目前许多国家都根据该职业分类，编制出了符合本国国情的职业分类词典。

1999年，我国劳动和社会保障部组织制定了《中华人民共和国职业分类大典》，区分了三大产业。2015年7月29日，国家职业分类大典修订工作委员会审议并颁布了2015版《中华人民共和国职业分类大典》。新版将职业分为8个大类、75个中类、434个小类，1 481个职业。与1999版相比，新版维持了8个大类，增加了9个中类和21个小类，减少了547个职业。人力资源与社会保障部部长尹蔚民指出，新版大典适应我国经济社会发展和人力资源管理的新需要，在分类上更加科学规范，内容上更加准确完整，全面客观地反映了现阶段我国社会的职业构成、内涵、特点和发展规律，标志着我国职业分类管理工作进入了一个新的发展阶段。

对于绝大部分成年人而言，职业通常意味着某种特定的生活方式，因为生活方式是由工作性质决定的。公司员工上班“朝九晚五”，收入水平处于中等偏上，不过可能会经常加班，节假日也无法保证休息，而且工作不是很稳定；公务员上班时间固定、加班较少，收入水平中等，但工作稳定、福利待遇较好；中小学老师的工资虽然不高，但有寒暑假、生活稳定，社会地位和生活质量也较高；新闻采编人员的工作时间很难有明确的标准，生活也自然受到很大的影响，按时上下班通常是一种奢望；地质队员的工作地点肯定不是在大城市，主要是在野外，生活方式自然会受到影响。选择了一种职业，也就选择了相应的生活方式。

职业还直接决定了个人的人生观念。农民每天都在亲近大自然，他们感觉到的或许不是回归自然的喜悦，更多的是土里刨食的艰辛，不然为什么许多人都选择外出打工的生活方式呢？而越来越多的城市人选择节假日去农家乐放松一下，是因为他们常年生活在高楼大厦林立的都市里，看到田野会觉得兴奋、舒服和愉快。

职业也决定了一个人的视野。小老板与高级白领在收入上相差不多，在观念上却常常有很大的差异。白领每天西装革履，出入各种有档次的场所，接触高水准的人士，自然会见识多、视野广，尽管他们往往每月收入不超过五位数，却轻松地谈论几千万甚至上亿的大项目。小老板赚的是蝇头小利，虽然月收入可能达到六位数以上，但谈论几十万的业务也觉得是大买卖。

职业本无高低贵贱之分，但是不同的职业会导致不同的生活方式，选择一种职业也就意味着选择了与该职业有关的文化氛围、精神境界及其生活方式。

“成为成功者”是当今社会最引人注目的话题之一，身边的职业成功者往往成为我们的职业榜样，尤其是年轻人，总是梦想着自己能像成功人士一样光彩照人，那些成功人士所从事的职业就成为他们的职业理想。我国神舟六号载人宇宙飞船发射成功之时，许多年轻学子梦想做宇航员；李宇春一唱成功之时，一些女生的职业理想就是当“超女”；在“大众创业、万众创新”的热潮中，一些大学生想退学去创业；姚明、丁俊辉在体坛上的成功，也吸引了一些年轻人做着成为体育明星的梦；等等。很多人因此认为成功者所从事的工作才是好的工作。从某种意义上说，职业成功确实是人生成功的主要表现，因为绝大多数人都需要通过职业获得人生成功。但是每个人的成功之路各不相同，在每个行业和每种职业中都有成功者。

人生经历同样影响着人们对职业的认识。居住在农村地区的人，从小看到父辈从事农耕劳动的辛苦及有限的回报，小小年纪就会将“农民”归为“不好的职业”；很多同学小学时就立志努力学习以通过高考“跳出农门”。居住在城市的朋友们，小时候听到的教诲可能是“如果不好好学习，将来考不上大学，你这辈子就只能如何如何了”。这里的“如何如何”，往往是父母心目中“不好的工作”，这使得这些孩子在童年时期就认定了一些工作是“不好的”。在认定考不上大学会不得不从事“不好的”工作的同时，他们自然会认为考上大学就能够从事好工作，因此对考上大学充满期待。

生活的环境制约着人们对职业的期待。由于幼儿园的老师绝大多数是女性，因此没有男孩子将幼儿园老师定为自己未来的职业目标，这源于职业与性别关系的联想。由于父母是中小学教师，他们教过的学生对父母很尊敬、对自己也很友善，因此不少小朋友将老师作为自己未来的职业目标；到小区收废品的外来务工者往往衣着破旧、外表邋遢，还常常遭人白眼，因此小学生不会将收废品作为自己未来的职业。这些都源于职业与社会地位关系的联想。

著名电影导演顾长卫，直到高中时期仍将电影院检票员作为自己的理想职业，这源于职业与个人兴趣关系的联想。看电视经常有新闻报道煤矿事故有人遇难，因此中学生中没有人将井下工人作为自己未来的职业，这源于职业与工作环境关系的联想。某网站调研的结果表明，85 后、90 后青少年最理想的职业中，歌星或影星排名居前，这源于职业与个人知名度、社会认可关系的联想。

在成长过程中，很多中学生在家庭聚会中开始关注正在上班的亲朋好友所从事的一些职业，逐渐区分出职业的“高低”，不少同学将职业理想确定为外企白领、政府公务员、IT 工程师、金融分析师、医生等，这时学生们已经开始考虑职业与收入、社会地位及自身能力等多因素的关系了。

2008 年金融危机之前，外企是国内大学毕业生趋之若鹜的单位；金融危机后，国有大中型企业及事业单位以其较高的职业安全感和稳定的收入水平得到年轻人的青睐。这是更为成熟或者更为实际的职业选择思路。近年来，越来越多的大学生热衷于考公务员、出国留学等，则是对职业的收入水平、社会认可度、稳定性、未来发展空间等多因素综合考虑的结果。

因此，在个人的成长过程中，对职业的了解越来越全面，越来越深入，越来越接近实际。

以上例子中，同学们都只是从自己所接触到的职业的某一方面或某几方面来认识职业，有一定的片面性，绝大部分的判断都有失偏颇。如果按照这些认识来找工作，难免会有落差，甚至会非常不满意。为了避免这种认知偏差带来职业选择上的错误，大学生在选择职业之前，需要较为系统地了解各种职业，尤其是自己感兴趣的职业，并根据自己的实际情况来判断自己适合从事哪些职业。

2009 年 5 月 5 日，《北京青年报》刊登了一篇题为‘世界上最好的工作’的报道：“在碧海间潜水喂鱼，住海景豪华别墅，拿高额月薪……从今年年初开始，澳大利亚昆士兰旅游局面向全球招聘大堡礁看护员，这份被称为‘世界上最好的工作’吸引了 3 万人报名。经过激烈竞争，16 名候选人进入了面试阶段。日前，包括两名中国选手在内的候选人已抵达大堡礁，他们将参加最后的角逐，期待成为 5 月 6 日的胜利者。”

然而，仅仅 40 天后，新华网又刊登了题为“世界最好工作——澳洲大堡礁岛主仍多怨言”的报道：“澳大利亚大堡礁守岛人、英国公民本·索撒尔日前在接受英国《太阳报》采访时承认，自己登上大堡礁后，将会怀念在英国的日子。他说，尽管大堡礁地处热带，但白天比英国短，‘晚上八点天色就黑了’。他还说，大堡礁炎热的天气不适宜烧烤。一些英国媒体评论说，索撒尔变成了一个‘不停抱怨的家伙’。”产生巨大反差的原因值得同学们思考。

因此，什么是好工作？不同的人有不同的答案。我们首先应该明白自己心目中的好工作。

课堂活动

发现“好工作”

想一想你认识的人当中，你认为谁的职业是最好的？为什么？

分组讨论，每组推选出一种职业进行分享。

分享与思考

1. 什么是好工作?

2. 你选择好工作的标准是什么?

3. 你所看到的工作来源于哪里?

总结

有些人认为："好工作"能让自己摆脱艰苦的工作环境、改善生活；"好工作"可以达成父母的期望；"好工作"是搞好学习的目标、个人成功的标志。然而这些定义都没有告诉我们工作的内涵，也就无法告诉我们职业的真正意义。

在正式进入职场之前，大学生要真正了解工作，可以从观察、了解身边人的职业开始，学会系统地了解、分析及判断将来可能从事的各种职业。

就业是我们绝大多数人在社会上自立的方式，但每个人选择职业会受到社会环境、个人兴趣、家庭期望等各种因素的影响。在大学时期尽早了解职业的内涵，对同学们选择适合自己的职业很有帮助。通过查询信息及课堂交流，很多同学看到了自己向往的职业的"缺点"，也有不少同学发现了自己所学专业对应的工作的闪光点。建议同学们利用课余时间，认真填写本章"课后思考"中所附的《工作世界调查表》，以更加全面地了解自己希望从事的职业的信息。

在我们生活的时代，"成功"是个非常耀眼的词。成功意味着很多美好的东西：名誉、地位乃至金钱、利益，还有人人向往的自我成就感。因此，同学们都渴望成功：每个人都向往获得美好的事物，没有人喜欢过平庸的生活，过缺乏价值感的生活，尤其是经过奋斗考取大学的同学们。

有人说，人一生都在寻找三样东西：一是"它"，你的事业或职业；二是"他"或"她"，你的另一半；三是自己。由第 1 章对职业生涯规划的简单介绍可以知道：职业生涯规划能够引导我们进行自我认知和职业探索，即帮助我们找到人生最重要的三样东西中的两样。

3.3　所学专业与职业的关系

在职业生涯规划的课堂上，笔者第一次问同学们："你们认为自己的职业生涯是从什么时候开始的呢?"很多同学回答：大四毕业前找工作的时候。在教师的启发下，他们会将这个时间节点前移至"大三找暑期实习岗位时"、"大二分专业时"甚至"高考报志愿时"。

人们对职业的探索有多个层面。对于大学生而言，首先关注的可能是自己所学专业与未来从事职业的关系。当前，高中毕业生报考大学，首先是根据分数选择尽可能"好"的大学，其次才是在可能被录取的大学中选择尽可能"好"的专业——所谓的好专业，无外乎该专业对应着热门职业及该学科师资力量雄厚等，至于学好该专业对于学生们有哪些要求，似乎很少有人关注。

因此，上大学前根据自己的兴趣、爱好报考专业的同学为数并不多，即使是这些人中仍有一些其实并没有真正了解自己选择的专业，进入大学后才发现选错了专业。请大家来看几年前笔者收到的一位同学的邮件：

苏老师，您好！

我叫李静雯，是材料科学与工程学院的一名大一新生。选修了您的“职业生涯规划”课之后，感觉对我有很大的启发。

在高考填报志愿时，我并不清楚自己的喜好是什么，也不清楚自己未来的生活应该是什么样的，只是根据高考成绩的估分报考了北京航空航天大学，并被录取到了材料科学与工程学院——这也是我的第一志愿。

我报考这个专业的原因如下：

(1) 家人认为这个专业就业前景不错，将来大有发展，航空航天事业急需人才，以后就业有保障；

(2) 妈妈是化学老师，她很希望我学化学；

(3) 浏览北航的招生网时，发现这个专业排在第一位，就报了（后来知道这是因为材料是一系才排在第一位，并不是因为材料是最好的专业才排名第一）；

(4) 与自动化等专业相比，我认为这个专业比较轻松，所以同意报考这个这专业。

但是上了大学之后，我发现自己并不是十分地热爱化学。虽然我可以将自己的专业课学好，但并不是因为喜爱，只是因为需要学好。

其实我从初中就开始思索自己将来要从事什么样的职业，但一直没有比较明确的方向，和许多人一样，只是单纯地希望将来能够收入丰厚，福利不错，工作轻松。

我本人没有特别的兴趣爱好，但是对所有事物都非常感兴趣。在上次的课堂测验上，在关于“六种人格（霍兰德职业兴趣）测试”这个环节，我的答案是“AES”，属于创意/艺术类型、喜爱人际交往的人。

我确实是一个充满创意的人，经常能够想到一些非常有意思的点子，而且喜欢团队协作、大家亲如一家的那种氛围。

从性格方面来说，我是一个既内向又有点外向的人。初中时，我是一个不会交际的人，沉默寡言；在高二时，终于学会了结交朋友，但交际能力仍然不强。跟我熟识的人都说我很活泼、很积极；与我结交不深的人则认为我很腼腆、很文静。但我相信，在大学里，我的交际能力会有进一步提高。

以上就是我的情况介绍。总的来说，现在困惑我的是：“我不是很喜欢我的专业，但我不清楚自己真正喜欢什么，而且我认为自己有能力将每一个专业学好。”

李静雯同学提到的选择大学专业的几个原因非常具有代表性。《中国教育报》2015年5月刊登的《“学非所愿”的根到底在哪儿?》一文也讨论了这种现象：

《中国教育报》某记者最近接到好几位朋友的电话，让对他们的孩子如何选专业提点建议。当记者问及孩子的爱好、兴趣时，有家长这样回答：“没什么爱好，也没什么特别的兴趣。”这种回答其实有一定的代表性，在记者看来，比“学非所愿”

更可怕的是“学无所爱”。如果学生不仅对所学专业不感兴趣，而且对其他专业也不感兴趣，这样即使转了专业也是徒劳。对于这些学生而言，不管选什么专业都是“学非所愿”。

由此，记者认为，“学非所愿”虽然直到高等教育阶段才集中表现出来，但问题的病根主要出在基础教育阶段。现在的一些中小学生，掌握的知识多了，所学的课程多了，考试的分数高了，但对于人的生命成长极为宝贵的爱好和兴趣，却被消磨殆尽。

其实，幼儿园的孩子们往往好奇心很强，兴趣广泛。但上了小学后，随着课业负担的加重，个人兴趣开始慢慢萎缩，不少学生上中学后就基本上没什么兴趣了，因为他们几乎把所有精力都用在了应试上。虽然随着年龄的增长，人的兴趣的衰减、转移也是一种常见现象，但好的教育会维持并强化人内心的求知欲和好奇心。然而，如果我们的基础教育违背人的成长规律、“重分轻人”，就有可能磨灭学生兴趣，透支学生未来。

对于“为什么我们的学校总是培养不出杰出人才?”这句著名的“钱学森之问”，许多人都在试图破解，但有些人给出的解决之策令人瞠目。比如，有人主张孩子在幼儿阶段就要学奥数、做习题、背古诗，认为这是培养未来杰出人才的妙招。殊不知，正是这种违背规律的学习方式，耗尽了孩子的兴趣和好奇心，这种超前、过度的教育方式，恰恰就是培养不出杰出人才的重要原因。

像李静雯这样不喜欢自己所学专业的同学该怎么办呢？是否应该申请调换专业呢？

俗话说：“男怕入错行，女怕嫁错郎”，这句话产生的社会背景是女性没有资格进入职场的旧社会。在女性拥有与男性同样的工作机会的当今，不论男女，都怕入错行。选专业，在一定程度上就是在选行业、选事业。如果一个人能够把自己的兴趣、爱好与所学专业结合起来，就能在积极的投入中充分释放潜能，往往就能在所从事的领域中表现优异。

因此，那些喜欢所学专业的同学是非常幸运的，但还需要进一步探索自己真正的职业兴趣。如本书第2章中提到的那位退学重新报考本科的清华直博生刘同学，虽然被自己理想的清华大学建筑学专业录取，但由于其职业兴趣类型是IR，因此几年后从清华建筑学专业毕业，他没能成为自己理想中的建筑设计师（职业兴趣类型为AI），而是在建筑公司做项目经理（职业兴趣类型为ER），令人遗憾。

事实上，大中专院校所设置的专业对应的并非一个固定的职业，而是一组职业，甚至是一组职业群。比如目前热门的计算机专业，同学们毕业后既可以从事编程、网络维护等技术工作（职业兴趣类型为RA或RI），也可以从事技术支持（职业兴趣类型为RS）、网络编辑（职业兴趣类型为RI）、互联网企业管理者（职业兴趣类型为RE）等职业。又比如，机械工程专业的学生，根据不同的职业兴趣倾向及能力结构，毕业后既适合担任机械工程方面的设计工程师（职业兴趣类型为RA或RI）、技术支持工程师（职业兴趣类型为RS或SR），也适合担任机械工程企业的销售人员（职业兴趣类型为RE或ER）。到毕业前求职时，具体从事哪种职业，一方面取决于同学们的职业兴趣，另一方面取决于同学们所具备的职业素质与能力。

因此，在明确了自己的职业兴趣后，同学们还需要了解自己毕业后希望从事的职业及用人单位对新员工的素质能力要求。不太喜欢本科所学专业的同学，最好根据自己希望从事的职业的任职要求来对照找到自己的差距，以此判断自己能否在未来几年通过努力满足那些要求。

前面提到的不喜欢自己所学专业的李静雯同学在课程结束后的心得中写道：

> ……我在刚刚接触这门课时有调换专业的想法。
>
> 可是在之后的课程中，我又了解到一些有关性格与职业的知识。这让我重新审视了自己的专业：兴趣是可以培养的；我目前所学的专业非常有前途，自己也不排斥，并有能力将它学好。所以我应该很专心地去学习，不应该再惦记别的事情了。如果到了大二结束时仍觉得自己与这个专业不匹配，到考研时再换专业也不迟。还有一点就是，如果在即将参加工作时依然不清楚自己喜欢什么，就选择一个可攻可守、可进可退的职业，在干好自己本职工作的前提下，多去接触不同的职业，开阔自己的眼界，在就业中择业。

李静雯同学通过主动学习、全面分析自己的个性特征，解决了自己的专业困惑。这远比单纯地从老师那里获取“标准答案”来得准确及有意义得多。而且，她明白了自我认知和职业探索不是一劳永逸的，延展至踏上工作岗位之后也是可能的。希望她探索职业的经历对同学们有所启发。

3.4 岗位任职要求及职业发展轨迹

在现实社会中，每种职业都对任职者有相应的任职要求，这是由各类职业所处行业、行业所处的发展阶段、组织结构、工作内容及操作流程等因素决定的。管理完善的组织，会对每个职位进行工作分析，编写出各个岗位的职位说明书，以明确组织中各个职位的定位、所属部门、工作内容、职责权限、工作关系、人员要求、职业通道等基本信息。表 3—1 是一份较为标准的职位说明书。

表 3—1　　职位说明书示例

定岗人员：××　　　　编号：××××

一、岗位标识			
岗位名称	IT 工程师	岗位编号	
所在部门	人事行政部	薪资岗级	
拟定/日期		版　本	V1.0
审核/日期	/	批准/日期	/
二、岗位使命			
依据人事行政部管理职责和目标，在人事行政经理的领导下，制定、完善计算机系统管理方案，拟定相应的技术方案，并具体组织实施，以确保公司计算机系统安全正常运行。			

<table>
<tr><td colspan="3">三、岗位职责</td></tr>
<tr><td>工作领域</td><td colspan="2">具体工作职责</td></tr>
<tr><td rowspan="4">1. 计算机软硬件管理和维护</td><td colspan="2">1.1　维护、修复计算机、网络设施，以保证网络设备处于良好的备用状态</td></tr>
<tr><td colspan="2">1.2　建立更新公司各岗位计算机硬、软件配置档案</td></tr>
<tr><td colspan="2">1.3　申购公司所需的计算机、周边配套硬件及耗材，建立相关台账；对办公耗材的使用进行监督管控</td></tr>
<tr><td colspan="2">1.4　负责公司员工电脑享受公司补贴的审查过程中技术部分的审核</td></tr>
<tr><td rowspan="4">2. 网络平台建立和维护</td><td colspan="2">2.1　组建、维护内部局域网、公司 VPN 专网的建设和安全管理</td></tr>
<tr><td colspan="2">2.2　网络资源分配、权限设置，网络资源使用监督，确保信息安全</td></tr>
<tr><td colspan="2">2.3　确保公司电子办公系统、办公电话系统、视频通信系统的维护和保养，保障公司各部门的正常使用</td></tr>
<tr><td colspan="2">2.4　维护公司服务器正常运行并确保服务器数据安全</td></tr>
<tr><td rowspan="4">3. 培训和支持工作</td><td colspan="2">3.1　制作信息系统使用的培训课件，并开展培训</td></tr>
<tr><td colspan="2">3.2　公司大型活动中提供设备运行支持</td></tr>
<tr><td colspan="2">3.3　配合集团信息中心的各项系统升级等</td></tr>
<tr><td colspan="2">3.4　负责公司信息系统的招标采购</td></tr>
<tr><td rowspan="2">4. 信息流程的管理</td><td colspan="2">4.1　负责公司流程制度体系信息化的建设与维护</td></tr>
<tr><td colspan="2">4.2　负责公司流程制度体系信息化的变更</td></tr>
<tr><td>5. 其他</td><td colspan="2">5.1　完成上级交办的其他工作</td></tr>
<tr><td colspan="3">四、汇报关系</td></tr>
<tr><td>层级</td><td>岗位名称</td><td>人数编制</td></tr>
<tr><td>直接上级</td><td>人事行政经理</td><td>1</td></tr>
<tr><td>直接下级</td><td>无</td><td></td></tr>
<tr><td colspan="3">五、工作联系</td></tr>
<tr><td>内部联系</td><td colspan="2">公司管理层、项目事务部、采购管理部、营销管理部、设计管理部、成本管理部、工程管理部、人事行政部、财务管理部</td></tr>
<tr><td>外部联系</td><td colspan="2">集团公司信息中心、通信运营商、IT 设备服务商、信息系统服务商</td></tr>
<tr><td colspan="3">六、岗位权限</td></tr>
<tr><td colspan="3">1. 对计算机及周边设施处理有技术评估权</td></tr>
<tr><td colspan="3">2. 对违反公司计算机管理规定的员工有处罚建议权</td></tr>
<tr><td colspan="3">3. 对计算机、信息系统、耗材采购有建议权</td></tr>
</table>

<table>
<tr><td colspan="7">七、职业通道</td></tr>
<tr><td>晋升岗位</td><td colspan="6">信息中心主任</td></tr>
<tr><td>轮换岗位</td><td colspan="6">/</td></tr>
<tr><td>接任岗位</td><td colspan="6">网络管理员</td></tr>
<tr><td>降级岗位</td><td colspan="6">网络管理员</td></tr>
<tr><td colspan="7">八、任职资格</td></tr>
<tr><td>学历及专业</td><td colspan="6">本科以上，以计算机、信息管理或者信息系统类相关专业为主</td></tr>
<tr><td>工作经验</td><td colspan="6">1. __3__年以上工作经验
2. __2__年以上本职工作经验
3. __1__年以上管理岗位的工作经验</td></tr>
<tr><td>知识要求
（■表示选中）</td><td colspan="6">计算机维护知识 □精通 ■熟悉 □掌握 □了解
网络维护知识 □精通 ■熟悉 □掌握 □了解
房地产知识 □精通 □熟悉 ■掌握 □了解
信息系统管控知识 □精通 ■熟悉 □掌握 □了解</td></tr>
<tr><td>专业技能</td><td colspan="6">熟悉地产行业的信息系统建设、维护的常用工具；具备地产公司流程管理的经验及能力；具备大型信息化系统实施能力，具备管理供应商、与公司各部门对接需求的能力</td></tr>
<tr><td>资格证书</td><td colspan="6">具有思科（华为）工程师证或者大型软件厂商（SAP/用友/金蝶）高级顾问资格，或者担任地产公司信息工程师3年以上</td></tr>
<tr><td>电脑水平</td><td colspan="6">熟练掌握常用办公软件</td></tr>
<tr><td>素质要求
（不超过五项，
■表示选中）</td><td colspan="6">□督导能力 ■倾听与反应 □以客户为本 □培养人才
□监控能力 ■判断能力 □影响力 ■创新能力
□积极主动性 □诚实正直 □坚韧性 ■专业学习能力
□分析能力 □关系建立 □自信 □领导能力
■团队精神 □收集信息能力</td></tr>
<tr><td colspan="7">九、工作环境</td></tr>
<tr><td>工作场所</td><td colspan="6">80%的工作时间在室内工作，20%的时间需要出差</td></tr>
<tr><td>工作设备</td><td colspan="6">笔记本电脑</td></tr>
<tr><td rowspan="2">出差频率
（√表示选中）</td><td>从不</td><td></td><td>不超过2天/月</td><td></td><td>3～5天/月</td><td>√</td></tr>
<tr><td>6～10天/月</td><td colspan="2">11～15天/月</td><td></td><td>15天以上/月</td><td></td></tr>
<tr><td rowspan="2">加班强度
（√表示选中）</td><td>从不</td><td colspan="2">1天/月</td><td></td><td>2～3天/月</td><td></td></tr>
<tr><td>4～5天/月</td><td></td><td>6～7天/月</td><td></td><td>8天以上/月</td><td></td></tr>
</table>

笔者在课堂上组织同学们进行理想职业的探讨，发现大多数同学的理想职业是大学教授、公司高管，甚至 CEO（首席执行官）、CFO（首席财务官）、CTO（首席技术官）、COO（首席运营官）等。这些职务，无一不需要专业的知识和多年的实践经验积累才可能获得。因此，同学们在确立如此高远的理想职业的同时，还须了解达成目标所需的基本素质能力及需要付出的努力，了解这些职业的发展轨迹。比如说，一位大学生的职业理想是成为一名成功的营销专家，他就不仅需要知道营销人员应具备什么样的素质，还要知道成为营销专家要付出哪些努力，经历哪些过程——职业轨迹是怎样的。

此外，同学们还需要了解：企业的任何一个职位，都设定有基本的工作年限，一般为 2～4 年，有的为 3～5 年。图 3—1 中所列出的各种职位，也都遵循这样的规则：除非一位新员工特别有天分又格外努力，一般而言，一名本科毕业生进入一家大中型企业，从基础的岗位做起，成为一名中层管理人员一般需要 6～9 年的时间；成为高管则往往需要 10～15 年甚至更长的时间。因为每提高一个层级的岗位，都对任职者的能力与资历有更高的要求，这是需要经验的积累和实践的检验的。

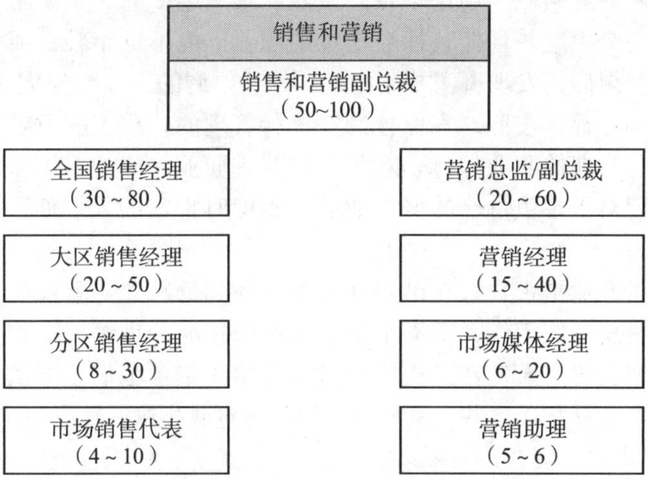

图 3—1　典型的职务名称和年薪范围（以营销业务为例，单位：万元）

了解了自己所希望从事职业的发展轨迹，同学们可以明确自己未来的发展，同时也能够清楚自己未来职业发展的各个阶段，既不会在刚入职时就好高骛远，也不会因为暂时的停滞不前而感到沮丧或郁闷，而且可以在一定范围内调整自己的职业发展方向。

3.5　职业信息的获取与分析

我们有幸生活在一个信息高度发达的社会，各种职业信息源源不断。通过各种渠道获取职业信息将会花费一定的时间和精力，但这些信息对于大学生职业选择的成功是相当重要的。有句话说得好："你的决定正确与否取决于你所获取的信息。"因此，选择合适的渠道了解职业信息就显得尤为重要。因此，在对职业进行了一定的探索后，还需要搜索和分析有关各类职业前景的信息。职业信息的来源包括从出版物到实际的工作经历。

俗话说，"三百六十行，行行出状元"，这句话在今天仍然具有现实意义。大学生一旦结束校园生活、进入职场，便要从事某种职业。通过职业，人与人之间建立起广泛的社会联系，这种联系对社会的存在和个人的发展都有重要的意义。社会就是依靠职业分工，使各行各业的人们从事一定的职业，承担各自的社会责任的。无论从事哪种职业都是社会的需要，都能成就一番事业。因此，每个行业、每种职业都可以成就同学们的成功人生。当前，重要的是了解各种职业的从业要求，选择适合自己的职业。

对于刚刚进入大学的同学们而言，应该怎样选择职业呢？哪些职业是你感兴趣的？哪些是你适合从事的？哪些又是属于你的事业呢？这就要求同学们在做出决定之前，必须对职业信息做一些详细的了解，真正明白职业名称意味着什么，否则可能看到的只是你臆想中的一个概念。

近年来，随着商业领域职场竞争日趋激烈，越来越多的大学生希望毕业以后做公务员，认为这是一个稳定并且拥有社会地位的职业。但不少年轻人通过严格的选拔考试，终于实现了梦想后，发现事实并非如此：每天单调的工作令他们非常失望。然而，公务员在全球范围内都是按照"官僚体制"进行管理的，员工的贡献换来的往往不是即时的回报，而是长期的职业保障；对于非常看重职业保障的人群来说，这个职业是很有吸引力的，但对于希望自己的努力能够得到即时肯定的人们而言，工作的积极性可能会受到挫伤。

要想判断一种职业是否具有自己想在工作中找到的特点，就需要了解从事该职业的普通工作者日常所做的工作、工资水平、所需的技能和训练、工作条件、典型的工作环境以及晋升机会等。人们在工作中所做的事情决定了他们正式的职业角色、职能以及事务，职业名称就是以这些为基础确定的，通过收集这些信息，可以加深了解。

在大学假期，可以通过互联网搜索招聘广告，了解一些职位对任职者的要求。

课堂活动

分享招聘广告

活动要求

根据同学们完成的"我的理想职业"的作业，小组成员评选出"最靠谱"的职业，各小组成员分别从网上或其他媒体（报纸、杂志等）搜寻一则针对这个职位的招聘广告，要求列出该职位的岗位职责、任职资格要求、工作待遇、职业发展前景等内容，在课堂上分享。

请同学们阅读几则从招聘网站上下载的针对应届大学毕业生的招聘广告：

岗位名称：产品开发工程师

职位描述：

1. 主导系统需求分析与调研，确定需求边界，编写并维护概要需求、详细需求规格说明书。

2. 独立制定产品及需求文档、产品流程。

3. 参与测试用例编写和产品功能实现验证工作，能够对项目推广提供指导建议。

任职资格要求：

1. 教育背景：计算机科学与技术、软件工程等相关专业全日制大学本科及以上学历。

2. 专业知识：具备软件工程、软件需求分析设计方面的专业知识。

3. 技能要求：熟悉需求调研方法，能半独立地进行业务流程及业务模型分析设计，具有较高的文档编写水平；熟练运用 Axure、Visio、PPT、Word 等工具软件；有较强的理解能力、沟通能力、解决问题能力、逻辑思维和创新思维能力。

岗位名称：政府及公共融资分析师

职位描述：

1. 负责资本市场评级项目，带领评级小组完成尽职调查，撰写信用评级报告以及信用评级跟踪评级报告等工作。

2. 负责所分配的行业研究任务。

任职资格要求：

1. 经济、金融、财务类专业硕士学历，具有证券从业资格，具有 CPA、CFA 资格者优先。

2. 熟悉评级行业，熟知并掌握国内外信用评级理论与方法，具有信用评级、金融和基金行业研究经验者优先。

3. 经济理论及财务分析功底扎实，具有较强的分析研究能力和文字表达能力，具备良好的语言表达能力和沟通能力。

4. 具备较强的团队协作能力和组织协调能力，能够承担工作压力。

5. 英语六级以上，具备良好的英文读、写能力。

岗位名称：销售工程师

职位描述：

软件咨询服务（通过电话、网络、上门），参与协助销售、软件测试、工程咨询等工作。

任职资格要求：

1. 本科以上学历，英语四级。

2. 熟练使用计算机，熟悉 PKPM 软件，了解结构设计规范，结构专业知识功底扎实。

3. 具有较强的沟通能力和团队合作意识。
4. 在校成绩优秀，综合素质较高。
5. 有实习、实践经历者优先。

通过阅读、分析招聘广告，可以了解到各种职位既对任职者有专业知识的要求，也有某些技能方面的要求，同时还有一些个性特征的要求。这些分别属于第 2 章介绍的能力中的内容性技能、功能性技能和适应性技能。

如上面几则招聘广告所示，目前的各类招聘广告中都有较为简洁的职位说明及相应的任职资格要求。任职资格要求是根据组织特点、工作内容及职位说明书提炼出来的对各个岗位任职人员的素质、能力、经验等要求，是用人单位在长期的人力资源管理实践中总结出来的。对于缺乏工作经验的大学生来说，了解各类职业的素质要求显得尤为重要，因为工作能力更多地是在工作中培养和锻炼的，而工作经验只能通过实践来积累。很多知名跨国公司在招聘应届大学毕业生时，重点考核的也是个人的素质。有些职业需要专门的资格证书才能上岗，这也需要大学生尽早了解，以便提前考证。

近年来各地都会组织很多场针对应届毕业生的招聘会，很多用人单位的招聘会在大学校园中举办。这些招聘会大都是向所有在校生开放的，建议同学们在大三甚至大二期间参加招聘会体验一下，看看用人单位对职位有什么要求；如果能够趁招聘者不忙时聊几句，听听他们对应聘人员的具体要求，收获会更大。

除了上网看招聘广告、到招聘会现场外，了解职业信息的渠道还有很多，比如阅读书籍、专著、论文、工具书等出版物，以小组为单位开展一些角色扮演等情景模拟活动，通过实习、兼职工作获得实际的工作体验等。在此，介绍一种对大学生来说非常有效的了解自己将来希望从事职业的信息的方法：生涯人物访谈。

事实证明，发现和最终找到一份适合自己的工作的最佳途径是通过生涯人物。生涯人物是指那些已经从事某种职业较长一段时间、熟悉该职业的具体情况及发展前景，并确定自己将该职业作为长期的职业发展方向的职场人士。我们需要设法联系上这些生涯人物，向他们咨询有关工作方面的问题。生涯人物访谈有多重目的：帮助你加深对某一职业的了解；帮助你培养社交能力，使你在面试时充满自信并且熟悉情况。访谈活动为发展新的关系、新的线索创造了条件，而这些新关系和新线索往往对你的求职非常有用。

访谈的前提应该是你已经掌握了有关某项具体工作的详细信息，希望通过访谈向该行业的从业者证实你所了解的信息。从访谈中，你可以获得除工作所要求的技能及工资报酬之外更多的信息：一方面，你可以了解你是否喜欢将来工作中的同事，工作环境是否让你感到舒适，这些人是否友好和乐于助人；另一方面，你也可能发现没有人有时间与你交谈，他们让你长时间地等待，不时地接听电话打断你的访谈，或者一群人拥挤在一个嘈杂的小空间里工作。所有这些信息只有当你亲临现场时才有可能体会到。因此，访谈的目的不仅是收集信息，还包括发展新关系和确定这份工作是否适合你的个性和职业目标。

当你找到访谈对象、定好具体的访谈时间后，还需要考虑用最短的时间、最愉快的方式获得最多的有用信息。因此，需要提前设计访谈内容的提纲。可先从诸如业务类型、职务分类、职责描述、工作环境、福利待遇和录用条件等概括性问题问起，然后转入具体的问题。

课堂活动

生涯人物访谈

指导语：请依据自我生涯目标定位去采访3～5位生涯人物。下面是访谈时的提问清单：

1. 你最喜欢你的工作的什么方面？为什么？
2. 你最不喜欢你的工作的什么方面？为什么？
3. 你是怎样决定进入这个行业的？采取了什么步骤？还能通过其他什么途径进入这个行业？
4. 想要进入这一行业，需要接受什么样的培训？现在要有什么样的技能或教育背景才可以进入这个行业？
5. 这一行业从新上岗人员到最高层管理人员的工资范围是什么样的？
6. 哪些个人品质对从事这份工作是最重要的？为什么？
7. 每天你都做一些什么样的工作？你能描述一下吗？
8. 在工作岗位上你感受到哪些类型的压力？
9. 哪类人可以在这个岗位上生存和发展？
10. 简历对于被录用是很重要的吗？
11. 有哪些升迁或加薪的机会？
12. 这个行业是在发展中吗？有哪些新的发展趋势？
13. 还有哪些相关的职业是我应该去了解的？
14. 你是否可以介绍三位像你一样对这一工作有热情的人？能告诉我他们的联系方式吗？
15. 还有哪些有关这一行业的有用信息是我应该去了解的？

总之，对职业世界进行探索是职业生涯规划的关键步骤。大学期间，同学们可以通过多种方式了解自己感兴趣的各种职业的信息，对照各种职业对任职者的要求和自身的个性特征，确定适合自己的专业方向。希望同学们通过多元化的职业探索，全面了解自己感兴趣的职业的情况，以便及早确定自身职业目标，根据理想职业的要求，提升自己的能力与素质。

综上所述，了解各种职业的工作内容、任职要求及职业发展路径，对照自己的性格类型、兴趣倾向、价值观及能力，可以及早确定自己喜爱并适合的职业，在离开校园进入职场前，有针对性地培养、强化自己的素质与能力，使自己在毕业时能够顺利地获取工作机会。

本章小结

本章希望能够帮助同学们在校园内了解职业及职场，了解自己大学所学专业与未来可能从事的职业的关系。通过一系列的方法，同学们可以在大学期间了解职场的宏观环境——社会和职场的微观环境——各类用人单位的特点及其对员工的不同要求，同时对照自己的职业理想，获取更详细的信息，为明确自己的职业目标做好准备。

课后思考

填写《工作世界调查表》。

工作世界调查表

你的理想职业是：A. ____________ B. ____________ C. ____________

请从中挑选一个你最希望了解的职业，试着回答以下所有问题：

1. 职业名称：____________
2. 它与下列哪项内容关系较密切？（可多选） A. 文字 B. 数字 C. 人际 D. 事物
3. 其主要工作内容是____________
4. 其主要工作场所是：A. 室内 B. 室外
5. 其工作时间是：A. 固定 B. 可自行调配
6. 起薪标准是：A. 计时 B. 计件
7. 计薪方式是：A. 月薪 B. 年薪
8. 从业者所需的教育背景（专业及学历）是____________
9. 从业者所需具备的素质能力主要有：____________
10. 从业者所需的人格特质是：____________
11. 从业者是否需要专业资格？________如果需要，是____________
12. 从业者的收入水平如何？____________
13. 从业者的工作稳定性如何？____________
14. 从业者的就业市场如何？____________
15. 从业者的发展机会怎样？________主要升迁路径是____________
16. 从业者的主要压力来源是：____________
17. 你所了解的与此职业有关的其他任何信息：____________

推荐阅读

我的第一次生涯人物访谈

一个月前，我有幸结识了东北某油田财务处的一位大姐，她身材不高，但显得精干、睿智，目前主管会计核算工作。因为下学期我们要分专业了，为更好地了解会计工作的情况，我与她进行了交流。

问：您从事会计工作多少年了？

答：到今年已经有11年多了。

问：会计这个职业是您最初的理想职业吗？

答：谈不上什么理想。我是文科生，考大学可选的专业也不多；家里人都说学会计以后就业比较容易，就报了会计专业，由此就从事了这项工作。

问：您从事会计工作这么多年，怎样评价这个职业？

答：简单地讲是“痛并快乐着”。其实会计工作的专业性要求比较高，不是简单的记流水账，需要有较好的业务素质和敬业精神。所以，平时工作比较辛苦，特别是年终岁尾，工作量会成倍增加，需要落实的各项工作比较多，来自各方面的压力也就比较大。同时，会计工作也有一定的挑战性。企业在不断变化的市场中运营，会计知识在不断更新，从业者必须与时俱进，用自己所学的专业知识和日常积累的工作经验去解决企业遇到的各种财务问题，应对不同的挑战。当解决了一个重大问题后，自己会感到很欣慰，也很有成就感。

问：经过这么多年的工作历练，您觉得做会计最需要的是什么？

答：我个人认为做一名合格的财务工作者需要注意四个方面：一是严谨认真的工作态度；二是爱岗敬业的工作热情；三是恪尽职守的职业操守；四是廉洁忠诚的思想境界。

问：对于高校会计专业的学生，在学习、生活等方面您有什么意见和建议？

答：首先当然是学好专业知识，这是安身立命的根本；其次要善于多方面地、有意识地锻炼自己，提高沟通协调能力，这是做好具体工作的最有利的条件；再次就是多学习相关知识，特别是提高外语水平，尽可能考取一些专业证书，这一方面有利于就业，另一方面在具体工作中可以拓展自己的业务范围；还有就是要加强管理会计的学习和研究，现实工作中会有很多问题，需要利用管理会计的原理和方法加以研究；最后就是注意锻炼身体，始终保持良好的精神状态。当然，现在各单位都要求财务人员持证上岗，大学生找工作时，除了毕业证书外，还得有会计证。

问：现在社会上关于会计专业就业有一种说法：会计岗位已接近饱和，尤其是女生很难找工作，在人才市场上男生更有优势。对此您怎么看？

答：目前，基层单位会计人员比较饱和，高端会计人员还是稀缺的。随着社会的发展，中介机构越来越多，对注册会计师的需求量也非常大，所以在就业方面，只要不是要求太高，找一份工作还是很容易的。目前不仅是会计专业，社会上的招聘普遍存在“重男轻女”现象，主要原因在于中国传统的“男主外、女主内”的思想，女性要更多地关注家庭，男性一般有更多的精力和时间投入到事业中。相同条件下，人才市场上确实是男生更具优势。但是女生相对于男生更加细心谨慎，做会计有其自身优势。女生可以凭借过硬的专业知识、优雅大方的谈吐、较强的沟通协调能力来证明自己的优秀，同样可以得到用人单位的赏识。不过，会计师考试不需要多高的学历就可以参加，所以很多人都考了，不少非会计专业的大学生也想通过拿证多一个就业机会，所以行业的竞争压力会大一些，这些都是你找工作前要做好的思想准备。

通过这次近距离的接触和对话，我发现想象中的会计职业与现实情况还是有差距的。我除了要学好专业知识、有相关的实习实践外，还要考会计从业资格证，这样才可能在将来求职时脱颖而出。

作者邓舒浓为北京航空航天大学经济管理学院2014级本科生。

了解职业，从大一开始

我从2010年10月底开始找工作，持续到第二年的2月份。在将近3个月的求职过程中，先后通过网申，参加了近40个公司的面试以及笔试，最终选择中国农业银行北京分行作为自己职业的起点。

不过，我对职业的了解并非始于大四。因为想尽早承担起家庭的责任，高中时我就打定主意大学一毕业就参加工作，所以毕业后读研、出国还是工作这个令很多本科生纠结的问题并没有给我带来太多的困扰，我的四年大学生活其实都是围绕将来找工作这个目标进行的。我简单地把这四年分成了三个阶段。

第一阶段：学生工作

因为进入大学之初我的目标就很明确，所以大一时我加入了校学生会体育部、院学生会文艺部，还被选为小班文艺委员。虽然刚开始做的都是些支持性工作，但那段日子让我用最短的时间认识了一大批朋友，他们成为我进入大学后积累的第一批人脉资源，那段时间积累的学生工作经验也让我在今后的工作中能够游刃有余。我还通过了2008年北京奥运会志愿者选拔的面试，成为同一届大一新生中第一批通过面试的志愿者。大一第一学期期末以及大一暑假，我分别在北航举重馆参加了“好运北京”国际举重邀请赛和2008年北京奥运会、残奥会的志愿者服务工作，职位是场馆运行中心助理。在用志愿服务回报社会的同时，我还认识了来自全国各地的志愿者，并且让我第一次将课堂上所学知识运用到实践中去。

之后的日子里，因为自己在学生会的工作比较积极和认真，在换届选举中，我有幸担任了经济管理学院文艺部部长、学生会副主席等职。之前的学生工作培养的更多的是执行力，而部长和副主席的工作需要更多的领导力和时间管理能力。当时我对这些并没有特别的感觉，但是等自己开始找工作时，才发现在学生会干过的同学比其他同学更有竞争力。

现在总结当时自己的表现，做得好的地方主要在于：积极、认真、踏实，坚持做好每一件小事，不会因为学生工作无聊或者耗费时间而打折扣。我一直都抱着这样一种心态去工作：既然做了就做到最好；给别人的最好要比别人期望的多一点。

第二阶段：实习

相信很多同学都和我有同样的困惑：知道自己将来要工作，但是根本不清楚自己适合从事什么行业，或者自己对什么工作感兴趣，也不清楚到底是要找与自己专业相关的工作，还是找自己感兴趣的工作。在大二暑假我将找工作正式提上日程后就曾面对这些疑惑。

针对以上问题，我的解决办法是：找机会进入与各个选择相关的行业里实习。

找实习机会遇到的竞争丝毫不比真正找工作遇到的竞争弱，我甚至觉得找一个好的实习机会比找一份好的工作更难。在初期找实习机会失败后，我总结了一下，觉得自己将起点定得太高，因为在竞争者中，大三的学生通常都具有一定的学生工作背景，而大四学生、硕士研究生甚至博士研究生更有实力。于是，我重新调整了自己最初的实习定位，最后在指导员的推荐下，得到了智联招聘北航校园推广助理的实习职位。

通过半年的努力工作，我在2008年底的校园大使评选中获得了“优秀校园推广助理”的称号，并获得了年底的奖金（北京所有院校中仅3人获奖）。就这样一步一个台阶，我先后得到了索尼（中国）Style Store店面销售实习生以及通用电气Healthcare运营管理领导力培训生等职位。智联校园推广助理这一实习经历是我之后能够找到更好实习机会的跳板，在索尼实习让我对自己一直比较感兴趣的销售职位有了更多的了解，在通用电气实习让我对所学专业将来可能对口的职位有了深入的了解。这些经历让我在下一阶段找工作的过程中更有竞争力，更重要的是，这些实习经历让我坚定了找外企销售类工作的决心。

对于这一阶段，我想给即将找工作的同学一些建议。首先，准备要趁早，更早地定位能够让自己在后期更有针对性、更有竞争力。其次，对自己要有信心，心态要平和。找工作必然面临竞争，在此过程中要对自己有信心，关心该关心的问题，在准备简历、面试方面尽可能做到最好。比如在通用电气的第一轮群面中，14个人中只有我一个北航本科生，其他人都是北航、清华的硕士、博士研究生，但是因为自己之前准备得比较充分，所以最终只有我一个人获得了实习生的职位。最后，充分利用自己的人脉——在实习阶段以及找工作阶段，身边的人脉能够让你少走很多弯路。智联招聘的实习机会是辅导员推荐的，我在找工作期间的很多职位的面试机会都是通过学长学姐直接推荐获得的，并且在面试期间他们也给了我很多建议，这些都帮助我在起点上比别人高。

第三阶段：找工作

每年9月份，一些大型外企就开始进行面向应届生的招聘工作，之后其他公司的招聘会陆续举办，一直持续到12月份。那段时间的感觉就是招聘信息铺天盖地地迎面而来。不管有没有目标，开始时大家都会慌乱、迷茫，每天参加各种网申、宣讲会。因为自己当时想做销售，所以我一开始就听从学长的建议，主要选择了快消品这个行业的公司，如宝洁、百威、玛氏等。可惜，因为自己英语口语不好，在很多公司的面试环节被淘汰。

3个月的时间里，我几乎每天都在改简历、网申、笔试、面试再面试，也不断地经历接到录取通知或拒绝信，体会忐忑、兴奋、高兴、失落的心情。最终，我拿到了包括农行、联合利华、香港航空在内的七个Offer，并最终选择了中国农业银行北京分行的营销岗位。虽然与自己找工作之初去外企的目标有些出入，但最终从事了自己向往的销售类工作。

这一阶段其实是最纠结、最艰难的，所以想给各位学弟学妹的建议也比较多。

1. 如果到了9月份你还没明确自己想干什么，就多去听听企业的招聘宣讲会吧。相信见过企业的人员、体会了企业的文化之后，你会找到自己心中问题的答案。

2. 准备好自己的简历。这是你推销自己的第一步，企业没见过你，那张薄薄的纸代表了你的全部，好好撰写、随时修改，这个过程可以始于你开始找实习机会时。我做了统计，从开始找工作到最后找到工作，我的简历修改了50次以上。

3. 好好利用身边的人脉，主动一些。你要相信学长学姐们都很乐意帮助你。

4. 事前充分的准备能帮助你在面试中脱颖而出。

5. 相信自己。不要为了单纯地迎合某个职位的要求去改变真实的自己，但是也不要太随意，这个度我相信大家都能把握好。

回顾了解职业并选择职业的全过程，我有以下两点最重要的体会：

首先，在面临抉择，却没有特别明确的想法时，我更愿意选择自己去经历；经历过后，跟随你的心走，你会找到答案。

其次，遇到问题时多听听过来人的意见，从他们的描述中你能够得到很多建议，让你少走很多弯路。这就要求我们利用一切机会去认识能够给我们提供帮助的人。

希望同学们能够自信、同时谦逊地去追寻自己目标和梦想。

作者崔峥峥为北京航空航天大学经济管理学院2007级本科生。

第三编

职业生涯规划及方案制定

第4章 生涯目标与职业决策

名人名言

人生重要的事情就是确定一个伟大的目标，并决心实现它。

——歌德

人生源动力是决定个人对职业生涯的期望与需求的内在力量，它能激起人的行动。

——拿破仑·希尔

学习目标

本章内容是CIP金字塔中间部分的“一般信息加工技能”，建议同学们借助CASVE循环法来了解目标的分类及生涯目标的内涵和重要性，掌握制定目标的方法；掌握职业决策的基本理论；了解职业决策困难及其影响因素，掌握职业决策的步骤和方法。通过课堂讨论、案例介绍，使同学们了解到大学毕业的几条基本出路并开始思考自己可能选择的道路，从而有针对性地制定职业生涯规划方案。

4.1 职业与生涯目标

通过前三章的介绍与分析，同学们已经清楚了职业生涯对每个人的重要性，了解了职业是构成生涯的重要内容。几乎每个人的生涯目标，都需要通过从事某个职业来实现。然而，如何选择一个自己满意的职业，又如何才能在毕业时获取这个令自己满意的职业呢？这是困扰很多人，而不仅仅是大学毕业生的难题。

美国2015年6月发布的一项调研结果表明：大学生毕业后仅有27.3%的人最后做的是与大学所学专业相关的工作，一些人的工作甚至与自己所学的专业南辕北辙。实际上，这样的情况在我国应届生首次求职过程中已很常见。智联招聘2015年6月下旬发布的《应届生就业能力》报告显示，专业对口率逐年下降；当年毕业的大学生中，有四成学生选择了与专业完全不对口的工作。其原因是多方面的。

首先，是因为用人单位更加看重大学毕业生的经历而非专业。越来越多的用人单位在招聘人才时逐渐放开专业限制，而更加注重毕业生的实习经验，因此专业在找工作中的权重也越来越低。《应届生就业能力》报告也显示，实习经历有助于毕业生获得Offer已经不容置疑；2015年选择就业的毕业生中，八成有实习经历。随着用人单位越来越重视毕业生的工作技能和职场意识，实习经历在求职过程中发挥的作用也越来越重要。对于毕业生而言，求职前尝试不同公司和职位的工作，可能成为求职关键时期的必胜法宝。

其次，越来越多的大学毕业生希望“为理想打工”。2015年已签约的应届毕业生中有24.3%曾毁约，相比2013年、2014年仅略有回落。毕业生求职更加追求“精”和“准”，这从一个侧面反映出毕业生选择与专业不对口的职位的原因。毕业生将更多的精力放在寻找自己喜欢和感兴趣的职位上，对于岗位的挑选有了更长远的打算，所以拿到的Offer一般是自己期望的职位。同时，专业不对口，与创业大学生比例上升、应届大学毕业生创业热潮的兴起也有一定关系。在创业的毕业生中，有27.4%表示是为了实现自己的理想，20.8%表示创业是自己的兴趣所在，凸显出新一代大学毕业生强烈的自我意识。

最后，更多的大学毕业生渴望在工作中获得技能类培训。数据显示，大学生最希望得到与工作相关的技能类培训，如沟通能力、英语能力以及计算机能力等方面的培训；有36%的学生渴望获得职业规划培训，如职业辅导、就业方向、职业测评等方面的培训；再次是求职类培训。大学生认为自己需要在工作所需的技能方面得到提升，因此最希望获得与工作相关的技能培训。这也正是如此多的大学生选择的岗位与专业无关的原因之一。

2014 年教育部公布了近两年全国就业率较低的本科专业名单，其中人们熟悉的人力资源管理、计算机工程、电子信息工程、生物工程及市场营销等专业应届毕业生的专业对口率分别仅为 19.07%、13.56%、8.93%、8.9%、5.92%。

即便专业对口，单纯地从专业来看待职业，其实也有一定的片面性。某一职业对任职者的要求，除了专业知识方面的要求（内容性技能）外，一些通用技能（功能性技能）和某些个性特征（适应性技能）也是非常重要的。并且，对于有些岗位而言，内容性技能的培养并不需要很长的时间，反而是一些功能性技能和适应性技能来源于任职者的先天遗传、早期教育及长期积累，很难在短期内培养、提升。

因此，虽然大学时期与同学们未来的职业生涯直接相关，但并非大学的专业能够决定同学们未来的职业。所学专业与个人职业生涯发展的关系是多维度的。

前面我们谈到，不少同学将“考上理想的大学”作为自己中学时期苦读的目标。进入大学后，一下子失去了目标，因此学习没有了动力。这样的结果虽然令人遗憾，却是可以理解的：没有目标，何来动力?

美国出版的一本名为“无限的能力”的畅销书中提到这样一个例子：1953 年，有人对耶鲁大学应届毕业生做了一项问卷调查：“你毕业后的目标是什么?”统计结果为：有 3%的学生有明确的目标，有 97%的学生基本上没有明确目标。20 年后，有人去追踪所有当年参加了问卷调查的学生的现状，结论令他十分吃惊：那 3%的人拥有财富的总和比 97%的人的财富总和还多得多。同样是常青藤名校的优秀学子，20 年前存在有无目标的差异，20 年后的成就差异却如此之大!

目标是什么？目标首先是梦想。

韩寒是拥有众多粉丝的 80 后作家。在谈到自己的梦想时，他这样写道：

> 我小时候有很多梦想。
>
> 一开始我想做联合国主席；后来我妈妈告诉我，联合国只有秘书长，我觉得我不能做秘书事业。
>
> 后来呢，我很想做一个售票员，因为售票员可以每天都坐车。
>
> 再长大点想做个记者，做一个文字工作者。
>
> 还好现在已经达到了售票员和一个文字工作者比较高级的状态。但是我还有好多梦想要去实现，比如我想做一个摩托车车手。
>
> 不少人劝我用稿费多买几套房子：保值，还可以出租赚钱。但我想把钱用在自己喜欢的事情上。这样，当我老了的时候就可以对自己的孙子说“小宝你看，爷爷以前做过……”而不仅仅是一个房东。

一个人的梦想往往是其遥远的目标。然而，这个目标能否实现，取决于个人对这个梦想的正确认知及自己为实现梦想而付出的努力。

2011年5月25日，NBC节目录制现场，显示着巨大数字“25”的电视墙缓缓分开，演播室里随即爆发出巨大的欢呼声。一身淡红色连衣裙的奥普拉缓缓走出，如女皇般向演播室观众席挥手致意，表情自若。还没等奥普拉开口，观众席中早已有观众开始擦拭眼眶中的泪水。在这里，创办25年的《奥普拉·温弗瑞秀》走向终点。

奥普拉，美国脱口秀女王，《福布斯》2010“全球100位最具权势女性”排行榜第3位，她主持的电视谈话节目平均每周吸引3 300万名观众，并连续16年排在同类节目的首位。然而，在14岁之前，她作为一个私生女生活在贫民窟，生活坎坷并成为问题少女。

回到生父身边后，父亲跟她说：“有些人让事情发生，有些人看着事情发生，有些人连发生了什么都不知道。你愿意做怎样的人?”奥普拉非常坚定地回答：“我要做让事情发生的人!”为了这个目标，奥普拉投入到积极的学习与实践中。高中时，她同时是戏剧俱乐部、全国辩论联合会、荣誉协会和学生委员会成员，被选为高年级最受欢迎的女生，并任白宫会议代表。高中毕业，她获得田纳西州立大学的奖学金，并受雇在WVOL电台播报周末新闻，有时也播报工作日新闻。接下来，在WLAC电台工作一段时间后，奥普拉去了WLAC-TV电视台，毕业前在巴尔的摩找到了一份工作。

1976年，她在巴尔的摩的WJZ-TV电视台做记者和一档晚间新闻节目的联合主持人；两年后，她从晚间节目调至早间节目《人们在谈论》，任该节目联合主持人。

1984年，奥普拉到芝加哥主持《芝加哥早晨》节目；一年后，她又开始主持一档脱口秀节目，很快就击败了另一位在芝加哥脱口秀领域独领风骚10多年的主持人菲尔·多纳赫。这档大获好评的节目1986年被更名为“奥普拉·温弗瑞秀”。

“这档节目致力于让普通人重新充满自信，相信自己是自己命运的主人，在生活中做最好的自己。”1986年12月8日，《奥普拉·温弗瑞秀》第一集开播，奥普拉站在摄像机前字字铿锵。从那以后，奥普拉成为获得国际电视与广播协会授予的“年度广播员”称号的最年轻的人、第一位拥有影视公司的黑人女性；她开设餐馆，投资影视，出版图书，发行杂志……《时代》周刊称她为20世纪“最具影响力人物”。

2002年，奥普拉被普林斯顿大学授予荣誉博士学位，获“鲍勃·霍普人道主义奖”；2003年，奥普拉获“马里恩·安德森奖”，成为美国第一位黑人亿万富翁。

这一切，除了归功于天资聪颖、勤奋努力外，奥普拉“要做让事情发生的人”的目标一直引领着她不停地奋斗。无数成功人士的经历告诉我们：目标对人的作用是巨大的。

进行职业生涯规划，首先必须知道自己的生涯目标是什么。生涯目标，也就是我们常谈的人生目标，实际上就是探讨你要成为什么样的人，你的一生该如何度过，怎样才能使自己的人生过得有意义、有价值，怎样才取得成功，怎样才能拥有幸福的生活。生涯目标是指引一个人成长和发展的导航标。

在生涯目标中，职业目标处于核心地位，贯穿人生的整个历程。孩提时代，人们就开始憧憬自己的职业理想。不过，由于少年时期对职业的理解过于肤浅，成长过程中我们往往会不断地调整、改变自己原先的目标，这些目标可能不切实际或者根本不符合自己的需求。前面提到了韩寒的梦想的“变迁”，想必很多同学都有类似的经历。在大学时代要为将来走向社会，找到一份适合自己的职业而进行知识、能力、心理等方面的准备；进入职场后，人们通过职业来获得物质报酬，得到精神满足和自我实现等，所以，职业是实现人生目标的载体和基础。

然而，生涯目标并不局限于职业目标，其内容更加丰富和多元化。由于人一生中要扮演多重角色，我们的生涯目标应该是多重的：舒伯提出的九种主要人生角色中，大学生们已经扮演了子女、学生、休闲者和公民等四种，还有不少同学已经尝试扮演配偶（男友/女友）角色；进入工作岗位后，大家须承担工作者角色。承担不同的角色需要实现的生涯目标也是不同的：学生角色要求同学们认真听课学习，完成老师布置的课内外的作业及练习；子女角色要求同学们建立和谐的亲情关系，学会感恩，学会尊重和理解父母等；公民角色要求同学们成为一个有责任感的人，学会自尊和尊重他人，学会自强和敬业，学会帮助与关爱他人等。大部分人希望自己能扮演好所有的角色，这就需要承担更大的责任。

大学阶段，同学们思考最多的应该是学习目标和职业目标。需要注意的是，我们不能把职业目标仅仅狭隘地理解为一份工作。职业目标是在人生目标的基础上确立的，需要考虑个人的内因与外因，内因主要包括价值观、性格、兴趣、掌握的能力和知识等，外因主要包括人脉关系、经济状况、父母期望、劳动力供求关系、岗位能力和素质要求、工作地点、企业文化等。

中央电视台《心理访谈》节目曾经接待过一位大学毕业两年后辞职在家寻找自己感兴趣的职业的年轻人晏世丽。工商管理专业本科毕业的晏世丽是个非常有思想的女孩，她对成功的理解不是挣很多钱，而是有一份能够全身心投入、到老都热爱的工作（事业）。毕业后，她曾经做过超市收银员、销售人员及经理助理，但觉得这些工作都与自己的理想职业相距甚远。她的理想职业是从事人力资源管理工作，而这已经是妥协后的目标，她最理想的目标是考取社会保障专业的研究生。

然而，由于父母都是收入不高的工薪族，晏世丽工作两年也没有积蓄，因此，她辞职后没有收入，全部生活费用只能由父母来承担。为此，50 多岁的父亲南下深圳打工，晏世丽也陷入了深深的自责。

来到节目组，晏世丽道出了自己的困惑：一个人发现自己感兴趣的工作有个过程，让自己具备这份感兴趣的工作所需的能力又需要一个过程。她目前刚刚明确了自己感兴趣的工作目标，可如何才能达到呢?

其实，寻找职业目标的过程并不是一蹴而就的，而是每个人对自我和社会进行认知并实践的过程，只有对自我和社会有较充分的了解，才能找到适合自己的职业目标。晏世丽从事过销售人员、经理助理等岗位的工作，从职业兴趣的角度看，与其较为理想的人力资源管理岗位相去不远；在实际工作中，不少人力资源管理者是从上述岗位转过去的。如果晏世丽能够提前学习相关的知识，就不会贸然辞职后再去找工作。

同时，同学们还应该注意到职业目标是动态的，需要不断地修正和调整。比如，20 世纪 90 年代中期以来，随着我国市场经济的发展，第三产业和第四产业成为新的经济增长点，银行、证券公司成为很多同学求职的热门单位，到“美国读金融工程硕士，毕业后到华尔街找份高薪的职位”成为很多商学院大学生的理想。然而，2008年金融危机爆发，银行、证券公司成为“重灾区”，美国华尔街出现了大批失业者，使不少同学意识到“高收入可能伴随着高风险”。

此外，职业目标并不是生涯目标的全部，在人生旅程中，我们还需要扮演其他角色，还需要实现其他角色的生涯目标。晏世丽不仅需要扮演工作者角色，而且要扮演女儿及公民等角色。作为成年的子女，不劳而获与其角色是相悖的；作为公民，具有工作能力却整天待在家中好高骛远也是不符合角色要求的。

所以，我们不仅要清楚自己明天需要什么，知道自己该朝哪一个方向努力，而且要时刻意识到今天自己所扮演的角色，并尽力完成今天应该完成的生涯目标，不断地学习、实践和准备，培养自己完善的人格，只有这样，明天的事业成功和人生的幸福才不会遥不可及。

一位同学在“大学生职业生涯规划论坛”（新浪博客）上发表了如下感言：

> 我是一名大二的学生，学的是信息与计算科学专业。说实在的，我当初压根儿就不知道这个专业要学些什么，只是看到“信息”二字，认为是与计算机有关的，就填报了志愿。到了大学才知道大多都是数学课，我傻了，怎么是数学专业？我已经厌倦学数学了，可命运就是这样，我只好认了。于是我厌学、上网，就是不把学习放在心上，因为我一直以为我天生就不是学习数学的料。
>
> 每天，当我打开电脑时，首先想到的是游戏，有时一玩就是一天，满脑子似乎都被游戏占据了。每当夜深人静时，我感到极度迷茫、空虚、恐慌。于是只好继续玩游戏。
>
> 就在自己感到十分无助时，我上了职业生涯规划课，深受感触，开始醒悟：我不能逃避，因为还没有毕业。我不该沉迷在游戏中寻求慰藉。我也开始确信，即使现在我对自己的专业没多大的兴趣，也可以学习其他知识来充实自己。上大学，我总不能只当个“陪练者”，那样就太窝囊了。
>
> 于是我开始思考自己的职业生涯规划，重新审视自己。要在短期内想得到很大的突破是不可能的，我打算在这个学期自学网站的制作，学好数据结构这门课，把英语四级过了，下学期考英语六级，学好C++程序设计，精心做一个让自己满意的网站。现在每天写一篇文章，一定要尽量写好，每周看两本书。我相信，如此这般，到了大四，我至少会少些遗憾。
>
> 当我认真思考自己的职业目标时，惊奇地发现我竟然想当一名数学老师！看来我并不是真的厌恶数学，而是自己的主观认识在作怪。不过，现在我对当老师要做些什么准备还不是很清楚，我也跟教育学院的同学聊过，他们说要考教师资格证，我所知道的仅此而已。
>
> 我已经把电脑中的游戏删除了，因为我不想再沉迷于游戏的世界，希望找回一个真实的自我。

综上所述，确定目标主要有以下几方面的意义：

(1) 首先能够使自己有方向感。目标是我们职业生涯漫漫旅途中的灯塔，指引我们走向人生成功，让我们主宰自己的命运，而不是随波逐流、枉度一生。

(2) 目标明确后，我们能够保持积极的人生态度，不断激发成就动机，遇到挫折不气馁。

(3) 设定目标使我们能够着眼于未来，更有远见，从而更愿意为现在的事负责。

(4) 根据目标，我们可以努力缩小理想与现实的差距，使自己不至于眼高手低、好高骛远。

(5) 我们可以专注于目标，根据目标调动和整合自己的资源；能够在资源有限的情况下，集中精力完成有丰富资源但没有目标的人所无法完成的事情。

总之，目标是一切行动的指南。有了目标，就有了行动的方向，但更重要的是督促自己去采取行动、实现自己的目标，或者在实践中逐步调整并找到真正适合自己的目标。从中学到大学，带来的不只是学习内容、方法的变化，还有生活方式等诸多方面的改变。在初步适应了远离家乡和父母的独立生活之后，大学新生面临的首要问题是学习目标的调整。可以说，适应大学生活、重新找到奋斗目标是同学们进入大学后的首要任务。

4.2　生涯目标分解

前面我们反复说明：要想在未来的职业生涯中获得成功，首先必须确定自己的生涯目标和切合实际的职业定位，再把目标分解，设计出合理的职业生涯规划，并且付诸行动。如何制定目标呢？我们先看看一位学长小刚的目标：

● 18 岁，高中毕业典礼上，小刚发誓要成为李嘉诚第二、中国首富！

● 20 岁，春节老同学聚会上，小刚想创立自己的公司，30 岁时拥有资产 2 000 万元。

● 23 岁，在某工厂当技术员，第二职业是炒股。“在这里工作太没前途了。我会全力炒股，3 年内将 5 万元炒到 300 万元。”

● 25 岁，炒股失意情场得意，开始准备结婚。希望一年后能有 10 万元，风风光光地结婚。

● 26 岁，在不太风光的婚礼上，小刚想到的是生一个胖小子，将来当个车间主任，别的不多想。

● 28 岁，工厂效益下滑，正逢妻子怀胎十月。小刚希望这次下岗名单里千万不要有自己的名字。

小刚一直都有目标，而且目标都很具体。可是，他为什么会失败呢？

事实上，仅仅有目标是不够的，还需要对目标进行详细的分类、分析。

生涯目标可分解为长期目标、中期目标和短期目标。一般说来，短期目标服从于中期目标，中期目标服从于长期目标，长期目标又服从于人生目标——比如我们的

“梦想”。要实现梦想，必须脚踏实地地实施目标，通常从具体的、短期的目标开始，这就是人们常说的“梦想落地”。

当然，在确定自己的人生目标和长期目标时，要多综合考虑社会因素和自身特点；制定中期目标和短期目标时，则要更多地考虑社会经济环境、工作条件和任职要求等职业因素与自身特点的匹配。通过自我认知和职业探索，制定出符合自身特点的个人短期目标、中期目标和长期目标，进而制定出完整的个人生涯目标体系。

1. 长期目标

长期目标是指5年以上的目标，主要受个体人生目标的影响。常言道，“人无远虑，必有近忧。”尽管如此，在生活中，人们最容易忽视的就是长期目标。很多同学认为，5年后的事情太遥远了，考虑那么多、那么远没什么用。果真如此吗？当然不是。近年来，大学生就业困难，很多大学毕业生找不到自己满意的工作，可也有一些大学生在毕业前就被名企高薪聘用了。这些被聘用的学生几乎都是在大一、大二时就树立了长期的职业发展目标。他们立大志、立长志，在志向的牵引下，大学期间制定并完成了自己的中期目标和短期目标，有了一个好的职业生涯开端。

设定长期目标一般要考虑几个因素：目标非常符合自己的价值观；对自己的目标有足够的兴趣；目标具有一定的挑战性；目标是自己能够实现的。

2. 中期目标

中期目标一般为3～5年的目标，也就是大学学习期间应该达到的目标。中期目标在长期目标的基础上确立，比如毕业后直接进入职场、找到一份满意的工作；考上理想的学校和专业的研究生；到自己所梦想的国家去留学；选择创业，实现当老板的理想；等等。

中期目标相对于长期目标更具体。中期目标有如下特点：通常与长期目标保持一致；结合自己所学专业、能力、兴趣和掌握的社会资源来确定；用明确的语言来定量说明；对目标实现的可能性做出评估；有比较明确的时间，且可做适当的调整。

3. 短期目标

短期目标通常是指每日、每周、每月、每季、每年的目标，是中期目标和长期目标的具体化、现实化和可操作化，必须清楚、明确。其主要特点有：目标切合实际、具备可操作性；明确规定具体的完成期限；目标有把握实现；目标要适应环境、服从于中期目标。

对大学生来说，短期目标是十分重要的，短期目标的设定是否合理，决定着中期目标和长期目标是否可以实现。相对而言，短期目标的类型更复杂，依据不同的标准有不同的分类。

大学时期的目标可以按年级来制定，分为一年级目标、二年级目标、三年级目标、四年级目标。对于按年级制定目标，笔者有如下建议：

(1) 大学一年级——自我认知及对专业初步了解阶段。在大学这一独立人格形成的重要阶段，进行自我认知是同学们最重要的任务。挣脱了高考桎梏的大学生也许目前尚不知道自己今后想要从事什么具体的职业，然而，了解自己的人格特征，找到自己真正的兴趣所在是至关重要的。所以，在适应了大学学习生活之后，首先需要花一些时间尽可能地了解自己的特长、爱好、兴趣和价值观。这些信息将帮助大学生了解感兴趣的专业和职业发展方向，并开始探索丰富多彩的工作世界。因此，大一新生应当有意识地主动进行自我认知，了解所学专业的特点及发展前景。具体要做的工作如下：

● 发展自己现有的兴趣和能力，并不断发现自己潜在的兴趣和能力，可以参加学生会组织、文体活动、通识教育课堂和课外活动等，抓住校内外提供的一切尝试和锻炼机会。

● 阅读一些关于不同行业和职业的介绍材料，对行业和职业有基本的认识，比如了解某行业的发展前景如何、各种职业应该具备的基本素质与能力。

● 与家人、朋友、老师以及周围所有可提供信息的人（包括网上结识的人，他们大多会很坦诚地跟你谈论自己的工作以及对工作的认识、感受）谈谈自己的职业兴趣。

● 做一些职业倾向测试，更多地了解自己，确认自己喜欢的职业和所长。

● 刻苦学习，尽己所能地争取取得好成绩，至少保证每门功课都能通过，以顺利地获取毕业证书及学位证书。

(2) 大学二年级——生涯扩展阶段。通过大一新鲜的尝试之后，同学们对自身特质有了基础、全面的了解，同时对职业概况和工作世界有了初步的认识，但还要继续深入探索和收集有关生涯发展领域的信息。可以通过暑期实习、社会实践和志愿者活动掌握第一手材料。在这个阶段，需要了解你所感兴趣的职业群的有关信息，了解就业市场，与一些在生涯发展领域工作且令你感兴趣的人取得联系，并争取在某一专业工作岗位上度过一天；通过实习实践、兼职和志愿者活动获得工作经历，更多地了解自己的工作偏好，主动参加就业市场和其他相关的生涯发展项目，增加对整个就业领域的了解。在实践和比较全面把握信息的基础上，逐步明确专业和职业发展方向，并做出初步的职业选择。

(3) 大学三年级——整理与评估你的选项。社会实践和暑期实习会帮助你获得一些能力，这时你需要对自己的能力进行重新认识和评估，了解在哪些方面还有潜能。在大三这一专业课最为集中的学习阶段，可以进一步明确自己的方向。为明确你的专业和学术方面的目标，现在你要再次问问自己：“我是谁？”“我到底要什么？”

在这个阶段需要逐步明晰：从大一到现在你的兴趣是否有变化，对现在的行为有什么影响？你本科毕业后是直接找工作、攻读硕士研究生还是去海外留学？如果选择攻读硕士研究生，是继续学习本科专业还是换专业？是在本校读还是换学校读？如果希望留学，你想去哪个国家？最希望去哪几所学校？你需要为此做哪些准备？如果想尝试创业，需要评估自身的创业意向和创业项目的可行性、外部资源支持情况。

总之，同学们需要分析自己的选择是否合理，需要通过哪些渠道、具有什么知识结构和层次才能达成。

要研究相关的工作单位和工作环境，寻找你与这些职业相吻合的能力。开始建立专门的联系渠道，以便能帮助你实现求职战略计划。

(4) 大学四年级——就业决定阶段。在这一阶段要为自己提前规划和确定生涯目标。应对从学生到职业人身份的转变，提前准备好求职申请信、简历和成绩单。通过校园招聘会、人才市场和网络等确认自己的就业岗位。

在这一阶段需要思考的主要问题有：

- 在你希望生活、工作的地区/城市，哪些职位可能提供给你？
- 你怎样找到适合自己的岗位？
- 你已经尝试找了几个职业，哪一个最适合你？

所要做的准备有：通过你的各种可利用的联系渠道寻找工作机会，并争取被推荐；尝试所有的机会；参加招聘会和用人单位的宣传活动；阅读提供就业岗位的目录，参加各种校园面试；与校友联系，了解他们在工作第一年面对的挑战、困惑和感受体会。

大四也是很多毕业生的就业恐慌时期，找工作让大部分学生感觉很辛苦，可能备受挫折，而且结果不一定尽如人意。在这种情况下，要学会缓解自己的不安、焦虑、自卑等情绪。要知道，通过找工作，我们能不断地发现自己的不足，也会更加了解职场和职业，这些都是帮助我们在未来的职场取得成功的重要因素。能够主动地认识到这些，相当于我们提前进入了职场。

大学四年的规划应该在大一完成，然后根据规划安排接下来三四年的学习生活。当然，随着年龄与知识的增长，我们的认识会发生变化，需要不断地对自己的目标进行调整，但总体的规划应该较早完成。

在制定年级目标的同时，同学们还可以细化自己的短期目标，比如制定上学期目标和下学期目标；按假期来制定暑假目标、寒假目标等。此外，我们还可以按内容来制定学习目标、生活目标、社团实践目标、兼职目标、实习目标等。

在本科四年的学习过程中，是否考研是很多同学面临的一个抉择。有些同学可能在获得大学录取通知书时就已经将考研定为大学四年的目标。殊不知，这样的决定是缺乏科学依据的。是否考研，应取决于你未来的事业发展目标，取决于你将来从事的职业对职场新人的素质能力要求。我们先看看下面这个真实的案例：

2004 年，中国农业大学大四学生杨峥经过深思熟虑，决定放弃考研，自主创业。然而，考研是父母为儿子杨峥设定的唯一目标。在得知杨峥的决定后，父母强烈反对。杨峥专门请了三天假回家与父母沟通，希望说服父母同意自己的做法。

杨峥的家乡是安徽桐城，清代的桐城派散文让这一古镇闻名全国，今天的桐城人仍以这里曾经出过闻名全国的美文而自豪，“敬学识、出才子”是桐城人多少年来形成的文化传统。

杨峥成长在一个典型的严父慈母的家庭中，父亲一直督促儿子将全部精力放在学习上，母亲则给了儿子很多的宠爱和呵护。让父母亲骄傲的是，杨峥的学习成绩非常优秀，中学时期考入了全市最好的学校，高考时又以高出重点线 50 多分的成绩考入了中国农业大学。拿到录取通知书时，杨峥就和父母约定：四年之后，他要攻读硕士研究生，继续深造。

几年前，杨峥的父亲就下岗了；虽然他不懂电工技术，却在一家餐馆学做电工。父母的工资加在一起不到 2 000 元，但每月都会按时给儿子寄来 800 元的生活费。母亲给杨峥打电话时说："家里已为你攒下几万元钱，留着你上研究生时再用。"杨峥不考研对于他们来说是很没面子的事情，如果让邻居们知道了，他们会觉得很丢人。

杨峥自己有着明确的职业生涯规划：在 30 岁时达到较为成功的职业状态。他计划先用两年的时间尝试创业，如果成功了，30 岁前会有一份自己的事业，那时还可以继续深造；即便失败，两年后自己也才 23 岁，同样可以通过读研去寻求发展。杨峥认为，现在研究生毕业后去大公司应聘，用人单位都要求有两年的从业经验，自己先尝试一下创业，即使失败了，也可以从中获得很多经验。

在与母亲的交谈中，杨峥拿出了他的生涯规划图，看到儿子的职业规划，母亲的态度有所转变。然而，在儿子暂缓考研的问题上，她仍然有顾虑。原来，在外公家的四个孩子中，杨峥的舅舅和姨妈都有大学本科文凭，现在都已在广州、武汉等大城市有了比较好的工作和生活，只有杨峥的母亲没有走出桐城。母亲一直认为，是大专文凭限制了自己的发展，让儿子有一张过硬的文凭是她最大的心愿。另外，母亲告诉杨峥：她在工作后也有过继续深造的机会，但是工作时间长了，学习的想法慢慢淡了，就放弃了学习的机会。所以，对于儿子暂不考研的决定，母亲是有担忧的。

最终，母亲对杨峥的想法还是表示了理解，同时也对杨峥提出了两个条件：首先，他必须完成好本科学业；另外，如果第二年 5 月，杨峥和合伙人还没有找到创业的资金，那么他必须找一份工作，一边就业一边创业，更加踏实地面对生活。谈话结束时，杨峥再次向母亲做出承诺：无论创业成功与否，两年之后，他都会回到学校继续深造。

本案例中，杨峥起初决定考研，是为了达成父母的心愿；杨峥的父母认定研究生文凭比本科文凭过硬，会令杨峥在毕业求职时占据有利地位，却并未想到这样的比较是没有意义的。实际上，学历在求职中的作用最显著地体现在简历筛选等环节，真正决定一个人能否得到一个职位的是其素质能力与岗位要求的匹配程度。如果一定要比较，不应该简单地比较本科生与硕士生的职场竞争力，而应将杨峥 25 岁研究生毕业时的素质能力与其 22 岁本科毕业参加工作、努力工作两年后的素质能力进行比较。孰强孰弱，很大程度上取决于他所从事的职业。有些职业的专业能力与学历有很大的关系，如研究人员、研发人员；有些职业的素质能力与工作经验的关系更密切，如管理人员、市场人员、程序员等。

本案例中，杨峥在决定暂缓考研、准备尝试创业时，并未认真分析自己的个性特征是否适合创业，对于创业环境、创业项目、资金支持等因素未做科学考量，而且将两年作为衡量创业是否成功的期限也显然没有科学的依据。他提到的"研究生毕业后去大公司应聘，用人单位都要求有两年的从业经验"的说法也很片面：要求有从业经验的职位往往是在社会招聘会中发布的；而应届毕业生首选的求职渠道应该是校园招聘会，是不会对同学们的工作经验提出硬性要求的。此外，杨峥向母亲承诺的“无论创业成功与否，两年之后，他都会回到学校继续深造”也很难实现。因为如果他本科毕业两年后读研，根据目前教育部的规定，他只能报考学术型或某些全日制专业硕士，他一边创业一边准备，胜算不会很大。而对笔试成绩要求不那么高的 MBA（工商管理硕士）联考、工程硕士联考等，对报名者的工作年限要求至少是三年。

杨峥的案例提醒同学们：进行职业生涯规划，不仅需要勇气和决心，更需要科学的方法与必要的知识和信息储备；既要对自我进行充分的认知，也要对环境进行全面的了解。

总之，目标的制定一定要考虑可行性。如果制定的目标太过宏大，难以实现，就可能像前面提到的小刚那样，规划最终沦为一纸空文。目标的制定应该分阶段完成，同时必须结合自己的个性特征、考虑实施的可能性等因素。在大学期间制定职业目标，最好能够根据所学专业特点与自身性格、兴趣、能力等因素的匹配程度，按照所处学习阶段来进行。

4.3 大学阶段的职业决策

在明确自己的生涯目标，初步制定自己的短期及中长期目标后，就要为实现目标而行动了。这时，我们开始面临新的难题：职业生涯决策。

决策，就是做出决定，指为了达到一定的目标，从两个或两个以上的可行方案中选择一个合理方案的分析判断过程。管理学家西蒙（Simon）指出：“决策是管理的心脏；管理是由一系列决策组成的；管理就是决策。”决策对于目标的重要性不言而喻。决策正确与否，决定着目标行为的成败。正确的决策，能指引个人沿着正确的方向、合理的路线前进；错误的决策，则会使个人走上错误的道路，可能导致目标行为的失败。

实际上，我们每天都要进行很多次的“决策”。早晨醒来，第一个决策是“马上起床”还是“再睡个回笼觉”；起床之后的决策是“去食堂吃早饭”还是“在上课铃响前进入教室”；上课感觉老师讲得没意思时的决策是“努力跟上老师的节奏”还是“自己刷会儿微信、打个盹儿”……

以上决策似乎都不是特别重大。然而，职业生涯规划过程中的决策非常重大，需要同学们做出审慎的决定。事实上，决策是连环发展的过程而非单一事件，整个生涯发展过程都会不断面临生涯决策问题。

职业生涯决策是综合了个人对自我的认识以及对教育与职业等外在因素的判断，面临生涯抉择情境时所做的各种反应，其构成要素包括：决策者个人的目标、可供选择的方案与结果以及对各个结果的评估。决策的过程与结果，将受到机会、结构等社会因素以及个人价值观与其他内在因素的影响。

在过去的一个多世纪中，许多学者都对职业生涯规划的理论与方法做出了贡献。

美国社会心理学家克朗伯兹（John Krumboltz）是斯坦福大学教育与心理学博士，全球著名的职业规划大师，APA“咨询传奇人物”之一，美国心理协会和美国科学促进会的研究员。他根据班杜拉社会学习理论，主张个人的人格与行为主要受到独特的学习经验的影响，应当由日常生活事件来解释生涯决策及其过程。他认为，对个人生涯决策具有影响力的因素包括以下四类：

（1）遗传天赋和特殊能力：例如种族、性别、体能外表、人格特质、智能、音乐能力、艺术能力等。

（2）环境条件和事件：例如工作性质和训练机会、社会政策、社会影响、科技发展、劳工法令、社会组织的改变、物理事件（地震、水灾）、家庭特质等。

（3）工具性学习经验（如生涯规划技巧、职业或教育表现等）和联结性学习经验（如观察学习等经验）。

（4）任务取向技巧：例如问题解决技巧、工作习惯、心理状态、情绪反应和认知历程。

克朗伯兹认为，在个人与环境事件的互动中学习得到的新经验、个人的兴趣、价值观与人格特质等均可通过学习经验加以改变与拓展，每个人一生中的独特学习经验会影响个人的职业决策。他将人的生涯决策阶段分为七个步骤：（1）界定问题，制定明确的目标；（2）拟定行动计划，规划达成目标的流程；（3）澄清价值，界定个人的选择标准；（4）收集资料，找出可能的选择；（5）依据自己的标准，评价各种可能的选择；（6）系统地删除不适合的方案，挑选出最合适的选择；（7）开始执行行动方案。

虽然已经有较为成熟的理论做指导，但是，由于生涯决策过程十分复杂，职业生涯决策困难一直是备受学者关注的问题。

前面已经探讨过，人的一生过得幸福与否，与其对所从事职业的满意度有相当大的关系。然而，选择一个适合自己的职业并非易事，而且人一生中可能会有多次职业改变，面临多次选择，因此很多人都会感到职业决策很难。尤其是在大学时期，在缺乏必要的关于职业的信息或个人的职业特征信息时，在个人的意愿与父母的立场对立时，在个人喜好的职业与社会供给不相一致时，在面对多种得失冲突的情况下，同学们往往会面临职业决策困难。

因此，生涯决策困难是个人在面对生涯决策问题时，由于缺乏自我了解、信心不足、兴趣与能力的冲突等内在阻力，以及生涯资料的提供、重要人物的支持不足等外在阻力而产生的决策上的困难。生涯不确定的程度愈高，表示个体面临的困难就愈大。

决策不是结果，而是一个过程，所以生涯决策困难表现在整个决策过程中：职业生涯决策意识的困难、决策开始阶段的困难、决策过程中的困难、执行生涯计划的困难等。表 4—1 是职业生涯决策困难的分类表，同学们可以由此发现自己的决策困难集中表现在哪个阶段；发现自己决策困难的具体表现后，可以进一步寻找解决这些困难的方法。

表 4—1　　职业生涯决策的困难分类表

困难类别	判断条目
职业生涯决策意识的困难	A. 未觉察到做决定的需求。
	B. 不知道做决定的过程。
	C. 知道要做决定，但逃避承担做决定的责任。
收集信息的困难	A. 不充分、不一致的信息。
	B. 过量的信息带来的困惑。
	C. 不知道如何收集资料，例如：在何处收集，如何组织，如何评估等。
	D. 因信息与个人的自我概念不一致而不愿意接受信息的有效性。
产生、评估、选择替代方案的困难	A. 由于面临多重生涯选项而难以做决定。
	B. 由于个人的条件限制，如健康、资源、能力、教育等，而无法产生足够的生涯选项。
	C. 由于害怕失败、害怕社会不赞许、害怕承诺或投入行动等焦虑情绪，而无法做决定。
	D. 由于人际关系、冲突、情境、资源、健康等因素局限个人的选择。
	E. 不知道评估的标准（价值、兴趣、性格、能力、资源、健康、年龄、个人环境等）。
计划执行中的困难	A. 不知道形成计划的必要步骤。
	B. 不知道在未来的计划中需要完成哪些事情。
	C. 不愿意或无能力获得必要的信息以形成计划。

职业生涯决策常常受到自我因素、专业因素、家庭因素、社会因素、职业因素及资源因素等的影响。

1. 自我因素

包括本书在自我认知部分讨论过的个人性格、兴趣、能力及价值观等多种因素。自我认知是人们进行职业决策的基础，对自我越了解，决策时失误就会越小。既要了解自身的优势，也要了解自己的不足；选择和确定自己的职业目标时，应扬长避短，选择与自我特质相匹配的职业。

由于缺乏社会经验和独立思考的意识，目前很多大学生在进行职业选择时存在一些误区。

(1) 误区一：热门的职业就是“好工作”。陈峰同学本科的专业是电气工程，毕业后在一家公司从事电气工程设计工作。他有位高中同学学的是工商管理，毕业后从事人力资源管理工作，经常出差去外地招聘新员工及组织员工培训。陈峰很羡慕，一直也想成为一名管理人员，工程设计工作做了不到一年就辞职了。然而，由于自己性格内向、沟通能力不强，也没有相关经验，花了近半年的时间也没有找到管理类职位。陈峰自我反省了一阵子，觉得是所学专业限制了自己的发展，于是决定考管理专业的研究生，结果因为专业课成绩太差而以失败告终。

热门职业一直是大学生理想的“好工作”。待遇好、工作环境好、社会地位高等优势为热门职业披上了美丽的外衣。事实上，看起来很美的热门职业未必对所有人都适合。热门职业因为其热门必然会成为众人争抢的对象，对从业者的要求也会很高，最终能够成功地找到热门工作的人是有限的。如果不顾自身的能力、素质等条件而盲目地追求热门职业，择业失败的可能性会很大。

(2) 误区二：别人认为“好”的工作就是“好工作”。李璐同学在咨询时问：“我大学修了经济学与英语双学位，但我不知道自己毕业后该做经济方面的工作还是英语方面的工作。老师，您是职业顾问，您帮我指条道吧。我相信您，您告诉我怎么做，我就怎么做。”

李璐同学的观点有一定的代表性。很多同学习惯或愿意把关系到自己人生前程的重大决策交给别人来决定，这些人包括：父母、家人、好友、同学、老师等。

人生道路的选择真的可以交给别人来做吗？当然不能。父母、老师的看法以及职业咨询专家的建议和职业测评的结果只能为你提供参考，职业决策必须由自己做出，因为别人认为的好工作，却不一定适合你，任何其他人都不能代替你自己做决策，你的前程应由你自己负责。

(3) 误区三：薪酬高的工作就是“好工作”。刘强同学在咨询时说：“我是一名学计算机专业的大三男生。当周围同学沉浸在网络游戏、谈恋爱时，我一直在思考是出国深造还是工作。我喜欢汽车，我的目标是挣足够的钱，在 30 岁以前开上宝马。为了实现我的‘宝马’人生，必须奋斗，我该怎样做呢？”

现在有很多大学生毕业时都想找一份薪酬高的工作。2014 年 10 月下旬，前程无忧网发布的《2014 高校毕业生就业状况》显示：211 和 985 院校的应届毕业生中，52%要求起薪为 6 000～8 000 元/月；近 10%的学生的理想起薪在 10 000 元/月以上。

然而，同学们首先应该了解某类职业薪酬高的原因。仔细分析，某些职位薪酬高的原因无外乎以下几种：(1) 岗位责任重大、任职资格资历要求高、能够胜任者少。这类职位显然不是为应届毕业生准备的。(2) 岗位工作强度大、投入时间长。典型的职位有投资银行的分析师、管理咨询公司的咨询顾问，每周平均工作时间动辄七八十个小时，薪酬策略往往是“雇一个人、干两个人的活儿、付三个人的薪酬”。这类职位对任职者的能力与体力要求都非常高，只有极少数人能够承受这样的压力。(3) 行业风险高。“三年不开张、开张吃三年”，从长远看，收入水平不稳定、职业安全性不高。(4) 属于垄断行业。诸如我国的电力、移动通信、石油、石化等行业，因为垄断经营而获得高额利润，员工收入水平普遍偏高。但随着我国市场经济的深入发展，这种垄断企业会越来越少；其员工往往缺乏市场竞争力，一旦企业丧失垄断地位，员工可能面临非常尴尬的境地，20 世纪 90 年代国企改制时大批员工下岗就是类似的情况。

因此，选择职业不仅需要考虑是否有“钱”途，还要考虑这份工作是否令自己的发展有前途，因为工作的目的不只是为了挣钱，更不是只顾当下挣钱。有的工作从眼前看起薪很低，但如果这份工作非常符合你的兴趣倾向，你又具备相应的能力，则从长远看对你长久的发展是十分有利的。所以，选择职业不能只追求眼前利益，更要看长远的发展。

由此可见，关于"好工作"似乎是见仁见智的。

大学生想找到"好工作"，就必须知道什么才是自己心中的"好工作"。"好工作"的标准因人而异。雇主在招聘时并不是招聘最优秀的人才，而是招聘最合适自己需求的人才。同样，对于求职者来说，并不是要找社会公认或者他人认为的"最好的工作"，而是要找最适合自己的工作。事实上，工作并没有好坏之分，但对每个人来讲，工作有适合与不适合之分。与自己个性特质相匹配的、对个人长远发展有利的工作才是适合的工作，适合别人的职业未必适合自己，适合自己的职业才是"好工作"。

2. 专业因素

大学生进行职业决策时，常常将自己所学的专业作为一个非常重要的因素加以考虑，也就是人们常说的找工作要看是否专业对口。因为几年的学习时间都投入到某个专业领域，同学们不仅积累了专业知识，而且受到了相应的思维训练，如果毕业后能够从事与专业对应的职业群，这些知识和训练会对工作非常有帮助。

不过，现实情况是，近年来应届大学毕业生初次就业的专业对口率仅约60%，有些专业毕业生的专业对口率甚至不足10%！

现实生活中，有些同学发现自己并不喜欢所学的专业，想调换专业或者在本科毕业后找一份与所学专业不一致的工作。这并非不可能。不过，一个人选择的职业群离所学专业越远，需要的自我学习和自我提高的能力越强。

2007届毕业生凌峰原本是北航机械工程专业的学生，但他本人喜欢与人沟通，不喜欢制图、设计等专业课程，成绩也差强人意。在意识到这个问题后，凌峰主动了解本专业毕业时未从事工程、设计类职业的学长的情况，积极参加了院校组织的各种职业生涯规划及职业素质与能力提升的讲座、工作坊活动，并注重培养自己的组织协调、人际沟通等方面的能力，最终进入了一家知名外企，成为一名管理培训生，实现了自己毕业后从事管理工作的梦想。

3. 家庭因素

父母的受教育程度、父母的职业、家庭经济收入及父母的价值观等家庭因素与一个人的成长有很大的关系，对一个人职业决策的影响也非常大。同时，家族成员的职业也对我们个人的职业选择具有一定的影响。因此，建议同学们在进行职业生涯决策前，先充分了解一下家族成员的职业发展状况，最好画一下家族职业谱（见图4—1）。

父母及其他与我们具有血缘关系的亲属的职业对我们自身的职业选择可能具有很直接的影响。在前面的章节中我们提到，职业兴趣、职业素质能力等个人特质不同程度地受到先天遗传等因素的影响；同学们的职业兴趣、素质能力倾向等很有可能与父

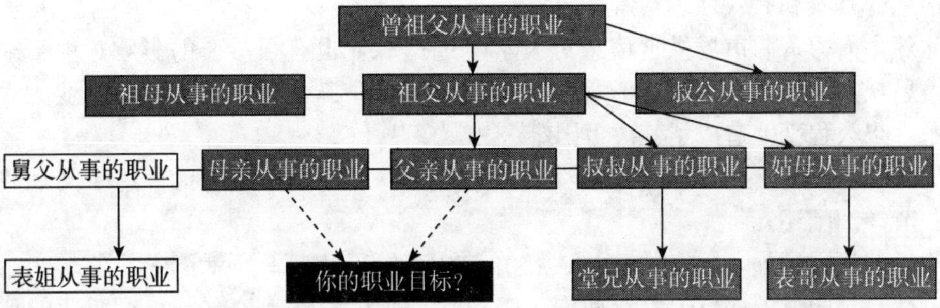

图 4—1　家族职业谱

母某一方或具有血缘关系的近亲相似，同学们的职业选择与他们的职业选择是有关系的。同时，如果他们的事业发展顺利，不仅可以为你提供实习、求职的信息，还可以为你入职期间及职业发展各阶段给予指导。

此外，由前面给出的杨峥的案例可知，在做决定时，一定要考虑父母的意见和感受。杨峥不考研的决定，对他自己仅是一个选择，对于父母却是一个打击，它打碎了父母多年来的一个梦。因此，同学们在做决定时一定要与父母充分地沟通，做到相互理解。

4. 社会因素

社会文化环境与技术经济的发展对职业选择的影响很大。

一位同学谈到：选择职业时，我只知道自己要什么，却不知道社会需要什么、社会能为我提供什么，我常常很困惑，不知道自己的决定是否正确。正如本书第 1 章所探讨的，大学生应该明确自己读大学的目的何在，不能仅停留于书本理论知识的学习，必须学会如何去运用知识，如何通过自己所学的知识来解决实际的问题。上大学的目的有很多，其中一个最主要的目的是找到一份自己满意的好工作。那么，什么是自己满意的"好工作"呢？你需要花时间去了解社会与职业，否则，你心中的"好工作"将永远停留在空想状态。

然而，大学生获取职业信息存在一些障碍。虽然各种媒体每天都提供各种职业信息，但这些信息并不一定真实有效。大学生职业生涯规划论坛上的一位在校生的帖子说："市场上供求双方信息是不对称的。我们作为工作职位的需求者在没有得到岗位前永远都不会知道供给方的真实情况。我们不知道单位到底需要有什么才能的人才，不知道其工作环境，甚至不知道其到底是不是在招人。寄出去的简历大多数都石沉大海。"

现在很多用人单位抱怨大学生不了解职业，职业化程度低。然而，社会上有什么有效的渠道来帮助大学生了解职业呢？哪些职位适合于毕业生，哪些职位适合于社会人呢？很多同学都抱怨找实习的机会很难，其中一个重要原因是大型企事业单位提供给在校生的实习机会太少。对于没有职业经验的大学生来说，要了解这些职业信息、识别信息的真实和有效性确实有一定困难。

此外，人力资源市场供求信息对大学生选择职业也有很重要的影响。由于缺乏有效的信息，大学生很难了解到他所学专业对应的职业群或者他想选择的职业的人才供求关系，很大程度上造成了其决策困难。

最后，人、财、物等各方面的资源因素也对职业决策影响很大。这个问题我们将在下一节详细阐述。

除了上述因素外，国家的政治、经济和社会发展状况，所就读学校的教学状况和地位，社会对职业的评价，以及周围人（包括老师、同学、校友等）对职业的评价等社会因素对大学生选择职业也有很大的影响。

职业生涯决策是同学们在大学时期面临的重大课题。由于决策对我们未来长久的职业发展有深刻的影响，因此，同学们要严肃对待。同时，决策本身又受到自我因素、专业因素、家庭因素、职业因素、社会及资源等多方面因素的影响，需要同学们了解多方面的信息，采用一定的科学方法。

4.4 大学生职业生涯规划方案的制定

1. 职业决策的步骤与生涯目标的制定原则

根据前一节的介绍，大学时代将奠定我们未来事业发展的基础，那么，我们如何进行职业生涯规划，才能有个正确的开端呢?

事实上，由于个体差异和个人偏好，很难对职业生涯规划建立一个精确的按部就班的程序。一般来说，职业决策有以下步骤：

(1) 认识问题，界定目标。你意识到自己对职业前景的困惑，并决定采取行动来努力解决这一问题。职业决策的首要步骤是界定目标，例如：选择主修专业及辅修专业；选择职业或雇主。

(2) 了解自己。你需要做一个非常全面的自我分析。如果你现在还没有完成，请回到本书第1章，认真完成自我探索。它将帮助你从自身的性格、兴趣、能力、价值观等各方面了解自己。

(3) 了解外部环境及职业。一方面，了解你所处的社会、经济、政治、地理环境，从而衡量可能影响你的职业选择的环境因素；另一方面，收集、研究你感兴趣的职业的准确信息。

(4) 找出可能的职业选择。了解职业，你需要全面地研究可供你选择的职业选项，筛选出可供自己选择的目标。

(5) 运用人职匹配、SWOT分析等方法进行个人与职业的对比分析。一般来说，对候选的三个目标职业进行比较分析，个人的特质与职业特征最匹配的职业，就是最适合自己的职业。

(6) 做出决定。根据你对自己的特点和职业前景的判断确定一个目标职业。

(7) 执行决定。通过求职活动将你的职业决策付诸实施。

（8）获得反馈。评估你的职业决策，如果有太多的负面反馈，那么重复以上步骤。

制定生涯目标有一个“黄金准则”—— SMART 原则（SMART 是五个英文单词首字母的缩写），好的目标应该符合 SMART 原则。

S（specific）即明确的，指要用具体的语言清楚地说明要达到的目标。明确的目标几乎是所有成功人士的一致特点。很多人不成功的重要原因之一是目标定得模棱两可。比如，一位同学的目标是找一个管理方面的工作。这里对目标的描述不太明确，因为管理是很笼统的概念。具体说到管理岗位，首先可以分为工商管理和公共管理，前者主要的雇主是企业，后者则是国家机关。工商管理又分为很多职能，如战略管理、销售管理、市场管理、财务管理、物流管理、人力资源管理、生产管理、信息管理等。人力资源管理具体又包括招聘管理、绩效管理、薪酬管理、培训管理等。如果你本科学的是人力资源管理或工商管理专业，希望进入企业工作，又对人力资源管理比较有兴趣，那么招聘专员就是一个非常明确的目标。

M（measurable）即可衡量的，指目标应该是明确的，而不是模糊的，应该有一组明确的数据，作为衡量是否达到目标的依据。如果制定的目标无法衡量，就无法判断这个目标是否实现。比如，领导有一天问“这个目标离实现大概有多远?”团队成员的回答是“我们早实现了”。这就是领导和下属对团队目标认识上的一种分歧。原因就在于没有给出一个定量的、可以衡量的分析数据。又如，“提高自己的写作能力”。怎样才算提高呢? 坚持每天看书、每周写三篇博客文章，本学期公开发表三篇文章，这样的目标就是可以衡量的。但并不是所有的目标都可以衡量，有时也会有例外，比如大方向性质的目标是难以衡量的。

A（attainable）即可实现的，指要考虑是否具备帮助自己实现目标的外界条件。有的大学生设定了本科毕业后月收入达 6 000 元的目标，但他低估了达到目标所需的条件，这些条件包括基本素质、知识、能力、经验条件、外语条件等，到毕业时，他才发现没有人愿意每月花 6 000 元雇自己。设定目标时，大学生需要考虑自身的实际情况，确定通过努力可以实现的目标，避免设立过高或过低的目标。

R（realistic）即实际的，指在现实条件下是否可行、可操作。一位大四的大学生开了一家餐厅，他准备确定一个目标——本月早餐时段的销售额在上月的基础上提升 50%，即增加 5 000 元。如果周边地区的人流量没有显著增加，而店里的设施及提供的餐食也无显著改善，这就是个不太实际的目标。订立目标一定要考虑可操作性，根据自己的实际条件和掌握的资源来确定，不要好高骛远。

T（timed）即有时限的，指订立目标必须有时间的限制。例如，2012 级某同学计划在 2015 年 12 月 31 日之前参加 5 场校园招聘会，当面递交 20 份简历，2015 年 12 月 31 日就是一个确定的时间限制。没有时间限制，很可能让目标无法实现。现在，有很多在校学生做事情没有时间概念，上课经常迟到，不按时交作业，并且养成了不良习惯。总觉得自己很忙，却没有压力和做事的紧迫感，今天的事情推明天，明天的事情推后天，结果一事无成。所以，订立目标一定要有时间限制，一定要形成良好的习惯，做到日事日毕。

笔者开设的职业生涯规划课中，在第一讲之后，请大一的同学们简单写出了各自本科阶段的3～7个目标。其中一位同学是这么写的：(1) 学精专业，发展特长；(2) 考研，争取保研；(3) 锻炼身体，强健体魄；(4) 早睡早起，天天向上；(5) 拥有融洽的人际关系，提升实践、沟通能力；(6) 好好学英语；(7) 课余时间争取多读些书。

在介绍了SMART原则后，笔者请同学们对自己的目标进行修改。这位同学的目标调整为：(1) 学精专业，专业课成绩不低于85分，争取大三参与专业课老师的项目，同时继续练习书法；(2) 认真学习，总成绩保持全班前20%，如果大二结束时明确本专业方向，争取保研，如果发现新的专业方向，准备跨专业考研；(3) 每周至少4天去操场跑步，每次不少于3000米（8～10圈）；(4) 周日至周四，每天不晚于23：30睡觉，周一至周五，每天不晚于7：00起床；(5) 不与同学发生激烈的冲突，保持融洽的人际关系，课堂上老师提问时积极发言，每门课最少有一次代表小组到讲台上发言，以锻炼沟通能力，大三前参加两个学生社团以提升实践能力；(6) 周一至周五，每天记住5个英语生词的用法，大二过英语四级，大三过英语六级；(7) 每周读1本人文类或经管类的书籍，寒假至少读3本，暑假至少读5本，以丰富自己的知识。

请同学们记住：制定的目标，通过一定的努力能够实现才是有意义的。

2. 个体职业发展资源分析

制定职业生涯规划首先要对个体职业发展资源进行分析。下面介绍一种简单易行的分析方法。

个体的职业发展资源分为素质和外部资源两大类。其中，素质可以分为流体素质与晶体素质。流体素质与生理遗传或早年经验有关，难以改变，如一个人的智力、外貌、性格、气质、职业兴趣、价值观等。在进行职业生涯规划时，所选职业最好符合自己的流体素质的特点。晶体素质则与后天教育、培训有关，可以在短期内改变和提高，如专业知识的掌握程度、沟通能力、求职技巧等。确定了职业目标后，我们可以有针对性地提升自己的晶体素质。

外部资源是个体职业发展资源的另一个重要组成部分，主要包括个人的经济条件、家庭背景、社会关系等。对于经济尚未独立的在校大学生而言，个人的经济条件几乎不必考虑。

家庭背景由家庭的经济资源和家庭的人脉资源组成。现在，越来越多的大学生已经意识到求职过程中人脉关系的重要性，可是很多同学理解的人脉关系指的是家庭的人脉关系，即通过父母及其他亲属所建立的人脉关系；经济资源对大学生而言主要是指家庭的经济条件。

不论是选择读研、留学还是创业，几乎都需要家庭经济方面的支持。有些本来想读研或留学的同学，因为家里经济条件欠佳，不得不放弃原定目标而选择就业，这是非常理性的选择，同学们不应该因此抱怨自己的父母。父母生养了我们，但是没有义务为我们未来的职业发展提供全部的物质条件和社会支持，同学们应该根据自己的家庭背景和经济条件来选择职业、安排生活。网上流传很广的帖子《我奋斗了18年，不是为了和你坐在一起喝咖啡》的作者，就对这个问题有非常理性的认识。

事实上，抱怨自己无法改变的事实是没有意义的。一个人要在社会上立足，非常重要的是建立自己的社会关系——人脉关系。有很高社会知名度的俞敏洪、潘石屹，都是出身于贫寒家庭，但他们经过多年的奋斗，都成了人脉关系极广的成功人士。

有的同学认为：俞敏洪、潘石屹等名人是在特定历史阶段产生的，现在是"拼爹"的时代，只有"官二代"、"富二代"才有机会成功，"寒门难出贵子"。对于这个问题，很多社会学家及有识之士都在呼吁建立更加公平的社会制度，促进社会各个阶层间的流动。与此同时，平民子弟职场成功的实例仍然不断涌现。

2015 年 11 月 19 日，慧·聚"互联网＋"教育创新高峰论坛暨慧科教育集团五周年战略发布会在北京举办。论坛就"互联网＋"时代共享经济下教育模式的创新、产教融合面临的新机遇、高校创新创业的体系建设等"互联网＋教育"热点话题进行了深入探讨。同时，公司正式宣布获得千合资本王亚伟先生领投的 3 亿元的 B 轮融资，融资金额和估值均为所处行业最大。公司的两位创始人都是北京航空航天大学 2004 届本科毕业生，2000 年分别从河南和山东的乡村考入大学。虽然是没有任何家庭背景的年轻学子，但诚实待人、踏实做事的淳朴个性是他们最宝贵的财富。为了减轻家庭负担，他们在本科求学期间就勤工俭学，在此过程中结下了深厚的友谊，毕业后一人读研，另一人直接就业。五年后，他们一个在美国攻读博士学位，一个准备进入清华大学经管学院攻读 MBA，但一直保持着密切联系，最终在 2010 年共同创办了公司。又一个五年过去，他们的公司保持着发展的活力，成为互联网教育行业的一颗新星。

近年来，我国教育培训行业竞争非常激烈，这两位农家子弟是如何脱颖而出的？在教育领域创办公司，人脉（客户关系）非常重要，而这两位北航学子在读本科时就很注意积累人脉。他们靠着自己的勤奋努力获得了老师们的青睐，在勤工俭学及创业过程中，很多专业课老师和学校行政管理部门的老师都给予过他们很多帮助。随着公司规模和业务范围的扩大，他们还借助各种业务关系建起了更大的人脉网络。

因此，千万不要质疑"我一个一文不名的大学生，能认识的只有老师和同学，这些能成为我的人脉吗？"事实上，世界上任意两个素不相识的人，通过一定的方式都可能产生必然联系或关系；所有互不相识的人只需要很少的中间人就能建立起联系。1967 年哈佛大学的心理学教授斯坦利·米尔格拉姆（Stanley Milgram）根据这个概念做过一次连锁信件实验，尝试证明平均只需要五个中间人就可以联系任何两个互不相识的美国人。结论是：世界上任意两个人之间要建立联系，最多只需要六个人。这就是六度分隔理论，后来被称为六度空间理论。显然，由于联系方式和联系能力的不同，实现个人期望的机遇将产生明显的区别。

进入大学后，同学们有很多机会去建立自己的人脉资源，即通过你自己建立起人脉关系，包括师生关系、同学关系、校友关系、朋友关系、师徒关系（实习单位），乃至家教中与家长的关系等。比如，一名新生如果有建立人脉关系的意识，首先可以与辅导员及任课老师建立良好的关系，请他们在自己的个人成长及专业能力提升方面帮助自己；同时，他可以向高年级的同学请教有效学习或参加社团、兼职实习的经验，尤其是与一些成绩好、能力强的同学保持密切的联系。这样下来，在大三申请暑期实习及大四毕业找工作时，很容易了解这些朋友所在单位的真实情况，甚至由此获得实习或工作的机会。

课堂活动

我的支持系统

请仔细思考后填写表4—2。

表4—2　　　　　　　　　　　　　　的支持系统

姓名	性别	年龄	与你的关系	联系频率	帮助你的主要事件	对你的帮助（程度等）

填好后请思考：到毕业前准备找工作时，你认为上述人物中谁会帮到你？

尽管如此，很多大学生在做决策时并没有好好考虑自己所掌握的经济资源、人脉资源。有些学生不顾家里的反对，执意考研；有些工薪阶层的子女，为了实现自己的出国梦想，硬是坚持让父母把房子卖掉为自己提供学费和生活费，留学回来后却成了“海待”；有些大学生为了实现自己做老板的梦想，在经济条件不成熟的情况下，匆忙选择创业，结果创业失败。这些令人遗憾的结果都是对个体职业发展资源认识、分析不足造成的。

因此，大学生在选择职业时需要考虑所掌握的人脉资源和经济资源，做出理性选择。前面提到的慧科教育集团联合创始人兼CEO、北航经管学院2004届本科生岳伟，虽然大学期间成绩优秀，但考虑到父母务农、家境不富裕、妹妹还在读高中，大四时放弃了保研的资格，进入了一家知名的IT企业从事销售。他工作积极主动，作风踏实又善于团队合作，仅用短短三年就成长为一名主管。2009年，他在大学老师的提醒及鼓励下，报考了清华大学经济管理学院MBA并于2010年获得录取通知书。同一年，他经过慎重考虑，辞去了工作，与好友共同创业。五年来公司持续发展，他也获得了长足的进步。

在进行个体职业发展资源分析时，还有非常重要的一点是，要对素质—资源的互偿模式有所认识。这里既包括内在素质间的互偿——比如“勤能补拙”，即后天努力对智商不足的弥补，又包括外在资源间的互偿——“穷人的孩子早当家”，即自主建立的社会关系对家庭经济条件、背景不足的弥补。素质—资源间的互偿十分重要。不少同学认为家里经济条件有限，无法实现自己的留学或创业梦想。事实上，每年都有一些成绩优异的同学获得全额奖学金去国外留学，还有一些同学通过参加创业大赛等获得创业基金的支持，实现了创业梦想。也有不少同学认为家里没有“关系”，难找工作，事实上，许多同学是通过校友、老师提供的信息获得面试机会，找到了满意的工作。

正如《剪裁人生》一书中一位同学所言：

有人是含着金汤匙出生的，
有人是含着银汤匙出生的；
而我是含着自己的手指头出生的，
所以，我只能靠自己！

绝大部分同学都是“含着自己的手指头出生的”，让我们互相勉励“靠自己”吧！

3. 确定生涯目标的定向与定位法

由于没有工作经验，在校大学生要想确定一个非常明确的目标职业，显然不太现实。那么应该怎样确定自己的职业目标呢？这里介绍一种先定向再定位的职业目标确定方法。

先定向，就是根据现在所学的专业及兴趣倾向确定自己未来的职业方向。你需要先回答一个简单的问题：你对自己的专业感兴趣吗？你毕业后会选择专业对口的单位就业吗？如果你的回答是肯定的，就可以基本确定你的职业方向了。比如说，你的专业是计算机科学，自己很喜欢编程，你就需要了解计算机专业对口的职业群有哪些。在进行职业探索时，你会发现计算机专业对应的职业非常多：软件开发工程师、网络工程师、网络管理员、系统维护员、网站开发工程师，等等。你可以在学习期间了解这些职业的任职要求，提前考取一些专业证书，参加老师的课题以获取实践经验，到大四时求职就会比较顺利。如果你的答案是否定的，就必须找到自己感兴趣的专业。你可以通过转专业或辅修、选修专业课程及跨专业考研来调整和确定自己的职业方向。比如，一位学化学专业的同学，对本专业没有什么兴趣，而对工商管理感兴趣，于是在大二选修了工商管理的主要课程，在大三决定报考管理专业硕士研究生。

一旦确定职业方向，接下来就可以考虑职业定位问题了，你需要对已确定方向的职业群进行更深入的探索。定向时需要尽可能地扩大自己的职业选择面，定位时则需要逐步缩小职业的选择范围。相对于定向而言，定位的选择也不容易，因为定位不仅需要了解职业的基本要求，而且需要通过提前参加招聘会、兼职和实习等方式进行社会实践和工作体验，感受有意向的职业是否适合自己，是否与个人的主观想象一致。

在定位的过程中，还需要注意一个重要的问题：定位的目标不宜过于具体，应该有一个选择范围。比如你从小就想成为一名检察官，学的是法律专业，并且争取到了去检察院实习的机会，你发现做检察官非常适合自己。可是，如果检察官这一职业在社会上趋于饱和，求职竞争非常激烈，你若只锁定这一个目标，一旦报考公务员失败，将对你的择业带来很大的风险。所以，定位的职业不宜仅限于个别职业，可以有几个职业供自己选择。要关注岗位的实际内涵与自身特质的匹配，而非岗位名称本身。

大学生在定向和定位的过程中，不能完全依据个人的兴趣进行职业决策，还必须考虑自身的其他特质、职业状况、人才供求关系、家庭因素、所掌握的资源等相关因素。先定向再定位的决策方法，是指在大一、大二开始定向，在大三、大四定位。即使在对职业进行探索后仍然不能定位，也必须定向，因为如果没有方向，你就不明确在大学期间应如何努力和准备。

先定向再定位的方法，不仅解决了大学生综合素质和能力的培养问题，而且解决了专业技能和素质的准备问题，是一种行之有效的大学生职业生涯发展和规划的方法。

4. *SWOT 分析法*

SWOT 分析是战略管理、市场营销管理等工作中经常使用的分析工具，也是职业决策中一个非常有用的工具。这里，S 代表优势（strength），W 代表劣势（weakness），O 代表机会（opportunity），T 代表威胁（threat）。其中，S、W 是内部因素，O、T 是外部因素。

如果对自己做个细致的 SWOT 分析，你会很清楚地知道针对某一职业，个人的优势和劣势在哪里，还可以仔细地评估自己感兴趣的不同职业道路的机会和威胁。

一般来说，在进行 SWOT 分析时，应遵循以下四个步骤：

（1）评估自己的优势和劣势。每个人都有自己独特的性格、兴趣、价值观和能力。在当今社会分工非常细的市场经济环境下，每个人可能只擅长于某些领域，几乎不可能样样精通。有些人不喜欢整天坐在办公桌前写文件，有些人则一想到不得不与陌生人打交道就惴惴不安。请填表 4—3，列出你自己喜欢做的事情和你的优势。

表 4—3　　个体职业决策的 SWOT 分析表

优势	劣势
机会	威胁

同样，通过列表，你可以找出自己不是很喜欢做的事情及自己的劣势。找出你的劣势与发现你的优势同等重要，因为你可以基于自己的长处和短处做两种选择：一是努力改正你常犯的错误，提高你的技能；二是放弃那些对你不擅长的技能要求很高的职业。列出你认为自己所具备的很重要的强项和对你的职业选择产生影响的劣势，然

后标出那些你认为对自己而言很重要的优劣势。

（2）找出自己的职业机会和威胁。不同的行业（包括这些行业里不同的公司）都面临不同的外部机会和威胁，所以，找出这些外部因素将帮助你成功地找到一份适合自己的工作，因为这些机会和威胁会影响你的第一份工作和今后的职业发展。如果公司处于一个经常受到外部不利因素影响的行业，这个公司所能提供的职业机会必然很少，职业升迁的机会更少。相反，充满积极的外部因素的行业将为求职者提供广阔的职业前景。请列出你感兴趣的一两个行业，然后认真地评估这些行业所面临的机会和威胁。

（3）列出今后五年内你的职业目标。仔细地对自己做一个 SWOT 分析评估，列出你大学毕业后五年内最想实现的三个职业目标。这些目标可以包括：你想从事哪一种职业，或者你希望自己拿到的薪酬属于何种水平。请时刻记住：你必须竭尽所能地发挥出自己的优势，使之与行业提供的工作机会完美匹配。

（4）提纲式地列出一份今后五年的职业行动计划。这一步主要涉及一些具体的内容。请你列出一份实现上述每一个目标的行动计划，并且详细地说明为了实现每一个目标，你要做的每一件事，以及何时完成这些事。如果你觉得需要一些外界帮助，请说明你需要何种帮助和你如何获取这种帮助。举个例子，你的 SWOT 分析可能表明，为了实现理想中的职业目标，你需要进修更多的管理课程，那么，你的职业行动计划应说明你何时进修这些课程。你拟定的详尽的行动计划将帮助你做决策。诚然，做此类个人 SWOT 分析会占用你的时间，而且需要你认真地对待，但做详尽的个人 SWOT 分析是值得的，因为在做完分析后，你将有一个连贯的、实际可行的个人生涯策略可供参考。在当今竞争白热化的市场经济社会里，拥有一份挑战和乐趣并存、薪酬丰厚的职业是每一个人的梦想，但并不是每一个人都能实现这一梦想。因此，为了使你的求职和个人职业发展更具有竞争力，请花一些时间界定你的个人优势和劣势，然后制定一份策略性的行动计划，务必保证有效地完成它，那么你的职业成功将不会遥不可及！

课堂活动

SWOT 分析法

活动目的

了解自我，了解职业，了解自己与职业的差距，从而找出自我学习改进的最佳方法。

活动过程

建立一个 5～7 人的小组，给每位组员发一张 SWOT 分析表（见表 4—3），请组员把自己的优势、劣势、机会及威胁填在 SWOT 分析表中，再与小组的其他成员分享。

分享与思考

A. 当你为自己做了 SWOT 分析之后，是否对自己的认识更加深刻了？

B. 与小组的其他成员分享后，学到了什么？

5. 平衡单法

平衡单经常被用于问题解决模式和职业咨询中，以协助咨询者系统地分析每一个可能选项，判断分别执行各选项的利弊得失，然后依据其在利弊得失上的加权计分排定各个选项的优先顺序，以执行最优先或偏好的选项。职业咨询中实施平衡单法的主要步骤如下：

（1）列出可能的职业选项：咨询者首先需在平衡单中列出有待深入测量的 3～5 个潜在职业选项。

（2）判断各个职业选项的利弊得失：平衡单中提供需要咨询者思考的重要得失，集中于以下四个方面：自我物质方面的得失、他人物质方面的得失、自我赞许（精神方面）的得失、他人赞许（精神方面）的得失（见表 4—4）。咨询者可依据重要的得失，逐一检视各个职业选项，并以 11 点量表（＋5，＋4，＋3，＋2，＋1，0，－1，－2，－3，－4，－5）来衡量各个职业选项。

表 4—4　　平衡单中的得失

考虑因素	具体内容
自我物质方面的得失	A. 经济收入 B. 工作的困难度 C. 对工作的感兴趣程度 D. 选择工作任务的自由度 E. 升迁机会 F. 工作的稳定、安全程度 G. 从事个人兴趣爱好的时间（休闲时间） H. 其他（如社会生活的限制或机会、对婚姻状况的要求、工作上接触的人群类型等）
他人物质方面的得失	A. 家庭经济收入 B. 家庭社会地位 C. 与家人相处的时间 D. 家庭的环境类型 E. 参与公益组织活动 F. 其他（如家庭可享有的福利）
自我赞许（精神方面）的得失	A. 因为社会做贡献而获得自我肯定 B. 工作任务合乎伦理道德的程度 C. 工作涉及自我安全的程度 D. 工作的创意发挥和原创性 E. 工作能提供符合个人道德标准的生活方式的程度 F. 达成长远生活目标的机会 G. 其他（如乐于工作的可能性）

续前表

考虑因素	具体内容
他人赞许（精神方面）的得失	A. 父母 B. 朋友 C. 配偶 D. 同事 E. 社区邻里 F. 其他（如社会、政治或宗教团体）

(3) 各项考虑因素的加权计分：对于各个方面的利弊得失，咨询者会因身处不同情境而有不同的考量。因此，在详细列出各项考虑因素之后，须再进行加权计分。即对个人而言，重要的考虑因素可乘以 1～5 计算分数。

(4) 计算出各个职业选项的得分：咨询者须逐一计算各个职业选项的“得”（正分）与“失”（负分）的加权计分与累加结果，并计算各个生涯选项的总分。

(5) 排定各个职业选项的优先顺序：依据各职业选项的总分高低排定优先次序。职业选项的优先次序即可作为咨询者职业生涯决策的依据。

平衡单法是帮助我们的工具。不过，需要提醒的是，表中各项指标的打分是主观的。各项指标的分值实际上取决于个体的价值观。

总之，进行职业生涯决策有很多操作性强的方法。如果能够本着积极的态度、遵循一定的原则，按照职业生涯规划专家的建议，分析个体职业生涯发展的素质与资源，制定符合自身个性特征和专业特点的职业目标，将对自己未来的职业发展有非常大的帮助。

本章小结

大学阶段是非常特殊的一个学习阶段，学习目标应该与未来的职业发展目标紧密结合。大学生制定自身的职业生涯目标应该分阶段完成，根据自己的个性特征和所学专业特点的匹配程度，同时考虑实施的可能性。在具体目标的制定过程中，同学们需要分析个体职业生涯发展的素质与资源对自身职业发展目标的支持程度，以增强目标的可行性。

课后思考

填写目标活动单。

目标活动单

我在哪里？ 我已经得到什么？	

↓

我要去哪里？ 我想要得到什么？	
↓	
我需要什么到达那里？ 我需要什么才能成功？	
↓	
我要采取哪些具体行动？	
↓	
有关的时间限制是什么？	
↓	
我如何知道已经达到目标了？	
↓	
我应该与哪些人讨论自己的想法？	

推荐阅读

我在大学期间的职业生涯规划

我是2008年参加高考的。当年5月12日四川大地震，而我正好是四川考生。这场地震让我突然发现，原来生活中充满了不确定性。上大学后，这种不确定的感觉更加明显。大学三年，我几乎一直处于不断寻找目标的迷茫状态。不过，我虽然迷茫，却不会让自己一直陷在迷茫的情绪中，而是不断去做新的尝试，改变自己，不断努力，生无所息。大学前三年，我每一年的生活都有很大的不同。“变”这个字，是对我大学前三年最贴切的描述。可以说，大学三年，我不断地在制定、调整自己的职业生涯规划。

大一：“如果感到迷茫，不知道应该做什么时，就去上自习吧”

“如果感到迷茫，不知道应该做什么时，就去上自习吧！”这句话是我在微软技术俱乐部认识的一位2006级的学长对我说的，也是让我大学受益匪浅的一句话。

刚到北航时，对这所工科学校挺失望：它不是想象中那种充满浪漫温情主义色彩的校园，这里的一切让我感觉太过一板一眼。于是，为了“逃避”这种失落感，我过上了没事就泡自习室的生活，做作业，读很多书。由于当年高考发挥不好，我的本科专业是经过调剂的，在班级同学中高考成绩排名靠后，因此，当大学第一学期的成绩出来，辅导员告诉我，我是全大班唯一一位平均成绩在90分以上者、大班排名第一时，我非常惊讶。也是在那时，我知道了大学毕业后有“外推保研”这种方式，因此有了自己大学中的第一个目标：保持成绩，争取毕业后保送去清华上研究生。

大一这一年，除了学习，我参加了学院职业发展中心组织的职业生涯规划工作坊活动，明白了大学时期要及早规划自己的职业生涯，并学习了基本的理论和方法；此外，我也进入了经管学院的学生会，还加入了北航微软俱乐部。

在学生会中，我加入了学院的辩论队，参加学校的新生辩论赛。辩论赛持续了一个月，这段经历使我第一次感受到了团队的力量。我们一起熬夜讨论辩题，一起为一个问题争论，互相鼓励，一路从预赛杀入半决赛、决赛，最终取得第三名的成绩。

同时，在微软俱乐部中，因为在完成一次小组任务时表现突出，我被俱乐部人力资源部部长发现，担任了会员大会的主持人，之后，我又获得了去微软亚洲研究院参加校友会活动的机会。这让还是大一新生的我，第一次走进外企，亲身感受了那里人性化的工作环境，并近距离地与微软的员工交流。那真的是一个崭新的世界！

大一上学期快结束时，人力资源部部长找到我，希望我能独立组建一个小组，负责俱乐部会员信息的管理。一开始我很没自信，觉得自己才大一，怎么能带领好高年级的会员呢？但部长一直鼓励我，并在整个小组筹建过程中帮助我。于是我去了俱乐部的每个部门，在他们的例会上介绍我的小组并招募会员加入。经过近半个月的努力，我的小组终于建立起来了。大一的寒假，我和小组成员在互联网上讨论交流，最终开发出俱乐部第一个会员信息管理的数据库软件。在微软俱乐部的这段时间，让我看到了学校之外的世界，让我比周围的同学更早地开始思考自己的未来：保研去清华之后，也会有走出校园的一天；我想去外企工作，应该做些什么准备？

现在回想起来，大一一整年，我收获了两样东西：第一是成绩，它是我此后做很多事情的基础；第二是视野，它让我不再只看着课堂、课本，让我在此后有勇气不断去做新的尝试。

大二："工作的乐趣在于，创造价值"

大二这年，我退出了经管学院学生会，但留在了微软技术俱乐部。这一年，我继续为保持好成绩而努力，继续在俱乐部里和朋友们一起开心地办活动；这一年，微软亚洲研究院对于我而言已经不陌生，我和微软高校关系部的经理一起参加会议，和俱乐部成员一起在那里举办过两届编程PK赛，获得了2010年参加微软学生夏令营的资格；这一年，我爱上阅读职场小说，从王强的《圈子圈套》，到崔曼莉的《浮沉》，再到李可的《杜拉拉升职记》……这一年，我开始不甘心只待在校园中，有了大学中的第二个目标：走出校园，去体验职场生涯。

机会是2009年8月份到来的。当时我正在参加微软学生夏令营，接到刚毕业工作的一位师姐的电话。她曾任微软技术俱乐部的主席，见证了我在俱乐部的成长。她的一位在Mercer咨询公司工作的朋友目前需要实习生，于是问我有没有兴趣去实习。当时听到这个消息我非常激动！因为Mercer是全球最大的人力资源咨询公司，之前我关注过它，但从没想过能这么快有机会去实习。我立即表示同意，当晚回到住处就将简历发了出去。过了几天，我接到Mercer H&B部门经理的电话，在进行了简短的电话面试后，他通知我几天后去公司面试。

面试那天，我怀着忐忑的心情来到位于北京CBD的嘉里中心，Mercer（北京）公司所在地（到了那里才发现，徐静蕾自导自演的《杜拉拉升职记》就是在旁边的财富中心取景的）。面试中，由于之前没有一点实习工作的经验，我就不断强调我的学习能力。这时，我的专业排名起了很大的作用。据我所知，国际知名的咨询公司向来对求职者的成绩有硬性或软性的要求，因此，我很自信地向他们说："虽然我没有工作经历，但我的专业成绩以及我所获得的荣誉至少可以证明我有很强的学习能力。我相信自己可以很快适应实习工作。"面试到一半，面试官突然改用英文，这让我比较窘，因为之前没准备，加上自己口语不好，感觉表现不佳。面试结束后，我在回学校的地铁上感觉很沮丧，觉得肯定不会被录用了。

然而第二周，我接到了Mercer HR的电话，通知我第二天带上证件去公司办理入职手续。怀着激动的心情，我第一次穿上职业装，以实习生的身份走进Mercer，开始了我的第一份实习工作。后来，听我的面试官，也是我的直接负责人说，最终是我的成绩打动了他们，觉得我应该是个很有潜力的小孩，因此决定给我一个机会。

咨询公司的工作真的很辛苦。虽然外企对员工的上班时间没有强制规定，但每天都会有人留在公司加班到很晚。实习生的工作也不轻松，内容琐碎且繁杂。从帮助咨询师整理数据，到校对文档；从翻译文档，到分析数据做PPT；从打印资料，到下午茶时间给部门同事洗水果；当时工间操刚刚兴起，实习生要负责每天下午带着部门同事做操……刚去的时候，都是做一些很零碎的工作，慢慢地，我开始由咨询师带着做数据分析报告，协助他们做给客户看的PPT。部门里的氛围很好，有同事过生日，大家会订蛋糕，然后午休时开个小party；还不定期给实习生们做培训，既有北京同事的现场讲授，也有上海公司的同事通过网络、电视会议进行的介绍。

我就这样度过了实习生活的第一个月。有一天，我的直接负责人和我谈话。他告诉我，完成工作时，不要仅仅以完成工作为目的，而应该多动脑子，要在工作中加入自己的思考，做出出众的东西。比如在做数据分析时，要去思考：咨询师想要哪方面内容？我能否在这些数据中提炼出咨询师需要的内容？我自己能不能在分析结果中发现什么信息？他还告诉我，要主动去"要"活干，不要等着咨询师来找你。这时，我已经参与一些咨询项目，开始独立完成从客户那里接原始数据并做处理分析的工作，也开始加班。下午5点半是公司的下班时间，但我常常是过了晚上7点才走出嘉里中心。第一次做PPT时，因为我没有经验，数据出错，弄得咨询师也留下来和我一起加班修改到晚上10点多。

实习一直持续到我大三开学。而在大三，我的目标又发生了变化。

大三："如果你有梦想，你应该去追求，不要放弃"

我的大三开始得非常忙碌。一边是专业课程依然很多，课业负担很重；一边是实习，因为合同签到12月底，所以开学后仍要保证每周至少工作三天。有时上午有课，12点下课后赶去食堂买个盒饭，带上就去坐地铁。从北航到CBD坐地铁要四五十分钟，早上上班遇早高峰，晚上下班遇晚高峰，我真正体会了北京白领们挤地铁的生活。

那段时间，我的视野变得更宽，也开始了新的思考。Mercer是美国的人力资源咨询公司，那里最核心的员工几乎全是心理学专业的博士、硕士，在国外深造过的人更是占大多数。跟他们交流，让我对心理学有了更全面的了解。这一年，我的男友开始申请赴美攻读计算机博士学位。他一直知道我对心理学的热爱，此时更是鼓励我出国学习心理学。“如果你有梦想，就应该去追求，不要放弃。”

从中学时代便开始的“心理学家”梦，由于当年的高考失利而被我深深地埋在了心底。此时，当我开始认真地思考这个梦想时，我发现自己依然对心理学有着很深的感情，我想学心理学，想去美国学心理学。那段时间，我还去找了北大心理学专业的朋友聊天，她向我介绍了基础心理学方向，并说以我的工科背景，转向基础心理学是最适合的。只是要出国转学心理学，会是一条非常艰辛的路。

大三上学期，是我上大学以来最辛苦的时期。一边实习一边上课，一边还要面临对未来发展方向的选择。以我目前的学习成绩和能力，保研去清华上研究生已经近在咫尺。但我现在学的专业并非自己真正热爱的；并且因为男友的出国，我也开始在留在国内还是到国外继续深造间徘徊。我又联系了当时正在美国攻读硕士研究生的学姐，她跟我聊了半个多小时。她说：“巾津，我们还年轻，还输得起。不要怕，去追求自己的梦想吧，我们在美国等着你！”

最终，我在大学的第三个目标产生了：申请去美国攻读硕士研究生，学心理学。我报了 GRE 和 TOFEL 考试，因为英文一直是我的短板，所以准备的过程非常辛苦，大三的整个寒假我都关在家里背红宝书。由于没有心理学专业背景，我开始找导师，申请了国家大学生创新实验项目，开始了基础心理学的研究。在读论文的过程中，我巧遇哈佛大学的一位心理学教授、这个研究领域中国际上非常知名的学者。他不仅给予我的实验很多的帮助和指导，还邀请我去参加了在清华大学举办的第三届北京国际计算神经科学研讨会。在这次研讨会上，我又认识了很多国际上知名的心理学大牛，大开眼界，也第一次体会到了科研的快乐。

大三的暑期，我开始联系北京大学心理学系的教授，希望加入他们的实验室积累实验经验。经过多次努力，我联系到一位教授。她很友好地邀请我去她的办公室面谈了一下午，最终接受了我，并希望我能自己找到研究项目，她可以让我去她的实验室完成研究。

大三这一年，实习、保持成绩、准备 GRE 和 TOEFL 考试、科研实验……非常辛苦。每一项单独拿出来，都足以让一位本科生头疼。可是因为有梦想的支持，我一直坚持着。有过被压力逼到极限时的哭泣，临近 GRE 考试时，睡眠一向很好的我几乎天天失眠；做实验要找被试，我在学校发广告招募，还和飞行学院的领导联系，希望他们的学员来参与实验；要熬夜赶作业、写论文……

经过几个月的努力，我在大三即将结束时获得了还算满意的 GRE 和 TOEFL 成绩，一切都如自己所计划的那样进行着。

大四：“人生有舍才有得”

大三结束时，我获得了参加清华大学经济管理学院优秀学生夏令营的资格；进入这个夏令营，就意味着保送去清华读研已经十拿九稳。与此同时，因为一直与微软合作，微软亚洲研究院也向我伸出了实习的橄榄枝。在综合考虑了未来的学业和职业规划后，我最终放弃了清华夏令营的资格，开始了在微软亚洲研究院为期半年的实习。

与此同时，我也开始了美国心理学研究生的申请之路。原以为大三的生活已经够辛苦，却不想大四才是真正的身心挑战：白天全职实习，下班后去清华、北大的心理学实验室旁听各种组会与心理学专业课，晚上待在公司写申请、套瓷教授。尤记得自己当年住的北航13号寝室楼，每晚很早就统一断电，我便几乎夜夜在公司待到后半夜才蹬着自行车沿着北四环从中关村回学校——直到现在，我关于那段日子最多的记忆都是冬夜北四环凛冽的寒风。有过写不出文书半夜把自己关在公司电话间痛哭的日子，也有过因为对转专业申请没有把握而抑郁低落的时刻。感谢微软，为我提供了非常好的接触国外资源的机会，也让我在那半年里有机会认识了许多来自全国各地的非常优秀的同龄人，他们中的许多人成为我后来在美国的日子里很好的朋友。

2012年3月8日的清晨，我收到了最心仪的Offer——来自我在美国攻读计算机博士的男友所在的同一所大学的心理学硕士项目录取通知书！然而，我却没有想象中那么激动，只因自己的付出能有收获而感动。至此，我的大学四年已基本交上了一份完美的答卷。在大四的最后几个月，我如愿有了许多时间泡在北航的图书馆里，阅读了许多曾经想读却没有时间读的小说。6月，我获得了北航优秀毕业生的荣誉，带着前辈和朋友们的祝福，开始了新的旅程。

三年后，我获得了美国的硕士学位，并在毕业时同时获得了另一所美国知名大学的博士项目Offer和一所全球知名咨询公司的工作Offer。回首过去的日子，我从未对自己做过的任何一个决定而后悔。我也依然相信，有梦想的支持，坚持下去，梦想终会照进现实。

也许正如我的一位朋友所说：我的大学生活是特别的。回顾本科四年，我将本科生可能经历的三条路——直接就业、保研、出国留学都浅尝了一遍。我庆幸现在找到了属于自己的路，一条最辛苦但最值得的路。在不确定的生活中，我不断地改变着，只为寻找到自己内心真正向往的目的地。

现在，我依然走在追寻梦想的道路上，我还在思考，不断调整着自己的脚步，却不似曾经的青涩和迷茫，梦想越来越清晰，我愿生无所惜。

作者葛巾津为北京航空航天大学经济管理学院信息管理与信息系统专业2008级本科生，学年平均成绩90.83/100，专业排名第一。2012年9月放弃清华大学经济管理学院保研资格，进入美国某大学学习心理学。目前在美国波士顿某知名管理咨询公司供职。

柳青的故事

2003年7月的一个周六，澳大利亚一所著名商学院驻京办事处负责工商管理硕士（MBA）招生的宋老师接待了一位不寻常的报名者。

32岁的柳青是一家世界著名的美国电信企业L公司北京分公司的销售部经理，在这个公司供职已近10年。拥有这样从业经历的报名者，是几乎所有商学院都非常认可的最佳MBA候选人。然而，出乎宋老师意料，柳青出具的学历证明只是自考大专！按照大家平常的经验，这样学历的人根本不会被如此著名的公司录用。

看出了宋老师的疑虑，柳青慢慢道出了她的经历。

1991年，19岁的柳青以优秀的成绩高中毕业，并被北京的一所大学录取。然而，虽然那时大学学费并不高，家境贫寒的柳青却连去北京的路费都凑不出来。虽然父母表示“卖房子也要让你上大学”，但考虑到还在读中学的两个弟弟，柳青忍痛放弃了去北京读大学，而是到离家乡200公里的青岛打工。

刚到青岛的柳青，先后当过餐厅的服务员和几家小公司的业务员。打工挣钱之余，她参加了自学考试，三年后拿到了英语专业的大专文凭。

柳青怀揣着来之不易的自考大专证，大着胆子到一家看上去很气派的公司应聘。凭着流利的英语口语和落落大方的气质，柳青居然顺利地被录取了。虽然只是一份前台接待员的工作，但柳青觉得自己非常幸运：这时她已经知道，这家气派的公司就是世界著名的美国电信企业L公司；这份前台的工作，每月的收入不比她在原来的公司当业务员的收入多，但进入这样的公司，学习的机会和工作条件显然好很多。

在担任前台的两年里，柳青从未缺勤，认真地做着接听电话、接待来访客人等工作，对每一个电话都充满热情地应答，对每一位来客都礼貌周到地接待。

渐渐地，行政部经理注意到了这个看上去文静、柔弱的女孩子，有意无意间也跟她谈过对工作及未来职业发展的看法。柳青坦率地对经理说出了自己的想法：在L公司这样的外企，除了有一份稳定的收入外，她希望学习先进的管理理念，辅以业余时间的苦读，三五年内提升自己的素质，再寻找合适的机会选择一个适合自己的职业。

行政部经理被柳青的执着所感动。在一次部门人员调整中，柳青被提拔为行政助理，开始从事一些公司内部协调、行政事务管理等工作。又过了一年，柳青通过内部招聘进入了公司的销售业务部，从普通业务员做起，三年后成为L公司青岛分公司的销售部经理。

这期间，柳青的两个弟弟先后考取了大学。作为大姐的她，痛感当初自己失学之苦，自己过着清苦的生活，全力供弟弟们读书。

2001年，30岁的柳青又一次经历了公司内部调动。这一次，她来到了自己向往已久的北京。10年前，由于家庭贫困，她失去了到这所城市求学的机会；10年后，她成为这所城市中令人羡慕的外企白领主管。在适应了新环境后，柳青的工作开始游刃有余。不久，她结识了一位优秀的男士，找到了自己的终身伴侣。

然而，柳青并没有满足于自己已经得到的一切。她觉得虽然靠多年的职场经验，工作还应付得来，但从长期的职业发展看，还需要进一步系统地学习管理知识、提升自身的职业素养。

在男友的支持下，柳青开始收集有关在职研究生学习的信息。她在报纸上看到了澳大利亚某商学院的招生广告。由于报考条件中有“本科以上学历”这一条，柳青很迟疑。

在男友的鼓励下，柳青还是鼓起勇气走进了商学院驻京办事处的大门。

听了柳青的故事，宋老师十分感动。她向远在澳大利亚的商学院院长转述了柳青的经历，商学院破例为柳青组织了专门的面试考核，最终破格将其录取为该院MBA学员。

2005年10月，柳青以优异的成绩毕业，获得了澳大利亚这所著名商学院的MBA学位。

资料来源：苏文平：《提升大学生职业素质与就业能力》（西部高校师资培训计划教材）。

第四编

生涯规划方案实施——就业创业指导

第 5 章 生涯规划方案实施之综合素质与能力提升

名人名言

德不优者，不能怀远；才不大者，不能博见。

——王充

无论哪一行，都需要职业的技能。天才总应该伴随着那种导向一个目标的、有头脑的、不间断的练习，没有这一点，甚至连最幸运的才能，也会消失得无影无踪。

——德拉克罗瓦

学习目标

从本章起连续四章的内容均属CIP金字塔最上层的“元认知”部分，即生涯决策信息的执行加工领域。本章首先介绍大学期间较为深入地了解职场所需的基本职业素质与能力及其对于大学生进行职业生涯规划的重要性，进而介绍培养、职业素质与能力的多种途径及参加各种实践活动、实习工作的方法。

5.1 优秀大学生与成功职场人

2014年，一篇名为“大学生，你不失业谁失业?”的博文在网上被疯转，以下是摘录的部分内容：

> 上大学填报志愿时不知道自己的兴趣特长，大学毕业找工作了同样不知道自己的兴趣特长。自己都不认识自己，还有谁能认识你?
>
> 学技术不肯动手，学理论不肯动脑。等待你的除了失业还能是什么?
>
> 你说，你修完了“计算机基础”，但真实水平与小学生大体相当。你的竞争力在哪里?
>
> 你说，你修了两年英语，然而，你的水平还没有翻译软件水平高。有哪个用人单位需要你?
>
> 你说，你修了“思想修养课”，但你根本就没听。请直言，除了在课堂上睡觉的抗干扰能力得到提升外，你在思想修养和道德品质方面还有哪一点比高中生强?如此德性，人家怕你都来不及，还会用你吗?
>
> 你说，你修过“阅读与写作”，但你读的是手机，写的是微信。对语文水平，你自己都没信心，还想指望人家对你有信心?
>
> 你说你有专业，除了玩手机略显专业外，你能响亮说出自己还有什么专业特长吗?不论什么课，对你来讲都变成了手机操作课。拿笔的时间远没有拿手机的时间多，看黑板的时间远没有看手机的时间多，你让谁去相信你是一个有专业的人?

这篇博文的作者贾少华是一位高等职业技术学院的院长，他描述的各种情况，确实在目前高校，尤其是普通高校及高职院校中普遍存在，值得同学们反思。博文中还犀利地指出了一些同学的消极心态：“学无所成，怪学校；考试挂科，怪老师；犯错受罚，怪制度；人际孤独，怪同学；就业困难，怪时代……”希望同学们自我对照，有则改之，无则加勉。

也许有些同学感到委屈：我可一直是好学生，没有贾老师提到的这些问题啊！那么，接下来就要讨论另外一个问题了：大学中的好学生一定会成为职场的好员工吗?答案是“不一定”。虽然好学生和好员工有不少共同点，但成绩优秀的毕业生不一定能够成为优秀的员工。其中的原因，我们可以通过以下对比了解一二。

首先，大学中几乎每门课都有清晰的教学大纲，试卷都有标准答案，因此学生只要把握大纲、跟随老师的授课节奏上好课就能成为一个好学生；如果考试又能取得优良成绩，就是优秀学生了。然而用人单位对员工的要求是什么呢？虽然单位大都有职位说明书，但很多内容都有一定的随机性。比如第 3 章 IT 工程师的职位说明书中，有一项是“完成上级交办的其他工作”，这可能令一些职场新人很好奇：“其他工作”包括哪些呢？在实际工作中，有可能是帮主管对其电脑进行软件升级及杀病毒，甚至有可能是帮他取一份客户寄来的快递！有一句流传很广的广告词：“（产品质量/服务）没有最好，只有更好！”麦当劳公司有两条员工守则：第一，顾客永远是对的；第二，如有例外，请参照第一条。这些“规则”常常令职场新人无所适从。因此，习惯于知道标准答案、擅长做选择题的优秀学生，在工作后可能会不知所措，无法顺利地成为优秀员工。

其次，大学里各门功课的成绩几乎都是以个人考试的结果计分的，然而工作后，很多情况下要按工作团队进行业绩评估，这令职场新人很不适应。80 后进入职场以来，有关“如何管理 80 后员工”的讨论成为人力资源管理领域的热门话题，原因之一就是 80 后员工大多是独生子女，从小被家里捧为“小太阳”，谦让、合作等品质先天不足。遗憾的是，大学教育也没有相应的机制帮助同学们补上这一课，因此他们进入工作岗位后立即“个性凸显”。

2011 年以来，随着大批 1990 年以后出生的年轻人进入职场，“如何管理 90 后员工”成为新的管理话题。智联招聘曾发布一份名为“80/90 后职场生态大调查”的报告，参与调查的职场人 7 621 名，企业人力资源从业者 4 271 名，共计 11 892 人。

调查显示，80/90 后自认为排在前几位的特点分别是：责任心强、学习能力强、工作扎实和思想独立。而企业人力资源管理者认为他们的特点是：不稳定、思想独立、自律性差和自信。80/90 后自认为排位靠前的几个鲜明特点在企业人力资源管理者眼中排在倒数的位置。报告指出，企业人力资源管理者的看法与 80/90 后的自我认知形成了严重错位。这些情况值得同学们提前关注。毕竟，目前职场的中高层管理者以 70 后为主，90 后进入职场及未来几年的发展在很大程度上受到他们的影响，一味张扬个性很可能使自己的职业生涯受到不必要的挫折。

最后，大学期间的课程安排往往有很大的弹性，不会周一至周五早八点至晚六点都排满课，即便如此，在近年来“必修课选逃、选修课必逃”风气的影响下，不少同学以自己“自学能力强、晚上学习效率高”为理由，上课迟到甚至缺勤。大部分情况下，这种做法并不会影响期末考试成绩。然而，绝大部分用人单位的工作时间安排是固定的，这令大学四年已习惯晚睡晚起的新员工痛苦不堪，不少人迟到成为家常便饭且不以为然，认为自己把任务完成好就行了。可惜，大部分主管人员并不这么认为。很多企业也将“不迟到、不早退”列为优秀员工的基本条件之一，这又令很多“优秀生”与“优秀员工”产生了差距。

此外，目前大学评价学生的最重要的标准仍然是学习成绩，而大多数学校的科目仍然以学习理论知识为主，考试主要考核学生的理解能力、记忆力，而用人单位主要考察实践能力、人际能力、创新能力等。况且，有些学习成绩优秀的同学属于

"考试型选手"，甚至有同学一学期不去上课、考试前两周天天去通宵教室，成绩也能达到优秀。所以，这些成绩优秀的同学与优秀员工的相关性就更弱了。

与此同时，大学期间学习成绩一般甚至中等偏下的同学，也分几种情况。

第1章分析过，一些同学是抱着"考上大学后就可以尽情地玩了"之类的态度进入大学的，进入大学后丧失了必要的学习动力，因此"必修课选逃、选修课必逃"；另一些同学因为对所学专业没有兴趣，上课时看自己感兴趣的资料而没有专心听讲。以上两类同学往往抱着"60分万岁"的心态，对学习成绩不是很看重。不过，他们的情况并不相同：前者会将很多时间用在打游戏等消耗性的"爱好"方面，大学几年下来，很可能除了成为"游戏高手"外，没有获得工作岗位所需的素质能力，即使拿到了毕业证，也很难找到一份满意的工作。而那些对自己感兴趣的领域投入了很多时间和精力的同学，能够获得与所学专业不同的素质能力，最终是能够在社会上找到适合自己发展的道路的。笔者有一位大学同班同学是以高分考入北京航空航天大学的，入学后却对文学产生了浓厚的兴趣，很快参加了文学社，在诗歌和小说写作方面投入了大量的时间，而且在大二期间完成了一部两万字的作品；不过，他的考试成绩平平。这位同学后来又投身商界，成了一名成功的企业家。

有些同学由于选择的专业与自己的职业兴趣相去甚远，因此很多专业课学习起来很吃力，即使付出很大努力也难以取得好成绩。笔者大学期间的课程中有画法几何、机械制图及机械零件设计等，班上绝大部分男同学并没有觉得很难，考试都顺利过关了；八名女生中只有两位学起来不觉得很吃力，其余的人都叫苦不迭，一位其他功课成绩都不错的女生，画法几何还挂了——那可是她学习生涯中唯一一门不及格的课程，当时备受打击。不过，这位女同学后来成了一所名牌大学的教授，只不过研究的是她自己感兴趣的领域，与画法几何毫无关系。

有些同学因为家境贫寒，希望经济上尽早独立，上大学后就将大量的业余时间用于打工、兼职。这些同学往往很自立，有很强的主动性和责任感，较早地培养了较强的社会能力，毕业后会很快融入职场，成为优秀的员工。

因此，优秀的大学生不一定能够成为优秀的职场人，学习成绩平平的"普通"学生也不一定不能成为优秀的职场人。关键在于大学期间的投入能否获得职场中优秀员工的素质与能力。

由优秀的大学生成长为成功的职场人，应该是同学们接受高等教育的最重要的目标。那么如何达到这个目标呢？同学们需要了解通过高等教育培养社会需要的人才的原理与方法。

为此，笔者构建了我国大学生就业能力开发模型（见图5—1），图中列举了我国高校人才培养模式的主要渠道。

首先，高校提供了以基础课程和专业课程的讲授为主的知识性教育，学生通过完成必修课和选修课，学习基础理论，掌握专业知识。由于传统的教学模式是以教师为中心设置教学内容的，教学方式以"填鸭式"的学科型教育为主，学生对课堂教学缺乏兴趣，培养出的毕业生普遍存在实践性、创新性不足等问题，难以满足社会经济发

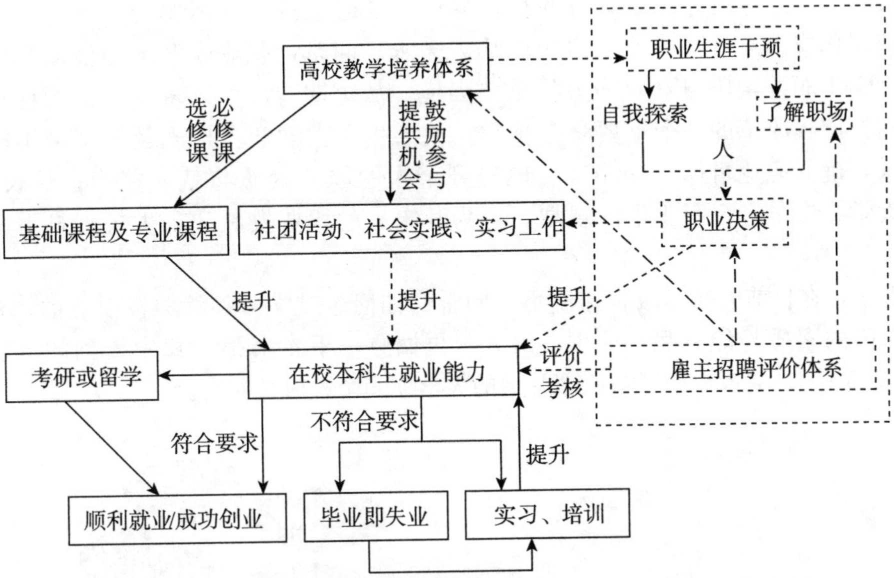

图 5—1　我国大学生就业能力开发模型

展的人才需求。

其次，学校通过鼓励学生参加社团活动、社会实践及实习工作，帮助学生提升职业素质与就业能力。高校对学生参加社会实践、生产实习等活动设有学分，一些学校还为学生参与这些活动提供机会。例如，有些高校在大三暑期由老师带队组织学生到专业对口的单位实习。然而，总体来看，学校和学生对这类活动的重视程度有限，学校布置的暑期社会实践、工作实习等活动对不少学生而言只是“走过场”，但这些活动恰恰是在校学生认识职业和职场、提升自身职业素质与就业能力的重要环节。

此外，通过职业生涯干预可以有效激发学生提升职业素质与能力的主动性，增强学生的就业能力。职业生涯干预是指通过职业生涯规划讲座、课程、个体咨询、团体辅导等方式，唤醒学生的生涯意识，帮助他们探索自我，认识职场，掌握职业决策的科学方法，根据人—职匹配的原则确定职业目标并采取相应的行动，最终获取职业成功的一系列职业生涯辅导活动。目前，国内仅有少数高校对部分在校生开展了较为系统的职业生涯干预活动，绝大多数高校只是在学生临近毕业时提供一些与就业相关的讲座或培训。

图 5—1 右上方大虚线框中的内容是大学生就业能力开发模型的重点。其中，以毕业生的雇主招聘评价体系作为高校培养和提升大学生职业素质与就业能力的重要依据，是笔者在对国外各种就业能力开发模型进行对比研究的基础上，根据多年高校教学、学生就业辅导及人力资源管理实践经验提出的，并自 2005 年以来在对本科生的教学、咨询、团体辅导中予以应用，很受学生欢迎。积极参加活动的同学，职业素质和就业能力明显提高，在求职过程中表现出色，一定程度上验证了其必要性和有效性。

事实上，高等教育的根本目的是培养符合社会经济发展需要的人才，高校的教学管理工作应重点考虑毕业生雇主的用人需求。同时，职业生涯干预活动是培养和提升大学生职业素质与就业能力的重要渠道。从短期看，可以将雇主招聘评价体系作为高校课程改革的一个重要参考依据，使学生在大学学习期间及早了解不同雇主的要求，确立职业目标，有针对性地提升个人的职业素质与就业能力；从长期看，促使大学生提早进行职业生涯规划，可为其未来的职业发展和人生规划打下坚实的基础。

那么，在目前的高等教育体制下，同学们如何通过学习和参加各项活动，有效地提升自己的素质与能力呢？这里，请大家再回顾一下本书第 1 章中提到的“黑箱原理”。图 5—2 是笔者根据黑箱原理总结的大学期间个人成长原理。

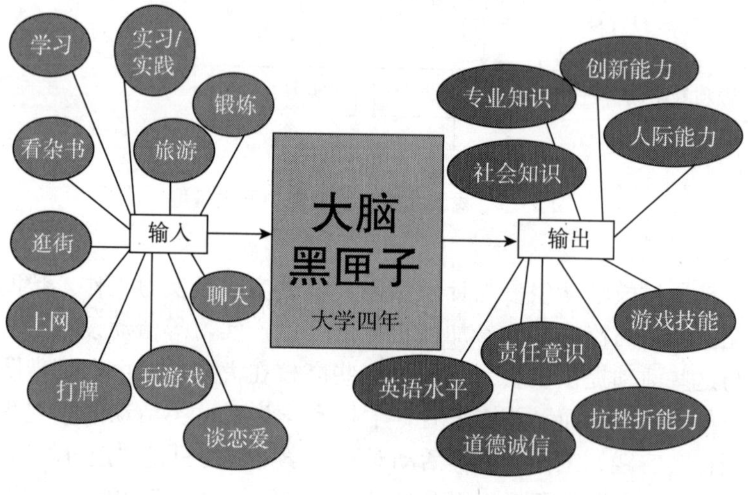

图 5—2　大学期间个人成长原理

图 5—2 中，左边列举的是同学们大学期间参与的各项主要活动。其中，学习、锻炼和实习/实践是学校有明确要求的，也就是图 5—1 中提到的两种途径，学校是通过要求同学们参加课程学习、修得学分的方式来考核。通过这些课程和活动，同学们可以学习专业知识，培养和提升自己的学习能力。然而，在目前的高等教育课程体系和主流教学方法下，仅仅达到学习的考核要求、获得相应的学分，并不能保证同学们获得必要的社会知识以及用人单位招聘员工时重点考核的道德诚信、责任意识、创新能力、人际能力、抗挫折能力等。

此外，大学期间同学们有很多自由支配的时间，可用于很多课外学习及休闲活动。这些活动中，有些也有助于培养同学们的就业能力，如看杂书有助于拓展我们的知识面，旅游（特别是自助游）可以锻炼大家的应变能力，与朋友交谈不仅可以锻炼口才，而且能够碰撞出思想的火花。有些活动对同学们提升能力的帮助则有限，如逛街、玩游戏等。同样是娱乐休闲活动，一些人际互动的活动在令人放松、得到休息的同时可以增进同学们之间的感情、提升人际沟通能力，而绝大多数人机游戏则纯粹是在“杀时间”。因此，特别提醒同学们：对休闲娱乐活动也需要作出选择。

对于那些决定本科毕业后先读研的同学而言，有保研和考研两种途径。要想取得保研资格，不但大一至大三的平均成绩至少要进入班级前 20%，而且所有的课程不能有不及格的；在有的学校，大三暑期实习的成绩也要计入总成绩，千万不要轻视。获得保研资格的同学，还面临着本专业保研、跨专业保研及外推保研等多种选择。一般而言，本专业保研把握性较大，外推保研往往有很大的不确定性。万一保研不顺利，是继续考研还是放弃读研转而准备开始找工作，这又将是个新的决策。因此，同学们需要全面了解信息，根据自己的实际情况做出最适合自己的选择。

对于那些决定本科毕业后先留学的同学而言，大三这一年非常关键。首先，到国外留学，对英语成绩有较高的要求，需要投入大量的时间备考 TOFEL、IELTS、GRE、GMAT 等。同时，要想取得著名大学的录取通知书及获得奖学金，大学时的成绩非常重要。此外，对于有些专业，要想取得研究型硕士（M. Ph）及博士（Ph. D）的录取信，参加学术活动、接受学术训练、撰写学术论文等也很重要。在做好这些准备后，应根据自己的情况选择一些国外的高校，有针对性地认真准备各种申请材料。

对于那些计划本科毕业后直接进入职场的同学，建议尽早了解职场的规则，尤其是自己心仪的单位及自己希望从事的职位对员工的要求；在大学期间，可以通过学习及参加各项活动，尤其是社会实践、实习、兼职工作，培养、提升自己的相关素质与能力。

同时，同学们要了解各种职位对任职者的要求，有的要求与个人的某些个性特征（如性格、兴趣等）有关，不是靠自己短期内调整就能够达到的。如果认为自己难以达到某些“苛刻”的要求，最好及早忍痛割爱，寻找新的目标；实在割舍不下的，就应痛下决心，调整自己。

在一次对研究生志愿者的培训中，一位几年前读本科时笔者教过的优秀生陈蕾（她是被保送上本院研究生的）迟到了。课间休息时，她非常不好意思地来向我解释：“苏老师，实在抱歉，我今天迟到了。我真的不是有意的：我知道是您给我们上课，还让同学帮我占了个靠前的座位呢！可就在我准备按时出门时，物业来帮我们宿舍换锁。当时只有我一个人，只好等他们换好锁再出门，结果迟到了。”我笑着问：“你们宿舍为什么只剩你一个人呢?”她答：“她俩早早就出门了!”我又问：“她们干什么去了?为什么先出门了?”她环顾四周，发现了室友，就把她们叫过来了。我又问了她们同样的问题，她们几乎异口同声地答道：“我们怕迟到，就提前出门了。”四个人同时笑了。

接下来的一节课中，我给大家介绍了性格类型，并引导同学们做了简单的测试。课间，陈蕾又过来找我：“苏老师，我测试的结果是 ESFP。您课上讲了，P 型人容易迟到，这下您可以原谅我了吧?!”我笑答：“我当然可以原谅你。但重要的是，将来你工作了，你的主管能原谅你吗?”我至今都记得陈蕾惊愕的表情。

像陈蕾这样的优秀生，如果不及时调整，若是进入一家管理严格的大公司，刚开始上班时会痛苦不堪。同学们应尽量在进入职场前一两年就了解自己可能入职的单位对员工的具体要求，提早按照职场的要求调整自己的作息时间及做事风格，以便自己成为职场新人时不会手足无措。

说到这里，回到本节开头提出的问题，我们可以这样认为：由于大学中对学生的评价体系与职场中对员工的评价标准有很大差异，优秀的大学生毕业后不一定能够成为职场中的成功人士；相应地，学习成绩平平的大学生进入职场后也有可能成为优秀员工。优秀的员工首先要符合岗位的素质、能力要求，同时有主动、负责、踏实认真的工作态度。要想将来进入职场后成为优秀的员工、获得职业上的成功，同学们在大学期间就应确定自己未来的职业领域，了解自己希望从事的职业对员工的素质能力要求，并通过学习、实践以及休闲活动来提升自己的相关素质与能力，以便使自己毕业前能够顺利求职、毕业后成为职场的成功人士。

大学时期是我们进入职场前的最后一站，同学们要充分利用大学所提供的学习机会提升自己。鉴于大学的评价体系与职场的评价体系并不一致，了解职场对优秀员工的评价标准是同学们大学期间的重要任务之一。

5.2 雇主对新员工的素质能力要求

2014 年，全国高校毕业生人数首次超过 700 万，其中本科以上学历者超过 400 万，硕士及博士学历者达到 53.6 万；2015 年，毕业生总人数又创新高，达到 749 万。然而，同学们是否思考过，学历意味着什么？2013 年网上热传这样一条微博：“［致大学生］其实文凭不过是一张火车票，清华的软卧，本科的硬卧，专科的硬座，民办的站票，成教的在厕所挤着。火车到站，都下车找工作，才发现老板并不太关心你是怎么来的，只关心你会干什么。”何其形象啊！

2005 年，我国首次出现 100 万当年未能就业的应届大学毕业生。虽然很多人将之归因于 1999 年开始实施的高校扩招政策的后果，但就学生个体而言，没有找到工作的主要原因在于：工作经历缺乏，动手能力和实际操作能力差，就业期望值过高。虽然可以从高等教育体制方面找原因，但抱着对自己的未来负责的态度，大学生朋友们必须尽早行动，通过实习实践锻炼自己的实际能力，增强就业竞争力。

2009 年春节期间，中央电视台新闻频道的一档回顾 2008 年各种社会新闻的节目《牛年怎么牛?》中，播出了这样一则新闻：“大学生零工资就业，企业不敢接招”。内容是说在 2008 年，各地纷纷出现了一些大学生向企业提出“零工资就业”的请求，但企业认为这样的学生到企业是来学习而非做贡献的，他们往往在大学里没有学习到应有的技能、自我价值感很低，因此企业宁可高薪聘请有能力的员工，也不愿意接受这些“免费劳动力”。简单地说，雇主需要能够为自己的单位创造效益的人。这种现象的出现，体现了我国高等教育与社会用人需求的脱节。近年来的“回炉生”现象——大学生毕业生去技校学习专业知识，也是类似原因造成的。

虽然大学生就业难现象的出现存在很多客观原因，但很大程度上也源于大学生自身职业素质与就业能力不足。多项研究表明，不少应届大学毕业生存在职业定位不清、对职场和职业了解不足、自身职业素质不高等问题，找工作时表现为职业意识缺乏、动手能力和实际操作能力差等。此外，我国大学教育基本完成了“从精英教育向大众教育”的过渡，但不少本科毕业生仍自视为“天之骄子”，以至于就业期望值过高，难以找到满意的工作。

前程无忧网站发布的《2014 高校毕业生就业状况》显示：211 和 985 院校的应届毕业生中，有 52%要求起薪为 6 000～8 000 元/月，有近 10%的学生的理想起薪在 10 000 元/月以上。显然，接受调查者中，有相当多的同学并不了解当前人力资源市场的薪酬状况，甚至不了解用人单位的薪酬是如何确定的：如果一个员工每个月为公司创造的价值达不到 10 000 元，何来 5 000 元以上的月薪呢?

读到这里，有些同学可能觉得很委屈：老师，不是我要求高，在北京，月薪6 000 元生活都很成问题啊！扣完税，拿到手里才 5 000 多一点儿，交完每月房租就去掉了一半。随便叫个外卖，每顿都得二三十元，一个月下来差不多得 1 500 元。平时上下班都坐地铁，偶尔着急才打车，每个月交通费差不多 500 元。话费、网费、日用品等开支 300 元不多吧。自己在北京打拼，有事儿还得靠朋友；与老同学一个月聚一两次不过分吧，聚会总要撮一顿，人均至少 100 元。您看，我这还没算买衣服呢，进入职场个人形象很重要，总不能太不讲究了吧。这么一来，真是“月光”了啊，总不能我上了四年大学，找份工作连自己都养活不了吧!

2013 年 3 月下旬，笔者到北京航空航天大学深圳研究院为创新创业型企业家培训班讲授人力资源管理课，听课的基本上都是创业公司的创办人及高管。课间，一位 35 岁上下的陈女士找到我诉说她的困惑：她 10 多年前来到深圳就职，8 年前创办了自己的公司，目前发展稳定。前些年这个时候，公司的新员工招聘已经顺利结束，但当年已组织了好几次招聘，都没有招到一位符合岗位要求的应届大学毕业生。通过最终面试的那些毕业生不约而同地谈起了待遇，最低要求是月薪 4 500 元。陈女士很意外：公司现有员工中，月薪 4 000 元以下的还不少呢，怎么可能给新入职的应届生 4 500 元呢？在问到应聘者为什么要求这么高时，那些同学都振振有词：因为我算过了，月薪低于4 500元，在深圳活不下去！陈女士颇有些无奈地说：这些孩子怎么了？我 2002 年来深圳，每月 800 元的薪水，咬着牙也要做下去啊！租不起公寓，就与几位同学合租简易房，哪能以生活费高为理由要求高工资呢?

上述两个事例的主角都是 90 后大学毕业生。目前在校的大学生朋友应该都是 90 后了，与 80 后相比，90 后个性凸显。90 后的父母基本上是 60 后，相对于 80 后的父母，他们所处的时代更好：中学时代已经恢复了高考，学校里有不少同学争分夺秒地学习，大学毕业时又赶上找工作实行“双向选择”，有一定的自由度且压力不大。在教育孩子的问题上，他们吸取了 50 后养育第一代独生子女的经验教训，给予孩子更大的空间，使 90 后在成长中形成了自己的特点。

北京大学社会学博士、零点调查总裁袁岳先生曾总结道：90 后与 80 后一样早早地接触到大量信息，依赖网络，喜欢好玩的事情，有丰富的想象力，唯美，有比较强的自我意识。90后不在乎有人给他们打上标签，且索性自嘲为非主流；相比较而言，他们更关注社交与协作，更注重协调好关系；喜欢尝试，并尽量寻求平衡；想到的事情会付出努力，虽然偶然会纠结，但通常会采取行动；也会有偶像，但是相对而言更乐意效仿自己生活中的榜样与模范；虽然他们也会提出批评意见，但成事是他们更主要的想法；他们的视野更宽，对于全球化的兴趣更浓，对于融合国际事务更积极。深圳市学生联合会开展的一项调查显示，超过五成的人认同90后最鲜明的特征是“富有个性及拥有创新精神”、“崇尚自由”及“善于表达自己的观点”。

正是出于以上原因，90后求职者对薪酬待遇的要求普遍偏高。他们并非为了追求高薪而提出高要求，而是认为自己生活上不能太受委屈：如果找份工作养活不了自己，何必要接受呢？大不了等一等，反正家庭有足够的经济实力供养自己。他们往往不愿降低自己的生活水准来迁就“低工资”。至于自己能否为公司创造出超过月薪两倍以上的价值（这几乎是公司确定岗位薪酬水平的基本条件），他们尚未考虑过。

讨论到这里，有些同学已经意识到应该根据实际情况调整自己的就业期望值。笔者近年来在全国多个省（直辖市、自治区）组织了针对用人单位的调查，得出了非常相似的结论：面试时考察的应聘者的主要素质依次是敬业精神、责任意识、团队合作精神、道德品质、踏实肯干及主动性；面试时考察的应聘者的主要能力依次是沟通能力、解决问题的能力、灵活应变能力、专业能力及组织能力和创新能力；雇主认为大学生最欠缺的能力是工作、实习经验（54%）及吃苦耐劳（51%）；雇主认为毕业生就业难的原因依次是毕业生期望值高、缺乏工作经验、眼高手低、求职目标不清及社会实践能力弱。

在对用人单位进行访谈后发现，它们认为现在的大学生存在以下问题：首先，大学生社会实践经历不够，高校不注重社会实践与专业知识的学习的结合，从而造成了学生学习的知识以及学生自身的工作理念与社会脱节，不能满足雇主的需要；其次，大学生综合素质不高，表现为责任心不强、职业道德水平较低、心理素质较差、沟通能力不强、创新能力弱、诚信意识差、眼高手低、缺乏团队合作精神等；再次，高校对大学生的培养脱离了企业需求，脱离了市场化的人才培养导向，造成了大学生的认识普遍过于理想化，对于社会的认识不够；最后，高校专业设置不合理，以至于专业不对口，课程多而不精，造成大学生的专业知识基础不扎实。

以上问题的出现，很大程度上与同学们进入大学之后没有及早进行科学的职业生涯规划有关。事实上，很多同学在顺利地获得大学毕业证书及学位证书的同时，并不能顺利地获得一份工作。要想解决这个问题，同学们必须及早了解用人单位需要什么样的员工，并通过学习、实践等活动提升自己，在毕业时达到用人单位的要求。前面介绍了向《心理访谈》节目组求助的晏世丽同学的困惑，即“一个人理出自己感兴趣的目标工作有个过程，让自己具备这份感兴趣的工作所需的能力又需要一个过程”，这对很多同学都有启发。如果同学们能够在进入大学后不久就通过学习和运用职业生涯规划的理论及方法明确自己感兴趣的工作目标，在校期间通过实习、实践等活动让自己具备相应的素质能力要求，毕业前求职时就可能找到一份自己比较满意的工作。

因此，在大学阶段，同学们在确定了自己的职业目标后，除了完成书本知识的学习，还要根据用人单位的要求努力提高自己，使自己在毕业时成为一个用人单位能够接受的职场新人。要做到这一点，就要事先了解用人单位需要什么样的人。

我们先看几则招聘广告。某企业招聘采购工程师的广告如下：

职位描述：

1. 保证资源的良好供应，保证生产；
2. 供方账务管理；
3. 采购成本管理，保持成本优势。

职位要求：

1. 本科及以上学历；
2. 管理类专业；
3. 思路清晰，善用文字、数字表达，具有一定沟通能力、谈判能力，责任心强。

西蒙电气（中国）有限公司招聘销售代表、培训生的广告如下：

岗位设置：

为办事处销售人员做好储备，培训考核合格后将由公司统一分配工作地点。

主要工作职责：

1. 熟练掌握产品知识，以及销售技巧等各项技能；
2. 完成公司及办事处下达的销售目标及各项渠道指标；
3. 负责所辖区域的经销商开发、维护工作；
4. 协助开展培训工作，做好售后服务以及提供必需的技术支持。

任职要求：

1. 本科以上学历，市场营销或相关专业；
2. 0～3 年以上销售经验（包括应届毕业生）；
3. 熟悉市场营销工作，具有地区销售网络和销售关系者优先；
4. 热情自信，积极进取；
5. 具有吃苦耐劳精神，能承受较大的工作压力；
6. 具备较强的学习能力和适应性；
7. 具有市场洞察力，良好的市场调查、分析、报告能力。

其他技能：熟练操作办公软件；具备基本的英语读写能力。

绫致时装（天津）有限公司招聘专员/助理的招聘广告如下：

职位职责：

1. 负责招聘网站数据及公司官网职位信息上下线的调整工作；
2. 负责部分外埠地区简历数据处理，北京地区部分职位简历筛选、数据处理工作；
3. 负责招聘展板制作；
4. 协助通知集体面试；
5. 协助完成部分职位招聘。

职位要求：

1. 大学本科以上学历，人力资源管理相关专业应届毕业生；
2. 具备较强的团队合作能力、沟通协调能力；
3. 具备熟练的英语口语与书写应用能力；
4. 有较强的工作条理性，对数据敏感。

对比招聘广告中的职位要求描述，很多大一、大二年级的同学可能有些茫然：怎么没有提学校的牌子、学习成绩、奖学金、学生干部这些条件啊？我怎么才能符合用人单位的要求呢？

2015年5月，一篇题为“大学生4年狂揽65个证书　毕业仍找不到工作”的新闻被各大门户网站转载。文中的主人公、安阳工学院文法学院准毕业生孙梦涛坦言：自己每天都很努力，在这个过程中，获得“证书”水到渠成。在这些证书中，国家职业资格类证书6个，国家级荣誉证书5个，省级荣誉证书15个，市级荣誉证书8个，校级荣誉证书27个，4次获得奖学金，并且连续两年综合成绩位居本专业全年级第一。孙梦涛望着这些证书，有说不出的成就感，他觉得证书能证明他的能力。然而，专家指出：证书不一定等于能力。

根据目前外企及大中型私营企业、国有企业招聘新员工的筛选条件，同学们在求职时首先要明确求职目标。通过对企业负责招聘的人力资源管理人员的调研发现：筛选简历过程中，用人单位比较注重的内容依次是求职目标、专业能力及社会实践经历。很多同学写了两三页的求职简历，却没有写明求职目标，暗含的意思是：“您看看我在贵公司能干点儿什么？”这样的求职简历往往直接被淘汰。当然，明确求职目标并不容易，这实际上就是本书前面介绍的职业生涯规划中的职业决策。

本章末推荐阅读的案例“潇潇中东打工记”中，潇潇对自己的职业生涯有着较为清晰的规划。她目标明确，因而有强烈的成就动机，愿意为达到目标克服困难、不懈努力。同时，为了更快更好地达到目标，能够放弃一些小的利益。用人单位在招聘、筛选员工时，往往将求职目标、成就动机作为考量应聘者的首要指标。实践证明：目标明确、成就动机强的员工更能够取得优秀的业绩。其次，潇潇做事认真、责任心强，这也是用人单位对新员工优先考核的重要素质。根据人力资源管理人员的经验，员工认真做事的态度、责任心与其敬业精神是相关联的。再次，潇潇有很强的学习能力和人际交往能力，沟通能力极强。同时，潇潇也有很强的专业技能，精通阿拉伯语、英语，商贸知识也很丰富。最后，潇潇乐观、积极，有很强的韧性，能够正确面对挫折。“抗挫折能力不足”恰恰是很多用人单位对应届大学毕业生提出的批评。

我们再看看同学们的疑虑：学校牌子、学习成绩、奖学金、学生干部能说明什么？所就读的大学是名校，能够说明这位同学高考成绩不错，大学期间所接受的教育比较规范，信息来源较多。学习成绩优秀、获得奖学金，说明学习能力强。学生干部的经历，往往与沟通能力、组织协调能力相关，但需要具体的事件予以支持。

如果同学们在低年级就能明白这些“门道”，提早做准备，毕业时就会从容得多。

因为用人单位对新员工的这些素质能力要求，基本上是可以通过参加实习实践等活动培养与提升的，并非一定要在全职工作中获得。

笔者根据多年大量的调研、访谈，总结出了基于企业雇主（目前我国 60%以上的应届大学毕业生进入此类用人单位）招聘评价标准的大学生职业素质与就业能力指标（见表 5—1）。

表 5—1　　大学生职业素质与就业能力指标列表

指标	项目				
一级指标	个人属性	专业素质与能力	通用技能	实践经历及解决问题能力	成就动机与心理素质
二级指标	性别	所学专业/专业知识	学习能力	社会实践/社团活动	抗挫折/承受压力
	仪表礼仪	解决专业问题能力	团队合作	实习经历	责任感
	所毕业学校/学历	相关专业证书	人际交往能力	解决问题能力	主动性
	—	—	组织协调能力	—	敬业精神
	—	—	口头表达能力	—	成就动机

根据目前企业人力资源主管人员在招聘时筛选人员的标准，笔者将个人属性、专业素质与能力、通用技能（可迁移能力）、实践经历及解决问题能力、成就动机与心理素质五个一级指标的权重分别确定为 10%、25%、25%、20%及 20%。二级指标的确定依据如下：性别在有些行业、岗位并不看重，有些行业、岗位倾向于女生，有些行业、岗位则倾向于男生，差异很大；个人属性中的仪表礼仪包括毕业生的外貌、穿着及待人接物等职场礼仪；所毕业的学校/学历在初步筛选（尤其是网上申请）过程中起到的作用较大，不过在面试中并非关键要素。

在表 5—1 的基础上，笔者又对涵盖电子、通信、机械制造、房地产、物流、金融、咨询、电力、食品、餐饮服务、航空航天、民航等十多个行业、规模不同的 30 家企业的资深人力资源主管人员进行了访谈，对企业雇主招聘应届大学毕业生时所看重的职业素质与能力进行了较为深入的探讨。下面简要介绍研究发现。

毕业生所学专业/专业知识、解决专业问题能力及相关专业证书均侧重专业与行业、岗位的匹配，不同行业、岗位有很大的差异。典型的职位如工程技术人员，对专业与岗位的匹配要求很高，几乎是非本专业毕业生不招；管理培训生，应聘者来自各个专业，对所学专业/专业知识没有特别要求；会计证是企业财务人员的必备专业证书，但大部分岗位都不需要专业证书。然而，几乎所有职位都要求具备解决专业问题的能力。因此，本书根据实际应用情况将三者的权重确定为 10∶12∶3。

通用能力即可迁移能力，其中的学习能力是几乎所有岗位都非常看重的，团队合作、人际交往能力等与情商密切相关，是新员工职业能力快速提升的重要前提，组织协调能力和口头表达能力也是很多岗位非常看重的，因此最终将这五项二级指标的权重分别定为8∶5∶5∶4∶3。

实践经历及解决问题能力是考量应届毕业生能否尽快适应岗位要求、由校园人迅速转变为职场人的重要指标，成就动机与心理素质决定了毕业生将专业知识与能力转化为实际生产力的程度，因而是用人单位非常看重的。依据深度访谈中企业人力资源主管列举的招聘评价标准可知，企业非常看重员工解决问题的能力，而社团活动、社会实践及企业实习都有助于培养大学生解决问题的能力，因此这三项指标的权重分别定为6∶6∶8。成就动机被认为是预测员工工作投入度的重要指标；能力水平相当的员工，成就动机强者会由于较强的投入感而获得较高的绩效；成就动机还与责任感正相关：成就动机强者，往往表现出更强的责任感；同时，主动性、敬业精神也被认为与绩效正相关。此外，抗挫折/承受压力是新员工适应职场环境、尽快从校园人成长为社会人的职业素质，大学生抗挫折/承受压力的能力不足是近年来许多雇主的普遍看法，因此特别将之列为一项指标予以考察。

据此，笔者得出了基于企业雇主招聘评价标准的大学生职业素质与就业能力指标（见表5—2），可供同学们在大学期间进行职业素质与就业能力的培养和提升时参考。

表5—2　　基于企业雇主招聘评价标准的大学生职业素质与就业能力指标

一级指标 / 二级指标 / 权重	个人属性（10%）	专业素质与能力（25%）	通用技能（25%）	实践经历及解决问题能力（20%）	成就动机与心理素质（20%）
性别	2				
仪表礼仪	4				
所毕业学校/学历	4				
所学专业/专业知识		10			
解决专业问题能力		12			
相关专业证书		3			
学习能力			8		
团队合作能力			5		
人际交往能力			5		
组织协调能力			4		
口头表达能力			3		
社会实践/社团活动				6	
实习经历				6	
解决问题能力				8	
抗挫折/承受压力能力					3
责任感					4
主动性					4
敬业精神					4
成就动机					5

当然，有些同学希望毕业后到政府机关当公务员，或者到高校及研究机构工作，成为学者、研究人员。这些用人单位对求职者的要求与企业雇主有很大的差异，同学们在学习期间所需培养、提升的素质与能力也有所不同。由于篇幅所限，本书不再一一列举其中的差异。建议同学们通过第 3 章介绍的各种职业探索活动了解自己心仪的职业及具体岗位的任职要求，提早进行相应的准备。

综上所述，如果同学们能够在进入大学后不久就进行职业生涯规划、确定自己的职业发展目标，在大学期间就可以根据自己的职业目标及目标雇主招聘、选拔新员工的标准，及早进行相应素质与能力的培养和提升，以便在毕业求职时能够顺利地取得心仪雇主的青睐，得到宝贵的 Offer。

5.3 从优秀大学生到优秀员工

现实生活中的很多现象，令成绩优秀的同学感到非常不公平：比如一位一向成绩优异的同学，研究生毕业后应聘到一家国有企业做技术员，月收入才五六千元；他惊奇地发现，自己的一位只考上二本学校的高中同班同学，本科毕业后直接就业，在同一家企业已经做了名小主管，年收入至少有 10 万元！这是否太不公平了呢？读书好还有用吗？

这里与同学们分享北京师范大学于海波教授领导的团队的一项研究成果：从人力资本（human capital）、社会资本（ social capital）和心理资本（physiological capital）三个角度来衡量大学毕业生的可就业性。其中，一个人的人力资本主要指其拥有的知识、能力、技能等，是其求职过程中必要素质能力的综合体现。然而，在市场经济环境下，大学生需要自己找工作，仅有人力资本是不够的，还需运用其人际网络、社会关系等社会资本，在就业难的大背景下，社会资本的重要性愈发凸显。同时，求职是个漫长的过程，前程无忧网站发布的《2014 高校毕业生就业状况》显示：211 和 985 院校的应届毕业生平均参加 7.8 家雇主的面试获得第一份正式工作。因此，积极心态、自我效能等心理资本逐渐成为大学生可就业性的核心内容。

由此，我们再来分析上面的例子。虽然那位成绩优异、硕士毕业的同学有比较强的人力资本，但也许他那位只考上二本院校的同学具有更强的社会资本和心理资本。这二者都没有体现在学习成绩上，甚至大部分课程中也没有专门介绍，需要同学们在课外活动、实习实践中去培养、提升。高校中的优秀大学生主要指成绩优秀者，即人力资本单项分高者；企业中的优秀员工，则往往是人力资本、社会资本和心理资本三项总分高者。

根据前面的分析可知：由优秀大学生蜕变成优秀员工，不大可能在我们告别校园进入职场时自行发生，需要我们在大学期间就开始做功课。

一个优秀职场人的素质能力需要从三个方面同时进行培养和提升：

（1）全面提升自己的人力资本，注重知识的学习、能力的培养、技能的掌握等。首先是基础理论与专业知识的学习：一方面是在课堂上跟随老师学习书本上的理论知识，另一方面是课余时间参加学科竞赛、参与老师的课题研究等。这个过程中，需要同学们有正确的学习态度，不能太功利。比如大学低年级开设的高等数学、大学物理、普通化学等基础课，貌似没有什么实用性，但对训练同学们的逻辑思维等非常重要。不过，单纯强调理论及知识的学习，很可能出现“高分低能”、“眼高手低”的毕业生。依据我国大学生就业能力开发模型（见图 5—1），同学们应在基础课、专业课学习之余，根据自己的兴趣、特长有针对性地参加社团活动、社会实践、生产实习等，全面提升自身的素质能力；同时加深对职业的了解，逐步确认自己未来的职业发展方向。在此过程中，还建议同学们根据职业生涯规划的相关理论及方法，不断地厘清自己的价值观，深入了解自己的职业兴趣和人格类型，通过多种形式加深对职场和职业的理解，力求未来的职业目标与自身的个性特征、素质能力相匹配。

（2）积极拓展人际网络、社会关系，有意识地积累自己的社会资本。本书第 4 章中介绍过分析个体职业发展资源的具体方法，同学们已经了解到个体的职业发展资源既包括素质，也包括外部资源；提升人力资本，主要是加强个体素质的培养。大学期间，同学们还需要分析个人的经济条件、家庭背景、社会关系等外部资源。对于绝大部分在校大学生而言，经济条件都取决于家庭条件，自己能够有所作为主要是基于老师、同学、校友、实习单位的同事等拓展社会关系。如果同学们较早有这个意识，就可以从低年级开始拓展自己的人际网络，建立一些社会关系，以便在将来求职时从中寻求帮助。

从第 4 章介绍的六度空间理论可以知道：我们每个人都可以通过少数几个中间人联系到世界上任何一个名人。然而，联系到这些名人，我们就拥有人脉资源了吗？当然不是，因为只有彼此承认的社会关系才能形成人脉资源。如果你认识对方（某杰出校友），而对方不认识你，这种社会关系就是无效的，无法成为人脉资源。如何能够结成有效的社会关系，进而将社会关系变为自己的人脉资源呢？这需要同学们以积极的心态有所投入，因为良好的人际关系是需要时间、精力与情感的投入来维系的。即使是大学同班同学，如果两个人从未单独交流过，毕业后相遇，只会因为母校情结产生亲近感，很难成为彼此的人脉资源。

也有同学了解了以上原理，大学期间在社交活动中投入了大量的时间，甚至同时参加多个社团以期尽可能拓展人脉网络。然而，这样做的结果可能并不令人满意。英国牛津大学进化人类学教授罗宾·邓巴（Robin Dunbar）发现，“好友”上千的社交网站用户与“好友”较少的用户实际交流的“好友”数量并无明显差别；原因是人的时间、精力是有限的，不可能无限制地维系好友关系。因此，人们可以拥有 1 500 名社交网站“好友”，但只维持与现实生活中类似的大约 150 人的“内部圈子”，即真正意义上的好友。依照邓巴的定义，“内部圈子”指一年至少联系一次的人。虽然人们希望拥有大量好友，但实际上，每个人的好友不可能比其他人多。从某种意义说，两个社交广泛的同学，其人脉资源的差异在于其社会关系的质量而非数量；与对方结成社会关系的前提是彼此能给对方带来价值。当然，这里所说的价值并非指物质上的，那样的话就成了“酒肉朋友”。朋友的价值可以是精神上的支持、情感上的慰藉等多方面的，真诚待人、真心投入是建立社会关系的原则与基础。所以，提醒同学们在建立社会关系时，要端正自己的态度，避免像某人样动辄炫耀“（美国前总统）克林顿是我的好朋友”、“（澳大利亚前首相）陆克文是我的哥儿们”之类的笑话。

(3) 通过建立积极心态、提升自我效能等方式来开发与积累心理资本。国内外的教育研究与实验表明：心理资本是个体在成长和发展过程中表现出的一种积极的心理状态，是贮藏在每个人心灵深处的一股永不衰竭的力量，是人的潜能的根源，是实现人生可持续发展的源动力。心理资本包括自我效能、乐观、希望和韧性等四个要素。总体来说，心理资本是一个人的积极心理状态，包括自信地应对挑战性的任务；对当前和未来的成功积极归因；坚持不懈地追求目标，如果需要，及时调整目标以取得成功；在逆境中坚持不懈，直至成功达到目标。对于一个人的职业生涯而言，心理资本代表了生涯资本的认知和动机因素，有助于形成生涯理想、生涯认同及生涯意义。

然而，在传统的应试教育中，对学生心理资本的建立与积累不够重视，甚至存在很大的缺失。近年来，媒体不时会报出一些骇人听闻的新闻，从北大等名校的优秀博士生、硕士生求职不顺跳楼自杀到复旦大学硕士生向室友投毒致其死亡等，令高校及家长们反思，我们的教育怎么了？

分析以上案例，事件的主人公往往是由于难以承受求职中的不确定的压力、对同学及周围环境持消极态度等原因导致了自己的冲动行为。国内外的多项研究表明，心理资本方面的素质有助于理解个人不断适应多样化、不断变化的工作条件的动机，具有生涯资本动力方面的特征，对个体成功有重要的价值。因此，在大学期间，同学们的一个重要任务是通过读书学习、参与各项课外活动来保持积极心态，通过提升自我效能感来增强自信，以有效应对求职过程中可能遇到的各种挫折及不确定性。

以上从方法论的角度为同学们提出了建议：大学期间应有意识地逐步由从学生的角度要求自己转向从职场人、社会人的角度要求自己，全面提升自己。关于求职阶段所需具备的素质、能力，还需要同学们尽早了解用人单位的需求。由笔者近年来组织的有关用人单位对应届毕业生素质能力的调研可知，用人单位对高校及在校大学生提升职业素质与工作能力的建议有：

- 针对高等教育机构：学校应该加强对学生的专业技能的训练，并且要做到理论与实际相结合，根据企业需求和社会需要及时调整专业和课程设置。
- 针对大学生自身：同学们应该及早进行自己的职业生涯规划，多参加社会实践、社团活动，提高自身的综合能力，正确定位，提高自身的沟通能力，要学会从基础工作做起，增强团队合作意识，培养创新意识和自信心，具有良好的就业心态和心理素质；应该脚踏实地，培养吃苦耐劳的品质，不要眼高手低；应该做到全面发展，多与社会接触，了解社会需求，努力成为符合雇主需求的复合型人才。

不过，高等教育体制改革是非常重大的社会课题，很难在短期内全面地开展，而且也不是同学们所能决定的。在大学的环境没有发生根本性变化之前，同学们要自觉、主动地根据用人单位的要求进行自我转变。一位上了职业生涯规划课的同学说：

> 上了这门课之后，我对职场的认识有了提高，对自己以后找什么样的工作有了一定的概念。我现在学的是飞行器制造工程专业，以后我想不出意外的话会从事机械类的专业技术工作。对于现在的职场而言，专业能力是必不可少的，企业所看重的其他能力包括沟通能力、团队技能、人际关系能力、职业道德等十项。我对比了一下，觉得自己的专业能力还需加强，分析能力、计算机能力也需加强。

根据笔者从事人力资源管理及招聘工作的亲身体会，以及近年来与多位企业高管及资深人力资源管理者的交流，发现多数管理规范的企业招聘、筛选新员工会看重三个方面——基本的职业素质、通用技能（可迁移能力）、专业知识与能力。

下面先了解一下企业所看重的职业素质与通用技能。几乎所有的校园招聘都由人力资源部门组织并进行初步筛选。筛选分两步：一是筛选简历，主要看求职目标是否明确、所学专业及实习实践经历是否与求职目标匹配；二是初步面试，主要考核应聘者的成就动机、职场礼仪及沟通能力、团队合作能力、学习能力、抗挫折能力等可迁移能力。

经过筛选，基本职业素质和通用技能过关的同学进入复试，由各部门主管来考核其专业知识与能力。此时，同学们所就读大学的牌子、自己的学习成绩、参与过的课题、学科竞赛成绩、毕业论文的选题、发表过的论文等才派上用场。

前面提到，工作经历缺乏、沟通能力和动手能力差是大学毕业生找工作难的主要原因。针对以上现实，高校学生应尽早未雨绸缪，在校学习期间就设法积累工作经验，提高各方面的能力，以增强自己的就业竞争力。

因此，毕业后希望从事与自己所学专业相关的职业的同学们，在学好专业知识的同时，也需要培养、提升自己的通用技能。建议从以下三方面着手：

1. 培养和提高沟通能力

“找工作本身就是一种工作。”不少大四的学生说起找工作都是一肚子苦水，一大堆委屈。沟通能力是非常重要的一种通用技能，是用人单位在校园招聘初次面试中重点考核的一项基本素质与能力。沟通能力强的同学，在面试中往往显得更自信，能够充分地展示自己的才能，以赢得工作机会。然而遗憾的是，目前我国高校课程设置与考核中，对学生沟通能力的培养和考核不足，很大程度上需要同学们利用实习实践等课外活动来培养和提升。

沟通能力的培养越早越好。人际沟通是一种人与人之间信息的传递，是人与人之间的意识交流与情感沟通，人们通过口头语言、肢体语言来传递各种信息。成功的人际沟通有以下几个基本要素：空间距离接近，情感吸引，需求一致，特征相近和意识交流等，比如，亲戚、同学、朋友很容易拉近双方的空间距离，同一运动的爱好者有较多的共同语言。但在这几个要素中，情感吸引和意识交流是最基本的要素。

目前我国的大学生多是独生子女，没有兄弟姐妹，从小几乎都是在长辈的过度关爱下长大的。尤其是那些极少担任学生干部工作、性格内向的同学，沟通能力的欠缺在面试中体现得尤为明显。因此，进入大学后，同学们要有意识地培养和提高自己的沟通能力。

沟通能力的培养和提高有几种渠道。首先是在日常的生活和学习中，注意与家人、老师、同学乃至商家沟通。性格内向的同学，更要有意识地养成主动与人沟通的习惯。比如，在课堂上争取主动发言，遇到熟人主动打招呼，甚至可以通过买东西时讨价还价来提高自己的沟通技巧。同时，可以通过阅读有关人际沟通能力的书籍、文章及选修类似“沟通技巧”等课程来训练自己、提高能力。担任学生干部及承担社会工作的过程中，会有很多机会锻炼组织能力和沟通能力，因此，建议同学们在大学期间主动争取承担一定的社会工作，通过担任班委及学生会干部为同学们服务，通过参加一些社团活动结识更多志趣相投的朋友。这样做不仅可以提高沟通能力，还可以扩大视野，培养爱好，结交朋友，丰富自己的人生经历。

2. 锻炼和提高实践、动手能力

在上海进行的一项问卷调查中，研究人员在问卷中列出了大学生的各种求职条件，分为学校声誉、所学专业和学习成绩等学习因素，以及社会关系、工作履历、处世方式、个人形象包装等非学习因素两大类，被调查者认为，求职中学习因素占 56.1%，非学习因素占 43.9%。而这些非学习因素，其实就是大学生将理论知识转化为实际工作能力的必要条件。提高动手能力，是应届大学毕业生提高就业竞争力的有效方法。曾经有一个时期，社会在将大学生视为“天子骄子”的同时，也把“书呆子”的雅号送给了他们。由于“食书不化”，很多大学生毕业后发现学习的很多知识“用不上”，用人单位也对招来的高材生动手能力差感到十分失望。因此，锻炼和提高动手能力也是大学生必要的就业准备。

对于大学生来说，实践能力、动手能力的培养，可以在学习理论知识的基础上，通过案例分析、参加科研竞赛及老师的课题、对专业理论知识进行实际应用演练等活动来进行。比如，工程专业的学生做实验、设计，计算机专业的学生进行编程训练，会计专业的学生练习做账，金融专业的学生分析股票走势，营销专业的学生进行市场调研、促销活动的策划与实施，等等。其实，高校中也有一些实践环节的训练，如工科专业的实验课及生产实习、课程设计，工商管理专业通过社会调研、实践才能完成的作业。遗憾的是，有些同学把老师的要求当成负担，草草应付了事。那些非常认真地按照要求完成各项实践任务、在实践中发现问题再向老师请教的同学，通过完成作业，真正掌握了方法，提高了实践、动手能力，在求职面试中也会表现出应有的自信。

3. 增加实践阅历，积累工作经验

很多大四同学去招聘会找工作，回来后十分气馁：“他们都要求有工作经验!”面对就业困境，一些大学毕业生甚至提出了“零工资就业”的恳求以积累工作经验，却被用人单位拒绝。由此可见，工作阅历对大学生是何等重要。

实际上，积累工作经验的方法有很多。比如，现在很多高校都要求学生在大二进行社会实践，在大三暑期参加生产实习，这是积累工作经验的好机会。又如，在专业课程的学习中完成老师布置的一些需要实践才能完成的作业、练习，以及在大四下学期的毕业论文撰写阶段找到机会参与指导教师承接的课题，都有助于积累非常实用的、与未来工作密切相关的实践经验。此外，一些同学利用寒暑假及黄金周的时间做兼职，不仅能够赚些零用钱，而且可以锻炼自己的动手能力，提高沟通能力，更重要的是积累工作经验，为自己的求职简历添上浓重的一笔以顺利赢得面试机会，可谓一石三鸟。

以上方法已通过一些毕业生的亲身经历得以验证，有较强的操作性，建议同学们积极尝试，相信对同学们提升职业素质与能力、最终顺利就业有很大的帮助。

当然，要成功就业，端正择业观念、科学进行职业定位并充分拓展信息渠道、掌握一定的求职技巧也是非常必要的。

总之，由优秀的在校大学生成长为优秀的员工，需要同学们在大学期间就注重培养用人单位需要的优秀员工的一些基本素质和能力。幸运的是，这些可迁移能力并非都需要进入工作岗位后才能习得，大部分可以在大学期间通过学习和实践来培养和提升。

本章小结

通过本章的学习，同学们能够了解为了毕业时顺利达成职业目标，在大学期间需要清楚目标职位要求的素质与能力，在大学期间注重培养和提升素质与能力的必要性，并了解具体的素质、能力提升的渠道与方法。

课后思考

你目前设定的职业目标是怎样的？

你认为达成职业目标的最佳路径是怎样的？

为了最有利于达成你的职业目标，你认为大学时期必须做到的五件事分别是什么？

完成这五件事对你来说困难吗？你还需要哪些支持？

推荐阅读

潇潇中东打工记

巨大的落差

2006年圣诞节到来时，我已经在欧洲呆了三个多月，每天看到蓝天白云，日子过得很惬意。我兼职做记者，周末去阿拉伯移民中心做志愿助教，很轻易地就沉沦在这安逸平静中。直到一个很热心的国际化女孩 Amanda 询问我有没有兴趣去阿联酋参加国际会议，一颗原本热爱冒险的心才被迅速点燃。直到现在，我仍感激那一刻的冲动带给了我如此多的难忘的回忆。

阿联酋首都阿布扎比有一个两年一届的无国界学生交流会议（Education Without Borders)，由政府组织并担负吃住行签证等，做 presentation 的学生还可以报销往返机票。经过英文网申并完成几个回答约 500 字的问题，同时邮寄学校的证明信就可以等结果了。因为相信自己可以拿到邀请，所以为了不浪费往返机票，我开始着手寻找阿联酋的实习工作。

对于中国国籍公民，阿联酋的签证管理比较严格，这对我找实习机会有很大的限制，何况大公司有固定的实习生项目，小公司又不接受实习生。最后，我通过联系朋友找到了已毕业的一位师姐，经她推荐到中兴通讯迪拜分公司实习三个月。恰好师姐在做 HR，由公司解决了住宿和短期的访问签证问题。一般来说，熟人推荐的成功率要高得多。

2 月 24 日，我终于抵达了阿联酋迪拜国际机场。在参会的那一个星期，我第一次走进了传说中比帆船酒店还要豪华的八星级酒店 Emirates Palace，参加晚宴，交换名片，看表演，在沙漠中听多明戈的演唱，吃烤肉大餐……以至于我懒得再去跟中兴通讯公司确认一番。于是在会议的最后一天，我受到一个重大打击：负责安排我实习的 HR 生病了，工作没有及时交接，现在公司有了新的规定，除非是毕业后留在公司工作的实习生，否则不接受其他实习生——我没有工作了！

从寒冷的北欧来到这个阳光充沛的地方，又是最好的时节，气候宜人，沙滩、海浪、帆船令人心旷神怡。可在会议宾馆的最后一个晚上，我却感到有些寒冷。因为我需要做一个决定：是回欧洲还是继续留下。身上的钱除了买机票外所剩不多，如果我真的留下来，就必须找到可以挣钱的事情干。除了责怪自己没有及时和实习的公司联系外，我心中还是对这个公司有点不满。然而，当前最重要的是，如果决定留下，我必须面对现实，因为从明天起，我就基本上是一个 homeless，jobless and moneyless single girl 了。

寻找工作的艰辛

40 公斤的行李是我一年四季的全部家当。有参会者要继续留在迪拜几天，我们便一起预订了机场附近的青年旅馆，一晚约 80Dh（即第尔汗，阿联酋的流通货币，1Dh≈2.1RMB）。附近只有机场有免费的无线网络，第二天一大早我就抱着笔记本电脑到机场开始搜寻工作机会。不论是朋友还是朋友的朋友，只要在迪拜，只要有联系方式，我统统不放过；之前在北京做过野导，留下了不少阿拉伯朋友的名片，我不断地给他们打电话、写邮件并等待回复，还要向家里人报平安，告诉他们我一切都很好。直到第三天，青年旅馆把我和其他几位欧美女孩一块赶了出来，理由是一个足球队把旅馆包了！

其间我也联系了中国城的床位，每月 600Dh，包吃。不过有中国朋友告诉我住在那里的女孩比较“复杂”，于是我又婉言谢绝了。时间已经很晚，来不及找地方住，我又舍不得租很贵的宾馆，于是把行李放在旅社，晚上带着外套、抱着笔记本电脑和衣睡在了机场。

机场还是很干净安全的，一排软椅睡得很舒服，还有免费的保安。早上，管咖啡机的印度小孩看我可怜，还请我喝免费的咖啡。也许是天见可怜，在机场醒来的这个早上，我接到了一个善良的巴基斯坦老板的电话。用英语和阿拉伯语交谈后得知，他的一个朋友急需懂英文的中国人，而且今天就可以开始上班。当我向他确认可以接受我的短期工作后，他开车接我到迪拜的中国城等待面试。

终于见到了老板 Mr. Mohmad，一个穿着阿拉伯大袍的肥胖而精明的中年男子。我们用多种语言交流，基本达成协议，他开车带我离开迪拜来到阿布扎比，我开始了在阿布扎比的工作。

跟老板斗智斗勇

非常不幸的是，我碰到了一个很不地道的老板。举个最简单的例子，在他的公司，只要你揭发其他员工没有好好工作，你就可以得到奖金或者手机卡；工作时间超长且待遇在全工业区最低。

在去阿布扎比的路上，我就碰到了第一个麻烦，不良老板对女员工的骚扰。当他开始夸我皮肤好时，我就明白作为一个正常的阿拉伯男人的他想干嘛了。于是我若无其事地向他描述我在欧洲的经历，告诉他我是如何对一个骚扰我的男人毫不客气地举起拳头的，然后握住我的拳头在他面前晃悠并说道："哼哼，我就是这样狠狠地打他的鼻子！"告诉他我有多么冲动，特别是在受到骚扰时，会本能地带有暴力倾向。也许是我的严肃让他有些相信，于是直到我离开这家公司，我都是公司里最受"礼遇"的女性。

当天下午便来到了公司。公司位于 Musaffa 工业区，规模不大，但是在阿联酋各城市都有经销网点，主要负责流行卡通动漫歌曲的翻译发行以及 DVD 的批发零售。老板带我到了公司之后才告诉我，所谓的上班时间是 8 小时——从早上 8 点到晚上 8 点，中午可以在办公室休息几个小时，而且星期五可以休息半天，所以每两个星期五可以休息一整天。后来我才知道，像我这样愿意在工业区上班的女性极少，他对我已经很客气了，其他员工都是工作到晚上 11 点。因为还需要他帮我联系安全的住处，我忍了忍没有表示异议，说先尝试一下。

晚上，他的菲律宾秘书带我来到了一个菲律宾女孩混居的 villa，在一间不到 10 平方米的没有窗户的小屋里，我成为入住的第四个女孩，租金是每月 500Dh。

第二天早上 6 点就必须起床，出门走 20 分钟到主路上与他人拼一辆出租车去郊区的工业区，坐 4 个人，每个人 5Dh。阿布扎比没有公交系统，出租车就成了唯一的代步工具。我不能接受的是和我一起乘车的大多是印巴男子，身上浓郁的用来遮盖汗臭的香水味道让我感到一阵阵恶心。

我一大早就开始干活，每个办公室都有摄像头，老板会进行监控。我的任务就是把进口的中国产品的宣传图册翻译成英文和阿拉伯文，同时与广东的企业联系未来见面合作的事宜。中午，我很认真地告诉老板，我的身体接受不了这样高强度的工作，起床时间太早，晚上也并不安全，如果我近期的工作主要是翻译的话，我希望可以带回家处理。

阿联酋与中国的贸易往来频繁，但在阿联酋的中国人以做小生意为主，懂英文的很少（即使有也大多在迪拜工作），更不要说同时懂阿拉伯语了。经过"讨价还价"，老板同意负责在我会议签证到期前为我办理新的签证并承担飞签的费用，我可以上午九点再来上班，身体不适时可以不来，但不可以过于频繁地请假。

之所以没有离开这家公司，是因为在这么短的工作时间内，我能够做的基本上都是很具体的工作，虽然辛苦，但是可以感受到自己在一天天成长；还因为在这家音像出品公司，在大家午休的几个小时，我可以尽情地拷贝、浏览最新的标准阿拉伯语动画片。后来将这些刻录的售价很高的动画片寄回国给老师，终于结束了我们学校阿拉伯语视听说教材仍停留在20年前的历史。不过心中还是微微有些愧疚，因为自己没有尊重这里的知识产权。不过古人也说过，“窃书不算偷”，就这样安慰自己吧！

打两份工

说起来我算是比较幸运的。老板4月去法国开会，办公室的氛围轻松了很多，我的时间也宽松了很多。正当我为每天下午三四个小时的休息时间被浪费掉而觉得可惜时，同住的一个在工业区的化肥厂工作的女孩告诉我，她所在的公司因为新引进了一套中国的化肥生产线，急需人给中国工程师做翻译，于是我最辛苦的一个月开始了——每天打两份工，每天工作将近14小时。

下午，我一到工厂就直接被拎到车间里去了。第一次这么近地看到那些庞大的生产设备，我还是有些激动的，好歹是咱中国货啊！不过接下来的翻译工作差点让我累得吐血。一开始就是解释蒸汽尿素溶解炉的操作原理，我一紧张不知道怎么表达“尿素”，只好把尿的形成过程说了一遍，差点把阿方的工程师笑趴在地上。

开始调试机器时我才知道为什么之前的翻译会跑了：那种尘土飞扬的景象令人瞠目！各种化肥原料随着机械的转动飘散在车间的每一个角落，我凭着浅薄的化学知识识别出了浓烈的氨气味道。然后双方开始吵架，阿方很生气地指责为什么会有这么大的扬尘，中方的解释更理直气壮：第一，咱们在国内都是这样的生产环境，你让工人戴口罩就好了；第二，你们的原料质量太好，颗粒太轻太小，所以很容易有扬尘，中国化肥厂的原料颗粒比你们的大得多，人家都没事。

阿方很无奈地说，阿联酋政府对工厂的漂浮物以及废气废水有很明确的限制，超标必须停产。最后双方妥协，决定一起做除尘防尘设备。

在工厂里，我认真比较了一下中国的和欧美的设备，其实在质量方面差别并不是很大，更多的是在细节上，德国的机械不遗余力地将各个环节密封并做成可拆装式的，各方面的操作都感觉很人性化；美国的机械主要是在核心技术上领先，比如软水处理器的内部材料在别的国家都无法买到，那么一点细腻的颗粒就可以用上一年；而咱们的设备相比之下就粗糙得多，纵然大体上相似，可是实际操作的时候问题就显现出来了，不过胜在技术过硬、实用便宜，而且工程师够聪明，只要你想到怎么改装，他们都可以做到。

随着国际分工与国际贸易的发展，越来越多的中国企业已经走出国门。在阿联酋，人们的吃穿住行都离不开中国产品，而且这种依赖还在加强。

离别与收获

一眨眼已经在中东待满了三个月，我的表达变得熟练，渐渐能够在与各国供应商的交流中应对自如，能为老板推广中国的产品出谋划策，还在设计部一个18岁男孩的指导下学会了使用PhotoShop进行包装设计。在兼职的翻译工作中，我学会了克制自己的冲动，尽量做到使双方的信息表达对称，并通过语言的修饰使彼此的交流更加亲密与和谐。

在打工的同时，我每个星期都会在迪拜参加不同公司的面试。对于自己最感兴趣的迪拜国家控股下属的十几家企业，我一家家递交简历、参加面试。有时会得到继续发展的机会，更多的时候是被委婉拒绝。但是我会要求他们告诉我自己还有哪些地方做得不够好，他们有时也会带着我参观一下公司，介绍一下企业文化。

三个月时间，睡眠不够，生活不规律，皮肤已经在太阳下晒得微黑，体重也迅速下降了10斤……但是，在这样的强度和各种挫折中，我获得了巨大的成就感。这是一种与生俱来的征服了自我、战胜了挫折之后的满足。自尊，自信，坚强，这就是我得到的克服困难的最强武器。

当飞机开始缓缓滑行，忍了三个月的泪水突然再也抑制不住，说不清是自豪还是委屈，只能在心中说一句：谢谢你，中东！谢谢你，这段令我终身难忘的经历！

作者张筱筱为对外经济贸易大学经贸阿拉伯语专业2003级本科生。2006年7月，应笔者邀请，她撰写了《我的求职生活》，并由笔者点评，在“大学生职业生涯规划论坛”刊出，引起很大反响，后发表在《中国大学生就业》杂志上。本文描述了作者2006年8月休学一年到欧洲实习，其间到中东地区实习的经历。

求职，首先是一种态度

拿到本科毕业证，即将进入自己喜欢的公司上班，我回顾自己找工作的整个过程，最想对学弟学妹们说的一句话是：“求职，首先是一种态度！”

我学的是市场营销专业，自己还挺喜欢的。可进入大学不久，就听很多同学说“这个专业没有技术含量”，学院及老师们似乎也都更重视会计专业。可我自己还是想将来做市场方面的工作。

大学二年级，我根据自己的性格、兴趣等个性特征及所学专业特点，确定了本科毕业后直接就业的目标。为实现这一目标，我给自己制定了下列具体目标：

1. 学生工作经历：做到副部长以上；如果大三时精力允许，尽可能坚持做到部长及以上。

2. 职业证书方面：通过BEC中级，考到B，希望顺利通过BEC高级，最好也能考到B；拿到计算机二级证书；通过中级、高级口译考试。

3. 学习成绩方面：最好能够拿一次一等奖学金，如果有机会，拿一次国家奖学金；不过也不用强求。

4. 尽可能参加一次挑战杯，或者完成一次社会实践或者科研立项。

5. 争取早日入党。

大二、大三期间，我除了保证必要的学习时间，还积极参加学生会工作，成功策划组织了多项大型活动，参加了一系列锻炼自己实践能力的实习及社会活动。大三下学期，我按照计划达到了自己设定的各种目标：拿到了一等奖学金，顺利通过了 BEC 高级、高级口译考试等。

2010 年暑期，我在上海实习近两个月。9 月底，因为学校没什么课，我就去上海求职。经过两个多月的苦战，终于获得了自己向往的知名企业的工作 Offer。回顾整个过程，我觉得求职技巧倒在其次，最主要的是下面这几项。

1. 做你自己

为什么把它放在第一条？因为它真的很重要。总有同学去看各种面试、笔试经典资料，但说到底这些都只能供参考。因为我们有几斤几两，HR 总监一眼就看透了，从你的语言习惯、你的眼神就可以推断出你是什么样的人。不要装，不要试图变成其他人。内向的孩子不要变得活泼过头，外向的孩子不要刻意表现得低调谨慎。不要迎合别人的用人标准，应该坦荡地做你自己。在求职过程中你会越来越清醒地认识自己，明白真正适合什么、不适合什么，不要强求，就像爱情：就算你瞒得了一时，强扭的瓜也不会甜。真诚可以打动任何人。我见过专业基础很好的工科男孩，很内向，想做销售，他说得很真诚：我不是那种让人一见就倾心的人，但是我有成熟冷静的态度，我习惯与人建立更加踏实、相互信任的合作关系。你看，不足之处被他说成了闪光点。就销售工作而言，我一直都觉得性格不是决定因素，关键在于你的风格。

2. 慎重选择自己的第一份工作

除非是特别向往的企业、特别向往的职业，面对几个 Offer 时，不要盲目地冲着高薪、冲着名企就去了。快速消费品行业的几个大牌企业——宝洁、玛氏、欧莱雅、雀巢就像大家四年前向往的北大清华，每个人都削尖了脑袋往里钻。面对这个光环，你可以问问自己：你真的了解这些公司吗？你是因为自己特别向往这个公司还是因为别人都向往？你了解自己在这个公司业务运作的具体流程中会扮演什么角色吗？

为什么第一份工作如此重要？我可以给大家分析。工作经验不足 3 年，在你跳槽时可能不能给你加分，反而会给你减分。3 年之内，你很难成长为一个精英。若你是本科毕业后入职，那么等你跳槽时肯定已过了 25 岁；若你在研究生毕业后才就业，跳槽时可能已经过了 28 岁……到那时，面对校园招聘，你将没有竞争力，而在较为高端的社会招聘里，猎头们也不会青睐你这样的工作经验少的人。你拿什么竞争？机会那么少，翘首以盼的人那么多，不能虚度光阴。

3. 不选最好的，只选最适合的

我曾经安慰过一个北大毕业的硕士生姐姐。她在面试失败后忍不住伤心地哭了。有些我十分佩服的人，比如上海名校的硕士、有世界 500 强实习经历的牛人，都和我一起开始寻找工作之旅，却早早地被淘汰，甚至没能获得笔试资格。大家都开始怪网申系统，怪公司有眼无珠，用各种话语安慰自己。

学历永远不能决定一切，虽然学历也不是没有用的。公司只会选择适合自己的人，不会选择那些看起来很了不起的人；你的特质，你在 4 年或者 7 年之内成长为什么样的人才是他们关心的问题。要注重你的素质、你的思考能力、你的行为方式、你的待人风格，这些软素质比写在简历上的很多东西更可靠。我见过一个获得过联合利华创新大奖的 Leader，他一讲话就让其他团队成员浑身不舒服。大家都在敷衍他，在悄悄地不服他，但是他看不到这一切，习惯了一呼百应，习惯了大家仰视他，结果可想而知。在大学里一直都是 Leader 的人不一定是什么真正的牛人，要相信社会与学校是完全不一样的。

4. 寻找自己的细分市场

学过营销的同学都明白“niche market”的含义。我们就像一个个商品。要把自己推销出去，必须找到自己的定位和方向。现在很流行“气场”这个词，但是我觉得就自己而言，别说气场，连气息都常常被压抑。有时我连自我介绍都不敢做，觉得卑微，天天受到打击。若是在学校，大家肯定不敢相信这是我。外面的世界很大，但路是人走出来的。我找到了自己的细分市场。现在不管面对什么人，我都会自信地微笑。

我不成功，我不是牛人，若我是，干嘛还要挤在校园招聘的茫茫人海里寻找出路，证明自己呢？但是我需要机会，也在不卑不亢地寻找着。若我和公司对得上眼，那么这段“相亲”就可能发展成一段佳话。若对不上眼，那么是我们彼此不适合，谁也别耽误谁。我觉得这是最好的心态。面对任何中层、高层管理者，我会努力在最短的时间内告诉他们我是什么样的人，我有什么样的特质与潜力。在推销自己时，我也会清醒地观察这些管理者的行为作风、办事效率，从而揣测公司文化和商务风格。好的心态带来好的运气，好的运气便会带来好的心情和最好的表现。

5. 不要忽视求职过程中你的自我反思

我们的人生就那么长，第一份工作可能不会陪伴你多么长久。想要发展，就要不断地保持向上踮起脚尖的姿势。但是你在找到工作之后还会回忆起当初沮丧时对自己恶狠狠的起誓吗？你还会去努力地考完 CPA，努力地学英语，认真了解行业动态、国际经济形势吗？如果停滞不前，等到几年后你的朋友同学在一次次升职、跳槽后完成了凤凰涅槃，你就会发现自己被甩在了后面。告诫自己：要追求完美，要做到无可挑剔，我做得还不够。要记住求职过程中曾与梦想失之交臂的那种痛苦。要珍惜已获得的工作机会，努力弥补自己的不足。

6. 走好自己的每一步

人生是一场马拉松。人各有志，日子是过给自己看的，不要用别人的笔写自己的日志，不要用别人的眼光评价自己的生活质量。刚开始时，你可能辛苦地奔走在一线，可能做些琐碎的事情，但不代表你一辈子都会这样。如果第一份工作不那么如意，你可以鼓励自己做出改变。总有一天会见到晴天。我们的脚步不该停止，因为我们只能活一次，否则，就连遗憾都没有机会了。

我们现在都太渺小了，仅仅迈出了独立生存的第一步。但是当你骄傲地告诉父母，你自己找到了工作时，请为你自己鼓掌，也为每一个不甘被安排命运、不甘躲在父母庇护下的像你一样的同学鼓掌。我不是成功者，我只是想温暖地告诉每一个身在异乡长夜难眠的朋友们：加油，我们都在彼此的身边！

作者贾佳为山东大学威海分校市场营销专业 2007 级本科生。

第6章 生涯规划方案实施之读研及留学篇

名人名言

天下难事，必作于易；天下大事，必作于细。

——韩非

走得最慢的人，只要他不丧失目标，总比漫无目的地徘徊的人走得快。

——莱辛

学习目标

本章引导同学们在初步制定职业生涯规划方案的基础上，根据实际情况调整行动方案，确定未来职业目标范围，根据任职学历要求确定本科毕业后是否需要读研或出国留学，并根据自身的实际情况进行相应的准备。

6.1 大学三年级的重要决策

“我是电气工程与自动化专业即将步入大三的学生。刚上大一时我像很多人一样给自己定了个考研的目标，而且信誓旦旦。现在一晃就要步入大三了，我却对考研越来越犹豫。想当初给自己定下这个目标，很大程度上是跟风和老师的一两句话使然！再加上一想到找工作我就很茫然，选择考研更多地是想逃避现实。自己真正需要什么，什么路才是适合自己的，很多现实问题我都没考虑清楚。经过这个假期的认真思考，我感觉自己真的不适合考研，尽管心有不甘。虽然选择了暂时放弃考研，但后面的路该怎走，我还是一脸茫然……”

这是几年前一位同行创办的大学生职业生涯规划论坛中一位大学生朋友说出的自己的困惑。根据笔者的教研实践，这类问题很有代表性。这一方面是由于应试教育对同学们的思维长期固化训练，使之产生从众心理，另一方面是由于大学生就业难，使得很多同学在接到高校录取通知书后就确立了读研的目标。然而，真正到需要开始行动时，有些同学又产生了疑虑。

通过前面几章的学习，同学们已经可以根据自己的个性特征及职业兴趣、价值偏好等，结合专业特点初步确定职业方向了。随着对专业方向、职业特点、职场环境的深入了解，不少同学明确了大学学习阶段自身需要提升的素质与能力，而且根据所在地区和学习的具体情况，通过参加学习、竞赛、实践、实习等活动提升自己的素质与能力。至此，同学们需要设定一个非常具体的目标：你希望离开大学校园、进入职场后的第一份工作是怎样的？如何才能获得一份满意的工作？

要找到这些问题的答案，大三是非常关键的一年，可以说是大学生活的分水岭，很多决策都对今后职业生涯发展影响重大。真心希望同学们把握好这个人生中关键的一步，不论是计划毕业后直接找工作，还是先考研或出国留学，都要多方了解信息，慎重地作出决定，为自己未来的职业发展奠定良好的基础。

在探讨这个问题时，同学们需要再次回顾职业生涯的内涵，即一个人一生中所有与职业相联系的行为与活动，以及相关的态度、价值观、愿望等连续性经历的过程。我们可以将职业生涯简单地理解为伴随着一个人的职业从开始到结束的历程。由于人生发展遵循一定的规律，因此职业生涯是可以规划的。按照规划内容的不同，职业生涯可以分为内职业生涯和外职业生涯。

内职业生涯是指从事一项职业所需具备的知识、能力、经验和内心感受等因素的组合及其变化过程，是别人无法替代和剥夺的。内职业生涯因素主要靠个体自身的不断探索获得，不随外界因素的改变而自动具备或者丧失。外职业生涯则是指从事一项职业的工作内容、条件、待遇、职务、地点等因素的组合及其变化过程，一般来说，它依赖于内职业生涯的发展而增长。当同学们即将离开校园、准备进入职场时，通过四年或六年的学习，都已经具有一定水平的内职业生涯。不过，在没有获得用人单位的Offer之前，你们的外职业生涯都是一样的，即“在校大学生或应届毕业生”。一旦有同学通过了求职面试而被正式录用，其外职业生涯就变成了所应聘岗位的职责、待遇、工作地点等内容的组合。

相应地，内职业生涯规划是指对职业生涯发展中通过提升自身素质和职业技能而获取的个人综合能力、社会地位及荣誉的总和的规划；外职业生涯规划是指职业生涯过程中所经历的职业角色/职位及获取的物质财富总和的规划。外职业生涯因素通常由别人决定、给予、认可，也容易被别人否定、剥夺；内职业生涯因素则主要靠自己不断探索获得，不会因为外职业生涯因素的失去而失去。尤其是大学生活以校园中的学习活动为主，这决定了大学生职业生涯规划应以内职业生涯的发展为重心。

可以说，内职业生涯的发展是外职业生涯发展的前提，能带动外职业生涯的发展；外职业生涯的发展可以促进内职业生涯的发展。

事实上，在职业发展过程中，当一个人的内职业生涯超前于外职业生涯时，可能出现三种情况：(1) 超前恰当时，会感到非常舒心，因为在工作中完成各项任务都觉得游刃有余；(2) 超前较多时，会感到烦心，因为你往往会觉得工作缺乏挑战性、自己提升的余地不大，而且薪酬待遇等也没有吸引力；(3) 超前太多时，你很可能会“变心”——希望寻找新的发展空间，因为这份工作对你而言太无聊了，简直是浪费生命。

当一个人的外职业生涯超前于内职业生涯时，也会出现三种情况：(1) 超前恰当时，你会觉得任务有一定的挑战性，工作时会有不断学习、提高的欲望，一旦完成任务会很有成就感；(2) 超前较多时，你在工作中会感到很有压力，如果缺乏主管的鼓励和同事的指导，自己很难应对；(3) 超前太多时，你会觉得工作压力过大，经常处于高度紧张的状态，有力不从心的感觉，即使为了较好的薪资待遇及发展前景而咬牙坚持，也往往是以牺牲身体健康为代价的。

在一个人的职业生涯发展过程中，内职业生涯与外职业生涯不匹配的情况往往会反复出现。通常情况下，在人力资源管理比较规范的用人单位，员工在接受一个新岗位时，应处于外职业生涯超前于内职业生涯的状态，让员工既有一定的工作压力又有学习提升自我以适应新岗位的动力；一般经过半年至一年的时间，员工能够应对新岗位的各种职能；一年半至两年后，员工能够得心应手，对完成该岗位的各项职能游刃有余；如果这个岗位的职能相对单纯，一些员工逐渐会觉得工作缺乏新鲜感，这实际上已经进入了内职业生涯超前于外职业生涯的阶段。

在外职业生涯刚刚超前于内职业生涯时，员工会觉得工作很轻松，业余时间可完全用于娱乐或与工作职能不直接相关的学习活动。然而，如果内职业生涯远远超出外职业生涯，员工可能一进入工作场所就会产生厌倦情绪，难以对工作投入必要的精力与热情。

笔者近年来几乎每年元旦前后都会接到毕业不久、工作不足半年的学生的电话或邮件，他们在问候新年的同时会谈起自己的工作状态，其中不乏觉得工作“没意思”，甚至萌生离职想法的。究其原因，不少同学是因为找工作时看重能解决户口、单位名气大之类的因素，而未重视岗位本身；而这些岗位可能对个人的专业水平、工作能力要求不高，他们入职两三个月，甚至还没过试用期，就觉得工作没有任何挑战性，自己大学所学的知识基本用不上，因此萌生去意。

上述现象很有代表性。麦可思等机构的调查结果表明，近10年来，我国应届毕业生入职半年的离职率为30%～40%。这其中重要的原因是一些应届毕业生在入职前对岗位要求不够了解，造成了人岗不匹配，一些学历高、能力强的毕业生求职时过分看重外职业生涯，入职后难以忍受“简单、乏味”的岗位。建议处于职业生涯初期的大学毕业生要关注内职业生涯的发展，对自己的收入、职位、知识、能力、观念之间的关系有正确的认识。

同学们首先要明确大学毕业时“好工作”的标准。根据前文的探讨，好工作的标准因人而异，只有适合自己的工作才是好工作。尤其对于初入职场的年轻人而言，衡量好工作应优先考虑内职业生涯的发展。这就意味着在确定第一份目标工作时，薪酬待遇、单位名气、工作性质、岗位职务、城市户口等因素并非最重要的。从职业生涯发展的角度看，对锻炼自己、提高能力最有帮助的工作就是好工作。

需要特别指出的一点是，由于“唯有读书高”等传统思想的影响，国内普遍存在追捧高学历的现象。1999年以来，高校持续扩招，本科生、硕士生招生人数和毕业人数都逐年增加，一些用人单位尤其是国有企事业单位在招聘新员工时，通常要求“本科以上学历，硕士研究生优先”。

实际上，依据人—职匹配的原则，应聘者的学历应与岗位要求匹配，高于或低于岗位要求都是不合适的。而且，根据个人发展的需要，学历略低于岗位要求反而能够激发年轻人的学习热情，使其工作的投入感更强；相反，学历高于岗位要求者，往往对工作内容本身存在一定的“轻视”，用人单位要想激发员工的积极性，只能依靠提升薪酬待遇或职位晋升等手段，成本高且难以持续。因此，那些讲求管理效率的跨国公司，在招聘新员工时有“学历就低不就高”的倾向。比如应届毕业生同一岗位的起薪标准，硕士生仅比本科生高10%左右。

这里提醒同学们：本着对自身职业生涯发展负责的态度，在毕业求职时，应特别关注工作岗位对任职者的要求，尽量选择自身内职业生涯与用人单位提供的外职业生涯相匹配的岗位。具体到个人的决策，那些容易产生焦虑感的同学（人格类型为较典型的J者），可选择自己的内职业生涯略超前于外职业生涯的岗位，以减轻工作本身带来的压力，使自己顺利度过试用期；对于那些生性乐观、做事总是“不着急”的同学（人格类型为较典型的P者），应尽量选择外职业生涯超前于内职业生涯的岗位，以增强自己的工作投入感。

因此，在充分了解了自己的个性特点和内在需要，全面地了解了自己所学专业的特点、理想职业的特征、职场与社会的需求，学习了职业决策的方法，确定了自己的职业发展方向，并根据目标职业的需求为培养、提升自己的素质与能力付出最大努力后，同学们需要确定自己的首批潜在雇主的名单。同学们毕业前的求职最好在这样一份名单的指引下进行，否则会苦不堪言。

调查显示，近年来应届大学毕业生中超过 60%进入了各类企业工作，其中大部分同学首选外企，认为外企待遇好、培训机会多，未来的职业发展空间大。实际上，外企之间也有很大的差别。首先，企业文化不同，决定了用人制度不同；其次，企业规模及所处行业不同，决定了企业的薪资待遇差异。此外，外企又有独资企业、合资企业之分，即使是同一母公司下属的外企，其人力资源管理制度也有较大的差异。以上差异，既决定了聘用、选拔标准的差异，也对应届毕业生的职业起点有较大的影响。

与同行业外企相比，国企的起始薪资往往略低，但职业安全性较高、工作压力不太大，规模较大的国企对新员工的培训也较完善。然而，正是由于其职业安全性高、员工的服务年限普遍很长，员工的职位升迁往往会与其工作年限有较强的关联性，新员工常常会觉得自己的努力得不到应有的肯定。

大型企业管理规范，对新员工的培训较完善，但年轻员工往往只能接触到较为单一的工作任务。相比之下，小公司的部门分工并不十分明确，新员工有可能接触多种业务，自身能力的提升会很快。但是，小公司抵御市场风险的能力往往不强，员工的职业安全性得不到很好的保障。

公务员是近年来颇受大学生青睐的职位，社会普遍认为这是一个稳定并且具有一定社会地位的职业。但不少同学入职后发现事实并非如此：工作比较单调，职位升迁要熬年头。

留在高校当教师也是不少同学的职业梦想：平时不必坐班，一年还有两个假期。实际上，宽松、自由的背后，也有教学、科研以及教学管理等多重工作压力。目前在高校任教，拥有名校的博士学位已经成为基本的任职条件；国内一些研究型大学招聘青年教师，海外学成的博士及博士后往往具有更强的竞争力。因此，选择在高校任教的同学，通常要在本科毕业后直接攻读硕士及博士学位，并在打好研究基础的前提下，培养、提升自己的演讲、沟通能力等。

综上所述，同学们需要根据自己确定的生涯目标来决定毕业后选择什么样的职业领域，进而了解自己希望进入的企业/组织类型，根据其职位信息中对初入职员工的素质能力要求，来决定自己本科毕业后是否可以直接求职，是否需要通过读研、留学来转换专业、提升自己的学历层次。

6.2　国内读研：理由澄清与行动

考研是个非常重要的决定，因为它不仅意味着时间、精力与金钱的投入，还意味着承担错失工作机会及至少晚两年进入职场的重大成本。随着高校的扩招，研究生不如以前珍稀，但很多人仍抱着“硕士生总比本科生好找工作”的想法。殊不知，硕士生找工作的难度很可能并不比本科生小。况且，研究生学习两三年间的学费、生活费、书本费等费用也是一笔不小的开支。但是很少有同学考虑“读研究生值不值”这个问题。

每年秋季新学年开始，笔者都会为刚刚入学的硕士、博士研究生开设职业生涯规划专业讲座。在关于“你的读研/读博理由”的调查中，下面几项是选择最多的：

（1）未来从事学术研究工作：对科研有特别的兴趣偏好，希望将来进入高校、科研机构工作；有些同学会直接争取硕博连读或报考“直博生”。

（2）换专业：高考时为了进入排名较好的学校，被调剂到了不喜欢的专业；或者进入大学后，发现自己原先选择的专业并非自己想象的，所以果断决定跨专业考研。

（3）换学校，以提高学历和优化教育背景：高考中未能发挥真实水平，进入的学校不够理想，一进大学就憋足了劲儿准备考研，以进入自己理想的大学读硕士。

（4）换环境，进入经济发达地区高校或综合类大学学习：高考时为了进入 211 大学报了偏远地区的高校，希望研究生阶段到北上广等大城市学习；或者本科在理工科院校学习人文或商科，希望在研究生期间进入综合类大学学习，感受更加浓厚的学科氛围；获得更多的在大城市工作的机会，尤其是找到能解决户口的工作机会。

（5）保研机会难得，放弃太可惜：这部分同学其实没有明确的读研的想法，其中一些人可能有了不错的工作机会，但大四开学后得知可以保研，觉得放弃机会可惜了，就选择了读研。

（6）男/女朋友（同屋的好哥们/好姐妹）都考研：每年都有一些同学“陪考”，结果“无心插柳柳成荫”了。

此外，也有些同学有挂科，想通过考研实现“重新洗牌”；还有的是单纯为了满足父母及亲戚朋友的期待（如前文提到的中国农业大学杨峥同学的例子）；等等。

当然，除了这些理由之外，还有一个大家心知肚明却不愿表明的原因是逃避就业压力。很多同学一进大三就看到师哥师姐为找工作而忙碌、焦虑，想到自己根本没有做好工作的准备，于是决定先考研，在校园中多待几年。

事实上，读研并非“有百利而无一害”的选择。在将读研作为本科毕业后的目标之前，同学必须认真地权衡一下读研的弊端。

（1）研究生毕业后找到的工作的质量与本科毕业生差别不大。有些同学可能会说：“这怎么可能呢？”这里先举个例子。2012 年，笔者的一个表侄女本科毕业，报考了北京一所知名大学会计专业的硕士，以 3 分之差没能获得面试资格，于是她心有不甘地进入了当地的一家银行工作；3 年后，她因工作表现出色被调入管理部门工作，她的两位研究生毕业的本科同学应聘进入了同一家银行，而且与她刚入职时一样，分到储蓄所做柜员。后来，她了解到：该银行 2012 年入职的应届毕业生中，本科生约占 75%，硕士生约占 15%；而 2015 年入职的应届毕业生中，硕士生已近 50%！这其实是近年来较为常见的一种现象。这里暂且不分析银行招聘这么多硕士生的合理性，仅从毕业生个人的角度来看，3 年的研究生学习在做好工作方面几乎没有什么体现。因为银行柜员这一岗位，连一个大专毕业生都能胜任。可以想象，这份工作对 18 年苦读的年轻人而言是多么无聊。相比同一年入职的本科毕业生，他们的收入差别仅体现在每个月300元的学历补贴上。

(2) 如果考研落榜，可能错过求职黄金时期，导致难找工作。目前我国应届毕业生的求职季是从9月份开始至来年的5月份，因为大部分学校将提交三方协议的截止期定在5月中旬。但事实上，由于很多高校规定国庆节后用人单位才能进驻校园举办招聘会，针对应届生招聘的高峰期在10—12月。加上临近毕业，同学们因从众心理产生恐慌情绪，找工作“赶早不赶晚”，很多同学在大四尚未开学时就进入了找工作的状态。这使得大四下学期留给应届毕业生的工作机会大大减少。那些考研失利的同学，尤其是等到3月初才知道分数的同学，找工作时会处于非常不利的境地。同时，由于准备考研的同学提前半年甚至一年就开始上辅导班，进入备考状态，因此往往不会在大三暑假投入过多精力去实习，这将不利于他们的求职。

(3) 女同学研究生毕业后，年龄问题可能会给就业带来困扰。毋庸讳言，目前我国人力资源市场存在一定的就业歧视，其中性别歧视是最常见的一种。本科毕业的女生二十二三岁，求职时尚显稚嫩，多数用人单位不太担心其很快会结婚生子而影响工作；可研究生毕业的女生会让很多面试官担心，有些单位甚至要求员工签署“3年内不结婚、5年内不生孩子”之类践踏人权的“保证书”。更多的单位不会当面提出这些疑虑，但同等条件下会优先录取男生。

其实，即使是男同学也会面临进入职场年龄偏大的压力：研究生毕业后求职压力可能只增不减，因为延长了学习时间，你的就业期望值也有所提升，3年内你也丧失了不少积累工作经验的机会。初入职场，年轻是一种优势：因为年轻，在犯错误时可以得到改正错误的机会。一个20出头岁的大学生犯了错误，单位会念在他年纪小而予以原谅；而年过25岁的人犯同样的错误，会让人诧异甚至认为不可原谅。如果读了博士，将从事学术研究，那么学历层次越高，就业面可能越窄，毕业时将面对更加激烈的竞争，而那时你已很难放弃自己的专业。

因此，读研有利有弊，该如何决策呢？根据前面几章介绍的内容，同学们应该以职业生涯发展理论为指导，全面地分析读研对个人职业发展的影响。

首先，同学们应该看到，一些行业和岗位对高学历是有偏好的，硕士甚至博士学位证书是必备的求职条件。如高校、科研院所等教研机构，博士是基本条件，不少985、211高校要求毕业生来自国内外名校，甚至对其本科毕业的学校还有要求；银行、券商、基金、信托、咨询等行业的企业总部招聘管理培训生也以硕士研究生为主；中央国家机关等招聘部分岗位、地方政府引进人才（考核招聘）以硕士或博士研究生为主。这其中既有职位本身的需要，也存在少数用人单位盲目追捧高学历等情况。不过，总体看来，营销类、财务类、行政类岗位对研究生学历没有太大偏好。就业数据显示，进入会计师事务所的毕业生中，本科生比研究生的比例还要高，但在券商、基金等行业，本科生的比例非常小。

其次，如果同学们投入足够的时间、精力读研，可以帮助自己提升职场竞争力。读研期间，对专业知识的提升、科研能力的提高、实践经历的丰富有较大的推动作用。

一般来说，与本科生的简历对比，硕士毕业生的简历有下列明显的优势：（1）专业知识、专业技能的提升：一方面体现在专业课程的学习上，另一方面体现在CPA、CFA、AFP等各种专业资格证书的获取上（部分证书如CPA在本科阶段不能考）；（2）科研能力的培养与提升：不少同学在读研期间参与导师的研究课题，完成项目，参加高水平学术会议，发表论文等，锻炼了相关能力；（3）实践实习经历的丰富：研究生学习时间的分配比较灵活，会有更丰富、含金量更高的实践经历，如在热门行业、知名企业总部实习等。

再次，研究生学习经历有助于同学们拓展、丰富人脉圈。研究生学习阶段的特点与本科不同，学生结构更加多元化，一个班级的同学可能来自不同的学校及专业；有应届生，也有工作几年后再选择读研深造的，年龄、知识背景、行业背景差异也较大。研究生毕业后的就业结构也较为多元化，就业层次较高，毕业后，研究生同学是非常重要的人脉资源。有些导师还会每年组织自己已经毕业的学生与在读的学生交流，这也为同学们提供了一种拓展人脉关系的途径。

最后，研究生学习可以增加同学们的生涯体验。研究生学习生涯，是大学生涯中很独特的一段。这段生涯的体验，虽以本科为基础，但同学们会以更加成熟和独立的心态，去思考和面对学业、情感、人际关系和职业发展。对于本科阶段学习到的职业生涯发展理论，在研究生学习阶段仍然可以根据自身发展状况加以运用。笔者指导过的多位本科生，包括第4章推荐阅读《大学期间，我一直在进行职业生涯规划》一文的作者葛巾津同学，都在硕士研究生学习阶段继续澄清自己的价值观、探索职业，寻求与自身情况更加匹配的职业方向。

因此，在本科阶段没有实现的梦想，可以在研究生阶段继续实现；在本科阶段没有得到提升的素质与能力，可以在研究生阶段巩固和提升；在本科阶段没有修完的情感必修课，可以在研究生阶段重修；在本科阶段存在职业困惑、没有厘清的生涯目标，在研究生阶段能够得到解决，目标会变得更加清晰。

当然，同学们也需要事先评估考研及读研的风险。

首先，考研是一场持久战，需要强大的内心和不懈的坚持。近几年研究生录取改革，名校保研比例保持在较高水平，统考招收研究生的名额越来越少，导致名校研究生考试竞争越来越激烈。有考生报考北京大学，总分410仍高分落榜。全国研究生录取的水平在30%左右（2015年为34%，2014年为33%），落榜的比例还是很大的。考研落榜潜在的风险大，准备考研的投入和付出也大。

研究生初试成绩发布后，落榜的同学要面临求职择业，他们因准备考研而在求职准备方面起步较晚，往往实习经历少且实习质量不高，简历内容比较单薄，面试技巧不足，在春季招聘中，竞争力相对较弱。同时，春季招聘用人单位数量呈下降趋势、就业岗位数量较少，对落榜生也是一个较大的挑战。

接下来，读研本身也存在一定的不确定性。比如，有些同学发现自己不适应研究生学习，尤其是一些转专业读研的同学，可能遇到相当大的学习困难。还有一些同学在课程的学习结束后，在选择研究课题及解决具体问题时遇到了很大的困难。尤其是一些攻读直博生的同学，可能遇到很多未预料到的困难，有的同学甚至不得不将博士学习时间延长至6～8年，严重地影响了自己正常的生涯规划。还有一些同学遇到了自己的研究兴趣与导师要求不匹配的问题，甚至为此与导师产生了很大的矛盾，也给自己的研究生经历带来了很大的困扰。

那么，读研还是就业，该如何选择？这里，笔者建议同学们根据以下思路进行决策。

（1）根据自身特点确定自己长远的职业发展领域。根据霍兰德的职业兴趣理论，同学们首先应该大致了解自己的兴趣倾向：希望在学术研究领域有所建树的同学，职业兴趣倾向中要包含I，否则不仅在研究生学习阶段会感到困难重重，而且在将来即使获得了相应的工作岗位，也会纠结于如何申请到科研经费、如何写出高水平学术论文；希望在银行、证券等行业从事金融分析的同学，如果职业兴趣倾向中缺乏C，将来工作后会越来越觉得工作无趣，虽然收入不菲，但也会觉得自己的生活质量不高；希望凭借研究生学历进入国有企业工作的同学，如果职业兴趣倾向中A显著，即使将来如愿进入国企从事行政管理工作，也会因为自己的很多想法得不到实现而郁闷不已。研究生在读研阶段可以提升自己的专业水平，在求职时会看重专业对口，因此明确自己的职业兴趣等个性特征非常重要。

（2）根据当前各行业人才需求状况及发展趋势考虑职业规划。各个行业及岗位对任职者的学历要求差异很大，而且近年来的变化也很大。诸如市场营销、公共关系、行政管理等岗位，拥有本科学历者已经能够达到任职资格的要求，更好的发展路径是先积累一定的工作经验，两三年后再根据工作中产生的实际需求，来确定是攻读工商管理硕士（MBA）还是某专业领域的在职研究生。否则，很可能出现这样的尴尬情况：硕士毕业进入一家公司，发现一位三年前本科毕业后直接工作的同班同学已经成为一名小主管，而且获得了一所名校MBA的录取通知书；当你非常努力地工作了三年，终于也成为主管时，你的那位同学已经获得了名校的MBA学位，跳槽去另外一家公司做部门经理了。

（3）根据自身情况评估风险。考研/读研和就业都会有风险和不确定性：直接就业，可能面临职业起点低、用人单位不符合自己预期的情况；考研会面临较大心理压力及各种诱惑，还需要承担落榜的机会成本，读研过程中及毕业求职时也有很大的风险和不确定性。读研意味着延迟就业，而时间是有价值的：即使是公费读研，与本科毕业后直接就业相比，也意味着需要由家庭或社会多负担你三年的生活费用。因此，如果家庭收入水平不高，作为成年人的本科毕业生应该主动承担起家庭责任，提升学历水平的愿望可以在几年后自己有经济能力时再设法实现。

还有些同学面临的纠结是：一方面有了保研的机会，但并非自己喜欢的专业；另一方面，有很好的就业机会。二者该如何权衡呢？要解决这个问题，笔者的建议仍然是根据自己长远的职业发展规划，运用前文提到的三个步骤。笔者的一位学生是北京航空航天大学工商管理专业2002级本科生，大二时就决定报考北京大学微电子专业的研究生。为了实现这个目标，他认真学习各门基础课，取得了优异的成绩，为研究生入学考试打下了非常好的基础；进入大三，他开始到北大旁听专业课，遇到与自己的课程相冲突的情况，他诚恳地与任课教师沟通，取得了大部分老师的理解，最终既学习了北大的专业课，自己的专业课也都取得了优异的成绩，大四开学即取得了免试推荐研究生的资格，同时他也联系好了北大的一位愿意接收他读硕士的导师。然而，当时学校有个规定：获得保研资格的成绩排在前三名的同学只能在本校读研（这个规定现在已经废止了）。这位同学经过激烈的思想斗争，决定放弃保研资格，报考他认定的北大微电子专业。最终，他以第一名的成绩被录取。2009 年硕士毕业后，他获得了很满意的工作机会；两年前，他又开始自己创业，目前已经获得 A 轮融资。

这里要强调的是，同学们不要为考研而考研，因为研究生学历及硕士学位证书归根到底只是一张文凭，并不能保证你有一份满意的工作；只有选择与自己个性特点及素质能力相匹配的工作，才能拥有真正成功的职业生涯。

在是否读研这个问题上，笔者要强调的另一点是：对于很多同学而言，其实本科毕业后直接就业并不意味着不读研，而只是暂缓读研。

目前，提到读研，正在阅读本书的同学们几乎想到的都是攻读硕士，即本科毕业后的第二级学位，通常在获得最初一级学士学位后再修读 1～3 年方可获得。一些国家把硕士学位作为获得博士学位的一种过渡学位。中国的学位条例把硕士列为独立的一级学位，既要求读课程，又要求写论文。《中华人民共和国学位条例暂行实施办法》规定，获得硕士学位的条件是高等学校和科学研究机构的研究生，或具有研究生同等学力的人员，通过硕士学位的课程考试和论文答辩，成绩合格，达到以下学术水平：在本门学科上掌握了坚实的基础理论和系统的专门知识，具有从事科学研究工作或独立担负专门技术工作的能力。

按照专业和培养方向来划分，研究生可分为学术型研究生和专业型研究生。两者处于同一水平，但是有不同的侧重。学术型研究生的培养方向是教师、科研人员等，侧重于理论研究；专业型研究生的培养方向是高科技专业人才，侧重于应用。不过，目前对全日制研究生主要的培养方式是学术型硕士，因为这类硕士既有学位又有学历，给人的感觉是“含金量高”。目前有哲学、经济学、法学、教育学、文学、历史学、理学、工学、农学、医学、军事学、管理学、艺术学等 13 个专业，学制一般是 3 年，有些学校将其缩短至 2 年 8 个月。

为了满足社会经济发展对高素质应用型人才的需求，我国自 1991 年起开始探索硕士研究生教育模式的改革，由原来单纯培养学术型硕士研究生转变为学术型硕士与专业型硕士共同培养的模式，尤其是 2009 年以后，我国专业型硕士的招生人数在硕士研究生招生总数中的比例不断上升，目前已经发展到工商管理硕士（MBA）、金融硕士、法律硕士、公共管理硕士、教育硕士、公共卫生硕士、体育硕士、软件工程硕士、工程硕士、专业会计硕士、建筑学硕士、临床硕士、艺术硕士、风景园林硕士、农业推广硕士、兽医硕士等 38 个种类，涵盖 200 多个领域，招生人数也逐年增长。根据国家计划，未来学术型硕士与专业型硕士的招生比例将达到 1∶3。

普通硕士（包括学术型硕士与全日制专业型硕士）考试每年只有一次，就是在年初的时候。报考人数历年都有所增加，而实际录取人数大约只占报考人数的 1/3。尤其是热门专业，报考人数居高不下，竞争相当激烈。一些名校热门专业的录取比例甚至达到 70∶1。对于专业硕士项目（大多数采取在职学习方式），不同的专业入学难度不同，热门专业相对更难。但是，专业硕士联考的试题相对于统考试题难度要小一些，在录取考生时更注重申报者的工作背景和工作经验。

由于培养的目的和侧重不同，两类硕士考试最终的学位认可度也有一定的差别。普通硕士在学历的认可度上略高于在职专业硕士。普通硕士毕业时符合学位条例和考核的规定，会获得毕业证书和学位证书。而在职专业硕士除了 MBA 等极少数专业可以拿到双证外，其他专业均只能获得学位证书，而没有学历证书。因为在职专业硕士的招考本身就很注重申报者的工作背景与实际经验，所以，在市场认可度上自然会高于普通硕士。近些年，随着硕士种类不断增多，报考人数连年上升，因此人气带动了市场效应，其认可度和求职地位也在逐年上升。

由上述内容可知，本科毕业生直接就业并不意味着今后就很难有继续深造的机会；相反，不少专业硕士项目要求报考者必须有三年以上的相关工作经验。因此，本科毕业后是否直接读研，应该取决于同学们选择的职业发展领域对初次入职人员的学历层次及专业水平的要求，而不应该想当然地认为“学历越高越有利于就业”。

全方位衡量考研/读研的利弊后，同学们就应采取行动。一般情况下，同学们在大三上学期就要决定本科毕业后是直接就业还是先读研或出国深造。因为考研时间是基本确定的：大四第一学期期末/寒假。就目前的考研形势来看，提前 10 个月乃至一年复习是很有必要的。况且，考研班广告在大三上学期的期末就铺天盖地了，到了大三下学期一开学，各个考研班的营销活动开始进入冲刺阶段，再加上考研班都承诺“到时如果不想上，可以退款”，很多听考研班宣讲会的同学都报了名。一些原本没有认真思考过考研问题的同学抱着“考考看，万一考上了呢”的心态加入了考研复习大军，临阵退款的往往是少数。

希望跨专业及跨校考研的同学，比报考本校、本专业的同学所需投入的时间与精力更多。在专业课程的学习方面，由于不少学校从大二开始开设专业课，建议同学们从大二起留意自己想转入的专业的课程，尽量到课堂上去听课。这不仅有助于加深对专业知识的理解，有助于将来的专业课考试，还能因此认识专业课的老师，便于将来向其请教专业问题。即使计划报考外校及外地的院校，到本校或本地区其他高校听取相关专业的课程也是可行的。

近年来，考研同学中“裸考”的比例逐年下降，不少同学都提前参加了考研补习班，一方面是为了从老师那里获得“真经”，另一方面也是为了从一起备考的同学那里获取帮助并增强动力。因为辅导班动辄两三百人甚至更多，为了保证听课质量，坐在前排是非常必要的。而座位的编排一般是根据学员报名（缴费）的顺序。因此，建议同学们一旦确定要通过辅导班备考，就要尽早报名。当然，更重要的是按时上课、认真听讲。

在备考过程中，同学们需要协调好学校安排的课程与旁听课程的学习及备考复习之间的关系，切勿顾此失彼。笔者曾经遇到过因为过于专注研究生备考而忽视本专业学习，以至于出现几门挂科的现象。有的同学考研失利，大四下学期要同时忙着补考、写毕业论文及找工作，简直是焦头烂额。

备考是个漫长的过程，可能会遇到情绪的低谷，尤其是在身体不适的情况下。因此，建议同学们事先制定一个总体的计划，明确哪些课程优先复习，哪些课程可以“临阵磨枪”。尽量留出时间来锻炼身体，一方面能够保持良好的身体状况，另一方面也能缓解压力以更好地投入复习。

联考结束后，同学们还要准备面试（复试）。目前各高校基本上都是根据联考成绩，按照1：1.2的比例确定复试人数，即有近20%的同学进入了复试却不能被录取。不少学校的研究生面试是独立进行的，即不以学生的联考成绩作为其复试成绩的参考，即使是联考总分第一名的同学也有可能不被录取。这么做是因为研究生与本科生的学习特点不同，有些善于考试的同学在研究生学习阶段难以适应导师的科研活动，因此，不少学校在复试中加入了对学生科研兴趣及素质能力的考核。

希望保研的同学，需要决定是本校、本专业保研（内保），还是跨校、跨专业保研（外保）。一般而言，内保稳妥，但是换专业的机会较小，加上多数高校的学科设置缺乏多样化，继续读研似乎是本科的延续；外保一般难度较大且有一定风险。

目前高校接受保研申请的时间始于秋季开学，到9月底基本上就结束了。因此，9月份对于申请外保的同学，尤其是同时申请多所院校的同学而言是异常忙碌的。各高校都要组织对申请本校研究生的获得推荐免试硕士生（简称“推免生”）资格的同学的复试，有的专业录取率极低，仅为10%～20%，因此，同学们首先要正确定位，不要进行无谓的投入；同时，要做好充分的心理准备。

近年来，越来越多的高校开设了“保研夏令营”，其时间安排会比校内正常推免生的确定时间提前约两个月，因此规避了保研时选内保还是择外保的风险。

清华大学等名校要求申请保研夏令营的同学提交两篇论文，这个任务对很多大三同学来讲颇有难度。大部分高校对于本科生完成论文的水平并没有统一要求，主要是看思路是不是合理、PPT展示过程中口才如何，以及对于老师提问的回答是否机敏，这些都是对硕士生的基本要求。

计划外保的同学可以同时申请多家保研夏令营。笔者的一位学生在2010年申请外保，经过充分的申请准备，先后收到了清华大学、厦门大学、南开大学等高校的四个夏令营的入营通知，他后来参加了三个夏令营，从南跑到北，认识了很多优秀的同学，并幸运地收到了三所大学的保研预录取通知，最终进入清华经管学院攻读硕士。

6.3 出国留学：利弊分析与行动

近年来，“出国热”、“留学热”愈演愈烈，已经从北上广等一线城市蔓延至二线、三线城市。前文已经提到：本科毕业后出国留学其实是与保研/读研、直接就业等并行的一个决策，其出发点仍然是同学们为自己未来设定的生涯目标及职业发展方向。因此，讨论出国留学的理由时，可借鉴讨论保研/读研理由时的思路。

（1）所学专业国外水平明显高、国际上认可度高。目前，大学生出国留学绝大多数是为了攻读硕士及博士学位，也有少数同学在国内上了一两年大学后转到国外，从本科一年级读起。愿意投入这样的时间成本，往往是考虑到所学专业的学术水平国外学校明显高于原国内就读学校，主要涉及数理化、计算机、工程类、金融类等专业。学习这些专业毕业后，不仅学成回国能够受到认可，而且在国外有较多的就业机会。为此，同学们需要比较将攻读的专业国外高校和国内高校在课程设置上的差异，看哪个能提供更适合自己将来职业发展的专业知识和技能。

（2）能够获得好学校的录取信。不论是打算回国就业还是留在国外就业，一个重要的前提是文凭的含金量较高，而只有排名较高、具有良好声誉的学校才能给学生提供这样的机会。

（3）增加国际化经验。在有些同学根据生涯目标而确定的职业发展领域，拥有国际视野、国际化经验等对其职业发展有特别大的帮助。比如一些 NGO（非政府组织），十分重视工作人员的国际化经验。

（4）可以更便捷地转换专业。不少欧美高校的硕士课程对学生的本科专业背景不做严格要求，为转专业提供了好机会。中国学生自费留学读商科的最多，除经济学、金融等几个方向需要专业背景知识外，其他商科的专业方向都可以接受多种专业背景，很多甚至明确规定只录取非商科背景的学生。还有些计算机方面的硕士课程也是专门为非计算机专业学生准备的。这一优势对中国留学生有很大的吸引力。

（5）缩短学习时间，快速获取硕士证书。目前在国内获得硕士学位均需要 2～3 年的时间，而欧美高校大多提供一年制的硕士课程。如果考虑以较高学历及早参加工作，申请国外一年制硕士课程是个不错的选择。

（6）可同时申请多所学校的通知书，选择余地大。国内考研第一志愿只能报考一所学校，未被录取时申请调剂的不确定性很大。国外不少高校的录取过程简便，尤其是英国的高校，绝大部分学校没有申请费，申请人可同时向多所学校提交材料，而且除了最好的大学外，在语言成绩没达到要求甚至根本无须提供语言成绩的情况下，仅凭学术背景就能拿到有条件通知书（conditional offer）。一般中国学生都会同时申请多所大学，等拿到录取通知后再做选择。

（7）对中国学历认可度高，大专生可快速读硕。例如英国不仅承认中国的大专、自考、成考甚至夜大等学历，而且一些大学还专门针对大专生开设了本科最后一年的课程，大大缩短了学习时间，减少了费用。英国还有一种广泛存在的研究生预科，语言不过关、学术背景偏弱的大专生经过预科培训，也能直接读硕。这两种课程是国内大专生出国留学获得硕士学位的最佳途径。

此外，也有些同学申请留学是出于从众心理、家庭期待及男/女朋友坚定地要留学等其他原因，在实际决策时要具体问题具体分析。

总体而言，出国留学可以使同学们开阔视野、增长见识，近距离学习国外的先进之处，与各国同学深度沟通、交流，成为一个具有国际视野的人；能够促使你掌握一门外语，受益终身；有助于磨炼自己的生存能力，培养独立意识及吃苦精神；优秀的学校、好的专业，能使你学到真正的知识，拿到过硬的文凭；有机会进入外国公司工作，有助于移民。

同时，在决定是否要出国留学前也须看到其中的弊端：

（1）需要投入大笔金钱，而投资不一定有相应的回报。近年来出现了“海归”成“海待”的现象，值得同学们重视。一些同学在申请国外学校的过程中，多次报考雅思、托福等，甚至两次报考时间间隔不足三个月。殊不知，一次考试费都在千元以上（目前托福考试费 1 635 元/次，雅思考试费 1 750 元/次，GRE 考试费 1 310 元/次，GMAT 考试费 1 725 元/次）。有的同学仅申请考试的费用就超过一万元，这还不包括报考辅导班的费用。出国留学，尤其是到发达国家及地区留学，学费及生活费都不菲。如果选择去美国留学，申请费就是一笔较大的开支（一般一所学校需要 50～200 美元，不少同学会申请 5～10 所学校，少说也要两三千元）。各国学费中英国最高，且一直在上涨，年度费用已经达到 25 万～30 万元；一个学年 9 个月，其间圣诞节半个月假期、复活节一个月假期，减掉后就只剩下 7 个半月，加上周末休息 60 天（相当于 2 个月），实际在校时间只有 5 个半月。这样算下来，留学英国的费用确实非常昂贵。

（2）申请留学过程中存在一定的风险。尤其是申请留学美国，其教育推广的脚步远远超前于签证的数量。虽然美国大使馆一再对外宣称没有签证配额，但每年的签证额基本还是一个稳定的数字；即使略有增长，与逐年攀升的申请人数相比，几乎算不上是变化。因此，一旦拿不到签证，留学计划搁浅，同学们需要重新作出规划，可能非常被动。

（3）很多外国高校中国留学生太多，使留学的收获大打折扣。一些语言学校或语言中心充斥着中国留学生，某些预科班全都是中国人，更有些大学通过与国内大专院校合作的方式，把整班的学生搬到美国。至此，原来意义上的留学已经变味了，“获得国际化经验”的预期会大打折扣。

（4）国外大学都是宽进严出，很多同学会发现毕业不是那么容易，甚至有不少同学想要放弃，浪费了时间和金钱。同学们可能都知道，国内博士学位课程为 3 年，大部分全日制学生都能在 3 年内毕业；然而，在欧美的一些名校，读 5～8 年拿到博士学位者比比皆是。此外，很多学校的硕士甚至学士学位的获取都非常困难。笔者一位朋友的女儿在奥地利一所著名大学读本科，由于政策要求“每个人都有受教育的权利”，获得大学录取通知书相对比较容易，然而，大学为了维护自己的声誉，对学生毕业要求很高，以至于很多同学要读 5～8 年才能拿到本科毕业证。

（5）一年制硕士课程压力大，有学不到东西之嫌。英美两国的高等教育虽然都属世界一流，但目前国内出现的“海待”大军主力都是从英、美回来的留学生。这固然与移民政策严格、留学生学习结束后无法继续停留有关，但还是无法解释一些在英国读完硕士的学生连英语都不流利的现象。由于学习十分紧张，留学生整日埋头于学习，也很难有时间去了解西方社会。一些人开始置疑：国外一年就读完硕士，能学到东西吗？

同时，在国外求学还会遇到很多超出预期甚至意想不到的困难。

首先，国外尤其是发达国家或地区的消费水平高，也许你常会感到入不敷出；为了不给父母增加更大的负担，你不得不去选购别人看不上的便宜货。

其次，国外的生活可能会和你所想象的差别很大，生活上有诸多不习惯。许多欧美国家人口稀少，冷清的街道、低矮的平房令人有城市市容不如中国大城市之感，不少学校位于小镇甚至乡村。有些国家排他情绪强烈，很多同学会发现自己很难融入当地的生活，很难与外国学生打成一片。

最后，国外受经济危机的影响更为显著，工作机会更少；如果寄希望于通过留学而在当地就业甚至移民，很多同学会感到失望。

除此之外，最难克服的是深深的"乡愁"，出了国的留学生很少有没哭过的。当你很努力却学习总是跟不上时，当你满肚子牢骚地回住处却发现钱包丢了时，特别是当你生病时，都会感到孤独和无助。

因此，如果没有真正学到知识，会白白浪费几年光阴和大笔金钱。同学们考虑出国留学一定要慎之又慎。年轻的时候有机会多见见世面，是件好事；如果有条件去发达国家的名校，不妨出去。但是，如果没有好的学校或者好的专业，大可不必出国镀金，把同样的资金用来创业或投资意义更大。

笔者还要特别强调的一点是：申请出国留学的前提是本人能够获取奖学金或家庭经济条件能够负担费用。毋庸讳言，出国留学，尤其是到发达国家或地区留学，费用远高于在国内求学，甚至申请费用都不菲，同学们必须考虑经济因素；经济没有独立的同学们，千万不能为了满足自己的求学需要，令家庭陷入经济上的困境。

全方位地衡量出国留学的利弊后，决定留学的同学们就要开始采取行动了。

首先需要选择留学的国家或地区。目前主要的选择有：

(1) 美国。美国是目前全球最大的经济体，科技实力也最强；同时，美国是个移民国家，对多元文化的包容度较高。因此，留学美国成为很多大学生的首选。但美国的高校水平参差不齐：既有哈佛、斯坦福及"常青藤"等世界顶尖的高校，也有一些专门以"卖文凭"为生的杂牌学校。同时，美国高校的学费偏高，申请费用也不低。此外，美国签证的风险最高，这也是同学们需要考虑的一个因素。同学们一定要事先做好必要的调研再进行决策。

(2) 英国、加拿大、澳大利亚、新西兰等国。这些都是英语国家；由于加拿大、澳大利亚、新西兰等同属英联邦国家，各高校都将雅思成绩作为申请时的语言要求。

(3) 欧洲各国。欧洲各国经济较为发达，近代高等教育也开办得较早，德国、法国、比利时、荷兰、奥地利、丹麦、挪威、瑞典等国均有世界一流的大学。同时，这些国家都有一些高校提供全英文课程的硕士项目，为同学们提供了更多的选择。当然，要想进入德国、法国的顶尖大学学习，熟练掌握德语、法语是基本要求，需要同学们提前投入大量的时间、精力，这是大家要慎重考虑的一点。

(4) 日本、韩国、新加坡。这三个国家都在近几十年成为全球瞩目的经济强国，而其经济崛起的重要基础是教育。新加坡的官方语言是英文，华人占多数，保持了很多中国的传统文化习俗；日韩两国都是我们的近邻，与中国经济、文化等有千丝万缕的联系。因此，到这三个国家接受研究生教育是不少大学生的选择。

（5）东欧各国。东欧的教育历史悠久，体制完善。除了有9～10年的免费初中等义务教育外，高等教育体制和中国的体制比较接近：3～4年的学士课程，1～2年的硕士课程，3～4年的博士课程，英语授课的课程几乎涵盖了所有专业。东欧文化底蕴深厚，历史悠久，生活环境安全，经济发展前景良好，加上学费和生活费低廉（总费用低于欧洲免学费国家），近年来也成为大学生出国留学的重要选择。

（6）东南亚各国。近10年来，选择到东南亚国家留学的人数呈上升趋势；教育部门的数据显示，中国在东盟的留学生人数近9万，而且这个数字还在不断增大。东南亚的教育体制有诸多优势，主要体现在教育体制的多样性与国际性、学费与生活费低廉等方面。东南亚绝大部分学校都以英文作为教学语言，入学条件相对宽松，学生较容易适应。当地很多人都会说华语，这使同学们去东南亚留学不会像去欧美国家那样面对巨大的文化冲击。

（7）台湾、香港及澳门地区。香港地区虽然高校不多，但教育水平较高，香港大学、香港科技大学、香港中文大学已位列世界百强高校，加上地理位置上有优势，因此是不少大学生留学的重要选择。香港高校硕士课程大部分是全英文项目，对英语成绩的要求与英美等国一致。台湾地区的高等教育水平也较高，台湾大学、台湾清华大学、台湾交通大学等高校实力雄厚。随着近年来两岸关系的缓和，越来越多的同学考虑选择去台湾高校深造。

同学们可以根据自己的兴趣倾向、学习成绩、语言基础、家庭的经济实力等情况，与自己未来的职业发展目标相结合，综合考虑后做出决定。

由于申请留学需要参加的雅思、托福、GRE、GMAT等英语类考试与国内的四六级考试的考核思路差异较大，同学们需要专门准备。与前面分析的考研类似，英语类考试“裸考”的风险也很大，目前各地各类英语辅导班很多，不少同学都报考了辅导班，一方面可以通过老师的讲解掌握语法知识、应试技巧，另一方面可以通过与班上同学的交流保持学习动力。英语辅导班也需要尽早报名，原因与报考考研辅导班类似。

语言的学习不是一蹴而就的，需要在正确的学习方法下靠日积月累来提升。虽然考试本身有一定的技巧，但语言水平是基础，如果没有必要的学习投入，抱着侥幸心理频繁“刷考”（频繁地参加同一类考试），既浪费时间也耗费金钱。因此，提醒同学们：扩大词汇量、正确理解语法是基础，保证每天都学习掌握生词、练习听力及阅读一定篇幅的原文，是提高成绩的前提。报考各种考试时也应提前做好计划，以免事倍功半。由于GRE、GMAT等考试对词汇量、语法等的要求更高，同学们普遍觉得难度大，不过，这两类考试的有效期限更长。不少同学的经验是：大三下学期或暑期先考完这两门，大四上学期再考托福或雅思，效率更高，而且费用最省。

具体的申请流程，各国留学网站上都有，同学们可以很容易地查询到，这里就不赘述了。

总之，出国留学与国内读研都会延迟就业，需考虑由此产生的时间成本。因此，读书期间可能提升的素质与能力，是进行决策时考虑的核心内容。国外的研究生在学习中以独立研究和深入研究为主，许多课程设置了实习项目，这是国内研究生比不了的。在国内读研则成本较低，学费因专业不同而有所不同，每年所需学费加生活费在 2 万元左右，也远低于留学的费用。因此，应在全面权衡两种选择的利弊后做出选择。

本章小结

本章引导同学们认真思考读研/留学对个人职业生涯发展的深远影响。希望同学们根据自身情况，理性分析本科后直接就业、考研/保研及出国留学（读研）几个选项的利弊得失，做出与自己个性特征、职业兴趣、能力特长相匹配的选择，切忌人云亦云，单纯地将考研/读研/留学等作为表明个人“上进”的行为。

课后思考

你打算考研吗？什么时候开始这么打算的？为什么？
你认为研究生找工作一定比本科生容易吗？你是如何得出这个结论的？
你打算出国留学吗？什么时候开始这么打算的？为什么？
你认为“海归”找工作一定比国内硕士毕业生容易吗？你是如何得出这个结论的？
你清楚考研及保研（包括跨专业考研及保研）的各项规定吗？
你清楚留学申请的全部流程及所需费用吗？思考过费用对家庭的影响吗？
（请最好在大二结束时，最晚在大三上学期结束前回答以上所有的问题。）

推荐阅读

我的跨校跨专业考研经历

决定

我高考发挥一般，只上了省内的大学，专业是数学。这个专业本科毕业不好找工作，于是我大三时就决定要考研，并且准备报考北京的院校，所以那时就开始着手准备了。我是跨专业报考的，觉得比起那些报考四年来一直学习的专业的考生，自己还是有一定的差距，因此“笨鸟”要先飞。

很多同学选择考研之后还要做出抉择：考什么学校，报什么专业。对于我来说，这些似乎不算什么抉择。本科学校实力有限，只能在本省内被认可，因此我决定报考其他名校。对于专业，因为自己并不喜欢本科所学的应用数学专业，所以也早已决定跨专业报考。当时我决定报考金融类的专业，部分原因是受到自己本科院校的影响——毕竟接受了四年财经类院校的熏陶；同时也认识到自己与那些报考本科专业的学生在专业课上有差距，决定不报考诸如中央财经大学、上海财经大学、厦门大学等金融经济类专业较热的学校。最后的结果表明，这个选择还是很明智的。

经过筛选，我发现北京航空航天大学在很多方面都很符合自己的期望：首先，北航作为为数不多的既是 985 又是 211 的名校，虽然以工科为主，但学校的硬件设施、师资力量等较强，也是很多学生向往的学校。其次，北航的金融工程专业的初试中数学考数一。众所周知，一般金融经济类专业的研究生考试中数学都是考数三，而自己本科四年学的就是数学，与那些本科学金融经济类专业的考研者相比，这无疑是一种“扬长”的优势。另外，北航初试的专业课科目基本都是自己本科学过的，可避免自己再花费时间自学，这无疑又是一种“避短”。当然，想跟女朋友在一个学校学习的念头也自始至终激励着自己，跟女朋友相互帮助、鼓励，使得我们在这条“剩者”为王的漫漫考研路上坚持下来，一直走到终点。

备考

现在回想起来，在复习备考阶段，除了做考研必备的搜集报考学校信息、咨询学长学姐、买各种辅导书、报各类辅导班等准备外，我认为自己最大的收获就是踏实的学习态度。拿数学来说，很多考生一上来就直奔《复习全书》，我和几个同学则买来数学课本，从头到尾把基础知识又学了一遍。虽然没有像有些同学那样将《复习全书》看了几遍，但毕竟自己扎扎实实地看过课本，最后的数学考试成绩还是比较令人满意的。英语的备考更是如此，每天读背单词持续了整个的考研历程。

我认为，做学问、做研究一定要保持踏踏实实的态度。年轻人总是太浮躁，太急于看到结果；当我们真的一点一滴、脚踏实地地完成一件事时，就会发现，正是那一点一滴构成了今后的“成功”二字，可惜我们经常会深陷当局者迷的困局中。

面试

3 月份，得知自己可以进北航面试之后，我反而有些忐忑、畏缩。一方面，自己性格内向、不善表达，担心因此被刷；另一方面，自己是跨专业报考的，很担心专业课以及相关的内容会拖我后腿。

当我怀着一颗忐忑甚至有点自卑的心，跟一群考生参加复试政策说明会时，我发现大家的人际沟通能力差不多，而且很多人都是跨专业报考的，他们并不比我优秀很多。仿佛是已经通过面试一般，我的心静了下来，也不那么自卑、紧张了，开始积极地准备复试。当我交上笔试试卷，走出教室跟身边同学交流时，我发现自己还是不赖的。虽然没时间看完整篇英文论文，也大部分看不懂，但我还是找到了关键信息，反复阅读，最后的笔试结果也令我相当满意。

接下来的面试让我有点受挫。毕竟自己偏内向、不善表达，又是头一次参加面试，所以刚开始时很紧张，还闹了笑话。幸好老师们都很和蔼，并不刁难学生，而是积极地引导我。渐渐地，我也放开了手脚，轻松地跟面试老师交流。虽然没能考取所报考的专业，我还是打心眼里很感谢面试老师。得知被录取后，我也主动给面试老师发邮件表示感谢，而老师也迅速给我回了邮件，给了我调剂专业的建议。

这次面试，让我真正了解到有些事做起来并不是那么难，不要总把问题想得很复杂；也让我真正地敢于去沟通、去交流。

收获

准备考研之初，当得知一些高中同学保研成功时，我很羡慕，幻想着如果是自己那该有多好，至少不用每天早上五点起床，也不用去抢上自习的座位。当得知身边有同学签约某外企或国企时，我又有些后悔、遗憾：是不是应该选择考研？我知道，在考研的漫漫长路中，会遇到各种挫折、各种诱惑。

备考的一年多里，枯燥的三点一线的生活，每天十几个小时专注于课本，即使对自己所学所考有很大的兴趣，也会觉得乏味、无聊。可能有的同学没有这种感觉，但我有时会浮躁：偶尔会痴迷于同学推荐的电子书，偶尔会晚上学不进去早早地回宿舍，偶尔会在同学身后看他们玩游戏。不过我对这些并不排斥。每个人都有烦躁的时候，学不进去，就不要强迫自己，看看课外书甚至杂志，可以换换心情。复习考研这一年，我没玩过游戏，但会在吃完饭的时候去看别人玩，就当消食了，更当娱乐自己了。复习考研之初，每周三、周六，我和同学都会去打球，最后时间紧张了，就改为一周打一次球，期待周三打一场球成了我一周枯燥学习的调剂。

考研以及做任何事，都会有纠结、困惑的时候，按适合自己的法子来，不要人云亦云、随大流，专注于自己想做的事情，坚持下去，不要轻言放弃，这就是我考研以来最大的收获。即使没有通过笔试，我也用充实的一年专注于学习；即使没有通过面试，我也锻炼了自己。我将没有什么可遗憾的，这种经历是我的财富，让我成长。

一路走来也验证了那句话："剩者"为王。坚持就是胜利，做任何事都是这样。

作者苏嘉为北京航空航天大学经济管理学院 2011 级硕士，本科就读于山东财经学院。

保送清华直博：大学三年思考与行动的成果

回想 2011 年初入大学时的场景，仿佛还在昨日；时光匆匆，现在我已经成为清华园里的一名博士研究生。对于刚刚结束本科生活的我，北航四年的学习和生活，给我留下了许多美好的回忆，也带给我沉甸甸的收获和力量，让我更加自信乐观地走向人生下一段旅途。

大一——迷茫

和很多初入大学的人一样，大一时的我很迷茫，每天除了上课，不知道要做些什么，也没有想过未来自己要去做什么。只好保持高中的生活惯性，延续三点一线的生活方式，每天忙忙碌碌，但总觉得好像大学生活不应该仅仅如此。幸运的是，在大一，学院就为我们开设了职业生涯规划课程，虽然当时还是懵懵懂懂的，但这让我从大学伊始就逐渐认识自己，发现自己的兴趣，对自己未来的发展方向进行探索。

值得一提的是在大一下学期苏文平老师组织的一次分享会，分享会的报告人是当时大四的葛巾津学姐。之前在职业生涯规划课程的课本上看到过葛巾津学姐的案例，当时就觉得很受鼓舞，终于有机会与学姐当面交流，这样的机会当然不能错过。我记得当时是翘了高数的习题课，去参加分享会的。听了学姐对自己大学四年的经验感悟和职业探索过程的介绍，我在觉得佩服的同时也很受鼓舞。于是我在分享会结束之后给葛巾津学姐发了一封邮件，说了自己的迷茫，并且请教了一些关于时间分配的问题。

学姐很快就回复了我，并且提供了一些关于时间分配和有效率工作的小方法。后来的两年里，我一直通过邮件与学姐保持联系，交流学习、生活及成长过程中遇到的一些问题。我发现，自己正在经历的一些事情正是学姐之前经历过的，一个过来人看一些事情的角度促使我进行思考。当我大四时回头再来看，这些邮件更像是一种成长记录，让我感受到自己逐渐成长的一个过程。

这段经历让我体会到了交流沟通的重要性，学会和身边的同学、学长学姐、老师进行交流，不同的想法会给你带来更多丰富的思考，可以启发你从新的角度去看待问题。

大二——成长

相比于大一时的自己，大二的我已经基本上适应了大学的节奏，但接踵而至的是繁杂的专业课程，而我又选择了攻读英语第二学位，课程压力特别大。面对众多的课程，我一度觉得手足无措，每天只是机械地听课、做作业，感受不到学习一门课的乐趣和意义。直到有一天我在沙河的图书馆上自习，觉得自己的这种状态不能再持续下去了，就把作业放在一边，开始认真反思自己的生活状态以及自己学习这些课程到底是为了什么。

在这个过程中我也和其他的学长学姐进行过交流，最后发现，正是因为抱着一种急躁的心态，每天只是为了完成任务而完成任务，所以才会只看到上课、做作业这些需要完成的“任务”，没有用心去发现课程中的乐趣，慢慢地在忙忙碌碌中把学习的热情消耗殆尽。我决定放慢自己的脚步，每天把自己的时间规划好，完成每天计划好的任务之后，多去了解一些有趣的事情，让新鲜的想法进入自己的脑中。在这个过程中我也渐渐地发现，自己所学的管理学科其实是非常有趣的，一些方法的合理应用可以直接解决实际生活中的问题。大二学的运筹学和应用统计学也是我觉得本科期间最有趣、最吸引人的两门课程。

大二下学期，我有一次在书中看到了“游戏化”的概念，感觉很有趣。游戏化指的是把在游戏中的相关激励机制应用在非游戏中，促使人们接受并激励他们使用这些应用，同时争取激励使用者沉浸于与此应用相关的行为当中。“游戏化”在很多领域有所应用并取得了不错的效果。“游戏化”的理念和应用价值是我之前从未想到过的，我就想，能不能把这样一种理念迁移到高校的教学过程当中呢？凭着这股热情和兴趣，我在大二下学期申请了自己的 SRTP（本科生科研训练计划）项目，主要想探索在高校的学习过程大学生对于“游戏化教学”的接受问题。与此同时，我还参与到同学的大学生创业项目中，并且参加了学校的“冯如杯”比赛。虽然那段时间很辛苦，每天在上课、做作业、准备考试的同时，还要准备自己的项目和比赛，但是觉得很有激情，充满斗志。与此同时，我也意识到自己了解和掌握的知识实在太少，要想探索和解决自己感兴趣的问题，能力很有限。除了自学以外，我觉得还需要进行更加系统化的学习，才能在自己感兴趣的领域进行更深入的探索。也是在这个时候，我萌生了继续读硕士甚至博士的念头。现在回想起来，大二下学期是自己成长最快的阶段，那段时间的经历让我找到了今后的发展方向。

大三——选择

一进入大三，我们从沙河搬回学院路主校区，可生活的改变却不仅仅是校区的转换，我们更多地感受到压力：就业、出国还是读研，几乎是所有人都要面对的选择。我当时的想法比较简单，既然自己成绩不错，对科研又有一定的热情，继续读研究生是个不错的选择。同时自己也想换个环境，所以觉得有机会的话还是准备外推。整个大三期间我在保证正常学习的情况下，着手做相关准备。

前几年也有外推到其他学校读研的学长学姐，我通过邮件、微信等方式与他们取得了联系，向他们咨询要做一些什么样的准备。学长学姐都很热情、细致地为我解答问题，还一直鼓励我。他们提到，在准备外推的过程中，成绩只是一个门槛，能够有资格外推的人成绩必然都不差，最终能否录取的决定性因素是自身的科研能力和个人表现，最好能够有一篇自己的论文来展示自己的科研能力。

一个偶然的机会，我在大二的暑假进入班主任老师的实验室做了一些实验助理的工作。在整理实验数据的过程中，我觉得整个实验结果比较清晰完整，当时就想是不是可以以此为基础进行更深入的探索，完成自己的一篇论文。我把自己的想法跟同组的师姐做了交流，得到了肯定。我们决定一起去找老师，问问老师的想法。老师热情地鼓励我们继续进行探索，并帮助我们确定了研究思路。整个研究思路的确定其实是整个研究过程中最困难的一部分，要考虑到自己的研究的独创价值、研究涉及的方案是否可行，以及实际实现过程中会遇到哪些困难等一系列问题。那段时间，我一有新的想法就去找老师或师姐聊，聊了一次又一次，才确定了下一步的研究和实验方案。后续的实验和研究过程都很繁杂，要收集和整理大量的调查问卷，还要对访谈实验的内容进行整理，也多亏了组里的师兄师姐和其他小伙伴的帮助，才把实验结果完整地呈现出来。在撰写论文时，作为一个没有经验的新手，我只能一点一点地摸索，经常就是写好一段，发给老师，征求一下意见，再修改。在大三下学期初，我终于把论文投了出去。

大三下学期开学，就离准备考研推免生夏令营的申请时间不远了。夏令营的申请一般集中在4月、5月，夏令营开营基本上都是在6月末或者7月初，各高校会在自己的官网上公布具体的时间安排。我当时也一直在关注“保研论坛”，准备保研的小伙伴们会分享各自的信息，也会交流彼此的经验教训。我一边焦急地等待论文的刊用结果，一边着手准备申请材料。申请过程中比较重要的一点就是确定申请项目，一般会有硕博连读、直博、学术型硕士、专业型硕士这几种，不同的项目侧重点不同。学术型的项目可能更多地考察学生的科研能力；专业型的项目可能更多地面向就业。在本科期间所做的一些研究和探索，让我觉得自己对科研还是很有热情的，我愿意花5年甚至更长的时间去完成这样的学习和探索。我的决定也得到了家人的支持，所以我申请的所有项目都是博士项目。

相对于出国的申请材料，夏令营的申请材料要简单得多，基本上包括自我陈述、推荐信和其他可以证明个人能力的材料。但申请材料是自己在心仪学校的第一次展示，我花了很多精力做准备，期待能呈现自己最核心的优势。就在马上要截止材料递交之前，我收到了论文的刊用通知，这让我觉得自己申请成功的可能性又多了几分。我最终收到了清华经管学院、北大光华学院和浙大管理学院的夏令营录取通知，但由于时间冲突，只参加了清华经管学院和浙大管理学院的夏令营。不同的夏令营的考核方式不尽相同，但重点考察的都是对于基础知识背景的掌握以及对于管理问题在整体方向上的思路的把握。

最终我收到了清华经管直博生的录取通知。本以为会非常激动，然而在收到通知时我很平静，有一种努力之后获得收获的踏实感和幸福感。在参加夏令营的过程中，我认识了很多志同道合的小伙伴，大家最终都去了自己理想中的学校。这段保研的经历让我相信：念念不忘，必有回响，功不唐捐！

大四——再次出发

保研的事情尘埃落定，大四的生活除了上为数不多的几门课程以外，主要是写毕业论文。和很多小伙伴一样，我也去找了一份实习工作，但比较清闲。虽然在自己的毕业论文上花了很多时间，但整个大四的状态还是比较轻松的，在空闲时看了自己喜欢的书和电影，和小伙伴们一起逛了北京以前没有去过的地方。悠闲的日子过得特别快，不知不觉中，毕业的脚步慢慢地近了。毕业论文交稿、查重、答辩、毕业旅行、拍毕业照、毕业酒会，毕业前夕忙忙碌碌的节奏，让我忽略了毕业季离别的伤感，可当自己真正收拾行囊离开北航的时候，才发现自己对北航是那么留恋。这所学校承载着自己青春最美好的四年时光，见证了自己的成长，收获了继续前行下去的信心、勇气和能力。带着在北航四年的所思所学，收拾好毕业的离愁别绪，我走向了人生的下一个阶段。

博一——清华园里的新生活

经过毕业之后两个月的暑假，新的博士学习生涯开始了。开学之初，虽然提前做了心理准备，但新生活带来的改变和不适应仍困扰着我。离开了熟悉的环境、熟悉的同学，在一个全新的环境中独自生活远没有想象中那么容易。那段时间整个人的状态很差，每天浑浑噩噩，总是回忆以前本科的生活，干什么都提不起精神。这种状态一直持续到国庆假期，回家好好地调整了自己的状态，仔细想一想自己当初继续求学的原因。虽然适应的过程比较艰难，但这是必然要经历的过程，无论怎样都要用一个开放的心态去迎接新的生活。

国庆假期过后，课程压力逐渐大了起来，自己也慢慢地摸索和适应研究生的生活节奏。每天的生活忙忙碌碌，在学习过程中，我愈发体会到管理科学在学术领域和实践领域的价值，而且清华园里确实有相对优质的学习资源，能够帮助自己在感兴趣的领域进行更深入的探索。

虽然现在的学习生活很忙，压力也比较大，但我不后悔选择直博这条道路。希望自己能够在探索中不断成长和进步，在清华园中更好地学习和生活，不忘初心，方得始终。

作者李垚为北京航空航天大学经济管理学院 2011 级本科生，清华大学经济管理学院 2015 级直博生。

不悔的选择：我的留美求学之路

我喜欢新的环境，新的挑战，新的朋友圈。从小学到高中，我一直在家乡四川读书，高一时我就立下誓言：大学一定要跳出四川到另一个省份去求学。于是在 2006 年我便与一个刚认识的同学一起踏上了前往北京的旅程。

选择出国留学

进入大学是一个新的开始。国家有五年计划，我自然也得有个四年计划。这个计划包括毕业后的选择、专业知识的学习目标、其他知识的学习目标、为踏入社会所做的各项准备，以及对自己所想要的未来生活的探索。我最初的选择是争取保送清华读研，我很明白这四年学业的重要性，因此学习上从不敢落下。在专业知识的学习中，除了老师上课讲解的内容外，对于老师课上提到的辅助性资料，我也尽量多去阅读，尤其是各种与实际相结合的案例，能加深我对知识的理解。

北航图书馆藏书丰富，几乎所有我想寻来读的书、杂志都可以找到，这让我扩展了知识。在大学，学生会组织、社团活动应有尽有，让我这个喜欢广结人缘、参加活动的人跃跃欲试。大一开学不久，我便报名参加了好几个社团、院系学生会以及社团联合会。大学生活就这样风风火火地开启了。

多观察、多思考、改变、行动、坚持是我一直坚守的信念。一学年下来，我在专业学习及其他方面收获颇丰，同时也收集了保送清华所需的条件等信息。参加学生会的各项活动虽占去了自己许多时间，但也结交了许多朋友，尤其在与学长学姐的交流中获得了很多有用的信息，其中不仅涉及他们对世界的认知、对人际交往和处事方法的感悟，也涉及他们对自己未来的规划——有的人计划毕业后工作，有的人计划本校保研，有的人计划出国留学。虽然每个人的规划不尽相同，但他们都在努力地做着各项准备。这些交流给了我极大的鼓励，也让我深深体会到扩大人脉的重要性，同时我也第一次萌生了出国的想法。

大二寒假在家，母亲忽然提到她的一些学生计划毕业后出国留学深造，她觉得这个想法不错。起初我还摇摆不定，无法在保研清华与出国留学之间作出选择。但选择源于心，我的心告诉我要跨出国门，去看更大的世界，去感受国外不同的教学方式，去学习国外更多的先进知识，这种激动让我无法控制，于是我选择遵从于心，于心不悔，从大二下学期开始为出国留学做准备。

为出国留学做英语考试准备

大二下学期，我报了新东方 GRE 班，开始了每周末两天的 GRE 学习。在班上我认识了许多为考 GRE 做准备的朋友，大家互相鼓励，有好资料也互相分享。在学校，我联系上已经考完 GRE、托福的学长学姐，向他们询问考试准备方法；在图书馆、教室或其他任何地方，只要看到有人抱着 GRE 单词书，我就想办法上前搭话，询问复习准备情况，取得联系方式。这样一来，我认识的学校里志同道合准备考 GRE 的同学越来越多，大家时常沟通分享信息。建立起备考 GRE 的人脉资源是出国留学道路上非常重要的一步，因为要坚持走完这条道路直到最后的成功需要很大的勇气与耐心，与其一个人艰辛地孤军奋战，不如与朋友相互激励一起取得胜利。更重要的是，备考 GRE、托福只是出国留学道路上的第一个屏障，在之后申请学校的过程中，这一群朋友将起到更大的作用。

大二的暑期我参加了 GRE 作文考试，之后本应该在 8 月或 9 月准备 GRE 笔试，由于在此期间担任了奥运会志愿者，最重要的是自己的心开始浮躁，自认为考试肯定没问题，轻视了它，没有再全心全意地练题做准备。直到大三上学期开学后，离考试时间较近时，才发现自己错了。第一次参加 GRE 的笔试失败后，我深刻地反省了自己，沉痛的教训让我明白：事无巨细，再简单容易的事要做到完美都是需要花费心思的，没有全心投入是不可能做好一件事的。

随后的日子里，我开始认真准备大三下学期的托福考试。虽然托福考试没有 GRE 考试难，但相关的练习仍是不能少的，已经有过一次沉痛教训的我不再轻敌，与朋友一起每天认认真真做模拟练习。大三下学期完成托福考试后便迎来了又一次的 GRE 复习，最后，我终于在大四上学期完成了这两大英语考试。

只要认准了这条道路，无论道路多蜿蜒曲折，无论过程多枯燥乏味、艰辛痛苦，一定要平心静气、全心投入，与风雨同行的朋友相互鼓励。只要坚持到最后，就一定可以取得胜利。

为出国留学做学术准备

GRE、托福考试成绩只是国外高校的录取标准之一，这些学校更加看重的是学生的学术能力。对于想要申请博士学位的同学而言，学术能力尤为重要。因此，除了在本科阶段学习成绩保持优秀外，还要积极参与各种研究课题，潜心进行学术研究，若能在国内甚至国外期刊发表文章，申请成功率会大大提高。我在大二下学期参加了学校的 SRTP 项目，之后又与同学一起参加了北京市的创新实验项目，做了一些专业上的研究，为自己之后的申请做了一定的学术铺垫。

最后的申请工作

在做好学术准备、英语考试准备后，就到了申请国外高校的环节。这一环节可以说是最重要的。由于我在大四上学期的 10 月份才完成 GRE 考试，而许多学校在 12 月份就截止申请，因此时间很紧。整个 11 月，我一边一遍遍地修改个人陈述以及简历，一边查询国外学校的信息（大部分的其他证明材料，如成绩单、在校证明等在大四开学不久就陆续办好了）。在此期间朋友们一起准备申请很重要，大家互相修改个人陈述以及简历，以期更完美地向国外学校展现出自己的能力。最好能找到与自己申请同一专业的朋友，这样大家可以互相交流，了解不同国外学校的申请要求，还可以互相提醒，在申请截止日期前寄出申请材料。

当我自己的个人陈述模板在 11 月底基本定稿后，每申请一所学校，就要根据学校要求以及学校专业偏重领域对模板进行一定修改，同时通过邮件联系国外教授，探讨一些学术问题。其实联系国外教授可以很早就开始，比如在自己做学术准备时，就可以了解一些自己感兴趣的国外学校并联系教授。联系上教授，并与之深入探讨会给教授留下好印象，对获得录取通知书甚至奖学金有很大帮助。我虽然联系得晚，不过也算幸运，联系上了一位普渡大学的老教授，还与他进行了视频聊天，谈话也很愉快，不过后来因为其他原因没有选择普渡大学。但是我的朋友中就有人通过邮件联系拿到了奖学金。除了邮件联系外，如果对某个教授特别感兴趣，也可直接电话联系。总之，申请过程有很大的变数，最好的做法就是积极主动地联系国外的老师。

等待录取

等待录取对我而言真是个大考验，尤其在看到周边朋友一个个拿到了录取通知，甚至奖学金，而自己仍提心吊胆之时。虽然最终我拿到了多所学校的录取信，但它们都没有提供奖学金，这既与自己学术能力不够有关，也与专业性质有关，毕竟能拿全额奖学金的人是少数。我身边有朋友直到 4 月甚至 5 月才收到录取信，所以不要轻易放弃，一定要积极主动地联系国外学校。

每个人的出国留学申请过程不尽相同，却都是漫长的，需要耐心与坚定的信念。坚持到底，胜利是一定属于我们的。

作者李佳妮为北京航空航天大学经济管理学院 2006 级本科生，2010 年 8 月进入美国得克萨斯州 A&M 大学工业系统工程系攻读硕士，目前在美国某公司担任工程师。

第7章 生涯规划方案实施之就业篇

名人名言

有志者，事竟成。

——《后汉书》

能够做好工作的人，并不一定能找到工作；找到工作的人通常是那些会找工作的人。

——迪克·拉斯罗普

学习目标

本章引导同学们在初步制定的职业生涯规划方案的基础上，根据实际情况调整方案、确定具体求职目标，采取积极行动，按照科学的方法予以实施，并根据目标职位的任职要求撰写简历、应对面试。

7.1　求职准备

首先，重点谈谈决定毕业后直接工作的同学们在大三阶段应做的功课。

针对用人单位的多项调研表明，用人单位最看重应届毕业生以下方面的能力与素质：明确的工作动机，诚信与责任心，沟通能力与团队精神，社会实践及工作实习的经历，专业能力。以上几项，除了专业能力主要通过专业课学习进行培养以外，大部分都需要课程学习之外的实践来培养和提升。从目前我国的高等教育现状来看，专业课大都是在大三开设的，所以，大三这一年对同学们就业能力的培养显得尤为重要。同学们要通过工作实习、社会实践等活动尽可能多地认识社会和了解职场、职业，确定未来职业发展方向；抓住各种机会提高职业技能，为就业做准备。除了尽可能利用寒暑假的时间参加社会实践、兼职及实习外，还可以通过与职场人士交谈、参加相关俱乐部活动或职业能力培训课程等来增加职场知识，更深入地了解职业；同时，还要学习和掌握自我管理、职场礼仪、职场人际关系等职场能力。

在寻找实习工作的过程中，同学们首先要善于借助一切人脉关系。目前，我国还没有形成较为完善的实习生社会招聘制度，多数用人单位招收实习生主要是以内部推荐为主，因此，同学们要主动向父母、亲戚、朋友、校友等求助，以获得相关招聘信息。当然，有熟人推荐并不意味着就能拿到实习机会，不少单位会组织面试进行筛选。这就需要同学们事先了解撰写简历、参加面试及职场礼仪等方面的知识并进行必要的训练。这些训练对同学们毕业前找工作也有很大的帮助。

一旦幸运地得到了实习机会，要认真把握，在工作单位好好表现，争取获得实习单位工作人员的认可。不少同学抱怨实习就是“打杂”，体现不出自己的水平。殊不知，几乎所有的职场新人都要从“打杂”做起。对于刚刚进入职场的大学在校生或毕业生，主管一般只会将比较简单的工作任务交给他，万一做不好，也不至于造成太大的损失。主管会通过新人做事的情况来考察他们的工作态度。一般来说，只有认认真真地将小事做好，才有机会承担比较重要的工作，体现你的“水平”。

明确了求职目标，同学们就要在大四上学期开始找工作了。在找工作的过程中，要及时调整求职心态，争取做到以下几点：

(1) 进行恰当的自我定位，不要好高骛远。正如前文所分析的，各类工作单位都各有利弊，绝对的好工作是不存在的。只是在现实生活中，很多人有从众心理，会认为没找到热门的、公认的“好工作”就是自己的失败。其实，只要找到适合自己的工作，能够在工作中充分发挥自己的优势，从长久的职业发展来看就是有利的。因此，只要求职过程中尽心尽力，不出现大的失误，把握住各种机会，找到的工作都应该是不错的。

（2）求职是持久战，要保持平和的心态。一本著名的《求职宝典》中有句很经典的话：找工作就是一个别人不断地跟你说“不行！”“不行！”“不行！”……最后终于说“行，来吧！”的过程。对于这一点，很多已经踏上工作岗位的毕业生都深有同感。所以，同学们要保持平和的心态，做好打持久战的准备。

（3）培养抗挫折的能力，做好接受“失败”的准备。由于同学们的求职目标是一长串潜在雇主的名单，而且往往本着“求法其上，得乎其中”的想法，确定的求职目标比较高远，只有在自己能力发挥到极致的情况下才能够达到，因此很多同学在求职中都体会到了挫败感。事先要告诉自己：失败并不可怕，失败是成功之母。

（4）及时总结经验和教训，灵活应对变化。其实，“找工作本身就是一份工作”，你不会一无所获，即使一时拿不到 Offer，你也将收获求职经验。我们应该在求职过程中不断总结，发现自己的不足，以调整、提升自己，不断地接近目标。求职中还有可能出现新情况，比如最理想的雇主因故停止招聘新人，“发现”了非常接近自己理想的新雇主。很多同学最终接受的最满意的 Offer 来自自己不太关注的公司。

（5）一步到位是理想，多步到位更现实。真正获得自己最理想的职位的同学是极少数，大部分人是有些遗憾地接受了次优的 Offer。只要同学们获得的职位与理想职位不是南辕北辙的，所要求的任职素质与能力交叉比较多，那么，通过在工作中不断地积累经验、提升能力，在不久的未来，很多同学都能抓住机会，接近自己的理想职业状态。

同学们应抱着积极乐观的心态收集详细的求职信息，选择合适的求职渠道。目前，大学生常用的求职渠道有：

（1）网申。可以通过智联招聘、前程无忧、中华英才网的“校园招聘”频道获取信息、投递简历，也可以通过各用人单位自己的网站提交申请。

（2）校园招聘会。这是对在校大学生而言最有效的求职渠道。从每年 9 月份开始，有应届毕业生聘用计划的用人单位就会分期、分批地进驻各大高校，开展针对应届毕业生的招聘活动。这其中，既有多家用人单位同时进驻的校园招聘会，也有一家公司单独前往的招聘宣讲会。不论形式如何，这类招聘会都会有实际的用人需求，而且不要求求职者有工作经验，还省去了交通成本，对同学们而言是非常有效的求职渠道。同时提醒大家：这里所说的校园招聘会不限于本校主办的，本地区其他高校举办的校园招聘会往往会对所有应届毕业生开放。不少同学是在其他高校举办的校园招聘会上投递简历，最终通过层层筛选被录用的。

（3）社会招聘会。社会招聘会往往比校园招聘会规模大，动辄有上百家乃至上千家用人单位同时参加，工作机会也多得多。不过，提醒同学们注意一点：社会招聘会上的职位可能强调工作经验，会令没有工作经验的在校生感到“很受歧视”。因此，前往求职时一定要做好心理准备。

（4）学校就业指导中心。该中心往往与很多用人单位保持着密切联系，有些有招聘应届毕业生计划的用人单位，由于种种原因不能前往校园举办宣讲会及参加招聘会，会将招聘需求发给学校的就业指导中心或者院系的职业发展中心。因此，求职的同学要经常关注学校就业指导中心及院系职业发展中心发布的信息，以免错过机会。

(5) 人脉求职。根据近年来的调查数据，通过人脉关系获得招聘信息及推荐，最终顺利通过面试、获得录用的比例在逐年上升。出现这种现象的原因是很多用人单位为了节约招聘成本、提高筛选效率，会请内部员工推荐应聘者；被推荐者需要参加各种考试、测试及面试，而并非有些人想象的“走后门”。因此，在找工作期间，同学们要尽可能将自己大致的求职目标告知亲戚、朋友、校友等，争取更多的面试机会。

大学生的求职准备并非到大四或者研二才开始，而是在更早甚至大一时就开始了。北京航空航天大学经济管理学院一位2011级本科生在大四上学期就获得了中国工商银行北京分行和德勤（北京）会计师事务所两个Offer。他说：“谁也不能在大一就保证三年之后自己可以获得保研资格，或者出国留学的资格，而且即使读研或出国，将来也要面临就业。因此从大一开始，在各方面为了就业积极准备是十分必要的，而我也是这样做的。”他大一就积极参与学生工作、社会工作，从大一暑期开始先后到几家公司实习。通过这些活动，他初步接触了社会，锻炼了自己的综合能力，对这个社会的游戏规则有了一定的了解，这些准备工作在他大四的求职过程中起到了重要作用。正是得益于大学三年的积极准备，该同学在大四求职时较为顺利：在校期间的学习成绩和丰富的社会活动、实习经历令他顺利通过了网申，平日积累的知识帮助他通过了笔试，面试考察的是求职者的逻辑思维、语言表达、团队合作、随机应变等各项综合能力，而他已在各项活动中有意识地锻炼了这些能力。

接下来，我们以北京航空航天大学经济管理学院会计系2011届本科生田翔的经历来分析在校大学生如何进行求职准备。

田翔同学高考时发挥欠佳，没有考取自己希望进入的经管学院，而是被调剂到从没想过的德语专业。因为不喜欢学习语言，也不想以外语作为自己未来的事业，田翔入学不久就萌生了转专业的想法。为此，田翔曾请教过很多学长，但是大部分人都告诉他转专业很难或者需要关系等，田翔自己也一度丧失了信心。在大一学年要结束时，田翔抱着试一试的态度，走进了北航经济管理学院主管本科教学的魏院长的办公室，诚恳地说明了转系的要求及理由。由于本人主动要求，各方面条件都符合学校的规定，在办理了诸多手续后，田翔转到经济管理学院会计专业继续学习。经过此事，田翔认识到不能盲目听从别人的意见，很多事情看起来很难是因为没有尝试过，只有勇敢地挑战才有成功的机会。但事先做好准备是必不可少的：田翔大一在学习德语的同时坚持旁听高数等课程，这是后来成功转专业的重要因素。

田翔认为自己在上大学前是一个比较自卑、不善交际的人。本着挑战自我的想法，大一时田翔加入了北航团委记者团。在那里，田翔学会了如何与人交流、如何与团队配合，开始变得自信起来。同时，他认识了很多优秀的学长学姐，与他们交流令田翔收获颇丰。此外，田翔还加入了学生会并担任学院辅导员助理，而且尝试了家教、推销等兼职工作，这些活动锻炼了他掌控时间的能力，同时也促使他开始接触社会。

下面，我们看看田翔介绍的他的实习经历。正是通过实习，田翔确定了“毕业后直接找工作”的基本目标；同时，在实习中，田翔培养、锻炼了自己的多项素质与能力。

因为需要补修会计系大一的课程，同时要认识新同学、融入新集体，我在大二学年一直非常忙碌。大二学年结束时，学校有一个暑期社会实践的要求。但是我当时没有任何经验，找一个与专业相关的实习机会比较困难，于是经家人介绍到厦门的一家代理记账的公司实习。

第一天去实习时，我颇有些失望，因为公司规模非常小，只有约20名员工，主要业务是为小公司代理记账、申报税务等。但我还是非常认真地对待这次实习，将其看成一个开始。刚去的时候并没有什么任务交给我，于是我便自己翻阅会计账簿，这让我真正将学校里学习的会计知识与实践联系在一起，感觉豁然开朗。

之后我主动向公司里的员工要求，让他们分给我一些简单的工作。刚开始只是做誊抄数字或粘贴凭证等琐碎的事情。我认真地完成了每一件小事，因为我认为真正的骄傲是做好每一件分内的事情，对于小事不屑一顾是肤浅的。接下来，我开始做记账等较为专业的事情。我觉得实习时要摆正心态，不要认为事情琐碎就不认真对待，试想一下，如果连复印都会出错，别人怎么敢把重要的任务交给你呢？后期主要是做些重复性的工作，但我并不觉得枯燥，每天看着做出来的账簿都会很有成就感。

在厦门时，我还认识了很多已经工作的朋友，他们大都是我姐姐或姐夫的同学、同事。听他们讲起工作后的生活，我渐渐觉得工作是件很有意思的事情，那时我就有了毕业直接去工作的念头。由于这个先入为主的念头，在考研还是工作这个大三上学期困扰大多数人的问题上，我已经有了自己的选择。

实习是在校大学生认识职场、了解职业的重要途径，也是培养、提升职业素质与就业能力的最佳渠道；同时，实习经历也成为很多应届大学生求职简历上的亮点，为其获得面试机会、最终获取Offer打下坚实的基础。

田翔的第一次实习可能与大部分同学的经历类似。事实上，几乎没有人会将重要的事情交给一个刚读过两年大学的学生来做，因为万一做不好，交给实习生任务的人是要全权负责的。面对琐碎甚至无聊的任务，作为实习生的我们应该抱着怎样的态度呢？田翔的做法给了大家一个非常好的范例：首先要认真做好每一件小事，以此来获得实习单位主管人员的信任；其次，在取得对方的信任后，积极、主动地要求承担更为重要的任务，以此来锻炼、提升自己的专业能力。

大三上学期要结束的时候，我无意中在网上发现了德勤招收冬季实习生的消息。那时，虽然我觉得找工作还早，但还是认真地写了英文简历并进行了网上申请。之后，我到会计系同学宿舍，与他们分享这个信息，又从他们那里得知毕马威也在招收实习生，就顺便也申请了一下。过了几天，我与另一位同学收到了毕马威的笔试通知，随后又都收到了实习Offer，但德勤的申请最终失败了。我觉得学会共享信息很重要，在寻找实习和工作机会的过程中，不要把身边的同学作为竞争者，因为每个工作机会都会有非常多的申请者，和身边的同学共享资源是对自身很大的帮助。

在毕马威实习时，我是第一次穿正装，第一次去 CBD，并遇到了很多名校的学生，感觉新鲜而紧张。经过两天的简单培训，我被分配到负责中国铁通与中国移动合并的项目组。刚到项目组，我就被分配做一项没有技术含量的工作——盘点新增固定资产，其实就是每天去检查分散在远郊的信号塔是否真正存在并拍照。我当时感觉很委屈，因为我是以缓考几门期末考试的代价来实习的，却只能做这种没有技术含量的工作，岂不是浪费我的时间？

在第三天下午大概 4 点钟时，虽然没到下班时间，但是剩余的时间根本不够我去检查下一个信号塔了，同行的司机说要送我回学校。当时我想了一下，还是决定回公司。回到公司，项目负责人让我帮她将一些合同及报告上的信息输入 Excel 表格，我做完后顺手整理了一下格式并按时间排序。没想到这个无心的细节让她对我产生了一种信任感，于是将一个非常重要的表格交给我测算。那天晚上我们一直加班到 11 点多。下班时，她告诉我不用继续做以前那项没技术含量的盘点工作了，她会把固定资产折旧测算的工作全部交给我负责。那时我意识到付出终有回报，终于可以学习真正的审计知识了。

后来发现，铁通公司有几万项资产，我需要不断地测算其折旧差异并寻找原因。虽然这个任务我做到任何程度都可以，但我一直把它当作自己必须完成的任务，多次主动加班到很晚。直到实习的最后一天，我终于将差异控制在可接受范围内，并做出了完整的底稿。期间我也犯过许多低级的错误，可因为项目负责人对我努力的认可和信任，她每次只是简单地交给我改正，却从没发火，令我坚持了下来。

在前面介绍职业素质与就业能力时提到，责任心和积极主动的态度是用人单位招聘新员工时首先考核的几项基本素质，其次才是专业知识及其应用能力。田翔在毕马威实习的经历正说明了这一点。如果不是因为认真负责，实习的第三天他可能选择搭司机的车提前回学校，就不会这么快有机会让项目负责人了解他的专业能力；在有机会做较为专业的工作后，田翔仍然本着认真、负责的态度，尽自己的最大努力做出了成绩，也藉此提升了自己的能力。

从毕马威实习结束后，田翔总结了一些工作心得，这里与同学们分享一下：

1. 给每个工作表命名，新建的文件夹及 Word、Excel 文档也都要命名，方便查找。

2. 复制许多文件到桌面时，先建一个文件夹；发邮件时可以先压缩一下。

3. 核对一定要仔细，比如往来询证函上经理的姓名、时间、电话号码、单位名称等。工作做完后一定要自己核对一遍。

4. 在别人指出自己的错误后要先道歉，然后表示会改正。最重要的是避免第二次犯同样的错误。

5. 问事情时要问清楚：现在有没有？什么时候会有？为什么？如果解决不了，我该去找谁？

6. 发现问题时，可以说出问题，但一定要有自己的看法。

7. 要有团队意识，不能只考虑自己。对于团队内的事情，先尽量跟队友协商解决。

总之，求职准备越早开始，对素质能力的培养、积累期就越长，最后求职阶段的选择余地就会越大。同时，在实习实践过程中，随着对职业了解的深入，会不断地产生新的想法，随着结识的人更多，也会发现新的机遇。

7.2 锁定求职目标

大学期间的努力决定了毕业时同学们所拥有的知识与技能。如果同学们能够提前设定目标，并按照目标的具体要求采取适当的方法去培养、提升能力，在毕业时基本上满足这些要求，就能较为顺利地找到满意的工作。

据统计，2015 年应届大学毕业生平均投递简历 24.9 份；前程无忧网发布的《2014 高校毕业生就业状况》显示，211 和 985 院校的应届毕业生平均参加 7.8 家雇主的面试获得第一份正式工作。为了提高自己的就业率，“广撒网”是很多应届毕业生的求职策略之一。正在找工作的大四学生小妍说：“投了简历的很多岗位都不是与专业相关的。就业形势那么严峻，能找到工作就不错了。”不过，也有些毕业生找工作特别顺利。比如，北航经济管理学院工业工程专业 2011 级本科生彭超同学，仅于 2015 年 8—11 月投递了 8 份简历，就获得了 6 个面试机会及 3 份 Offer。

本书第 3 章中介绍了大学期间探索职场与职业的主要思路与方法。由于大学的终点就是社会、是职场，同学们适应了大学的学习生活后，应该有意识地依据职业生涯规划理论进行自我认知与职业职场探索。随着自我认知和职业职场探索的深入，毕业期限也日益临近，同学们可以逐步锁定求职目标。具体可以遵循以下步骤：

（1）确定将对哪些职业进行研究。随着社会分工的日益细化，职业类别早已超越“360 行”的概念，2015 版《中国职业分类大典》中的职业类型已达 1 481 种。如果没有侧重地对职业进行研究，工作量就太大了。

在决定对哪些职业进行研究时，笔者建议同学们重点参照几个因素。一是选择那些与自己职业兴趣类型相近的职业。首先按照第 2 章中介绍的探索职业兴趣的方法来评估自己的职业兴趣，根据自己倾向的职业兴趣代码锁定需要进一步研究的职业范围。二是根据生涯人物访谈，筛选自己感兴趣的职业类型中适合应届生应聘的岗位类别。三是结合自己所学专业及所在院系推荐的应届毕业生的岗位类别，进行筛选。此外，还可以对自己感兴趣且具备基本任职资格的职业进行研究。

（2）确定研究行业和功能范围。美国职业指导畅销书《你的降落伞是什么颜色》

一书中指出：职业＝职位＋领域。因此，在对职业进行研究时，应该明确你自己感兴趣的职位所处的行业及其功能范围。比如，一位同学的职业兴趣代码前两位是 SA，其感兴趣的职业是教师。他应该进一步厘清是大学教师还是中小学教师，因为大学与中小学对教师这一职位的任职资格要求差异很大。在确定是大学教师后，还要进一步确定是在大学里做承担教学、研究工作的教师还是承担教学管理、行政管理工作的教辅人员。

（3）了解感兴趣的职业的最新动态。近年来，随着社会经济及新技术的迅速发展，不仅不断有新的职业涌现出来，而且原有的职业的任职资格要求也不断变化。以大学教师为例，20 世纪 90 年代之前，具有学士学位者即有任职资格；到了 90 年代中期，绝大部分高校要求新晋教师具有研究生学历及硕士学位，只有本科学历者只能从事行政管理工作；进入 21 世纪以来，越来越多的高校只接受博士毕业生申请教师岗位，甚至有些行政岗位也开始要求任职者具有博士学位。这些都是同学们在正式求职前要了解的。

（4）收集有关的职业或专业协会的信息。为进一步了解具体的职业信息，同学们可以通过互联网，借助一些行业协会及专业协会来查询相关的职业信息。这些协会往往能够提供一系列职业信息，包括新入职者的任职资格、在行业或专业内发展的机会及所需的资格证书、培训课程等，有助于同学们进行职业准备。

（5）开列雇主清单，发现关键的雇主，即你特别希望加入而且自己的素质能力等个人特质与其招聘岗位的要求匹配度较高的用人单位。在正式求职前半年或一年左右，同学们最好能够列出雇主清单，从中发现关键雇主。计划进入企业工作的同学，可以提前一年参加校园招聘会以了解用人单位的基本需求。当然，目前网络信息非常快捷、丰富，应届生求职网（http：//www. yingjiesheng. com/）、智联招聘网（http：//www. zhaopin. com/）、前程无忧网（http：//www. 51job. com/）、中华英才网（http://www. chinahr. com/beijing/）等都是应届毕业生获取求职信息非常好的渠道。此外，还可以发动所有的人脉关系提供招聘信息。利用来自以上各渠道的信息可逐步缩小范围，锁定关键雇主。

希望报考公务员的同学，除了需要提前准备笔试外，还要了解各种职位的招聘信息，尤其是资格要求等内容，以便提前准备相关考试及考证。

希望进入高校任教的同学，首先要确定自己想进入哪些类别的高校：是综合性大学还是专业性比较强的高校？是首选北上广地区的高校还是首选 985/211 大学？在这个前提下，进一步了解符合自己专业及求职期望的各所高校当年的招聘计划，再根据具体的招聘计划准备求职材料。

从本章末的推荐阅读中，同学们可以了解到：彭超同学在整个本科学习期间，基本上是按照上述步骤锁定求职目标的。

在 7.1 节介绍的田翔同学，其实习经历为毕业求职打下了非常好的基础。但田翔真正的求职路仍很坎坷，因为从一般意义的实习到逐步锁定求职目标之间，还有一段路要走。我们接下来看看田翔的“坎坷求职路”。

大三下学期，各大企业开始招收实习生。因为感觉实习后很可能直接获得Offer，而且实习经历对将来的求职非常重要，所以我将大部分精力都放在了找实习机会上，却忽视了学业，之后才发现自己真的是本末倒置，浪费了太多宝贵时间。当时，我每天都会到应届生求职网查看实习职位信息，没有明确的目标，不论行业，只要是比较知名的企业就去网申或投递简历。一开始我大概申请了五六十家公司，结果却惨不忍睹，收到面试通知的不到1/10，最后只拿到了飞亚达的财务管理实习生Offer。我当时并没有醒悟，而是将失败的原因归于简历和面试技巧，将更多的时间投入到修改简历和学习面试技巧等方面。

修改简历取得了一定效果，后来去腾讯面试时一路都很顺利；最后面试官拿出一篇关于美国经济政策的新闻，我却根本看不懂，于是面试官很遗憾地将我拒绝了。这时我才警醒：没有真正的能力，所谓的好的简历和面试技巧只能是空中楼阁。我一直以外企为求职目标，却从来没有好好地练过口语，根本无法进行顺畅的交流；一直想去薪酬高的投行或咨询公司，却没有认真学习金融知识、进行案例分析。那时，我才意识到自己根本没有将自身的能力与求职目标结合起来，所以求职道路才会如此坎坷。那半年时间，如果学习BBC英语、学习案例分析或者考个证券从业证书，都会比盲目地找实习机会有意义得多。但是一学期已经过去了，后悔也是没有意义的，最后我选择暑假去飞亚达实习。

平心而论，飞亚达是一个很好的公司，它很重视人才，而且让每一个实习生来到深圳实习有一种回家的感觉。在飞亚达实习期间并没有做太多具体的工作，最大的收获是真正感受到了国企的氛围。我个人真的不喜欢国企的办事方式和效率，所以最后拒绝了飞亚达的Offer，后来选择工作时也优先选择外企。

实习结束后的求职过程反而有些平淡无奇。因为有之前找实习机会碰壁的经历，我不再好高骛远。我觉得自己做事比较认真，能够吃苦，喜欢和数字等别人看起来枯燥的事物打交道，于是四大会计师事务所审计部成为我的首选目标，同时我也申请了一些财务和咨询的职位。

到2010年11月份，我先后收到了毕马威、德勤、玛泽审计、飞亚达、一汽大众的Offer。因为之前在毕马威实习过，所以毫不犹豫地签约毕马威，暂时结束了求职生活。签约之后，我到玛泽审计实习了3个月，发现自己开始喜欢上审计，并从中获得了成就感。虽然经常加班很辛苦，但是我喜欢这种挑战。

虽然在大二就确定了自己“本科毕业后直接就业”的基本目标，田翔同学却没能尽快确定自己的“潜在雇主”名单，以至于在大三下学期寻找实习机会（潜在的工作机会）时显得盲目、忙乱；同时，由于没有认真分析自己的优势与目标职位的任职要求间的匹配，不分行业地“海投”简历，最终未能取得满意的结果。

好在田翔同学及时进行了反省：通过在飞亚达的实习经历，明白自己与国企文化不匹配；通过在腾讯面试失败的教训，明白了“能力”与“技巧”的关系，并认真地分析了自己的优势、确定了较为明确的求职目标，最终顺利地取得了一系列的录用信。

在校大学生找工作，虽然不会都像田翔同学一样，但他对待实习工作的态度，摆正实习与学习的关系，对待失败的态度，针对“潜在雇主”进行求职的做法，都是值得同学们借鉴和思考的。

大三的暑期，一些备考研究生的同学以“考研”为由，“理所当然”地放弃了社会实践及暑期实习等活动。殊不知，这些同学将来找工作时，很可能会因为缺乏实践经验、职业能力没有得到培养和提升而处于不利的地位。再加上大四上学期是用人单位招聘毕业生的高峰期，各类校园招聘活动也很频繁，复习考研的同学往往没有精力参加这些活动，因而错过了找工作的最佳时机。这就使得大部分考研失利的同学找工作也不顺利，颇有“赔了夫人又折兵”的尴尬。

因此，虽然求职看上去是大四上学期或者研究生二年级下学期才开始的，但如果没有前几年的知识学习、素质与能力的提升及实践、实习经验的积累，同学们在真正的求职阶段很可能感到无所适从。在培养能力、积累经验时，“选择”往往比努力更重要。如果不了解目标职位的要求，很可能投入了许多时间和精力，对达成自己目标的帮助却很有限。

7.3　求职的必备法宝：简历与求职信

在田翔同学的求职经历中，多次提到了简历的撰写与修改。简历（resume）和求职信（cover letter）是求职的必备法宝。那么如何撰写吸引人的简历和求职信呢？课堂上，笔者请大一学生做了练习：写简历。结果 10 分钟后，大部分同学只在一张 A4 纸上写了三四行字，主要介绍自己的姓名、性别、年龄、就读院校及所学专业。由此，同学们明白了一句话：简历是“做”出来的，不是写出来的。大学四年，只有前三年“做”了些实实在在的事情，到大四才有内容可写。

写简历前，首先要进行自我对话，这一点非常重要。我们要问自己两个问题。第一个问题是：招聘单位“图”什么？如果你是招聘者，想想为什么要招聘没有工作经验的大学生。

一般来讲，公司招聘新员工有几个目标：

（1）公司规模扩大，需要人手。如果这个需求首先来自公司高层，是为了满足来年扩大再生产的计划，往往会先培训、再使用，会考虑没有经验的毕业生。但如果这个需求来自业务一线，往往是急于让新人上岗，没有工作经验的毕业生的机会就小得多。

（2）储备人才，以备不时之需。每年都有老员工升迁、调动、退休、离职，这些岗位需要人手补充，公司也希望不断输入新鲜血液，没有工作经验但学习能力很强的应届生是一张白纸，培养一段时间后正好可以顶上空缺岗位。

（3）提高企业知名度。这样的企业可能并没有真实的用人需求，你很认真地投递简历却得不到回复。

第二个问题是：你自己“图”什么？分析你去某一家单位的原因：是因为待遇好吗？是因为能够留在大城市工作吗？是因为这个行业将来的发展前景好吗？是因为对

方要求不高，自己能够顺利通过面试吗？……

回答了这两个问题，才好确定简历的内容。由于 HR 浏览应聘者简历的时间非常有限，因此简历的内容一定要简明扼要，同时要能将自己与岗位任职资格相关联的闪光点展示出来。

简历的制作应遵循五个原则：

（1）真诚原则。简历中所有的信息都应该是真实、可信的。提醒同学们既不要无中生有，将自己没有做过的事情写在简历上，也要避免夸大其词，如将一次普通的课程设计包装成一个正式的项目。这样做的后果是：即使侥幸通过了简历筛选，也很可能在面试中露馅儿，给面试官留下非常负面的印象，以至于提早出局。

（2）具体原则。简历中应提供具体的信息：比如提及自己成绩优秀，最好说明自己的平均成绩在班级的排名及班级同学的人数；谈到自己的爱好时，写清楚是“喜欢打篮球/排球/乒乓球/网球”，而非简单地写“喜欢运动”或“喜欢打球”。

（3）简短、漂亮原则。目前求职简历的格式以美式为主，一般建议将所有内容都浓缩到一张 A4 纸内。这就要求简历一定要简短，格式要整齐、美观。有同学说“一页纸写不下啊!”这实际上是内容不够简洁造成的。

（4）强调优势原则。在有限的篇幅中，要注意强调自己针对应聘企业及岗位的优势，而不要面面俱到地介绍自己各个方面的情况。

（5）量身定制原则。每个人都是独特的自己，不可能适合所有的岗位。撰写简历时，一定要写明求职目标，根据求职目标强调自己的优势。

求职简历的结构及主要内容如下：

● 姓名和联系方式：写明自己的电子邮箱、手机号及通讯地址。

● 求职目标：写明希望进入的单位名称及应聘职位。

● 教育背景：写明就读学校及学习期间、所学专业、主要的专业课程（如果专业与求职目标相关联）、学习成绩在班级的排名情况、获奖情况、参与学生工作情况等。

● 实习/实践经历：说明大学期间参与的与目标职位相关的实习/实践经历，以及个人的表现（如态度与能力、承担的角色、取得的成果、经历的过程及困难、学会的方法和接受的培训等）。

● 个人技能：电脑使用技能及获得的专业证书、认证情况等信息；所获证书要具体说明国别、公司名、证书名称等。

● 个人信息：所获奖励、兴趣爱好、其他个人优势等。请注意：所获奖励及兴趣爱好等最好与应聘岗位任职要求有一定的相关性，否则，用人单位无法获得与岗位任职要求有关的信息，这项内容就无效了。

在上述内容中，最好能够说明下列问题：你是否有什么建议被实习单位或学校采纳？你有什么特殊的兴趣吗？你是否处理过紧急或危险情况？你培训过其他人吗？你做过哪些给你带来满足感的事（如募捐、志愿者工作等）？你最难忘的事是什么？……这些问题都能从不同方面体现应聘者与所应聘岗位相关的素质与能力。

在求职的过程中，与求职简历几乎同样重要的是求职信。求职信不需要很长，一般为 A4 纸的 1/2～2/3 即可，主要内容应说明下列问题：你是谁？你是怎么知道目标企业的？你要申请什么职位？你了解目标企业吗？你为什么适合这个职位？最后，表明你很希望得到面试机会，并注明你的联系方式。

我们来看一封简短的求职信：

北京极天配电自动化设备有限公司人事经理：

您好！

我是北京工业大学 2016 届本科毕业生马冬，我从上周六的校园招聘会得知贵公司正在招聘助理销售工程师一职，且了解到贵公司的配电设备在国际上具有领先水平、产品具有广阔的市场，特写信向您自荐。

我学的专业是电气自动化，专业知识扎实，学习成绩良好，平均成绩在大班前 30%左右。我性格活泼，责任心强，办事认真，不怕吃苦，担任过学生干部，组织能力较强，而且特别善于与人沟通，班里男同学间发生矛盾，经我调解后双方很快就缓和了关系。大三暑假，我参加了专业实习，参与了销售系统的设计工作，专业能力和社会实践能力都得到了很大的提高。业余时间我喜欢打篮球，还喜欢旅游，每个假期都会外出自助游一次。

我自信符合贵单位所招聘岗位的要求，感谢您在百忙之中阅读我的简历（见附件）。

我非常渴望能够得到贵公司的面试机会；如有可能，请以落款联络方式通知我。谢谢！

马冬

2015 年 11 月 27 日

总之，求职信要言简意赅，将前文提及的几个方面说清楚即可，详细信息以信后所附的简历上的内容为准。

在撰写简历与求职信时，请同学们注意以下事项：

（1）确保无错别字，语句通顺，版面整齐，空间合理，标点符号正确，行距统一。

（2）没有时间上、经验上的逻辑错误，所列举的信息从最近发生的事件开始描述。

（3）最好使用中性词汇陈述事件，用词不要太富感情色彩，言辞不要过于华丽。

（4）最好不要写上对薪酬的要求。简历是用于赢得面试机会的，所有对赢得面试机会没有帮助的信息都属于无用信息，不必写在简历上。

（5）少说废话、多讲有用信息，反复阅读，直到满意为止。

除了求职信和简历，求职材料还应该包括自己的成绩单（尤其是目标职位与所学专业相关时），各种获奖证书、聘书及专业证书等的复印件，实践活动/实习工作的证明等，并附在简历后面。准备好求职信、简历及各种材料后，如何送达也是需要注意的一个细节。

如果你是参加招聘会，不论是校园招聘会还是社会招聘会，都不要将简历放在招聘单位的展台上就离开，而是要等待机会与招聘人员沟通几分钟。否则，你投递的简历很可能如泥牛入海，得不到任何回应。

如果你是通过发送电子邮件投递简历和求职信，请务必牢记邮件的题目写明“××大学机械工程专业李明应聘助理工程师”，让对方一目了然；文件名也应注明类似的内容，以使你的邮件不至于被当成垃圾邮件，也使收件人方便保留你的简历。

如果你是通过招聘网站进行简历投递，请严格按照网站要求的格式完成所有内容；另外，不少应聘方除了自己的网申系统外，还经常将招聘外包给智联招聘、前程无忧网、中华英才网等，而这些招聘网站本身也有专门的“校园招聘信息”，其格式要求可能有所不同，请同学们加以关注。

如果你选择的是邮寄的方式，请务必以挂号信或快递的方式递送给用人单位负责招聘的人员，否则很难保证文件会递交至相关人手中。

如果你是经人脉关系推荐、请他人递交简历，最好将求职信、简历及各种证书的复印件一起放在一个大信封中，并在信封上列出材料明细。

下面提供了应届毕业生求职的中英文简历各一份，供参考。请注意：中英文简历均须尽量排在一张 A4 纸上。

彭超

<table>
<tr><td rowspan="2">个人信息</td><td>出生日期</td><td>1992 年 5 月 17 日</td><td>电子邮箱</td><td>Pengchao1236851@163.com</td><td rowspan="3">照片</td></tr>
<tr><td>手机</td><td>186××××× 631</td><td>通讯地址</td><td>北京市海淀区北京航空航天大学 18 号学生公寓</td></tr>
<tr><td rowspan="2">求职意向</td><td>行业</td><td>金融、互联网</td><td>工作性质</td><td>（与数据分析相关的工作）全职</td></tr>
<tr><td>到岗时间</td><td>2015 年 8 月</td><td>目标地点</td><td colspan="2">北上广深（接受变更）</td></tr>
<tr><td rowspan="2">教育背景</td><td>时间</td><td colspan="4">2011 年 9 月—2015 年 7 月</td></tr>
<tr><td>学历</td><td colspan="4">北京航空航天大学管理科学与工程专业（核心课：统计学）本科生</td></tr>
<tr><td rowspan="6">工作经验</td><td>2014/3—4</td><td colspan="4">北京捷盟管理咨询有限公司</td></tr>
<tr><td>工作内容</td><td colspan="4">主要是助理工作，协助领导工作，对数据进行初步处理和简单分析，实时汇报分析结果。</td></tr>
<tr><td>2014/5—6</td><td colspan="4">搜狐焦点网</td></tr>
<tr><td>工作内容</td><td colspan="4">对日常的通话咨询数据进行分析和挖掘，从中找出潜在的需求客户，然后撰写成报告向领导汇报。</td></tr>
<tr><td>2014/7—9</td><td colspan="4">中国航空规划建设发展有限公司</td></tr>
<tr><td>工作内容</td><td colspan="4">自学“C#”编程语言进行“零件族”系统的开发；统计公司内部员工的个人绩效信息，并对其进行分析和数据结果可视化；运用统计的相关知识，建立生产线划分模型；生产线评估；设备数据的收集整理</td></tr>
<tr><td colspan="6">项目经验</td></tr>
<tr><td colspan="6">2014/9/10—现在：北京市政协优秀提案研究分析（北京市政协委托项目）
个人独立完成分析，并撰写相应的结果分析报告。
2013/10—2014/4：国家自然科学基金创新研究群体的发展现状分析（NSFC 委托项目）</td></tr>
</table>

主要负责人之一，对国家创新研究群体的现状进行分析，为基金委现在工作所面临的问题提出解决方案，为未来的高效工作提出建议。负责项目整个过程中的人员协调、数据的后期处理及可视化。撰写成果报告交予国家自然科学基金委，获得了基金委的高度肯定与评价。

2013/3—9：北京市政协提案研究分析（北京市政协委托项目）

主要负责人之一，分析北京市第十二届一次会议的所有提案（当时有 1 111 件提案，指导老师：王惠文院长），通过文本挖掘、定量分析等方法，找出提案中关注的主要领域，然后回到原提案找出主要问题，并给出建议，之后给出了一套提案分析的新方法，提交给北京市政协，并获得北京市政协授予的《工作鉴定证书》。

2013/5—6：庄园经济的商业模式研究及应用（学校科研计划）

主要负责人之一，研究现在庄园经济的商业模式，从它的人文环境、地理环境、区域经济、人民受教育程度等方面进行研究，并试图将其推广到具有某些优势资源的农村或者城乡结合地区。参与从查文献到汇总文献设计出研究框架，再到山西广灵县实地调研得到真实数据，最后对数据处理分析得到结果的全过程，在这个过程中进行组织和协调等工作。

2012/4—6：国家自然科学基金的申请态势预测（NSFC 委托项目）

项目成员，参与数据筛选、预处理和结果可视化工作。

2011/11—12：南航飞机飞行实时数据与事故发生前后的变化规律的分析（南方航空公司委托项目）

项目成员，对数据进行筛选和预处理，承担了整个项目中的数据复查工作。

校园经历

2013/5—6　参与北航经济管理学院“门特计划——本科生学生顾问制度”的制定与建设
2012/5—7　参与沙河校区咖啡厅策划，负责咖啡馆财务及店面管理方案设计
2012/3—2013/6　参与创立北京航空航天大学创业协会，并担任外联部部长一职
2013/9—2014/1　担任北航图书馆期刊管理员（勤工俭学岗位）
2013/3—7　担任沙河校区多功能厅管理员（勤工俭学岗位）
2013/9　获得北航“广义虚拟经济研究课题”个人二等奖，组建北航经济管理学院“广义虚拟经济研究小组”
2012/9—2013/7　担任大一新生军训小教官及本科生顾问，并获得“优秀本科生顾问”称号
2014/3—5　以主要负责人身份完成论文《政协提案的数据分析方法》，获得北航冯如杯学术科技竞赛三等奖
2013/7/1—7/15　赴山西省大同市广灵县实地调研，团队被评为“暑期实践重点团队”并获得“北航优秀实践队”称号

工作技能	IT 技能		英语能力	生活技能
	Office（特长：Excel）	精通	英语四级合格	机动车驾驶证 C1 驾照
	Excel VBA 语言	熟练		
	SPSS	熟练		
	R	一般		
	C、C#、HTML 语言	一般		

Tong Jiang

Room ×××，Building ×，No. 655 Pan Yu Road
1580×××××××× | katty. jiang@outlook. com

CAREER OBJECTIVE：Asset Management

EDUCATION BACKGROUND

Antai School of Economics and Management，Shanghai JiaoTong University Shanghai，China
Finance（*Honored Class*） Expected graduation date：2016/6

- Honors：C level scholarship； 2012—2013
  Group Third Prize in Shanghai Financial Knowledge Contest 2013/12
- Certificate of Security Qualification
- Courses：Economics，Finance，Mathematics，Accounting（all-English-teaching）

INTERNSHIP EXPERIENCE

LianXun Securities *intern at fixed income department* 2015/7—9

- Helped with inquiries for bond trading and interbank repurchasing；also helped maintain trading relationships
- Helped launch an asset management plan product（work included revising the contracts，preparing due diligence materials etc.）
- Collected and sorted up the data of macroeconomics，monetary policies and various bonds（via Wind）

KPMG *Winter intern* 2015/1—2

- Took charge of preparing and following the confirmations to the financial institutions and law firms，vouching and preparing working papers on cash，deposits，loans and expenses

Societe Generale *Operations intern* 2015/4—6

- In charge of handling credit and debit notices，filing and managing inward and outward documents of corporate and private clients，handling mail transfer certificates and collection certificates and a series of supporting works of foreign exchange and cash management business

RESEARCH EXPERIENCE

Strategic Asset Allocation of Sovereign Wealth Funds When Considering Background Risks 2015/7—

- Took part in the project supported by the National Natural Science Foundation of China（Grant No. 71271135），collected the data relating to major sovereign wealth funds and carried out the empirical analysis and case study

Stochastic Processes（course project） 2015/6

- Collected data of the toll stations of highways and combined the queuing theory to set up the queuing model and realize the minimization of the cost of toll stations

Industrial Organization（course project） 2014/9—11

- Collected data of Chinese listing companies in the coal industry and combined the industrial organization theory to investigate the net effect of market power in the industry and analyze the profit creation mechanism in the industry

EXTRA CURRICULUM EXPERIENCE

Yiyou Newspaper　　*Associate editor in chief*　　2013/6—2015/6

- In charge of the editorial page and historical page successively, and took an active part in the new media transformation

St. Katherine's College, Cambridge University　　2014/8

- Took lectures on finance and real estate and carried out the group case analysis
- won the scholarship awarded by St. Katherine's College, Cambridge

Yidun entrepreneurial team　*Member*　　2014/1—5

- Drafted the financial and accounting parts of the prospectus and helped with the marketing part

Other Activities

- Participated in the "Antai Beijing Enterprises visit":　　2014/7
  visited several enterprises, and communicated with people in charge
- Volunteer for the Shanghai International Marathon　　2013/12
- Took part in the CIMA contest and was in charge of the SWOT analysis,　　2013/11
  porter 5 force analysis, internal management and the ethical issues parts

SKILLS & INTERESTS

Languages: Fluent in speaking and writing in English; basic German

Cet 4: 661; Cet 6: 602; Certificate of Intermediate Interpretation

Technical Skills: Skillful in Word, Excel, PPT ; having basic skills for Python, MATLAB, STATA and VB

Interests: classical music, traveling, hiking

简历的内容一定要与求职目标相匹配。经常听到同学抱怨自己去招聘会投了三四十份简历，只得到了两三个面试机会。其实，这是非常正常的现象：如果你带去的简历是一个版本，针对的却是几十家不同的公司，往往只有10%的岗位需求是与简历内容比较吻合的，因此只得到部分用人单位的回复。所以，建议同学们针对不同类型的岗位准备自己的求职简历，投递时一定要有针对性。否则，在浪费了很多纸张的同时，你的自信心也受到了不小的打击，得不偿失。

求职过程中，求职信与简历发挥了重要的作用。然而，需要提醒同学们注意的一点是：简历是做出来的，而不是写出来的。如果自己没有在学习、社团活动、社会实践、实习等各方面有所投入，简历将无内容可写。因此，首先要在“做”上下工夫，这样的简历才能吸引人。

7.4 面试：获得工作机会的“高考”

1. 面试准备

投递简历及求职信后，就要随时准备迎接面试了。面试前要做好以下五个方面的准备。

第一，是心理准备。递送求职材料后，应时刻保持积极的心态，随时准备接受面试邀请。在接到不熟悉的电话时，应热情、自信地问候，因为这很可能是通知你参加面试的电话。不要在教室、图书馆及嘈杂的环境等不方便谈话的地方接听电话，以免沟通不畅影响面试信息的获取。求职过程中最好在手机中设定留言信息，以免错过任何一个重要来电。

第二，准备好面试可能用到的材料。最好列出清单，以免出发前遗漏。这些材料中，除了前面提到的各种求职材料外，应该带好学生证及各种证书、证明的原件，一方面体现你的诚意，另一方面便于招聘单位核查。此外，一定要带上签字笔及纸质笔记本。

第三，进行面试问题的准备。常规的面试程序中，都会请应聘者进行自我介绍，用时以一分半钟至三分钟为宜（总字数少则三五百字，多则七八百字）。自我介绍的内容主要是应聘者的基本信息，学历背景、实习经历和优势，应聘该公司职位的主要原因。接下来，面试官往往会就应聘者自我介绍中的某项描述或者简历上提到的某个经历进行提问。因此，同学们应提前就可能被问到的各种问题做好准备。

为提高面试效率，越来越多的用人单位会通过电话进行初步筛选。有的公司会事先约定电话面试的时间，但更多的电话面试可能随时进行。因此，同学们接听电话时要注意时间和场合，切忌在不适合交谈的情况下勉强应对，应主动说明自己当时所处的环境，请对方等待自己几分钟，换一个安静的通话地点或者更改通话时间。

近年来，结构化面试成为企业招聘考核的一种重要形式，一般包括以下六大类问题：自我认知、价值判断、经历阐述、材料解读、专业知识、即兴演讲。

应对结构化面试，同学们应在以下几个方面做准备：（1）梳理自己的优劣势、核心优势、性格特点和职业规划；（2）结合求职简历，丰富自己的成就故事，回顾和总结自己在专业学习/实践、团队合作、组织协调等方面的典型经历；（3）牢固掌握专业知识，并对专业知识进行一定的拓展；（4）养成博览群书、关注社会新闻热点的好习惯，多思考；（5）提升自信，训练多维辩证分析、提出解决方案的能力。

目前面试中经常用到情景面试（situation-task-action-result，STAR）。应对此类面试，第一步要明确你的任务是什么类型的、怎样产生的及当时的情况是怎样的；第二步要说明你针对这种情况作出的分析并据此决定采取的行动；最后要告诉面试官结果如何，在这种情况下你学到了什么。在招聘销售、管理等岗位的面试中，还经常采用压力面试，以考察应聘者的抗挫折能力和情绪稳定性。这些都需要同学们提前了解，做好准备。

无领导小组讨论是近年来群体面试常用的一种方法。这种面试形式的特点在于“小组”与“无领导”:“小组”意味着团队协作、陌生团队成员的融合，考察面试者的协作能力、协调性、人际融入能力（性格倾向、情绪稳定性）、活跃度（有效发言次数）；“无领导”意味着团队角色的分工，这种分工建立在团队成员的自知力的基础上，不是任命的也不是指定的，考察面试者的自我认知、自我定位和扮演特定角色的能力（领导团队能力、掌控局面能力、时间掌握能力、协调团队能力）。应对这样的面试，要从以下几方面做准备：

(1) 提升活跃度，实现有效表达。在给定的讨论时间内，要勇于表达自己，亮出自己的观点。在倾听小组成员的观点时，可以进行一定的补充或者深化，不要做只关注自己观点的“低头族”。表达观点时，要吐字清晰、抑扬顿挫，具有一定的感染力；通过断句、停顿、强调等方式，有侧重地表达自己的观点。避免音量过小、声调过平。

(2) 具备一定的协调性和较强的掌控力。讨论过程中，要关注队友，关注整个讨论的进程，对队友的观点要理性、辩证地看待，避免极端否定、人身攻击等。当讨论陷入混乱、僵局时，要注意适时掌控和引导，促使团队讨论朝预定方向发展。

(3) 有独立观点，有逻辑思维与层次。一定要有自己的观点，避免在讨论过程中进行“碎片化”的表达。要有自己的逻辑假设和推理过程，有创新性，包括切入点、论据等的创新。学会用逻辑层次来规范自己的语言组织，例如使用“首先、其次、最后”及“第一、第二、第三”等表述。

(4) 注重思辨能力，多角度发散思维。分析面试题时，要尝试找出面试题本身所包含的若干假设，根据这些假设，做出你的逻辑假设和推理（建立你的逻辑推演模型）。避免就事论事，眼光局限于题干本身。在自己的逻辑假设的基础上，再进行推理。在分析问题时，要注重发散思维，多联想、类比，要有全球化的视野和眼光。

面试结束前，面试官往往会让应聘者进行自我评价并提出问题。这也是面试中非常关键的环节。同学们要结合用人单位的组织文化及应聘职位的任职需求，尽量客观、全面又简洁地进行自我评价，不可夸大自己的优势，也不要忽略自己的劣势；提出的问题，要既有针对性又有前瞻性，避免询问工资待遇等问题。

除了准备面试中可能被问到的问题外，同学们还要认真学习面试礼仪，既要注意仪表礼仪，也要注意行为礼仪。除了穿着整洁、尽量着职业装之外，还要准时到达面试地点，对应聘公司的工作人员和参加面试的竞争者都要有礼貌。面试中，要关闭手机，轻敲门，得到应允后再进入，开、关门要轻；坐姿要端正，态度要热诚，使用敬语，保持目光接触；回答问题声音要适中，表述简洁清楚。面试结束时，要感谢公司给予面试机会，说明自己的收获，强调信心和热情，问清楚后续事宜，确认进一步联系的方式，离开前整理好物品和座位，带走所有物品（包括纸杯等杂物）。

在完成以上四项准备工作后，同学们还要进行模拟演练。简便的方法有对着镜子练习，或者自己录下来，看录像找问题；也可以请一两位同学帮忙进行角色扮演，请同学指出问题。此外，练习用英语进行自我介绍、自我评价以及回答问题也很有必要。根据近年来同学们的经验，不仅去外企求职时需要用到英语，去大型国企和民企求职也常常被要求用英语进行自我介绍及回答问题。

总之，要想顺利通过面试，要靠平时扎扎实实地付出努力，同时，自我总结、反思也非常重要。

2. 面试常见问题及其应对

在就面试做准备时，同学们一定要清楚：面试官设计面试的形式、提出的问题都是为了考察应聘者与其所申请职位的匹配程度，因此，应围绕这一点来准备。一般而言，用人单位招聘新员工的面试主要考核五个方面：一是面试者对自我的了解、定位、价值观以及职业规划，这些都与其求职动机相关；二是面试者的成就、经历及其体现出的能力、性格和品质；三是面试者对专业知识的掌握；四是面试者对社会的关注，以及对社会现象的认知；五是面试者的有效表达、逻辑思维和分析等能力。

下面，与同学们分享面试中常见的一些问题及其应对方法。

学习能力是绝大多数用人单位要考核的应届毕业生的基本能力之一。我们看一个实例：

面试官：你的简历中介绍了你在××大学经济管理学院学的是国际贸易专业，你能介绍一下该专业学习的主要内容吗？

求职者：我们这个专业属于应用经济学的范畴，专业课程主要包括宏观经济学、微观经济学、国际贸易、国际金融、国际营销等。

面试官：你的学习成绩如何？（考察学习能力和逻辑思维能力）

求职者：我的专业课平均成绩是87.3，位于班级前20%，有推荐免试上研究生的资格。

面试官：很多人认为大学本科的专业对未来的工作没有什么帮助，你怎样看待这个问题？

求职者：我觉得这个问题没有标准答案，需要根据具体岗位进行分析。对于工程设计、机械制造、财务管理、法律咨询等岗位，本科阶段的专业学习可以说是基础，没有这个阶段的学习和基本训练，根本无法承担相关的工作；对于行政管理、市场营销等岗位，本科阶段的学习更多地体现在提高学生理论学习、知识应用、思考问题、解决问题的能力方面。当然，任何岗位都需要具有学习能力和认真的态度，我认为这是新员工进入职场后所需的基本素质与能力。

面试官：你如何看待自己的失败经历？请举个例子。（考察应变能力）

求职者：我在校报做记者时，有一次要采访一个全市创新创业大赛的一等奖获得者。不料，获奖者不愿意接受采访，我真的特别沮丧。因为那期报纸主题都定好了，就差采访稿了，结果影响了报纸的出版进度。后来我反省了自己，发现前期准备不足，获奖者可能觉得我没有诚意。在全面了解获奖项目之后，我又多次去找他协商，最终他答应接受采访。

了解所要应聘的公司及职位非常重要，这不仅能帮助你确定自己是否真正适合此岗位，以便做出正确的选择，而且能帮助你应对面试官提出的有关岗位的问题。面试官问此类问题，是为了考察求职者的专业度、忠诚度、岗位关注度及提前准备的能力。我们看一个实例：

面试官：你为什么来应聘这个岗位？（考察求职动机）

求职者：首先我非常认同公司的企业文化（可简单举例说明自己对该企业文化的理解），同时特别看好公司的发展前景，一直很向往加入贵公司。应聘这个岗位是因为我对这方面的工作感兴趣，能够实现自我价值，同时我也具备胜任这一工作的基本能力，希望能够在工作中进一步提高。

应对这类问题，预先掌握一些资料会让面试官认为你加入企业的诚意毋庸置疑，要想收集有关企业的资料，你可以参考企业发布的年报或业绩简报，如果能向该公司的员工咨询则更有利。

创新能力是雇主看重的应届大学毕业生的基本素质与能力之一，在很多岗位的招聘过程中都要予以考核。一个具有创新能力的人，会表现出思维的灵活性，有新颖的理念，并能使之转化为切合实际的计划。具备创新能力者往往会表现出以下行为：有理智的好奇心；对于解决一个问题常常有很多的想法和建议；对于非常规的想法抱有很大的热情；能够不断挑战自己的想法和做法；能够打破思维定式，为老问题寻求新的解决办法。我们看一个这方面的实例：

面试官：从你的简历中看到，你曾担任过校学生会文艺部的部长。你认为担任这个职位最大的挑战是什么？

求职者：我认为最大的挑战是不断地有新的创意：无论是活动的内容还是形式，都需要不断地创新，只有新点子才能吸引更多的同学来参与活动。

面试官：请说说你最成功的一次创新活动。

求职者：我最成功的一次创新活动是去年学校的元旦晚会。之前学生会每年都组织元旦晚会，但基本上都是每个学院出几个节目，形式单一，主动前往观看的同学很少，各个学院都会“摊派”一定的人数参加，去的同学反应也不热烈。于是，我广泛听取了同学们的意见与建议，最后决定以游园会的形式庆祝新年。在取得主管老师的支持后，我们向每个社团和班级发出了邀请：大家可以通过规定程序申请设立自己感兴趣的项目，每个学院都可以搭建自己的舞台来表演节目，最大限度地调动了大家的积极性，同学们的反响十分热烈。

前文提到，团队合作能力也是用人单位重点考察的可迁移能力之一。作为团队的一员，其团队合作能力表现为采取合作的态度进行工作，关注团队的整体目标而非个人利益。具有较强团队合作能力的人的具体表现为：作为团队成员，愿意并富有建设性地参加工作；对团队表示认同，支持团队的决策；愿意公开、坦诚地与团队共享信息；能够为了团队的利益调整自己；重视他人的看法、专长及所提供的信息。

下面，我们看一个实例：

面试官：你认为在你以往的学习及工作团队中，你担任的是什么样的角色？

求职者：我在团队中主要扮演智多星的角色，为团队献计献策。我的创造力比较强，能够从不同角度看待事物，经常可以提出新主意。有时，我还充当临时的协调者，以团队领导的身份做协调工作。

面试官：你认为如何才能有效地进行团队合作？

求职者：我认为对一个团队来说，最重要的是每个成员都关注团队的整体利益而不是自己的个人利益。团队的整体目标关系到团队中的每一个人，只有基于实现共同目标的意愿，大家才能开诚布公地有效沟通、分享经验、贡献所长，才能有效地进行合作。

有关大学期间的兼职经验和社团活动也是面试中常被问到的方面。我们再看一个实例：

面试官：你的简历中提到你在学校的学生超市勤工俭学。在这个过程中，你有什么收获？

求职者：首先，我通过勤工俭学获得了一份收入，可以贴补我的生活费用，减轻了父母的经济压力；其次，我增强了独立意识，培养了独立生活的能力。此外，学生超市在我们学校也是一个学生社团，加入这样一个组织，和许多同学一起努力，给了我很强的集体归属感，也培养了我的团队合作精神。

面试官：这样一份兼职会占用很多时间吧，你是如何平衡兼职工作与学习之间的关系的？

求职者：您说得对，这份兼职的确占用了我不少时间，但我并没有因此放松学习，毕竟学习是学生最重要的任务。我做事一向认真努力，不论是在学习中还是在工作中。为了兼顾工作和学习，我牺牲了很多娱乐和休息的时间，因为我非常清楚：既然选择了兼职，就必须放弃一些娱乐活动、休闲时光。因此，我总体上做到了学习、工作两不误。

另外，同学们应该做好自己的职业规划。很多面试官都会问到未来规划方面的问题，面试官希望借此了解应聘者的求职动机、求职态度和中长期职业发展方向。我们看一个例子：

面试官：你对近五年的职业发展有什么规划？（潜台词是，你能在我们公司工作多久？）

求职者：我希望在这一工作领域得到长期发展，现在我只有一个大致的计划。第一阶段，我希望从现在开始，两年之内能够在我申请的这个职位上沉淀下来，完成从学校人到社会人的转变；第二阶段，我希望成为一个深入了解业务的人，能发现问题、解决问题；第三阶段，我希望能全方位掌握该领域业务，在工作中能有所创新，能为公司带来更大的价值。

求职过程中，同学们一定要端正职业态度。关于职业态度，可能涉及的问题包括："与公司同事意见不同产生矛盾时怎么办?""如果工作需要加班、出差、外派，你能胜任吗?"等等。面对这类问题，求职者一定要根据自己的实际情况认真作答，不要因为迎合面试官而做出违反自己意愿的回答。面试快结束时，面试官一般都会问一句："你还有什么要问吗?"不要小看这个问题，这是面试官在考察应聘者的思辨能力和职业态度，以及对公司、职位的理解。你可以围绕公司、职位提问，让面试官觉得你确实关心这份工作。以下问题可供参考：(1) 公司对这个岗位的期望是什么，哪些是我需要特别努力的?(2) 公司是否有正式或非正式培训?(3) 公司是否有外派或轮岗的机会?(4) 公司的升迁渠道是怎样的?……若回答"没问题"，不仅放弃了面试加分的机会，苛刻的面试官可能会认为你"对职位漠不关心或思维不够灵活"，因此，要把握好最后一问。

总之，面试中的问题虽然千变万化，但都是为了了解应聘者的求职动机及与招聘职位相关的各种素质与能力。只要同学们能够将所申请的职位理解透彻，并且根据自己的实际情况诚实地回答问题，就应该算是成功的。同学们千万不要将精力都放在提高面试技巧方面。事实上，一旦面试官发现应聘者在包装自己，没有实事求是地回答问题，就会认为他们缺乏诚意，甚至会怀疑他们对所有问题给出的答案。

课堂活动

模拟面试——无领导小组面试实战演练

讨论内容

某公司招聘总经理，应聘者有曹操、诸葛亮、刘备、孙权四人。如果你是 HR，请问你的招聘意向是谁？请排序并说明理由。

活动说明

分组（六人一组），每两个小组进行无领导小组面试实战演练，并进行总结评议。

活动内容和过程

(1) 模拟面试在两个小组间进行。一个组的成员扮演面试者，另一个组的成员扮演招聘者。

(2) 招聘小组成员商议小组讨论的内容与形式。

(3) 面试小组成员根据招聘小组的要求进行无领导小组讨论。

(4) 招聘小组成员负责观察、记录应聘者在小组讨论中的表现，在小组讨论结束后进行评议，选出无领导小组讨论中表现最佳的1～2名应聘者。

(5) 大家共同交流模拟面试中的心得体会。

3. 面试预约、面试心理及面试时的注意事项

参加面试前，一定要确认面试的具体单位、地址及联系人。不少同学高密度地递交了几十份简历，接到面试通知时又没有听清楚，以至于忘记、混淆应聘单位、岗位、面试时间和地点等重要信息。

接到面试通知时，要问清面试时需要携带和准备的材料及物品。

在确认了面试时间和地点后，须认真计算所需的交通时间，安排好路线和交通工具。对于自己特别重视、不熟悉面试地点的公司，建议同学们先去"踩点儿"，以便确切了解交通所需时间及面试地点。

一定要记住求职单位的联系人及其电话，一旦有意外可及时联系，切忌迟到又没有事先告知对方。

面试成功与否，面试时的心理状态至关重要。面试时，认真、诚恳的态度是关键，也是取得面试官好感的基本条件。面试中紧张是正常的表现，同学们不必太在意。但同时，面试前也要尽量放松心情，以免因为过度紧张影响睡眠，进而影响面试时的表现。为放松心情，面试前可以适当地参加体育活动，找水平不如自己的对手比赛以增强自信心。此外，面试前保证充足的睡眠、适量就餐也很重要。

建议同学们提前10分钟到达面试地点，面试前去一趟洗手间；进入房间前，尽量调整自己，进行深呼吸。

面试中要让自己有心理优势，要告诉自己这次面试双方均有机会成本、双方都是有选择权的，千万不要觉得自己是"任人挑选"甚至"任人宰割"的。

面试时应注意以下事项：

(1) 不要急躁，遇事冷静；

(2) 遇到没有准备的问题，自己怎么想的就直接说出来，将当时的想法说出来即可，因为面试官的问题通常不要求正确的答案，而是看你对问题的反应；

(3) 没有回答清楚的问题，接下来应找合适的机会澄清，以免造成更多的误解；

(4) 没听懂问题时一定要先问清楚再回答，切忌"将错就错"。

如果你在面试过程中得到了面试官的名片，面试结束后应该表示感谢，以发送邮件为宜，注意邮件内容要简洁，篇幅最好不超过一屏。面试结束后，不要过早打听面试结果通知，同时要注意接收面试结果通知，以免错过下一轮面试。如果自己感觉面试很不错，却没有在规定时间内收到进一步的面试通知或录取通知，也可以主动查询结果；查询面试结果时，一定要注意礼貌。

总之，影响面试结果的因素非常多。其中有些因素是个人无法控制的，如应聘者太多，用人单位的人力资源政策发生改变，面试官有偏见，等等。然而，同学们要关注那些可以控制以及可以预防的因素，比如：糟糕的仪表，填写马虎的职位申请表，面试迟到却自以为是，不能清楚地自我表达，缺乏目标及职业生涯规划，缺乏热情或

自信，过分强调薪酬水平，好高骛远、不愿意从基层做起……

面试就像考试一样，平时的修养和累积非常重要。面试中虽然存在一定的偶然性，但应聘者在面试中的表现基本上能够呈现出其真实的水平及其与岗位任职要求的匹配程度。因此，同学们尽量表现出真实的自己就行了。即使由于表现超常而获得了Offer，进入工作岗位后仍有可能因为不符合岗位需求而感到工作压力过大，甚至无法顺利通过试用期。建议同学们在学习理论知识、参与实践活动及实习工作的过程中，学习职业形象塑造方面的知识和技巧，了解不同场合的着装常识，使自己拥有良好的职业形象及行为举止。在大学期间通过读书学习，抓住生活中的各种社交机会，掌握各种场合的礼仪礼节，将有助于你尽快成长为一名职业人士。

总之，本章通过对求职及面试流程的介绍，使同学们初步掌握了找工作的基本方法。同时，通过介绍一些应届大学毕业生找工作及参加面试的实例，使同学们认识到找工作的过程是实现人—职匹配的一个关键环节。

本章小结

本章引导同学们在明确求职目标后了解目标雇主看重什么，了解用人单位招聘员工的程序及渠道，同时学习收集信息、选择求职渠道的方法。针对自己希望获得的职位，首先完成一份有针对性的简历及求职信，同时了解面试的基本流程及面试中可能面临的主要问题，还要掌握顺利通过面试的基本方法。此外，同学们在大学期间就应该注意塑造良好的职业形象。

课后思考

你计划将自己的职场生涯的起点设在哪里？

你了解找工作的程序吗？打算何时第一次参加校园招聘会？

你写过求职简历和求职信吗？请试着写一份，一定要针对某个具体的职位。

关注有关求职、面试的电视节目，对应聘者的回答进行评判，并尝试给出更好的答案。

推荐阅读

未雨绸缪，方可胜券在握

——一位本科毕业生的求职经历

2014 年 10 月 14 日，对我来说是一个值得纪念的日子：这一天，我拿到了人生中的第一份工作 Offer。那一刻，我非常开心与欣慰。我立即将这个好消息告诉了家人，告诉了关心与帮助过我的老师，告诉了自己最好的几个兄弟。在反复说着同样消息的时候，兴奋感竟然没有随着次数的增加而递减。为什么会如此激动和兴奋呢？为了这样一份工作，我虽然不敢保证自己比其他人都付出得多，但我一定比大多数人规划得早。

学院正好从我们这一届开始进行教学改革，大一开学不久就开设了“职业生涯规划”课。上课期间觉得内容很有趣，对相关的理论及方法有了初步的了解。接下来的一年中，我渐渐有了规划自己的大学生活和未来职业的意识。大一暑期我分析了自己：经历了大一的各科考试，我发现不管怎么复习，考试总是拿不到高分，郁闷了好一阵；但是我对做项目、做数据产生了很浓厚的兴趣。所以到大二以后我的重心就放到了做项目、学习数据分析以及比较实用的数据分析软件上，尽量使自己能够具备未来工作所需的初级能力。当然，在学习上我也确立了一个原则——无论如何都不能挂科。

自从确立了大学的重心和学习原则以后，我的任务就非常明确和清晰了。平时只要实验室有项目任务，我都会投入百分之两百的精力。一旦发现在做项目的过程中能力有所欠缺，我就会有的放矢地去学习，将实践和理论知识相结合，让自己以最快的速度积累工作能力。后来发现这样做的效果非常棒，也让我一直坚持下去。

大三，我们从郊外的沙河校区搬回了北四环内的校本部，这给我参加实习提供了很多便利条件。由于头脑中已经有了职业规划，因此在大三期间，我先后去了两家公司实习，一家管理咨询公司——和君咨询，一家互联网公司——搜狐。这两家公司的类型、特点不一样，但有几个共同点：都是正规企业，平台好，管理规范。在那里我学到了很多东西，比如做事情一定得细心认真，一定要有耐心，一定要有一颗强大的心脏等。大三暑期实习，我去了一家航空类企业——中国航空规划建设发展有限公司。在那里，我知道了什么是体制内的企业，如何在公司里做事做人。

以上三段实习经历让我明白了一点：做任何事情都不要原地待命，一定要未雨绸缪，提前准备。所以大三暑假一结束，我就开始关注各大招聘网站上的招聘信息，提前了解一些企业的情况。准确地说，我从 8 月初就开始关注信息，着手修改简历，然后对自己的简历进行分析和剖析，对我感兴趣的公司进行分析和研究。

我找工作的战绩如下：投出去 8 份简历，收到 6 份面试通知、3 份 Offer，包括富士康、华为、厦门银行。比我战绩好的人有很多，但是我找工作的经验和体会也许能够对学弟学妹有所帮助。

我在大四开学前的 8 月末就将简历做出来了，因为那时是最合适的时机：主要的课程已经学完，实习已经结束，有了参与项目、社会实践的经历等。之后，我开始了解招聘季中较好的公司什么时候来学校招人（招聘网站上会有这些信息），然后参加了一些宣讲会。

那时很多学生特别迷茫，根本不知道自己喜欢什么、能做什么，即使根据自己的专业找工作也会感到纠结。其实这种纠结和迷茫很正常，产生的原因是我们对职位的认知度不清晰，对自己的优缺点不明确。我也曾有过这样的纠结和迷茫，但是我坚持每天都去参加宣讲会。初步统计了一下，从 9 月初到 10 月末，自己平均每天参加一至两场，也正是这样不间断地去参加宣讲会，我才慢慢找到了答案。在参加宣讲会时，从企业需要什么样的人，我需要什么样的公司，我有什么样的能力，我想从公司获得什么等方面入手深入思考，慢慢地你就会知道自己喜欢什么样的工作。这样有的放矢地去找工作，公司招人轻松，你找到如意的公司也比较简单。

有些人或许喜欢海投简历，期望“广泛撒网、重点培养、独个击破”，这样做确实可行。但是我认为，要想找到那种特别符合心意的工作，机会还是比较渺茫的。这和谈恋爱是一个道理，即使通过上面的“方法论”能够找到对象，也并不一定是你心里最想要的。所以一开始的时候就尽量找到自己最喜欢的公司（这类公司可以有多家，但都必须是自己喜欢的），找到最喜欢的职位，点对点地做好准备，成功的概率会比“海投”高得多，并且一旦成功，你会很有成就感，这种成就感会让你越来越自信，而找工作时自信心是非常重要的。

投完简历后就要准备面试和笔试，这两个环节是最难的也是最容易的。难表现在人的性格、天赋等先天因素很难改变，易表现在无论是面试还是笔试都是有章可循的，只要肯学，就很容易应对。推荐几本我看过的书：《应届生求职——面试技巧》、《应届生求职——笔试技巧》、《应届生求职——简历制作》，书中谈到的技巧在关键时刻还是非常有用的。

从拿到的几份 Offer 中做抉择，我罗列了比较重要的几个指标：工作平台、员工之间的关系、发展机会、工作类型、薪资。几家企业的平台都很大，尤其是富士康和华为：富士康 2013 年在世界 500 强中排第 32 位，华为也是 500 强之一。应聘富士康时，招聘主管就是所提供工作岗位的部门主管，从刚开始参加宣讲会，到最终的面试，我和那位主管一直非常聊得来，自己有一种遇到伯乐的感觉。因为当时宣讲会大部分时间使用的是英语，而我的英语不太好，宣讲会结束后我随便找了一个人（后来才知道他是部门主管）打听一些关于招聘岗位的事情，我还说自己的英文非常差，不知道能不能进。他就问我有什么能力，当时我把大学做的项目、获得的成果给他粗略地展示了一遍，其中有一个他非常感兴趣，聊了很久，最后他让我等通知。

或许是因为那一次聊天给他留下了非常好的印象，之后关系就越来越好。我觉得有这样的主管，员工之间的关系不会差到哪里去。我听一些师兄师姐说，华为的员工关系也不错。说到发展机会，虽然华为最近几年发展得很好，但我觉得富士康正在进行战略改革，发展机会应该很大；而且富士康提供的职位是“经营管理工程师”，偏向投资决策、上市规划、数据分析，是我的兴趣点；华为提供的是谈判类的“商务合同方向”，并非我特别喜欢的职位。二者的薪资差不多，最终富士康赢在员工关系和工作类型，所以我选了富士康。

说到找工作，令我最难忘的经历不是拿 Offer，而是拿到 Offer 以后跟公司签订协议。我差一点因为一些客观原因无法签订三方协议，最终有惊无险。从这件事情中我领会了一个非常深刻的道理：做任何事情不到万不得已的时候，千万别孤注一掷，尽量给自己一个 Plan B；同时，我也意识到，在找工作的过程中，可能会出现很多的不顺心、不如意、不公平，但是对这些东西一定得用一颗平常心去看待。学校有学校的生存法则，社会也有社会的生存法则，没有对与错，适应环境是人一出生就需要学习的能力。此外，遇到问题后，千万不能慌，要尽可能向老师、朋友求助。

作为北京航空航天大学经济管理学院的一员，我真的很幸运也很骄傲。自己取得的一点点成绩，得益于她的培养。感谢北航！感谢经济管理学院！感谢老师！

作者彭超为北京航空航天大学管理工程专业 2011 级本科生 。

一位女硕士的求职心路

正式参加工作大半年了，又到一年招聘季，回想自己当年这个时候，正处在最茫然的时候：进入12月份，一些同学已经手握几个Offer，开始权衡利弊决定去哪里更好，可是我的工作仍然没有着落，心情特别沉重。好在经过半年的艰难努力，我最终如愿找到了心仪的工作。正应了那句话："努力的孩子都会有回报。"

我本科、硕士都在北航经济管理学院读的，本科学的是金融工程，硕士保送阴差阳错被调剂到企业管理专业。个人能力一般，好在比较勤奋，毕业时，该拿的奖学金拿了（一次一等奖学金，一次三等奖学金），该有的基本条件也有一些（通过英语四六级、雅思，取得计算机二级证、证券从业资格证，注册会计师考试过了几门），含金量较高的东西就是这些了。

关于简历

很多人会花很多时间反复修改简历，我认为这是非常必要的，特别是在8—9月这段时间，尚未到面试高峰，恰好有一个假期，好好和小伙伴商量简历的制作，向师兄师姐们咨询简历制作经验。不要小看简历，它可是千变万化的。同时，不同类型的工作对应的是对不同素质、能力的要求，所以要准备不同类型的简历。一般先写一个通用版本的简历，再按照要申请的岗位选择性地增加或删除一些内容。有时遇到一个很好的工作机会，可能由于你的简历未准备到位而错过。如果不准备向外企投简历，一般不用特意准备英文简历。

投简历是个技术活，找准自己的定位，投岗位的时候考虑一下自己的适应性，成功率会高出不少。这一点我有教训：一开始投了许多人力和财务岗，虽然学过相关的课程，但因为专业不对口，一个反馈都没收到，白白浪费许多时间，后来调整了意向岗位，情况改善了许多。特别提一下网申，可做一个超级详细的Word版简历，填第一份网申时，先不在网上填，把每一项要填的内容在Word中列明、写好，一方面便于以后进行其他网申时复制，另一方面避免填到一半因网络故障提交不成功。

关于实习

很多师弟师妹问实习经历对工作的用处，从我个人的体验来说，面试时挺看重实习的，HR也喜欢问你实习时做了什么、学到了什么，有的也问了志愿者经历。另外，如果有很想去的公司，提前去做实习生，被录用的机会要比直接招聘大得多。在学校期间花时间到外企或者一些知名企业实习，对职业素养的提高也很有帮助。对北航经济管理学院的学生而言，实习是一个弱项，不论是本科生还是硕士生，在面试时遇到中央财经大学、对外经贸大学的学生们说到实习经历经常被完虐，希望师弟师妹们吸取教训多多实习，有机会一定要好好把握。如果实习经历确实很少也不要紧，这么多师兄师姐们也都找到工作了，说明个人素质和潜力比一段实习经历更重要，毕竟进入企业后都是要从头学起的，企业更看重你的未来而不是过去。说白了，实习只是体现你能力的一个方面。

关于面试

首先练好自我介绍。至少准备两个版本：一个是1分钟左右的，另一个是3分钟左右的，中英文都要准备好。无论怎样，表现出最好的自己。HR 对不同的职业有不同的要求，不能一概而论，每个人所拥有的特质也不一样，你不能强求一个平时不怎么爱说话的人谈笑风生，也不能让一个从不爱运动的人说他如何喜欢运动。每个人都是最好的自己，为了工作，我们可以尝试一点点的改变，但你不能伪装成另外一个人，那样的话即使得到了工作，也难以适应这份工作。我是一个比较内向的人，面试的时候绝对做不到侃侃而谈，只能尽量让自己多说一点、多表现一点。在中国人寿的面试中几个性格相对温和的人通过了，表现特别激进的几个反而被刷掉了，所以有时候也不是一定要特别 Aggressive。即使遭遇了北京最难就业季，我有幸进入了大唐电信、中国人寿、国网中兴、北汽等公司的终面，最后选择了北汽。说到这里，要感谢的人太多，导师、师兄、师姐都给了我很大的帮助。找工作时不要太害羞，要积极主动地寻找身边的各种资源，寻求帮助。

毕业时找工作，尤其是找个好工作，是一段很长的旅程。很多时候，申请工作两个月后突然接到电话；你如果没有做记录，会记不清申请的是什么职位，发出的简历是怎样的。所以，记录你的每一个申请，并及时更新进度，你可以看到自己的成长和努力。

关于心态

尽人事，听天命。人要有压力，但别把自己压垮了。记得在最艰难的那几天，北京突然降温，我不幸患上感冒，连续发烧 3 天不退，每天都昏昏沉沉的，却陆续接到了三个面试通知。有一天早上天空飘起了雪花，我高烧 39 度，咳嗽起来根本停不下来，仍坚持坐公交车到了面试现场。邮件通知了四个人，现场只有我一个，那次面试我表现得不错。有人说，人有三次成长：第一次是在发现自己不是世界的中心的时候；第二次是在发现即使再怎么努力终究还是无能为力的时候；第三次是在明知道对有些事情无能为力，但还是会尽力争取时。面试之后，顶着冷风和雪花走在路上时，我突然庆幸自己的理智最终战胜了情感，即使希望渺茫，即使身体不适，最终还是去参加了面试，为着那百分之几的希望而努力，以免将来自己后悔。

辛苦读书二十载，不图飞黄腾达，只希望心胸释然。毕业找工作很重要，但相对于漫长的一生也不算什么。经历过艰难才能更珍惜，和你的同学、朋友一起进退，带着家人的期待一起努力，这几个月的经历，将令你永远难忘。

作者张学为北京航空航天大学企业管理专业 2012 级硕士生。

一位本科女生的异地求职记

2010 年就要过去了。回顾这过去的一年，首先必须用“难忘”一词来形容，因为我终于通过自己的努力，在大四第一学期结束前找到了相对满意的工作。

犹记得大三期末考试轰轰烈烈地结束后，同学 CC 被我洗脑，毅然放弃考研，我俩直奔上海，开始了漫漫的求职之路。

我们先去找了份实习工作。炎热的天气里，我们一次次奔波，在公交车里被挤来挤去。记得有次碰到一个变态，我们提前跳下公交车，当时我突然好想回家、好想哭。回到借宿的学校，澡堂不能洗澡，又累又热吃不下任何东西。那段日子，我们下班后通常是先去打开水，然后买回半个西瓜当晚餐……

实习的工作是卑微而枯燥的，但我们还是挺过来了。公司不是牛公司，不是什么世界500强，但是我俩很知足很认真地工作。为了两份实习工作，我一个暑假没有回家，也没有去挤世博会看展览。薪水很少，基本上是体力活，我也不知道它能带给我什么成长，但我相信这种琐碎的工作肯定会给我带来好处。

暑假结束前回到家，开学后上了些课，处理了学校的一些相关事宜，9月底，我就又和同学小L南下，正式开始找工作。

求职道路并不顺利，在我感觉脆弱时，我没有告诉他人。我觉得，挺一挺就会过去，谁没遇到过曲曲折折。每次坐上高铁，依稀看到妈妈离开的背影，我咬着嘴唇不让自己哭出来；每次独自拉着大件行李，吃力地穿过陌生的街道，湿透的衣服不舒服地贴在身上，肚子很饿，脚很累，我就告诉自己，总有一天，我要让这一切变得值得。我这里谈到的，很多求职的朋友也遇到过，这是我们珍贵的记忆。

每天一遍遍地查邮箱，每天守着电话，每天按照计划投简历，去参加笔试，一轮轮地面试，纠结地等待，目睹各种名校的研究生比我们更加痛苦地奔波和纠结。有时候我觉得求职更像一种体力活。我很羡慕那些一下子就找到自己中意工作的同学们，但是我更相信最好的在后面，最适合自己的才能给我带来最大的动力和幸福感。

回到学校，准备了几门考试，陆陆续续地已经有同学传出签约的消息。而我，未来还要孤独地奔波；我已经做好了准备，再次回到上海。

又是一轮苦战。10月中旬的一个夜晚，接到MDL的电话，让我去他们公司面试……我当时以为还以为是骗子公司呢！因为之前说到医疗器械公司，我只知道强生、西门子和通用电气等，对MDL则闻所未闻，而且这种主动送上门来的一般不是保险公司吗？好在出于礼貌我还是答应了，并且上网查了公司的信息。原来竟然是高端医疗器械的老大啊！

我陆续参加了不少面试，大大小小的企业加起来也有几十个，各种行业的都有。其中有几个企业令我感触颇深。

CII是给我第一个正式Offer的企业。这家咨询公司规模不大，做的是创新咨询，顾客主要是世界500强企业。我并不重视这个公司，因为作为年轻人，我还是有世界500强情结。但是公司负责HR的Eric对人实在是太好了！他很认真地对我说：你天生是做这一行的料。但我还是没有勇气一开始就去做咨询。

福特APA办公地点在陆家嘴顶级的写字楼里，连物业公司都是很有名的。我和外籍经理聊了一个多小时，口干舌燥。基本上都是我在讲，他透过超级高度的近视眼镜一直盯着我看。他问我你最喜欢福特的什么车，我直说我家的汽车不是福特的，我没有坐过，不了解。接着，我停了下来，冷场了。他看着我，我只好补充说：那么就是林肯吧，是地位和财富的象征。于是暖场了……老外表示很喜欢我的诚实。福特的经历告诉我：外语真的很重要。英语过关的人在选择时机会更多。

国际纸业的面试经验让我体会到：一旦你符合这家企业的风格，人家不会轻易放你走。我跟公司员工培训经理兼校园招聘负责人 Linda 很谈得来，她主动把我从 HR 部门调到了战略部。可惜，我与新主管风格迥异：这位 30 出头的双料博士气场强大，我和他沟通很不自在。我对 Linda 表示自己感觉不好，于是 Linda 又将我调到出口部，那里的同事 Ireen 和总监对我真的很好。可我还是觉得不适合而婉拒，离开时心里觉得酸酸的。

MLD 是我现在准备签约的企业。参加 MLD 的一面就让我感到压力山大：10 个人的群面，有 9 个男生，除了我和一位男生，其余的都是上海交大、复旦、北大的硕士研究生……整个面试中，我觉得自己无奈到无语。偶尔发言，温柔得连自己都不认识自己了。结束了一面，我已快晕了，觉得肯定没戏了。不料，接到了复试通知！后面的几轮面试中，我也一直保持着温婉低调的风格，最后竟然拿到了 Offer。

回顾过去的一整年，找工作占据了我 2/3 的生活。我一直强调自己是个结果导向的人，但是我也不想错过美好的过往。在学校里，大家都对我那么好：朋友的支持和鼓励，闺蜜之间的相互支撑和倾诉，让我觉得生命那么的厚实，更有勇气面对将来，我相信我们能够一直走下去，走得更远。

2011 年就要到来，我感觉自己在慢慢地成长，逐步找到最适合自己的路。我一直很坚定，抱着真诚的心和最好的希冀在前行。熬过这个冬天，就是最最美丽的毕业季。

作者贾佳为山东大学威海分校市场营销专业 2007 级本科生 。

第 8 章 生涯规划方案实施之创业篇

名人名言

锲而舍之，朽木不折；锲而不舍，金石可镂。

——荀子

对所有创业者来说，永远告诉自己一句话：从创业的第一天起，每天要面对的是困难和失败而不是成功。

——马云

学习目标

本章引导同学们在初步制定的职业生涯规划方案的基础上，根据自身的个性特征、职业价值观等评估创业这一特殊的就业选择，通过积极行动，积累创业知识，培养创业技能，最终把握创业机会。

8.1 校园创业：机会与风险

2012 年 8 月，教育部印发《普通本科学校创业教育教学基本要求（试行）》，提出：在普通高等学校开展创业教育，是服务国家加快转变经济发展方式、建设创新型国家和人力资源强国的战略举措，是深化高等教育教学改革、提高人才培养质量、促进大学生全面发展的重要途径，是落实以创业带动就业、促进高校毕业生充分就业的重要措施。文件要求高校开设“创业基础”必修课，对普通本科学校创业教育的教学目标、教学原则、教学内容、教学方法和教学组织作出了明确规定。

2014 年 12 月 4 日，2015 年全国普通高校毕业生就业创业工作网络视频会议在北京召开，会上提出“要加强创新创业教育，强化学生创业实践和分类指导，建立健全创业成果和学分转化教学管理制度，实行弹性学制，支持大学生休学创业”。

2015 年 5 月，教育部召开发布会，再次提到实施弹性学制，放宽学生修业年限，允许调整学业进程、保留学籍休学创新创业，并设立创新创业奖学金。会议提出：为鼓励学生创新实验、发表论文、获得专利和自主创业等，各高校要设置合理的创新创业学分，建立创新创业学分积累与转换制度，针对以上情况可折算为学分，将学生参与课题研究、项目实验等活动认定为课堂学习。为有意愿有潜质的学生制定创新创业能力培养计划，建立创新创业档案和成绩单，客观记录并量化评价学生开展创新创业活动的情况。优先支持参与创新创业的学生转入相关专业学习。

至此，国家教育主管部门对大学生创业提供了较充分的政策支持。

多国的实践证明，创业对国民就业和经济发展具有倍增效应，解决就业难的根本出路在于鼓励年轻人参与创业。然而，改革开放以来，中国的创业大军中受教育程度不高的草根企业家占大多数。有调查表明：温州民营企业家中有学历、有职称的不到三成。高学历者不愿创业经商是造成这一现象的重要原因。

年轻人在大学期间接受了高等教育，学到了知识和技能，处于个人特质趋于稳定、走向成熟的关键时期。事实上，大学生作为未来的创业生力军，具备了创业所需的基本能力和知识、扎实的专业基础和综合的思维能力。从当前的社会、经济环境来看，大学生创业得到了全社会的大力支持。

创业就是创办自己的企业。创业成功，不仅利己，而且利国利民：个人在拥有了一份工作的同时，还能激励与开发自己的潜能；对国家来说，自主创业意味着减轻社会就业压力，同时还能为他人提供就业岗位。

然而，创业是一项非常艰苦且充满挑战性的活动，创业者可能会遇到很多挫折与风险。因此，很多同学及其家长甚至高校的老师们都心存疑惑：大学生能创业吗？学生的主要任务是学习，大学期间创业，难道不会影响学生的学习吗？事实上，2014 年 5 月 21 日人力资源与社会保障部副部长信长星在介绍当年就业工作最新进展时指出，我国大学生总体创业比例仅约 1%，远远低于我国总就业人口的创业比例。

为了说明这个问题，本章将以几位本科女生的校园创业经历为例，分析大学生创业的可行性及可能遇到的种种问题。

2011 年 12 月，北京航空航天大学校园内发生了一件颇为轰动的新闻事件：经济管理学院三位刚刚入学三个月的大一女生组织的团队，力挫清华大学、浙江大学、复旦大学的硕士博士团队，赢得了“高通公司 Snapdragon 大学生创想大赛”的金奖。

2011 年，大学生创业还不是一个很火的概念。当时，获奖的三位女生受到了一些媒体的关注，被多次邀请参加一些创业大赛及相关的电视节目。出乎意料的是，她们将一个“创想”点子发展成了一个创业项目，两年后成立了公司，2015 年上半年，公司获得了南京市政府一笔 100 万元的投资和 3 年的免费办公室使用权。

下面，我们看看当初“创想”的发起者陈盼对自己团队创业过程的介绍。

> 大一上学期，10 月末的一天，我和同学下课回宿舍，路过高通公司摆的一个小小的外场，宣传单上写着“高通公司 snapdragon 大学生创想大赛”，“想”字特别醒目。大一的学生还处在对大学十分憧憬的懵懂状态里，精力充沛且颇具雄心壮志。我和同学拿过传单，被上面“冠军可以获得美国一周游”的奖励深深打动，于是，琢磨起参赛这件事，不料竟然误打误撞地开始了之后四年的创业实践。
>
> 参赛的主题限定在移动互联网方面（毕竟高通是世界一流的手机芯片公司）。其实那时智能手机普及率并不高，主要的功能还是社交，所以突破点很多。刚好不久前我在淘宝上买了双不合脚的鞋，于是在拿着传单往寝室走的路上，我跟同学 Q 顺口提到：如果用手机拍几张照片就能给用户建个足部模型该有多好，只要和鞋子的内部模型一比对，在线试穿就很简单了。Q 同学认为这是个好主意。于是，回到寝室，我们俩就确定好方向，开始查找相关的技术文献。同寝室的 S 同学也很感兴趣，加入进来，我们便组成了三人小组。
>
> 很快，我们发现这个想法涉及的图像处理技术已经基本可以实现。之后我们设计了一个随机抽样，通过对热销鞋款的买家评价（当年的评价还是很真实的，没有太多的做假和水军）进行文本分析，发现令顾客不满意的原因中，鞋码不合适占了 53%，版型不合适占了 28%，而这些都是可以通过在线试穿解决的问题。
>
> 之后的两个月，我们一点点完成了整个想法，从市场背景、技术可行性到商业模式、财务预算等，几乎都是零基础自学完成的。这个过程中遇到不少问题，好在学校里的老师都很热心，不厌其烦地回复我们的邮件，指导我们该查阅哪些领域的书籍，如何修改 PPT 以使它更加专业化，如何清晰而又有感染力地进行表述。
>
> 比赛的日期一天天临近了。一天晚上我突发奇想：不如做一个真实的足模进

行演示，这样更有趣，也更能说明我们的想法。于是我们买来铁丝网和老虎钳，花了一个周末做了一个充满抽象风格的足模，外面用细软的棉布包裹，是一个靴子的形状。

决赛是在中关村的一栋高层写字楼进行的，底下几层是一个商场。正值 2011 年圣诞节前夕，我们搬着这个巨大的靴子模型尴尬地在人群中等待电梯，围观的人们纷纷猜测这是用于商场的圣诞活动的，最后由于靴子太大，我们不得不坐了货梯上楼。到了现场我们才知道，原来我们是成员年龄最小的一个团队，其余的团队有复旦、浙大的硕士团队，还有清华的博士团队等，阵容十分豪华。

演示在密闭的小会议室进行，每个团队单独演示，我们幸运地抽到了 5 号签，刚好在整个比赛的中间环节。整个演示的过程都很顺利，惊喜发生在我们把棉布揭开露出里面的铁丝网足模的那一刻，评委们都忍不住笑了。我们抓住机会围绕足模进一步说明了技术实现的可行性和市场机遇，小小的会议室里气氛十分融洽。

最后的结果在众多媒体前发布，前三名依次揭晓。宣布冠军时，高通总裁的目光投向了我们：我们是冠军，得到了梦寐以求的美国游！

但当时陈盼等人尚未意识到：那次获奖的项目是她们创业的起点。其实拿到冠军后，最初她们关注的是美国一周游的奖励。不过，她们也想到了要与备赛过程中帮助过她们的老师们分享自己的喜悦。没想到，其中一位老师将获奖的消息写成了新闻稿投到了北航新闻网，这个消息又恰好被当时的北航校长怀进鹏院士看到了。怀校长一向关心学生的成长，看到这则新闻特别高兴，马上给经济管理学院的王院长打电话表示祝贺。在接下来的学院新年晚会上，怀校长率相关领导专门前往参加，并且给陈盼团队颁发了证书，以示鼓励。之后陈盼团队顺利获得了北航的创业大赛冠军，获得了 5 万元的资助，并在北航孵化器获得了免费的办公场所。

从创想到创业，最难的一步在于找到对的人一起实现这个想法。一开始，陈盼等人以为技术的实现相对简单，结果遇到了无数挫折。有几个很关键的问题是她们几个非技术人员无法预料的，比如技术的适用性、面向人群、已有技术在细分领域的成熟度等。为了实现技术的复杂性与用户操作的方便性之间的平衡，她们投入了大量的精力，也换了一批又一批的技术人员。

有一句话说得好：要找到你视野范围内最合适的人，坚持不懈地邀请他加入团队。在经历了将近一年的技术困境后，我们在图像处理这个领域结识了越来越多的人。一位对我们很有耐心的北航教授成了我们的目标：前后三次拜访后，我们结成了合作关系——通过既给股份又给工资的形式，我们拉到了这个技术合伙人。由于双方都是新手，因此最初的那份合同在激励机制、退出机制以及绩效考核方面都有很多不完善之处，导致之后产生了很多摩擦，造成了不必要的困扰，有时也会直接影响项目进度，这些都是教训。

2013 年，我们正式注册公司。当时注册是一个相当麻烦的过程，涉及公司名称的解释（这困扰了我们好几个月），还要有办公地点（我们使用的是位于世宁大

> 厦的北航孵化器），必须有足够的耐心。其实也可以找一个中介，会省心得多，时间上也更有保障。注册完成后，除了一位教授，我们的团队里还有负责后台、ui设计、动画制作、网站制作等工作的人员，最多的时候有十几个人。这给我们带来了又一个麻烦，就是股份分配。一开始合作的时候，大家完全是帮忙，想不到我们的项目跌跌撞撞一年多后，居然还能奇迹般地继续往下走。在给了教授股份后，我们几个核心人员就在考虑如何分配剩余股份的事情：有些人能力强、负责任、投入的时间多，我们就给得多；有些人兴趣广泛、投入的时间少，我们就倾向于不给股份，通过奖金的形式按劳计酬……期间有不少困扰，最后考虑对方的个人意愿，留下了几位技术强且时间充裕的人，并正式分配了股份。

然而此时股份的多寡又带来了一个难题。当时陈盼等人并不知道初创企业一般是怎样分配股份、怎样衡量资金投入和技术投入的，并且大家都对这个话题很敏感。为了让老成员安心，陈盼很理想主义地把大头股份进行等分，给了老成员，新成员拿到的相对少。这个偷懒的办法看似民主，尤其是老成员一开始都很满意，但后来带来了无穷的烦恼：一是主导权缺失。没有拥有压倒性决定权的人，这使得团队做决定时经常会产生分歧，最后确定的方向，往往是相互之间忍让和包容的结果，在真正执行时会有层出不穷的问题。二是面子问题。大家心底里都把自己当做是一把手，渐渐开始介意外界对自己的看法和待遇，这在公司刚起步且小有成绩时更为明显。媒体采访创业团队时，往往只提陈盼的名字，这样的事情发生多了，其他人心里会犯嘀咕，会觉得失望。三是公平问题。股份相同，干的活却不同，有时有人多做一点，心里会产生不平衡感，觉得自己劳苦功高，应该有更好的待遇。

这三个问题都与心态有很大的关系。之后陈盼逐渐意识到股份合理分配的重要性，不能一刀切。但由于底子打得太差，补救的空间很小，最后采取的办法是在原来的基础上建立激励和惩罚机制，进行股份的二次分配。这样，既有助于团队的稳定，也有利于减少团队里的矛盾。在此过程中，团队还不断遇到成员退出的问题。对此，陈盼感受颇深：

> 成员退出的问题也是在组建团队初期就应该考虑的，对我触动比较大的是2013年初一个老成员要退出团队，幸好当时还没有注册公司，事情的处理相对简单。老成员S同学由于家长不支持而打算退出，我们挽留无果，只能考虑如何进行退出清算。现在很多团队采取的是残酷的光棍法：没有股份，不给补偿，这有一定的道理，毕竟创业初期资金少压力大，往往用股份来留住人，而一旦有人决定离开，就回收股份，分给更有价值的人，这在创业初期是很重要的。老成员想在离开之后继续保留团队股份，我没有同意，尽管这样很伤感情，但这是对整个团队负责的做法。我把这一年内她投入的钱退给了她。只能说，双方都是输家，她投入了时间精力，最后没有得到期望的回报，而我们也损失了一个合伙人，要承担更大的风险。到了这个时候，只能在商言商，亲兄弟也要明算账，不能将感情和创业混在一起。度过了一段调整期后，我很庆幸和这个退出的成员还是很好

的朋友，她退出后也尽力帮助我们将项目做得更好。

2013 年进入稳定发展期之后，陈盼团队推出了自己的 APP，并且很受欢迎。这时陈盼等人开始寻找对接的商家来提供在线试穿的服务。开始时，事情进展得不太顺利。由于缺少电商背景，陈盼等人起初只能通过网店客服联系对方，发出去的合作信息基本上都石沉大海。后来，她们在网页上搜索很多品牌的市场合作邮箱，编辑合作邮件，也鲜有回音。无奈之下，她们在网上搜到了温州、广州商会的信息，一个个打电话过去，最后一些商会的秘书终于为她们安排了与秘书长见面的机会。于是她们不断地跑到外地，带上宣传资料与商会交流，并由他们介绍了不少制鞋企业的负责人。

2013 年下半年，我们接到了定制企业的合作邀请，这对我们来说是很重大的一个事件。于是我们热情接待了对方的负责人，带他参观实验室，介绍我们最新的技术、目前的用户量等，对方是个商场老手，希望我们能出一个 demo 以便深入了解。当时我们急于拿下这单生意，没有要任何定金，自费做了 demo，花了将近一个月的时间，投入好几万元。好不容易 demo 出来了，可是对方却改了主意，想换一种合作方式，我们仔细看了他们给出的文件，发现风险高、收益小，最后没有答应。在那之后的所有合作，我们都很注意对方的真实意图，先签合同后办事，并且要求收取定金，就是从这个事件中吸取了教训。

2014 年是最忙碌的一年，我们开始寻找天使投资，也开始不断地开发新产品，出差是很常见的事情，有时候只来得及回寝室换个行李就走。临时的行程也越来越多，因为机会总是不期而至，多跑跑意味着多一份可能。到了 2014 年底，我们的新产品下载量十分喜人，硬件的研发也一步步成熟。这时候接到一个好消息：我们团队拿到了一笔 100 万元的投资和 3 年的免费办公室使用权。

回首过去这四年，从最初参加高通公司大学生创想大赛到获奖，从开始创业到两年后产品、团队各方面得到发展，其间的酸甜苦辣绝对是按部就班学习、就业的同学们难以体会的。而这个过程带给我们内心的满足和骄傲，更是其他东西都无法代替的。

从一个点子到一家由专家评估后确定投资扶植的企业，这几位尚在读本科的女生在三年内获得了许多成年创业者都难以获得的成功。三年中，团队最初的三名成员留下了两名，退出的那位目前已经是北航经济管理学院 2015 级的硕士生；陈盼也被保送读研，边读书，边参与公司的经营与发展；另一位顺利毕业，边参与公司的管理，边准备出国攻读管理学硕士。

不少同学可能觉得“这只是个故事”（虽然是个真实的故事），或者说是“小概率事件”，不具有推广性。的确，陈盼团队的经历有其独特性及偶然性。不过，笔者希望同学们看到其中的普适性：什么样的人适合创业，创业者需要哪些基本素质与能力？如何寻找创业项目？创业过程中会遇到哪些主要问题？解决的主要思路是什么？我们将在接下来的两节中分析讨论。

8.2 创业者特征识别与潜力评估

毋庸置疑，创业是就业的一种形式。在当前大力发展市场经济的大环境下，李克强总理提出了“大众创业、万众创新”，创业更成为就业的一种重要途径。加上近年来大学生就业难问题凸显，国家推出了一系列鼓励大学生创业的政策，使“大学生创业”成为一个热门话题。

然而，并非所有的人都适合创业，大学生群体也是如此。近年来，我国创业人口在总体就业人口中的比例在10%～16%之间浮动，而且创业者中生存型创业占较大比重，具有大专以上学历者相当少。高校有效地开展创业教育，能够让创业意向强的学生得到相应的培训和支持，从而提高创业能力；同时，让创业意向弱的学生不要受外在环境的影响而盲目创业。同学们必须意识到：一个人要确定是否应该参与创业，首先需要评判一下自己是否具备创业者的一些基本素质。

在创业者的素质中，创新能力与创业意向是最基本的。

创新即开创与拓新，就是要在突破已有框架的基础上，以全新的方式去思考。与我们熟知的“创造”相比，创新更关注经济、社会性影响结果，强调将创造结果的价值在社会上更大范围地实现。创新能力是一种可以训练、提高并最终习惯化的技能，然而，惯性思维、消极态度、缺乏自信、缺少灵活性等因素都制约着创新能力的发挥及培养。

创业意向是潜在创业者是否从事创业活动的一种主观态度，是对人们具有创业者特质的程度以及对创业的态度、能力的一般描述，是创业行为最好的预测指标。创业意向是大学生创业行动的起点，是大学生实践创业的初始动力和精神力量。在大学生创业活动中，国家政策、学校的创业教育及扶持政策是其外因，创业意向是最重要的内因。

大学生都拥有不同的个性特质，也就具有不同的创业意向：有的人向往功成名就，有的人偏安现状；有的人喜欢冒险，不喜欢平庸，有的人喜欢稳定，希望规避风险。一般而言，多数大学生最终会选择进入某一用人单位就业，只有少数人会选择创业。个性特质的差异，直接或间接地影响了大学生对创业的态度。那些本身不具有创业意向的大学生，如果受环境影响盲目跟风，在创业失败之后往往会对社会失去信心，出现难以振作的严重后果，因此创业教育应具有一定的针对性，不能一味鼓励大学生去创业。本书第5章末推荐阅读“中东打工记”一文中的主人公潇潇喜欢冒险，不喜欢平庸，具有很强的创新能力。她后来创业可以说是性格使然，得知她创业了，笔者及她的朋友都没有感到意外。

笔者带领的团队2014年在北京地区进行了一项大学生创业意向研究，结果表明：北京地区大学生创业意向的总体水平为中等程度者约占60%，高创业意向者约占22.3%。在“创业可能性”方面，对于“毕业5年内创业可能性比较大”，选择“比较准确”和“非常准确”的学生人数（18.7%）明显低于选择“将来迟早有一天会创业”

的人数（26.9%），说明大学生对当前创业只有一个模糊的概念，具体到何时实施等并不明确，目前调研得到的创业者比例远高于5年内实际创业者比例。

研究表明：个体对创业的认可度越高，其创业态度越积极，创业意向越高。在校期间，对学校创业环境了解和熟悉（包括对已创业同学的经验、创业指导中心、创业教育、创业基地、创业大赛、创业基金及补助和创业讲座的了解和熟悉）程度越高的同学，其创业意向也越高。同时，个体人格特质与创业意向之间存在显著关系。以大五人格为测评工具的研究表明：外倾性、宜人性、责任心、想象力及情绪稳定性与创业意向正相关。本章末推荐阅读中“再起征程”一文介绍了潇潇毕业工作5年后的创业经历，同学们可以明显地看出潇潇性格外向、容易与人相处（宜人性）、想象力丰富、责任心强且情绪稳定性高。

笔者关于大学生创业意向的性别差异的研究结果表明：男大学生在创业意向总分、行为倾向维度和创业可能性维度上都显著高于女大学生。这和国内外的相关研究结论一致，即男性的创业意向普遍高于女性。在我国目前女性创业者在总体创业者中占11%，与欧美国家的比例相当。

关于大学生创业意向的年级差异的研究结果表明：不同年级大学生的创业意向总分及其两个维度（创业行为倾向及创业可能性）存在显著差异。其中，大二学生的创业意向总分、创业行为倾向和创业可能性都显著高于其他三个年级。另外，从创业可能性维度看，除大二外，大一新生的创业可能性高于大三、大四学生；从创业行为倾向维度看，除大二外，大三、大四学生的创业行为倾向高于大一学生。

由于“创业可能性”是个体对自身短期创业可能性和长期创业可能性的判断，大一新生终于摆脱了高中时繁重的学业，刚进入大学时拥有更多的热情，对周围的新事物（如创业）充满好奇心并跃跃欲试，因此对自身将来的创业可能性持乐观态度，认为自己创业的可能性较高，但大一学生毕竟对高校的创业环境、政策等缺乏了解，因此其创业可能性仍低于大二学生（大二学生在保持一定的创业热情和好奇心的同时，具备了一些创业资源和条件，对高校创业政策等较熟悉，同时也没有面临就业时的矛盾心态，因此其创业可能性较高）。而大三、大四学生在经历了创业、实习之后，对创业的困难等比较了解，同时面临就业、考研等现实问题，因此他们对创业可能性的认识更深刻，对创业可能性的判断也持更谨慎的态度，更多的大学生选择直接就业、考研后就业等方式，而非通过创业就业，创业的可能性反而低于大一和大二学生。

另外，从创业行为倾向角度看，大三、大四的学生的行为倾向之所以高于大一学生，是因为在大一、大二时对创业有所考虑或准备，或者积累了一定的创业经验等，到了大三、大四时在创业计划、筹备资金、创业的详细流程、创业的行业和产品等方面的考虑自然多于大一和大二学生。

总之，研究显示，当前大学生的创业意向呈倒U形趋势发展。这里提醒同学们，尤其是大一的同学们：对创业的认识不是一蹴而就的，投身于创业要慎重。

关于大学生创业意向的专业差异的研究结果表明：经贸类专业学生的创业意向最高，文科类专业学生的创业意向最低。不同专业的大学生的创业意向、行为倾向和创业可能性存在显著差异。经贸类专业学生的创业意向、行为倾向显著高于文科类专业学生，但与理工类和艺术类专业学生没有显著差异；在创业可能性上，经贸类专业学生显著高于文科类和艺术类专业学生，与理工类专业学生没有显著差异。总体而言，经贸类专业学生的创业意向最高，而文科类专业学生的创业意向最低。

此外，研究结果还显示：父母的职业会影响子女的创业意向，即父母职业不同的大学生的创业意向存在显著差异。父母为企业管理者、私营企业主或个体户的大学生，其创业意向总分、行为倾向、创业可能性都显著高于父母从事其他职业的大学生。这一研究结论也验证了国内其他研究者的观点：父母职业类型也是影响子女创业态度和创业意向的重要因素；企业家群体的父母往往也是企业家或私营企业主。究其原因，父母职业对子女创业意向的影响体现在：一方面，子女能更好地利用家庭经济条件和人脉资源，这为创业提供了更多的机会和便利条件；另一方面，家庭商业背景对子女价值观、职业观、生活态度和行为等有深远的影响，从而影响创业意向。

了解了上述内容后，同学们可以做一些测验，评估自己所具有的创业者的基本特征及潜力水平。

课堂测试

创业者个性特征测验

请从下列32组句子中，选择最能够反映你个人观点的选项。

(1) A. 工作一定要按时完成。
B. 我喜欢与优秀的朋友在一起，这样我能够获得他们对我工作的见解与建议。

(2) A. 当我的责任增加时，我会感到更加快乐。
B. 我喜欢把什么事情都事先安排好。

(3) A. 我绝不做任何可能使自己遭受损失的事情。
B. 理解如何赚钱是创业的第一步。

(4) A. 不管是多好的事情，如果失败了可能使我受到嘲笑，我就不会冒险去做。
B. 除了工作之外，我还记挂着家人的安康。

(5) A. 我会为自己开创的任何事业而努力。
B. 我只会做那些使我开心并有安全感的事情。

(6) A. 如果我失败了，别人会嘲笑我。
B. 尽管对自己很有信心，我还是需要别人的建议。

(7) A. 遇到困难时，我要找到解决的办法。
B. 如果在新开创的事业中失败，我会继续做目前的工作。

(8) A. 如果我觉得一个想法是好主意，就会去实践这个想法。
B. 我能够比现在做得更好。

(9) A. 工作时，我会注意维系良好的人际关系。
B. 不管发生什么事，都是我从经历中学习的机会。

(10) A. 即使我的努力失败了，我也能从中学到东西。

B. 我喜欢舒适的生活。

(11) A. 我会为比赛或彩票下注，总有一天幸运会落在我头上。

B. 如果我在工作中失利，我会放弃找出原因。

(12) A. 我会尊重我的员工，并对他们一视同仁。

B. 如果有更好的工作，我会放弃现在的工作。

(13) A. 在实施一个新想法之前，我会慎重考虑。

B. 如果我的家人/近亲去世，我会参加葬礼，即使有可能导致公司订单延误好几天。

(14) A. 只有当我拥有资本时，我才能够发展一份事业。

B. 我希望自己能够做出重要决定。

(15) A. 当别人的好意和信任遭背叛时，我不会坐视不理。

B. 如果事情没有按照我的想法发展，我会寻求其他替代机会。

(16) A. 我可以允许自己犯错误。

B. 我非常喜欢与朋友聊天。

(17) A. 我希望自己的钱能够安全地存在银行里。

B. 我很认可自己的工作，同时也了解其优劣。

(18) A. 我希望能够拥有很多钱，从而过上舒适的生活。

B. 做决定时我希望能够得到别人的帮助。

(19) A. 人们应该首先照顾好自己的亲人和朋友。

B. 我喜欢解决难题。

(20) A. 即使可能损害自己的利益，我也不会做让别人不开心的事情。

B. 钱是事业发展的必需品。

(21) A. 我希望自己的事业能够很快发展起来，这样我就不会遇到经济紧张的困境。

B. 不能因为不成功就去责备自己。

(22) A. 我应该能够独立地按照自己的想法去做事。

B. 只有为自己的未来积累了一大笔钱后，我才会幸福。

(23) A. 如果我失败了，通常主要是别人的错误造成的。

B. 我只会做那些让我感觉舒服且令我满意的事情。

(24) A. 在开始做一项工作之前，我会认真考虑它是否会对我的声誉造成不利影响。

B. 我希望自己能跟别人一样，也买得起昂贵的东西。

(25) A. 我希望能够有舒适的房子住。

B. 我会从失败中吸取教训。

(26) A. 在做任何事情之前，我都考虑其长期影响。

B. 我希望每件事情都能按照我的想法进行。

(27) A. 金钱能够带来舒适，所以我的主要目标在于赚钱。
B. 我喜欢在能够经常见到朋友的地方工作。
(28) A. 我了解自己正在做的事情，不怕受到别人的批评。
B. 如果失败了，我会觉得自己非常差劲。
(29) A. 遇到困难是常有的事情，我应该尝试去做一些好的新工作。
B. 在开始做新工作之前，我会采纳有经验的朋友的建议。
(30) A. 我的所有经历都会激励我前进。
B. 我希望能有很多钱。
(31) A. 我喜欢每天从容不迫，万事顺利，没有任何烦恼。
B. 不管遇到多大的障碍，我将努力达到目标。
(32) A. 我不喜欢别人干涉我做事。
B. 为了赚钱，我可以做任何事情。

测验的32组句子中，A、B选项的分值如下：

题号	选项及分值		题号	选项及分值		题号	选项及分值		题号	选项及分值		题号	选项及分值		题号	选项及分值	
1	A1	B2	7	A2	B0	13	A2	B0	19	A0	B2	25	A1	B2	31	A1	B2
2	A2	B1	8	A1	B2	14	A1	B1	20	A1	B1	26	A1	B1	32	A1	B0
3	A0	B1	9	A1	B2	15	A1	B1	21	A1	B0	27	A1	B1			
4	A0	B1	10	A2	B1	16	A2	B1	22	A1	B1	28	A2	B0			
5	A2	B1	11	A0	B2	17	A0	B2	23	A0	B2	29	A0	B1			
6	A0	B2	12	A1	B1	18	A1	B0	24	A1	B1	30	A2	B1			

请同学们将所选题项记录在答题纸上，再根据上表各选项分值，相加后得到最终分数。

评分标准：0～25分，基本上不具有创业性；
26～36分，中立；
37～47分，具有一定的创业性；
48分以上，非常具有创业性。

除了了解自身的创业者特征外，同学们还须了解自己作为创业者的潜力状况。

根据共青团中央、中华全国青年联合会及国际劳工组织联合组编撰的《大学生KAB创业基础》中所总结的，创业者有以下16项主要特征：

(1) 努力工作：创业者要具备必要时能够长时间工作、阶段性集中工作及适应睡眠不足的状况等能力。

(2) 自信：创业者要具有“如果你非常想得到某样东西并为之奋斗，通常你就能得到它”的信念。

(3) 构建愿景：成功的创业者通常将拥有一份靠自己能力获得的有保障的工作和收入作为自己的目标。

(4) 以利润为导向：对赚钱的兴趣是衡量一个人是否适合成为创业者的最明确的指标之一。

(5) 以目标为导向：设立目标并能够努力去实现目标的能力是创业者的基本条件。

(6) 持之以恒：所有企业都会不断出现问题；能够持之以恒地解决问题是创业者成功的关键因素。

(7) 应对失败：所有的商业活动都既有成功也有失败；成功的创业者在应对失败时，会首先认清失败，再从中学习经验教训，并寻找新的机会。

(8) 对反馈作出回应：创业者应该了解自己做得怎么样，清楚自己的表现。

(9) 主动：成功的创业者会主动对成功或失败承担个人责任。

(10) 倾听：能够听从别人的建议也是创业者的重要特征；成功的创业者在依靠自己的同时会在必要时向财务人员、商业顾问、投资专家等外部资源寻求帮助。

(11) 设定自己的目标：设定行为标准（如明确的收入、质量、销售额或资金周转率等）并为到达标准而努力，是判断成功创业者的又一指标。

(12) 应对不确定性：创业比打工存在更大的不确定性；从容应对不确定性的能力也是创业者所必需的。

(13) 投入：创办和运营企业需要创业者在时间、金钱及生活方式上的完全投入，即创业需要在创业者的生活中占据优先位置。

(14) 发挥优势：成功的创业者会将其所做的事情依托于自身的诸如动手能力、人际沟通能力、销售技能、对某种产品或服务的深刻理解、对某行业的深入了解等优势。

(15) 诚实可靠：一个人在履行自己的承诺时所表现出来的诚信、公正等品质是成功创业者的又一重要特征。

(16) 风险承担：选择创业要面对很多风险，创业者要有能力去衡量风险、评估自身承担的风险。

不过，即使具有创业者潜力，具备创业者特征，要成为成功的创业者，还需要掌握相应的知识与技能。成功的创业者所必需的主要能力包括：(1) 一系列知识；(2) 一套技能；(3) 一类特质。三者缺一不可（见图 8—1）。

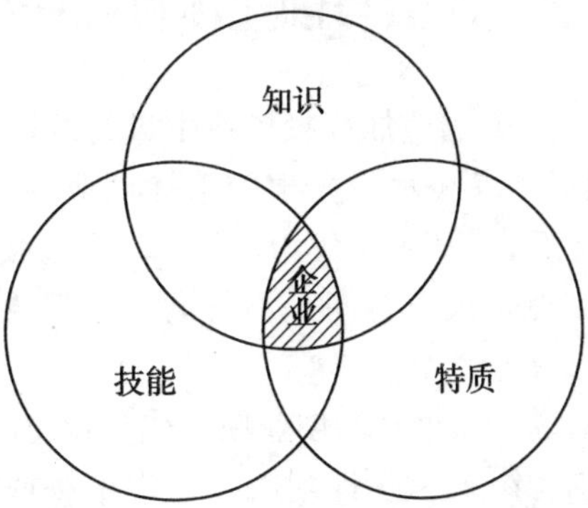

图 8—1 成功创业者所必需的主要能力

这里所说的知识是由一系列能够在适当时候回忆起来的储备信息组成的，联系到商业上，就是知晓和熟悉有关商业机会、市场、消费者、竞争者、产品加工、技术方面的问题，以及企业管理和生产资料等多方面的知识。技能是指应用知识的能力，联系到商业上，可以是诸如工程、计算、机械、餐饮等技术上的技能和诸如市场营销、财务管理、资源整合、组织领导等管理方面的技能；技能可以通过练习获得或发展。特质是由一些个人特有的品质和特征组成的集合。美国国际开发署经研究总结出 14 种成功创业者的特征，分别是：积极主动，善于发现和利用机会，执着，善于寻找信息，关心质量，注重效率，掌握独创的解决问题的方法，能够预测风险，有说服力，善于系统地规划，履行合同，自信心强，决断力强，善于使用有影响的策略。

知识、技能和特质缺一不可。如果创业者只有知识和技能，企业就不可能生存太长时间；如果创业者只具备知识和特质而无技能，将会发现因为缺乏技能，所以知识和特质没有应用价值；如果创业者只有技能和特质，缺乏或不熟悉相应的知识，最终将导致失败，因为企业成功的基础就是知识。

需要强调的一点是：知识和技能相对容易获得与增加；与之相比，特质则不容易改变/获得，需要更多时间去发展。

总而言之，创业是就业的一种形式；大学生进行创业应以科学的个人职业生涯规划为前提。对于潜在创业者来说，在进行职业生涯规划时接受创业教育和培训，有助于认识自己，完善自己，使自己更富有创新精神，更具有创业能力，从而实现成功创业。真正想创业的同学，首先需要了解自己是否具备创业者素质与能力，如果自己不具备某些素质或能力，在大学期间就要加以培养。具备一定的成功创业者个人素质的同学，需进行知识储备，为将来成功创业创造条件。因外界影响产生创业冲动的同学，则应明确个人定位，重新规划职业生涯。

希望同学们通过个人职业生涯规划认清自己、了解环境，确认自己是真正具有创业意向还是对创业出于一时热情，根据自己的实际情况综合考量自己的素质与能力，提前进行创业准备，既不要盲目投入创业，也不要禁锢自己的创新能力与创业意向。

8.3 商业机会的识别、评估与创业项目的产生

智联招聘根据对全国 58 996 名应届高校毕业生进行的调查发布了《2015 年应届毕业生就业力调研报告》，调查结果显示，大学生选择创业的人数成倍增加：6.3%的受访大学生选择创业，这一比例在 2014 年仅为 3.2%，远远低于 8.2 节提到的调研得到的结果。这是因为，要想创业，仅有意向是不行的，还需要很多相关的知识、能力及相应的条件、机会等。

对于成功的创业活动来说，一个好的创业项目或企业想法是基础及首要条件。

企业想法是指对个人或者组织识别计划或者发现市场或团体等的需求的回应。发现一个好的企业想法是创业者实现愿望及创造商业机会的第一步。当然，尽管企业想法是创业的首要条件，但它只是一个工具；无论想法本身有多好，对于创业成功还是

远远不够的。这一点，在本章 8.1 节介绍的陈盼团队的创业经历中体现得特别明显。

然而，成功的创业都是从好的创业项目开始的。全世界有数以千万计的创业者，说明有很多产生企业想法的资源。下面列出的是其中一些资源。

(1) 爱好与兴趣。很多最终成功的企业想法是在创业者追求兴趣及爱好的过程中产生的。如果你喜欢玩电脑游戏、烹饪、运动、表演等，可能将其发展成一种创业项目。比如你喜欢旅行，就可能进入旅游行业进行创业，这是世界上最大的产业之一。

(2) 个人技能及经验。全球一半以上的成功的企业想法都来源于工作经验，那些潜在的创业者的背景在决定创办企业及选择企业类型的过程中发挥了至关重要的作用。个人的技能和经验是创业者最重要的资源，不仅体现在产生想法方面，而且体现在如何利用这些想法方面。

(3) 特许经营。特许经营是指特许者将自己所拥有的商标商号、产品、专利和专有技术、经营模式等以特许经营合同的形式允许被特许者使用，被特许者在特许者统一的业务模式下，按照合同规定从事经营活动并向特许者支付相应的费用。20 世纪 80 年代以来，特许经营迅速发展，成为一种在欧美各国广泛使用的从事商业活动的方法。我国从 20 世纪 90 年代起，也逐步开始流行这种商业模式，尤其是在餐饮、服装等行业。

(4) 大众传媒。包括报纸、杂志、电视、互联网在内的大众传媒是大量信息、想法和机会的来源，其中会介绍关于流行趋势、消费者需求变化的报告，也会发布很多关于企业转让的商业广告。这其中都蕴含着一些创业机会。

(5)（行业）展览会。通过参加展览会，不仅可以看到新产品和服务，还可以见到很多厂商、批发商、发行商和经销商，这其中有很多的创办企业的信息；而且，展览会上也会有不少厂商、批发商等在寻找合作伙伴。

此外，市场调查、人们（消费者）的抱怨及头脑风暴等都是获取创业点子的重要来源。作为大学生创业者，尽管个人技能与经验不足，但可以尝试多种方式来寻求企业想法。

有了企业想法后，还需要评估商业机会。寻找、发现和利用机会是任何成功创业者的特征之一，也是成功创办和管理企业的基础；创业者不仅要产生企业想法和识别机会，还要筛选及评估它们，从而把握和利用最有价值的机会。

什么是商业机会呢？可以简单地将其定义为一个有吸引力的、使投资者能够收回投资的想法或主张。

一个好的商业机会必须是可实行和可实现的，并应该符合以下条件：

(1) 真实的需求，即那些具有购买力和购买欲望的消费者有未被满足的需求。比如近年来大学校园内叫外卖很普遍，就是因为不少在校大学生生活费用宽裕，又经常想尝试一下新的口味，而学校食堂无法满足同学们的需求。当然，网络的发达也为外卖餐食的盛行创造了条件。

(2) 能够收回投资，即在承担风险和努力工作后，可以带来经济回报及收益。比如，前面提到的外卖餐食物美价廉，很受同学们欢迎。可由于快递员薪酬不断上涨，最终网店要么提高价格（可能因为丧失“价廉”优势而导致顾客减少），要么处于收不抵支的境地。

（3）具有竞争力，即消费者认为购买你的产品或服务比购买其他产品或服务能够获得更多的价值。这里，强调的是产品或服务的性价比。仍以外卖餐食为例：大学生对它的要求是味美价廉，口味比食堂大锅饭好，价格又不能高太多，因为学生自身毕竟没有收入来源。然而，对于外企白领，同样是叫外卖，更强调食品安全且价格公道，因此大多选择一些品牌快餐，与大学生群体的消费就有所不同了。

（4）实现目标，即能满足那些冒险的人和组织的愿望。外卖餐食行业近年来商机不断。借助互联网平台，美团网、百度外卖等打出了自己的品牌，使得传统观念中低端的外卖不断升级。这既满足了不同消费者的需求，也满足了各类富有冒险精神的创业者及其组织的愿望。

（5）有效的资源和技能，即创业者具备相应的资源、能力及法律方面的必要条件。各类外卖餐饮企业都需具有有效的资源和技能。如丽华快餐最早提出“一份起送”，就是基于于其密布全城的烹制及派送网点。

人们一旦产生了想法或发现了机会，就需要对其进行筛选和评估。人们是否进行了识别和评估工作，将决定他们赚大钱还是亏本赔钱。当然，并非进行了识别与评估工作就能够保证成功，但如果不进行这项工作，很可能会失败。

识别与评估商业机会包括以下几个方面：

（1）行业与市场。这里的市场是由购买力、意愿及能够购买产品或服务的（潜在）消费者构成的，因此，要满足消费者的需求，必须考虑合适的价格与提供产品/服务的地点及时间。另外，要考虑市场的大小及行业的增长速度。理想的情况是有一个巨大且快速增长的市场，在此情况下，企业哪怕只占有很小的市场份额也会有很大的销售量。近年来我国的教育行业就有类似的特点。

（2）“机会窗”的大小。机会经常被称为一个“窗户”，它是真实存在的，但并非永远敞开。市场会随着时间的推移以不同的速度增长；市场越大，确定市场的难度就越大。这就需要决定“窗户”打开的时间长度及能否在“窗户”关闭之前把握机会。

（3）创业者的个人目标和能力。个人动机是成功创业者的本质特征。对于任何投资人来说，是否愿意承担风险都是一个首要问题。此外，潜在创业者还需要具备相关的知识、技能和特质；如果他不具备某些必需的知识、技能，就需要邀请具备此类知识、技能的人加入团队。

（4）团队管理。在对创业项目的投资评估中，管理团队是非常重要的一个考量因素，因为团队在相同或相关行业和市场中的技能和经验通常决定了企业的成败。

（5）竞争力。指项目在市场中相对于同类产品或服务的优势，可能是质量更高，也可能是价格更低。此外，进入市场的壁垒问题，如需要大量的资金投入、专利权保护、合同优势等，也是决定投资者是否投资的重要因素。

（6）资金、技术和其他必需的资源。掌握可用的资金、技术和其他必需的资源将有助于利用某个机会。如果某个想法、产品或服务在某个地区有一定的市场，那么条件越难被满足，企业就越吸引人。

（7）外部环境。不仅包括自然环境，而且包括政治、经济、地理、法律等社会环境。

（8）可行性研究及商业计划。讨论与调查上述各因素的过程就是人们常提到的可行性研究，研究的结果一般以商业计划书的形式呈现。

上述问题都是识别和评估商业机会的典型问题。在平时的教学中，笔者经常听到同学们讨论创业问题。很多同学在谈到创业瓶颈时，几乎异口同声地说："没有资金啊！"其实，资金只是创业项目成功的一个因素，甚至不是优先级别最高的因素；现实社会中，一个好的创业项目，往往会有好几家投资公司愿意投入资金支持。因此，学会进行全面的商业机会评估，是成功创业的重要前提。

在识别与评估商业机会的过程中，一种重要的工具是七步决策法，即：（1）定义主要问题；（2）找出问题的主要原因；（3）确定可能的解决方案；（4）评估可能的解决方案；（5）选择最佳方案；（6）执行方案；（7）检验方案是否正确。在具体使用这种方法时，可以借助决策表（见表 8—1）。

表 8—1　　决策表

备选解决方案	潜在优势	潜在劣势	方案的可能结果
备选方案 1			
备选方案 2			
备选方案 3			

需要说明的是，七步决策法不仅可以用于商业机会的识别与评估，还可以用于公司组建后的各项运行、管理工作。

创业项目可行性分析的成果是商业计划书。商业计划书的撰写有一定的规范，同学们需要提前学习。下面的商业计划书框架是比较常见的一个模板，供同学们参考。

1. 项目概述
    1.1 项目简介
    1.2 产品及服务
    1.3 股权结构
    1.4 盈利模式
    1.5 项目优势
2. 市场分析
    2.1 行业背景分析（PEST 分析）
    2.2 市场容量
    2.3 行业现状
        2.3.1 行业沿革
        2.3.2 行业市场现状
        2.3.3 行业波特五力模型分析

2.4（潜在）消费者分析

2.5 竞争分析：行业的主要竞争者分析

3. 产品/服务介绍：具体产品/服务介绍及 SWOT 分析

4. 市场营销

4.1 客户定位

4.2 营销策略

4.2.1 产品/服务策略

4.2.2 价格策略

4.2.3 渠道策略

4.2.4 促销及公共关系策略

5. 运营管理

5.1 项目团队

5.2 组织结构图

5.3 产品/服务利润链分析

6. 财务计划与管理

6.1 股本规模与结构

6.2 5 年预测收益表

6.3 融资计划

6.4 投资退出机制

7. 风险管理

7.1 安全风险分析及防控

7.2 法律风险分析及防控

7.3 经营风险分析及防控

7.4 竞争风险分析及防控

7.5 人才风险分析及防控

7.6 融资风险分析及防控

7.7 其他风险分析及防控

8. 结论

上述内容表明，创业的一个重要前提是对现有及潜在商业机会的分析及把握。有志于创业的同学需要对商业环境具有高度的敏感性，同时应该学习、掌握识别与评估商业机会及撰写商业计划书（创业计划书）的方法。

8.4 公司组建及运营管理

在对商业机会进行评估、确定合适的创业项目后，就需要准备开办公司了。组建一家公司是一件很严肃的事情，同学们需要提前了解开办公司的程序，主要包括以下几个方面。

1. 选择合适的市场

市场是一个我们耳熟能详的名词，这里指的是企业的市场，即某个地理区域内需要企业的产品或服务、愿意购买且具有购买能力的人群。每个企业都销售（或提供）某种产品或服务，企业的潜在消费者可以描述为：（1）需要企业产品或服务的人群；（2）买得起这些产品或服务的人群；（3）愿意购买这些产品或服务的人群。

分析市场时，还须考虑竞争因素。如果有竞争者，必须考虑该市场是否足以支撑另外一家企业；同时，还须考虑你所提供的产品或服务应该如何与竞争者的产品或服务区别开来。

创业者在进行市场分析时，首先要了解消费者。我们以开办外卖快餐店为例，就需要了解的消费者信息进行分析说明。

（1）识别消费者：一般依据潜在消费者的性别、年龄、职业、婚姻及家庭状况、收入等人口统计学要素进行分类，也可以按照其消费意图进行划分。如果选择大学生为消费者，则上述信息较为明确，但生源地不同的学生及男女同学在口味等方面存在显著差异，需要分别调研、分析。

（2）了解消费者的需求：通过细分市场，创业者比较容易把握各个消费群体对产品或服务的具体要求。大学生叫外卖与都市白领叫外卖的诉求是有显著差异的，因此需要分别进行市场定位。

（3）了解消费者在何处购买该产品/服务：创业者需要知道目前消费者的购买渠道，并确定哪些因素可以使他们转而购买你的产品/服务。大学生基本上都住在校园中，目前网络发达，一般通过网上下单订购；同时，大学校园中有价格低廉的食堂，而大学生自身又没有收入来源，因此对外卖的价格较为敏感。这些都对创业者提供的餐食及服务提出了要求。

（4）了解消费者何时购买：了解消费者的购买时间及购买频率有利于创业者就经营时间、广告宣传时间及各个时期的备货等问题作出正确的决策。大学生的主要活动是学习，基本上每天都要上课，而且对于大多数同学来说，大部分时间还是会选择在食堂吃饭，因此，创业者需要进行专门的调查，既要了解目标校园学生餐厅的餐饮服务情况，也要调查学生对于外卖餐食的口味需求及价格承受能力。

（5）了解消费者如何购买：了解消费者的购买方式可以使创业者就企业销售中的信用政策及价格政策等作出正确的决策。由于大部分同学都拥有智能手机，如果创业者能够接受支付宝或微信支付，会极大地方便同学订餐，进而增加订餐量。

以上关于消费者及潜在消费者的信息可以通过商会、政府机构、报纸及杂志、互联网等渠道获取二手数据，也可以对特定区域进行市场调查获得原始数据。

2. 企业选址

在传统的实体店经营中，企业选址非常重要，需要考虑经济因素、人口因素、竞争因素、个人因素、地理因素及地方性法律与法规等。然而，随着互联网时代的到来，开网店成为大学生最便捷的创业方式。同时，各地及各高校都建立了企业孵化器，为新创企业提供足够的办公空间，使小企业能够以更低的租金灵活租用。

3. 了解企业的法律形式

在市场经济条件下，企业的组织形式日益多样化，创业者可以以个人独资企业、合伙企业及公司的形式开办企业。从目前大学生创业的实际情况来看，多为个人独资企业和合伙企业。

4. 计算所需资金

要想开办企业，首先需要明白：企业开办期间，在产生收入之前，原则上需要先有一定数量的资金用于各项支出。企业开办资金有两种用途：一是运营前支出（又称投资资本）；二是运营前期支出（又称运营资本）。投资资本用于购买土地、建设厂房、购买机器、购置办公设备等，以及支付登记注册、通水通电、开业前的广告宣传等费用。目前大学生创业开办实体店，一般不用考虑购买土地、建设厂房等支出，但登记注册、购买机器、购置办公设备等方面的费用还是需要考虑的；开设网店的前期费用更少。一旦公司开始运营，就会涉及原材料购买、人工成本、水电费等，这些需要提前计算好，以便决策。很多创办企业的年轻人，只考虑了购买设备、工具等所需的投入，往往遗漏了诸如机器设备的安装费用、员工培训费用、证照费、保险费等费用，以至于开业后才意识到资金准备不足。

5. 筹措创业资金

企业的资金来源有三大类：首先是股权融资，包括创业者的个人积蓄、亲友借款及合伙人的资金投入；其次是投资机构的投资；最后是贷款机构的贷款。

6. 了解开办企业的途径

开办企业的正常途径有三种：购买现成企业，开办新企业，加盟特许经营。

至此，同学们已经了解一个公司的组建过程，接下来需要了解如何经营一家企业。

经营一家企业，涉及员工招聘与管理、员工绩效管理（销售管理）、供应商管理、技术应用及管理成本与财务管理等多个环节。由于篇幅所限，本书对各个环节的具体操作不再一一进行说明。

对创业感兴趣的同学，可以提前选修“创业导论”、“创业实务”等创业教育类课程，全面了解创业的基础理论知识；同时，可以参加校内外组织的创业大赛、创业训练营及成功创业经验分享等活动。随着对创业活动的认识的加深，同学们可进一步结合自身的特质，留意可能的创业机会，尝试创业活动。

总之，成功创办一家企业是一项很大的工程，而成功经营一家公司更是困难重重。因为世界处于不断发展变化之中，竞争无处不在且愈演愈烈。比尔·盖茨有句名言：

"微软公司距倒闭仅有一个月。"这句话或许有些夸张，但不无道理。百年老店柯达公司在倒闭前三年内市值蒸发了 99%！这些都提醒同学们关注市场的不确定性及创业成功的不易。

不过，每个时代都有弄潮儿，"不易"并不意味着"不行"。本章介绍的陈盼同学及本章末推荐阅读中的两位创业者，都是大学生创业的榜样。关键是同学们应根据自己的特征，选择适宜的创业项目。

本章小结

本章引导同学们理性看待"大学生创业"这一当前热点现象。创业是一种特殊的就业形式；目前大学生创业虽然有很好的政策支持，但并非所有的同学都适合创业。大学生朋友在决定创业之前，应该了解"创业意向"的真正内涵，科学地评估自己作为创业者的特征与潜力，掌握识别与评估商业机会、产生创业项目的基本方法与步骤，清楚创业行为的风险性，最终慎重地做出创业与否的决定。

课后思考

你如何看待目前社会及大学生的创业热潮？

你认为自己适合创业吗？为什么？

你认为大学期间尝试创业与寻找实习机会或争取读研及留学深造相比，有什么不同？对你未来的影响如何？

如果你打算大学期间创业，你已经进行了哪些准备？还需要做哪些准备？

推荐阅读

创业让我永不言放弃

——一位人大本科生的创业经历

创业者是中国人民大学人文专业 2011 级本科生，其创业项目"小熊烘焙 DIY 工坊"致力于让顾客自己动手"纯手工"制作蛋糕。

以下内容为 2014 年 1 月对该创业者的采访记录，采访者为北航经管学院 2012 级硕士生张学。

1. 请谈谈您的创业历程。

创业，对于我来说就是一种兴趣。平时除了喜欢在健身房锻炼外，剩下的爱好就是创业或者说赚钱。我认为钱很重要，但赚钱的过程更重要，它能让我体会到奋斗和挑战的乐趣。成功后回首一路走来的艰辛，会有一种莫名的成就感，可能就是这种感觉让我爱上了创业。

初次尝试经商应该算是我初二那年：夏天在家乡的徐霞客大道上散步，看见有许多小女孩在卖玫瑰花，5 元一朵。当时觉得挺有意思的，我自己也喜欢花，于是在第二天找了个要好的朋友，和他商量了一下就去鲜花批发部批发了一打玫瑰，1 元一株，然后又去农贸市场买了鲜花的包装纸，自己模仿着别人把每株玫瑰都包好养在水里。等到晚上，我和朋友去那些小女孩卖花的地方。我拿了一束鲜花挨个问过去，其间有两位顾客的举动影响了我，直到现在我仍对他们心存感激。一位是个年轻女孩儿，她和她的男友及一些朋友在一起吃夜宵，当时她男友已经给她买了一朵玫瑰。当我走过去问她是否要玫瑰时，他男友摆摆手说已经有了；当我离开再回过头时，那个女孩把我叫住了，她对男友说我态度很好，希望再买一朵玫瑰。这是我的第一个顾客。第二个要感激的是一位叔叔，当时他有点喝醉了，与妻子在一起，买了一朵玫瑰后说不用找零了。这是我的第二个顾客。那天我的营业额是 29 元，至今我一直保存着，舍不得花掉。那两位顾客使我体会到经商的快乐，并一直激励着我走上创业之路。

读高中前，我一直做一些零碎的小生意，主要是帮一位开文具店的阿姨打理店里的事情。在我的创业路上，这位阿姨是我最初的导师。她教给我最多的是如何为人和生意上要注意的事。她很善于理财，我从她那里学会了基础的商业知识和技巧。她特意在自己店里很好的位置给我留出了一块地方，相当于现在的格子铺，供我经营，所有的经营活动都是我独自进行的，独立核算、自负盈亏。这为我后来的创业打下了良好的基础。

高中时，我做了一笔 MP4 的生意。当时 MP4 还未流行，我先在网上进了一批货，然后选了每个班级里最有影响力的人帮我推销，结果我在第二天就拿到订单，收到了货款。由于我是先收款后发货的，因此当天就纯赚了 1 000 多元。后来老师知道了就不允许我再卖了，因为她觉得我卖给同学赚差价不好。有个很好的销售伙伴帮我卖出了很多，所以我送给她一台 MP4。后来由于售后服务跟不上，卖给的又是熟人等许多原因，导致我和这个合作伙伴的关系迅速恶化。这次教训使我开始思考经商的要点和处事技巧，有意识地培养自己这方面的能力。

上本科时是我最主要的创业阶段，因为课程相对轻松，尤其是家人很支持。创业需要家人的支持，这是我最大的体会，我很感谢父母给了我如此良好的条件。

2. 您认为什么是创业？

创业就是一种谋取利润的形式，最终目的是盈利。同时，创业是个不断在理论和实践中寻找平衡、循序渐进发展的动态变化的过程。

在我看来，不论采取何种渠道或方式，只要能获得经济收益便是一种创业。开店铺虽然规模小，但也是一种创业形式。

3. 您是什么时候正式开始创业的？是自己一个人还是几个人合伙一起创业的？

其实，我从初中起就做小生意，不知道算不算创业，但至少为大学时的正式创业打下了不少基础。大学里的正式创业是在 2012 年 9 月开始筹划的，12 月 25 日营业，就是现在的“小熊烘焙 DIY 工坊”，一个人创业。

4. 当时，您怎么会想到创业呢？

首先自然是有兴趣，有这个爱好，觉得这是一个商机；其次是想挑战自我，实现自我价值。

5. 应该说，创业和时代背景有一定的相关性，从您的创业过程来看，您觉得创业的环境怎么样？国家、高校的相关政策如何？

我觉得社会环境提供了一种大的氛围，但在具体实践和操作上，目前还是呼吁的多，做到的少。例如，学校的创业团队并不适应实际环境下的创业；大学生创业在理念上存在误区：学校注重点子的创新，而非创业；对学生创业的管理、限制过多（主要是财务干涉）。

6. 您所在的学校对创业有什么扶助政策和措施？您觉得对您有哪些方面的帮助？您觉得还有什么需要改善的地方？或者您觉得学校应该从哪些方面促进学生创业精神和创业能力的增强？

我曾在大一时向学校提过创业方案，未被受理；学校应该在创业资金和创业场地等方面提供协助。

7. 创业不仅要有很好的社会环境，而且需要创业者具备基本的人力、物力和财力，您在这些方面的条件如何？在创业过程中都得到了哪些人的帮助？主要是哪些方面的帮助？

在创业初期，资金筹集很重要，我是通过融资的方式获得资金的，融资的对象主要是朋友和父母。我的父母思想很开明，在刚开始开店时，给了我一万元，更重要的是精神上的支持。朋友对我的帮助主要是商谈如何创业，给予一些建议。

8. 在您的创业过程中，有哪些外在因素（包括人、事和环境等）促成了您创业的成功，又有哪些因素阻碍了创业？从您的经历来看，您面对的困难主要有哪些？哪个问题是您刚开始创业时最难以处理的？

我觉得父母支持、女朋友协助促成了我的成功。创业中存在的问题有很多，例如，货源问题，因为大学生的人脉、经验等很少，要获得有竞争力的货源非常困难；在招聘人员、店铺管理等方面没有经验；工作与学习的时间、精力难以平衡；等等。这些都会影响创业。

9. 创业涉及很多复杂的过程，包括筹集资金、招募人员等，这些都需要对创业本身事先有了解并掌握一些基本的创业知识。从您的经历来看，这些知识、能力主要通过哪些途径获得？

通过看书、上网等，我了解了创业方面的一些理论知识，创业知识的获得主要是靠自己的创业实践和工作经验。我早在初中就做些小生意，帮别人看店铺，为我后期创业积累了很多知识。

10. 从您的创业经历来看，您觉得什么样的人更可能创业？

我觉得那些每天埋头苦学的人较少创业，反倒是成绩一般的人创业的较多。另外，有商业天赋（商业敏感性）同时又勤奋的人比较有可能创业。从性格上看，更可能创业的人有以下特点：非常有韧性；若有目标，一定会用各种手段实现或尽可能接近目标；商业敏感度比较高；人际交往能力和协调能力强；要能承受竞争带来的钩心斗角，且善于应对。创业的人还需要具备基本的沟通能力、与人打交道的能力，因为创业更多的是靠情商和人际关系、协调能力等。

11. 创业时带来的压力，有没有给您的生活、工作或者家庭、身体、情绪等带来负面的影响？

有，和女朋友根本没有约会的时间，休息睡觉的时间少，每天只睡四五个小时，也没有时间娱乐；生活中的话题基本上都是与业务推广有关的，成了“职业病”；学习时间也是分秒必争；情绪也容易随生意起伏不定。女朋友和我都瘦了很多。

12. 在这种高压和紧张的生活状态下，您平时是如何调节的？您觉得最好的放松方式是什么？

运动、打沙袋、在校园里散步，放松一下。

13. 如果让您对自己的生活状态做些调整，您会侧重于哪些方面？为什么？

很希望有个安静的个人空间，寝室里太吵；如果能有充足的睡眠就更好了。

团队创业需要合作与沟通

甄理，中国矿业大学采矿专业研究生，创业团队的最初发起人。本科的创业项目是仰利德书店，2008 年至今持续经营，团队成员 5 名。现在准备发展小微团旅游。

以下内容为 2014 年 3 月对甄理及其团队成员的采访记录，采访者为北航经管学院 2012 级硕士生张学。

1. 团队创业的过程是怎样的？

小时候，我就是一个对书有很强烈感情的人，买书、读书成了我的业余爱好。刚进入大学时，我去过一些学校里的旧书屋买书，发现书很便宜，我之前从未想到原来还可以卖旧书。当然那时我还没有创业的想法，仍沉浸在进入大学的兴奋之中。大学开学才几个月，我就看了一大堆书，图书馆成了我常去的地方。如果就这样看看书，大学生活也会过得很滋润。但通过不断的读书、思考，创业的火花就开始闪烁……

2008 年 11 月 9 日，我开始筹备开书店。那天，阳光灿烂，我花一天的时间，跑遍了大学周边所有的书店。我花心思记下了每个书店的特点、运作模式，同时留意店面的选址。其后，我开足马力撰写创业计划书，安排店面开张需要准备的一切。那些天，我看了很多书，也见了很多人；我和朋友一起去见识了一批从事创业活动的前辈，得到了很多有益的建议。

在写好创业计划书后，开始按计划书筹划。最主要的就是店面选址和资金问题。后来，我从一个大四女生手中盘下一个店面。运营资金对当时的我来说是很大一笔钱，我考虑了很长时间，开始寻找商业伙伴：我拿着创业计划书，先和好友 WR 说了一下，他没有太多考虑就答应给我一笔钱，表示无条件地支持我。然后，我和几个在社团活动中认识的朋友联系了一下，资金大致确定下来。仰利德团队随之正式成立。仰利德是 Young Leader 的音译，我希望这个团队能培养出一批可以成为国家栋梁的青年领袖。

拿下店面后，我就开始办理工商营业执照。直到那时，我才知道开一家书店是很麻烦的事，中间的手续很多，要求也很高。办理出版物经营许可证和工商营业执照花费了我大量的时间和精力。那段时间，每天早上我一睁开眼，就开始为书店的事忙碌：联系房东、工商所、文广局，考虑团队事务、资金问题、进货途径、成员分工等。

慢慢地，书店有了些模样。寒假前，学校里另一个创业团队——南斗星联系我们，说他们要转让旧书业务。如果我们接下这一业务，需要马上筹集将近一万元，而当时我们团队的资金已经告罄。在这个时候，团队里的兄弟们把自己的生活费拿了出来。这样，我们通过收购成为大学里店面最好、实力处于第二的旧书店。按照这样的发展势头，一年之后，就有望成为最好的旧书店。2009 年的销售业绩表明，我们当时的收购是成功的。寒假过后，就要进入一个销售高峰期，一个团队成员和我早早到校，整理了仓库，安排了店面，做好了前期工作。3 月的销售额可观，书店实现扭亏为盈，终于进入了一个快速发展阶段。

2. 团队主要成员及各自的职责是怎样的？

主要管理者有 5 人，分别负责营销和团队组织工作、网站的维护和开拓、会计、出纳及店面管理、人事管理。

3. 你们认为，优秀的创业团队应该包括哪些要素？其中最主要的是什么？

优秀的创业团队，包含的要素很多，其中包括充分的沟通、良好的合作、明确的分工、强烈的责任心、执着和进取精神以及良好的洞察力和市场眼光等。最主要的要素是团队内良好的分工合作和及时有效的沟通。分工指团队里每个人都能够找到自己的位置，发挥自己的作用。比如，团队中，A 的时间比较充裕，有大量的时间来管理网店，平时可到书店去值班。B 心细，负责账目方面的事务。C 擅长营销策划，于是负责这方面的工作。另外，沟通是团队良好合作的重要因素。在决策中，大都是团队成员采取头脑风暴的方式，围绕问题各抒已见，然后权衡各种解决途径，最终确定一种合理方案并将方案的具体内容落实下来。总体而言，只有这些要素相辅相成，才有可能成功。

4. 你们当时创业的动机是什么？

我们创业的动机是多方面的，归纳 5 名团队成员的观点，主要包括：(1) 证实并实现自身价值；(2) 获得经济收益；(3) 激发自身创业激情，结交志同道合者；(4) 让大学生活更有意义，开创自己新的未来。

5. 从你们的经历来看，你们认为创业包括哪些步骤和阶段？每个阶段涉及哪些工作内容？

我们 5 名创业团队成员对于创业步骤和阶段存在不同的看法。其中一人认为，创业主要分为三个阶段：(1) 准备期。在这个时间段里，对自己要从事的行业进行一定的考察，看有没有市场，看自己是否具备相应的能力（主要是经济能力）。(2) 筹备期。主要工作包括货源的组织，市场营销策略的制定，当然还有合作伙伴的寻找以及办公场地的租赁等。(3) 实施期。在此阶段就要专心做事业了。

另外一名团队成员认为，创业主要包括以下三个阶段：(1) 前期准备阶段。进行市场调研，对市场容量做详细调查；进行财务分析，从理论上分析资金的大致流量，适当地保守估计；进行有形资源筹备，包括场地、资金、人员等。(2) 正式实施阶段。根据计划方案有序执行。(3) 逐步完善阶段。解决意料之外的问题，总结原有计划的不完善之处，规划未来的发展步骤。

也有一名成员认为，创业本身没有什么特定的步骤。他指出，创业步骤、阶段可能会因环境和个性及经历的不同而不同。例如，本身具有良好家庭经济实力支持的大学生创业者，可能在创业时会考虑更多的产品因素、工作场地、团队建设等问题；相反，那些创业资金匮乏的大学生创业者可能首先会筹划如何获得资金。因此，不同的人在不同的环境中进行创业的步骤会有所不同。

6. 从你们的创业经验来看，你们认为有哪些因素会影响一个人的创业态度和倾向？（包括家庭、社会、个性、能力、爱好等，请务必详细具体）

我们认为，个性、能力和社会环境等都会影响一个人的创业态度和创业想法。总的来说，个性雷厉风行、能力卓尔不群的人，在社会大力倡导创业的环境下，更有可能创业。就个体因素而言，最重要的就是一个人的个性和他具备的能力。在个性上，总体来说应该比较外向，能和别人进行良好的沟通、交流。另外，要有坚忍不拔的毅力，因为创业中可能会遇到大量意想不到的困难，只有坚持才有可能成功。在能力上，尤其是团队创业，必须考虑不同团队成员的优势和缺陷，充分发挥各成员的优势。例如，要考虑个人的专业、知识层面、爱好等，这样才能做好分工。

说到环境，现在早已不是改革开放早期，那时很多人创业是被“逼上梁山”，而现在，我们即使不创业，也可以找到一个平凡的岗位，不会出现无法生存的情况。现在大学生选择创业，是整个社会对“商业”和“创业”的态度和认识的改变。以前，受到“重农轻商”、“学而仕则优”等观念的束缚，人们对商人存在很多偏见，难以促成社会大众积极、自豪地投身于商业活动，而现在，商人的经济、政治地位的大大改善，是促使创业兴起的一个重要外在因素。同时，国家、地区对各类人群以及大学生创业的积极推动和鼓励，也促使我们大学生更愿意投身创业。

另外，家庭环境也是一个重要因素。很多同学之所以会创业，是因为父母在经营企业或工厂，父母往往希望他们早点接触社会，锻炼一下；或者是因为家庭经济条件比较差，希望通过创业挣得部分学费。因此，家庭环境也很重要。

总之，在社会积极鼓励大众创业的背景下，一个不甘于平庸或者想大赚一笔的人更可能会选择创业。

7. 从你们的创业经历看，创业过程中存在哪些困难？都是怎样解决的？

创业过程中，会遇到非常多的困难。比如，需要投资的时候资金紧缺，进货的渠道不是很顺畅，销售业绩没有预想的那么好，有时无法兼顾学业。但创业就是学习解决困难的过程。资金问题，我们是通过节约、增加收入、提高资金周转率、招人入股等方式解决的。在销售方面也需要慢慢摸索，积累经验。偶尔决策失误，能做的就是尽力挽回损失，并在之后总结经验教训。解决问题时，既依靠自己也借助外力，多管齐下。例如，为了提高团队和公司的知名度，我们参加了学校的创业团队大赛，也做了一些宣传册。总之，创业需要具有持之以恒的远大目标，在创业中要学习筹资方法和经营策略，同时遵守为人处世的基本原则。

8. 毕业后，是否还会继续创业？在什么时间、什么行业创业？为什么？

本科期间创业的大学生，往往会认为自己将继续创业，一直走自己的创业之路。我们 5 名创业者对今后创业的时间主要存在以下两种观点：第一种认为，会将大学创业延续下去，毕业后也依然会创业。第二种认为，会在工作多年（例如 5～10 年）以后进行创业，以获得自己希望创业的行业信息和工作经验。另外，从 5 名创业团队成员希望从事的行业看，一种是希望将来继续从事目前所从事的行业，并拓宽创业领域；另外一种则是做一定的行业转型，在转型之前，会从事相关行业的工作，以获得相关信息、资源和经验。其中，一名创业团队成员将来想从事的行业颇具新意："我希望自己将来在智能家居产业进行创业。未来，人们更趋向于追求生活的品质，而不仅仅关注单纯的居室。而智能家居满足了人们自如掌控各种家居的要求，给生活带来极大的便利，例如智能灯光控制，能够根据用户不同的要求，营造各种舒适的环境；智能家电系统，实现热水器适时工作、空调随时按指令运行等要求。现在，由于技术及费用的限制，使得其只在中高端市场徘徊，而我的目标在于：未来，智能家居能够'飞入寻常百姓家'，人人都能体验智能的乐趣。"

从创业活动本身的复杂性来看，团队创业比个人创业具有更多优势；如果能够真诚、有效地进行沟通，处理好团队成员的利益分配，团队创业更容易获得成功。

再起征程

——先就业后创业的潇潇

创业者潇潇，女，对外经贸大学阿拉伯语专业 2008 级毕业生。2013 年年中，放弃了约旦大使馆商务助理职位，开始创业。她 2013 年 9 月开始经营乌布天堂精油 SPA，第一个月即实现盈利；一年后在五道口地区开了第二家店，也很快盈利；希望实现自己理想的经营模式。

以下内容为 2014 年 5 月份对潇潇的采访记录，采访者为北航经管学院 2012 级硕士生张学。

1. 最初是什么促使您开始这次创业的？听说这不是您的第一次创业。

我的第一次创业是毕业那会儿跟同学合作做外贸翻译网站。我是学阿拉伯语专业的，跟一个法语专业的同学一起，将国内中小企业的网站翻译成阿拉伯语和法语。2009 年，翻译 20 页的资料，网站大概能拿到 3 000 元，但是客户不稳定，常常有一单没一单的，后来外贸市场特别难做，我们就不再做了。

这次创业，其实一开始是想找一种更自由的生活方式，希望 30 岁之前能达到自己理想的生活状态。我跟一个在投行工作的朋友聊天，问他什么行业比较容易做，他说餐饮、健康、儿童这三个行业是永远不会过时的，并且定位略低的行业上手会比较容易。我想了一下，餐饮行业太累了，儿童行业又太麻烦，健康行业稍微容易些，后来通过比较就想做按摩。还没有具体的方向时，我先去医院参加了培训班，边了解行业边思考方向，发现专做精油按摩很新潮，于是，找了个有新加坡精油按摩执照的老师，就开始准备开店了。

2. 创业要面对一系列的问题和困难，您创业面对的困难主要有哪些？

困难还是挺多的，很多事情在之前根本是难以想象的。如果我当初创业的时候知道将来会遇到那么多问题，可能都不会着手做这件事。

开始开店的时候主要是手续麻烦，要摸清行规，要去各种部门，很多时候对方办事比较拖沓。此外消防、卫生等方面有硬性规定，投入很大。为新店做推广也是个问题，开始特别担心客流不够，有时一天能接到一个顾客的预约电话就很开心，但是如果每天顾客少于12人就会赔钱，初期还是比较难的，慢慢地就越来越好了。

开店的手续确实不好跑，但更难的其实是对人的管理。要想将员工留住，提高团队服务质量，促进员工间关系和谐等，不是仅仅提高薪酬福利就能做到的。

3. 总的来说，您对自己的店当前的发展趋势是否感到满意?

现在店面正逐步步入正轨，当然周围又有了一家新的同行要开业，要能面对竞争，经受住考验。总体来说还是比较满意的，店面也正在扩大。我自己希望慢慢做，不着急开分店，等摸索出一个好的经营模式，即使我不亲自参与也能正常运行时，才会考虑开第二家、第三家店。

4. 有调查显示，虽然女性创业者远远少于男性创业者，但是创业成功率却比男性高，您认为为什么会出现这样的结果呢?

我跟朋友也聊过这个问题。很多女性缺乏这种不计后果的勇气，不愿创业，但是一旦打定了主意，可能就会更坚决。相对来说，如果男性创业，可能会更看重功利化的衡量，会比较激进，稍有条件就想扩大规模，风险更大。我们说创业成功，一般的衡量标准是企业能够存活超过两年，两年是一个坎，女性创业者有更大的韧性，步子会迈得更稳。

5. 当前大学生创业主要有边学习边创业、休学创业、停学创业、毕业后马上创业、毕业多年有经验后再创业等几种形式，您认为哪种形式更好? 为什么?

毕业先工作，之后再创业。我如果没有在使馆工作几年的经验，很多事情肯定会做不好，而且工作几年积累了一些资金后再创业能赔得起，否则一旦做砸了成本太大，另外，此时对社会规则也会了解得更清楚一些。我开店半年多以来，附近的店倒了几拨，更替速度特别快，10家店能有2家存活就不错了。当然创业能锻炼人，创业一年积累的经验比上班三年增长的经验还要多，所以也是个不错的磨炼过程。

6. 从您的经历来看，您觉得什么样的人更可能创业或具有更高的创业意向? 是不是外向型性格的人创业更多?

先不论性格，肯定是做事不计后果的人创业更多，如果总是犹豫、瞻前顾后，很难开始创业。我周围创业的朋友都是一旦想好要做什么事情就会去做，不喜欢别人对自己的生活指手画脚。最重要的一点是有强大的自信，不论遇到什么困难都相信自己能够解决。

如果是一个人创业的话，外向型性格的人创业的成功率肯定要高一些，毕竟创业要跟各种不同的人打交道，将陌生人变成客户需要一些技巧。

7. 从您自己的性格来看，您觉得哪些性格特点对您的创业意向具有重要影响? 有哪些影响? 另外，从您自己的角度看，除了性格因素外，创业还需要哪些个人能力?

我自己是个想到什么就做什么的人，常常不会想得特别多，上班不太适合我，我更希望过相对自由的生活，自己支配生活。其实现在看来，开店也需要我经常来看店，并不是像之前想的那么轻松，比起在大使馆的工作要麻烦很多。

8. 创业不仅要有很好的社会环境，而且需要创业者具备基本的人力、物力和财力，您这些方面的条件如何？在创业过程中都得到了哪些人的帮助？主要是哪些方面的帮助？

之前有一些积累，所以财力、物力方面问题不大。我大致算了一下，如果第一年一个顾客都没有，大概会赔 80 万元，我觉得自己赔得起，毕竟不可能一个顾客都没有。另外，我会带一些阿拉伯地区的高级团来贴补。家里也比较支持，觉得我能做一些事情就挺好的。

投行的朋友给我的帮助比较大，从行业定位、装修风格到定价都交给他来做。为了表示感谢，我给了他三成的股份，他每月会帮我看一下财务报表，把控经营方向。他是具有国际视野的人，眼光精准敏锐，创业需要这么一个能给出指导性意见的人，让人有坚持下去的信念。

9. 您认为国家、各地政府，尤其是高校需要在哪些方面做些改善以帮助大学生创业？

我认为凡是创业的人大多有一些共性。一些人比较适合创业，一些人则不太适合，但你不去试怎么知道自己不适合办公室工作呢？其实我觉得，学校请创业成功的人来讲自己的例子不如请创业失败的人来讲，大家看到自己跟创业成功的人有一些共性，就觉得自己也可以复制成功，其实创业失败的人可能共性更大，不应当盲目创业。

第五编

职场人职业生涯管理

第9章 职场新人的职业生涯管理

名人名言

行动未必会带来幸福，但不行动就永远都不会有幸福。

——本杰明·富兰克林

人不能创造时机，但是他可以抓住那些已经出现的时机。

——雪莱

学习目标

通过本章学习，思考离开校园、开始职场生活可能面临的挑战，认识职场生活的特点，学会协调职场人际关系，学习做职场主人，学会平衡职业生涯中各种角色；尝试了解多元化成功的含义并能客观地看待成功，了解职业生涯规划的人生意义。

9.1 从校园到职场的心理路程

正如李开复在《给中国大学生的第四封信》中所说：大学是人生的关键阶段。因为，这是你一生中最后一次有机会系统性地接受教育；这是你最后一次能够全身心地建立你的知识基础；这可能是你最后一个可以将大段时间用于学习的人生阶段，也可能是最后一个可以拥有较强的可塑性、集中精力充实自我的成长历程；这也许是你最后一个能在相对宽容的、可以置身其中学习为人处世之道的理想环境。

大学阶段是人生重要的转折期。通过这个转换阶段，我们从一种状态——学生进入另一种状态——职场人士（社会人）。毕业后，站在人生新的起跑线上，很多人都会感到迷茫，需要重新定向。因此，毕业对同学们而言会产生“现实冲击”，我们将面临专业过渡和个人生活的过渡。

课堂上，笔者请同学们以小组为单位讨论了“对你而言，大学毕业意味着……”，答案五花八门：

- 全新生活的开始；真正的自我生活，价值实现的开始；离梦想又近了一步；新的挑战，新的机遇；不得不面对现实。
- 有失落，有喜悦，美好的学生时代的结束；不再有校园内纯真的友谊。
- 没有物理实验了；没有考试了；不用上教务网了；不用测体育了。
- 没有寒暑假了；该靠自己养活自己了；该当房奴了。
- 进入社会，新的选择、新的起点；进入职场，有了社会责任；有工作，有工资，有自己独立的生活。
- 经历象牙塔外的世界；面对更宽广的舞台，面对走入职场的困难；走向社会，要自食其力；自己承担责任、面对压力。
- 经济上要独立了，自己理财；不能住宿舍了；不能每天虚度了；心理会成熟，爱情修成正果；四处求职，职场新人遭欺负。
- 开始找女朋友了；准备结婚、做父母了。

……

总之，大学毕业意味着我们的生涯角色转换及增加——同学们最重要的社会角色将从学生转变为工作者，有些同学还增加了“持家者”的角色，这些都会给大家带来挑战和压力。

大学毕业，意味着我们人生第三段长跑的结束。进入职场，新人首先要意识到职场环境与校园环境的不同（见表9—1）。

表 9—1　　校园环境与职场环境的对比

校园环境	职场环境
弹性的时间安排（不是每天都排课）	更固定的时间安排（如朝九晚五）
较短的、固定的路途时间——从宿舍到教室及食堂	较长的、不确定的路途时间——从住处到公司及客户的公司
你可以逃课	你不能缺勤
有规律、个别的反馈	无规律、不经常的反馈
有寒暑假和宽松的节假休息	没有寒暑假，节假休息很少
问题有正确答案	问题很少有正确答案
教学大纲提供清晰的任务	任务模糊、不清晰
分数上的个人竞争	按工作团队业绩进行评估
工作循环周期较短——每周有班级会面，每学期为 18～20 周	持续数月及更长时间的工作循环周期
奖励以客观性标准和优点为基础	奖励更多地以主观性标准和个人判断为基础

校园环境与职场环境的不同还表现在老师和“老板”（你的主管）有所不同上：你的老师通常会鼓励讨论，会明确规定任务（作业）的交付时间；他们是知识导向的，基本上会公平地对待大家。你的“老板”则通常对讨论不感兴趣，往往会分派紧急工作，要求的交付周期很短；他们是结果导向的，并不总是公平的，有时很独断。

离开校园进入职场，你发现你的同事与你的同学也有所不同：大学里，你与你的同学朝夕相处，关系很亲密，虽然有时会有冲突，甚至冲突很激烈，但你们很少有直接的利益关系，他们对你有意见往往会直接提出来。进入职场，你与同事主要是工作时在一起；大家彼此很客气，很少有直接的冲突；然而，你们经常有直接的利益关系，他们对你有意见往往会委婉地提出来。

前文提到，90 后作为一个群体，已经形成了较为鲜明的群体价值观。对于“求职中，你最看重的要素是什么?”这个问题，70 后大多会回答“薪酬待遇”，80 后则会选择“发展前景”，而在一次针对 90 后应届生的座谈会上，学生们给出了一个令在座 HR 惊愕的答案——假期。要钱更要闲，成为新一代职场人的就业观。

越来越多的职场专家发现：找工作时，很多 90 后并不太关心钱，而是关注身心愉悦、心灵自由和个人尊严等非物质需求。90 后生长于网络时代，对科技手段的应用娴熟自如，也深谙职场的各种“规则”。因为家里不缺钱，高工资难以让 90 后俯首帖耳，他们敢于蔑视一切自以为是的权威、权贵，包括自己的顶头上司。他们更愿意快乐地工作，而不是辛苦地攒钱。某高校曾经针对 90 后学生做过一次调查，结果显示：80％的学生将“好玩，有自由支配的时间”放在首位；高工资已经吸引不了这群学生。

智联招聘 2011 年的一项调查结果显示：90 后中表示自己已经跳槽 5 次以上者的比例已经达到 11.6％，与 80 后相比，他们更加强调忠于自己的感觉；同时，创业潮依旧在影响着 90 后，将未来的职业目标锁定在自主创业上者的比例高达 56.3％（80 后的这一比例为 46％）。

上述事实，一方面给用人单位提出了新的管理难题；另一方面，对正在阅读本书的大学生敲响了警钟：同学们必须意识到，几年后你即将进入的职场，其规则可能与你的预期相去甚远。目前在大学校园中，你们是大多数，很多教师也不得不依照你们的偏好调整授课内容、改进教学方式甚至考核方式。然而，进入职场后，你们会发现90后只占单位人数的20%甚至更少，公司不会因为少数90后员工的加入而改变管理规定。秉持“走自己的路，让别人说去吧!”的年轻人，几年后就会被社会磨去棱角。因此，同学们应主动了解职场规则并尽快适应。

总之，大学毕业进入职场后，同学们最重要的生涯角色将从学生角色转变为工作者角色，即职场角色。同学们要做好准备，迎接新角色带来的挑战。

即使身处校园，同学们也要心系职场。只有事先明白大学毕业后我们将要承担的责任，了解职场与校园的不同，才会更珍惜大学时代宝贵的学习机会，才能在大学期间尽快做好进入职场的各种准备。

9.2 职场适应过程中的问题及应对

2005年，在当时热播的中央电视台经济频道职场真人秀《绝对挑战》的一期节目中，对外经贸大学大四学生江晶晶以出色的表现从众多求职者中脱颖而出，被著名的吉百利市场服务公司录取为管理培训生。一年后，江晶晶已经适应了紧张的职场生活，并被公司管理者视为优秀员工。江晶晶在回忆自己的成长道路时谈到两点：一是“好的职业生涯开端让我受益匪浅”；二是“责任感是职业人士最基本的要求”。

江晶晶顺利地完成了从学生角色到职场角色的转换。然而，不少同学在自己千辛万苦争取来的第一个正式的工作机会中，却没能顺利完成角色转换。

职场角色是一种重要的社会角色。它包含两层意思：首先，任何一种职场角色都与一系列行为模式相关，一定的角色必有相应的权利义务。比如医生既有救死扶伤的义务，也有获取休息、保健、治疗的权利；教师有教育学生的权利，也有保护学生的义务。其次，职场角色是人们对处于一定社会职位者的行为期待，随着社会职业化程度的提高，往往要求每个人按自己的角色行事，对特定的场合下采取什么样的行为有一定的预期。比如一提到教师，就会想到教书育人、诲人不倦等行为；一提到医生，就会想到救死扶伤、治病救人等行为。

刘星和张雨刚上大三，学校推荐他们去一家公司实习。按照公司规定，实习生和正式员工一样，每天上班要打卡，公司完全按照正式员工来管理实习生，迟到了要扣钱。但没过多久，刘星就无法忍受了，觉得自己还是一个学生，到公司来就是为了锻炼实践，把学校里学到的东西应用在实际工作中，自己在公司表现得好不好无关紧要。于是不按时上班，主管领导派给他的任务也不能及时完成，以至于影响了工作进度。一周后主管就找刘星谈话，告诉他这样做是非常不负责任的，并给予了严重警告。考虑到他是新来的实习生，建议他以后要及时完成工作任务。挨了主管的批评，刘星很不高兴，觉得主管一点人情味都没有。而张雨觉得这不是在学校，要"入乡随俗"，跟领导和同事处理好关系，并且完成上司交给的任务是最起码的。

此案例中的主人公刘星是一名在公司实习的大学生，在学校里的角色是学生，他的老师都会以教育者的角色跟他建立关系，当他不会做事时、做事犯错误时，老师都会从内心里原谅、接纳他。但在公司里，主管跟他是上下级关系，他作为一个实习生，扮演的是员工的角色，就得遵守公司的管理规定，及时完成领导交给他的任务。要担负其工作职责，他必须明确自己在工作中的角色。虽然张雨也不太懂职场规则，对公司的管理规定的理解也不是非常明确，但她懂得基本角色的调整。

类似的情况经常在大学生身上发生。不少同学不能很快地从一名学生的角色转换为职业人的角色。几年前，中央电视台曾作过一项调查，其中一个问题是："你们单位愿意接收实习生吗?"调查结果显示，52%的单位回答说"不愿意"，其中一个重要原因是认为大学生不能尽快地适应从学校到职场的角色转换。

应该说，不论是从学校到社会，还是从一个单位换到另一个单位，都存在一个角色转换的过程。这个过程要求学生按照社会规定的角色去工作，同时把不同的角色区分开来，在不同的场所表现出符合角色要求的行为，尽快完成角色的合理转换。第 7 章末推荐阅读"一位本科女生的异地求职记"中的贾佳，在面试及实习过程中顺利过关，却在真正踏上工作岗位后因不适应而辞职了，这是为什么呢?

人对任何事情的发生都是有预期的。由于实习是有期限的，短则一两个月，长则三五个月，大部分同学即使面对不适应甚至困难，都是可以忍受的。但如果长期如此甚至遥遥无期，可能就难以接受了。贾佳事先对营销助理所需承担的跑市场、做调研等基本工作的艰苦程度心理准备不足，加上主管对其鼓励不够，使贾佳觉得辛苦工作得不到应有的肯定，对发展前景产生了怀疑，因而不愿意再坚持下去。其实，前面提到的江晶晶在刚刚进入公司市场部工作时，也有过与贾佳类似的经历："那天很热。我拿着一张快要被撕破的地图，在汽车轰鸣的三环上找白家庄。其实白家庄就在三环边上，可我不知道，还在到处找呢。我当时心里觉得烦透了，特别想哭。"好在，经历了挫折与迷茫，江晶晶在公司中已经有了出色的表现。

然而，许多同学却难以接受这样的挑战。经常有毕业后参加工作三五个月的同学给我打电话或者发邮件，说自己"真的不适合"目前的这份工作，想离职。我在听完他们的情况后，往往会劝他们坚持下来，至少坚持一年。事实上，几乎所有刚参加工作的人都遇到过各种各样不适应的情形。

举个最简单的例子。大学期间，同学们住在校园中，每天的活动范围大多在一平方公里内，两点之间大多一刻钟就能到达，而且往往不必严格要求按时按点到达。工作后，尤其是在北京、上海、广州这样的大都市，由于市中心房租太高，大学生毕业后为省房租往往住在城郊，搭乘公共交通工具上下班，从住处到公司单程可能就要花一小时以上，而且是像打仗似地挤公交、换地铁，刚开始工作的那段时间，可能每天到达到公司都感到精疲力尽。同时，入职的最初几个月，工作单位不大可能安排新人做很重要、很有意思的业务，每天简单、烦琐的工作任务无法带来成就感。再加上毕业后不好意思再向父母伸手要钱，可能面临经济压力。这些都使工作压力显得更大，令很多同学产生了换工作的想法。

2014 年底，国内某大型求职网站发布了《2015 离职与调薪调研报告》。这项调研于 2014 年 9—11 月进行，共访问雇主 3 217 家，员工 4 138 人。报告指出，近 3 年应届生的离职率始终在高位徘徊，2014 年应届生离职率为 22.4%，高于 2014 年员工平均离职率（17.4%）。也就是说，在 3 个月左右的时间里，每不到 5 个应届生中，就有 1 个已经不干了。

这样的离职率看上去有点匪夷所思，却得到了不少年轻人的理解。“第一份工作能选对，并不容易。”22 岁的应届生小董说，她在近半年时间里已经换了两份工作。报告还显示：85 后员工比例高的企业中，员工的平均离职率也较高，他们离职的主要原因是对薪酬福利不满意、缺少发展机会或空间、不适应或难以融入工作环境等。

其实，这种现象的产生，更多地源于学生角色转换为职场角色所产生的不适应。如果这种转换没完成就换工作，仍然会有同样的不适应；而且在新公司要从新人做起，之前的工作经验难以有效累积。更为严重的是，在未来职业发展中，简历上出现的不到一年的工作经历，可能令用人单位对你的适应能力、忠诚度等基本素质与能力产生质疑。因此，调整自己、尽快适应第一份工作，顺利完成从校园人到职场人的转变非常重要。

高离职率对新员工及其所应聘的单位均会产生负面影响：用人单位会面临重复招聘的境地；短时间的工作经历无法为职场新人带来能力的提升，频繁跳槽会使得他们的简历在接下来的求职中很容易被“刷掉”。一位不愿意透露姓名的大型外企人事部门负责人告诉记者：因为应届生流动性比较大，他们在招聘应届生时，会格外关注该应届生是否脚踏实地以及有没有承受压力的能力。

因此，建议同学们在毕业后初入职场时努力调整心态，使自己尽快完成从校园人到职场人的转变。为此，要尽量做到以下几点：

第一，保持积极、主动的心态。学生从小到大主要扮演着孩子、学生、休闲者的角色，对于其他角色尤其工作者角色缺乏经验、不太适应，表现不好其实没有多大关系，重要的是无论遭遇什么挫折、受到什么委屈，要把它看成生活中平常的事情，是个人成长的必要经历，并从这些经历中吸取经验、教训，逐步适应和熟悉各种角色。面对挑战，要保持积极的心态，调整自己的情绪，尽快适应环境。

第二，明晰自己的各种社会角色。各个角色是不同的，它们的目标、解决问题的方法和遵循的原则都不尽相同。随着年龄的增长，我们在社会中扮演的角色会逐渐增多，要学会把各种角色区分开，清晰地作出判断和快速地进行角色转换，不要用与家中长辈交往的原则来处理与上司的关系，也不能用与同学、朋友交往的原则来处理与同事、客户的关系，应按照社会角色要求自己，让自己不断走向成熟。

第三，担负起各个角色的责任。很多大学生刚参加工作，就经常抱怨工作简单枯燥。诚然，有一定难度的工作能够激发人的工作热情，但是在企业中，很多一般的工作如果做不好，同样会给企业的发展带来危害。而且，如果你连一般的工作都做不好，企业又怎敢把有难度的工作交给你去做呢？海尔 CEO 张瑞敏说过一句话：“什么叫做不简单？把简单的事情千百遍都做好，就是不简单。什么叫做不容易？把大家都认为容易的事情非常认真地去做好，就是不容易。”很多情况下，主管安排新人做简单、枯燥的工作，很大程度上是为了考察新人的责任感。正如江晶晶所体悟到的，“责任感是对职场人最基本的要求”。

国际知名的演说家、作家及全美公认为销售天王、最会激励他人的大师金克拉说过：现在有许多年轻人，好高骛远，满以为他找到的第一份工作就要是他最理想的工作，任务要刺激，薪水要高，还要有前途，这种事情想想也就罢了，真要当真起来，麻烦就大了。因为在大多数情况下，第一份工作不可能如此理想。老板手上如果有这么一份理想的工作，他多半会找一个曾经把一份不太理想的工作做好的人来试试看。

具体到实际工作中，对分配给自己的任何任务，应抱着主动负责的态度：只有负责任，才能认真完成每一件小事，只有把小事做好，自己又主动要求，才能争取到“做大事”的机会。不论对上司还是同事，都要抱着学习的态度：他们也许没有你学历高，没有你知识面广，但他们有经验，在很多方面也有很强的能力，值得我们学习。

同时，我们对周围的一切人和事，还要有包容的心态。大学校园相对封闭，我们接触的老师、同学都是具有较高知识水平和文化素养的人，校园的环境也是整洁、优美的。进入职场，遇到的人素质差异很大，工作环境也不一定尽如人意。我们应明白这是社会现状，要学会接纳这些人和环境，然后用行动来影响和改善这一切。

此外，要充满自信。一些同学进入职场后发现自己“大学四年什么都没有学到”，一下子感到很自卑，觉得自己各方面都不行。其实，理论与实践虽然有很大的差别，但理论是根据实践提炼出来的，可以指导实践。要相信在接受了系统的专业训练、学习了那么多理论知识后，只要我们勤于思考、虚心请教，很快就能够掌握相应的工作技能、适应岗位需求，成为优秀人才。

进入职场，同学们就开启了人生的一个新篇章。大家要有意识地给成为职场人的自己确立新的目标。这里，给同学们提供一个工具：由资深经理人、全球职业规划师陈畅女士开发的职业生涯规划九宫格（见图 9—1）。

<table>
<tr><td colspan="3">个人品牌
我希望将来进入职场后给他人留下什么印象？</td></tr>
<tr><td rowspan="2">能力倾向及工作胜任力
为了在工作中表现出色，我应该培养哪些能力素质？</td><td>工作价值观
我工作是为了什么？</td><td rowspan="2">适合行业
哪些行业是有前景又是我容易进入的？</td></tr>
<tr><td>性格类型
我的人格类型适合什么样的工作性质及职场环境？</td></tr>
<tr><td>知识与经验
为了在工作中表现出色，我应该积累哪些知识和经验？</td><td>职业兴趣
我喜欢什么类型的工作？</td><td>适合岗位
哪些职业方向是我适合的？</td></tr>
<tr><td colspan="3">行动计划
为了实现上述目标，我应该做什么？</td></tr>
</table>

图 9—1　职业生涯规划九宫格

总之，在就业难的严峻形势下，大学毕业生获取一份满意的工作相当不容易。然而，一份满意的工作仅仅是你职业生涯的开始，并不意味着职业生涯的成功。离开校园初入职场，大部分人都会感到不适应，同学们一定要有积极主动、迎接挑战的心态，争取有个良好的开端。调整心态、尽快适应职场、完成学生角色到工作者角色的转变，是职场新人的首要任务。

9.3 把握机会，管理职业生涯

到这里，职业生涯规划的所有步骤与方法都介绍完了。也许有的同学仍感到无从下手：我才大一，刚刚厘清了自己的性格特点和职业兴趣，初步了解了自己的能力，还没有接触所学的专业，更无法确定未来将要从事的职业，接下来该怎么办呢？2008年10月之前，这个问题也一直困扰着笔者。

2008年10月，笔者从朋友那里拿到一本美国著名生涯教育专家克朗伯兹（Krumboltz）晚年撰写的《幸运绝非偶然》，一下子被吸引，并为自己的感悟找到了理论根据，即书中介绍的“机遇事件学习理论”。

机遇事件学习理论的核心观点是：

（1）要追求的目标是创造更令人满意的生活，而不仅仅是做决定；

（2）通过测验的方式来刺激学习，而不是为了匹配个性和工作；

（3）鼓励每个人进行探索活动；

（4）积极评价头脑开放的状态；

（5）充分利用偶然事件带来的好处；

（6）推动终身学习。

克朗伯兹基于自己及许多成功人士的经历告诉大家：生涯目标未确定不可怕，重要的是要保持行动。

笔者非常赞同他的观点，自己的亲身经历也验证了这个理论。下面以笔者1997年9月顺利进入香港科技大学攻读MBA并获全额奖学金为例，做简要分析。

1996年，我当时就职的单位推荐我参加教育部赴澳大利亚留学英语水平考试，我顺利地通过考试并获得了两所学校的Offer，后来因澳大利亚政府取消奖学金而未能前往。

经兄长劝说，我准备尝试申请香港的高校，收到的第一份招生宣传册来自香港科技大学。那时我才发现，1994年我报考GMAT时无意中填写了这所学校——其实当时想填的是另外一所学校，因为语言理解不到位而误填了香港科技大学。

当时正值香港回归前夕，香港的经济形势特别好，但香港科技大学MBA招生面临困难，因此我在已经过了报名截止日期才报名的情况下仍顺利地拿到了录取通知书。

由于个人原因，我拿到录取通知书后一直在犹豫是否前往就读，没有及时办理相关手续，然而我的大学毕业设计导师强烈建议我前往。正好我有一个出差的机会到北京，回北京航空航天大学见到了解香港科技大学的一位校友，获得了有关香港科技大学的更多信息，从而下定决心前往。

确定赴港后，我异常顺利地办好了赴港手续（比同期前往的其他同学少用时两个多月）。

1997 年上半年，香港科技大学被当地教育管理部门批评“助教不力”，因此从 1997 年 9 月起增设两个全额奖学金名额给“有教学经验者”，我因有七年教学经验获得此奖。

在列出上述事实后，连我自己都惊诧不已：我为何如此幸运？

在认真学习了机遇事件学习理论之后，我找出了幸运之外的个人因素：

首先，我大学毕业后在工作中踏实、认真，乐于助人，因此在自己没有特别主动地申请的情况下，被学校各级领导推荐到北京备考雅思、准备申请赴澳留学。

其次，我的英语基础尚好，毕业后也没有完全荒废，因此在集中复习四周后，雅思考了 6.5 分，达到了香港科技大学 MBA 当时的录取条件。

教学之余，我在一家合资企业兼职做人力资源经理，表现出一定的“管理者素质”，并提前参加了 GMAT 考试——这些都是录取 MBA 的重要考量指标。

通过教育部的项目，我已经获得了悉尼大学 MBA 的录取通知书，加重了我被香港科技大学录取的砝码。

毕业前后，我与大学老师关系良好并有较为密切的联系。

我注意收集信息，并且愿意听从别人的意见与建议。

在本科毕业时我并无特别明确的职业目标，因此选择了到无须坐班、再次择业余地较大的高校工作；大学教师的教学经验令我意外获得全额奖学金。

工作的七年间，我与单位领导、同事有着良好的关系，遇事能得到他们的理解与支持，因此最后非常迅速地办好了赴港手续。

此外，我在学习、工作中一直“不放弃任何一种机会”，做多手准备。

笔者认识的同学、朋友中，有类似经历者数不胜数。本书案例中提到的一些同学在寻找实习机会、参加实习工作及毕业求职、转换工作等过程中，都遇到了类似的“幸运”机会。在课堂练习中，很多同学也分享了自己在高考、参加竞赛和社团活动中的幸运故事，可以很明显地看出其中的共性。

以下是《幸运绝非偶然》一书中的一些基本观点：

● 不必立即做出一个生涯决策，而是应该保持开放的观点。因此，读完本书尚未明确自己的职业发展方向、不能做出一份职业生涯规划书的同学不必沮丧。

● 不是一定要追寻你的梦想，不必因为未实现儿时的梦想就觉得自己是个失败者，而是逐步检验你的梦想。所以，发现高考时“报错志愿”的同学也无须失落，相反，这也许正是你新的契机。

● 不是等待幸运的垂青而无所事事，而是行动起来，创造自己的幸运。在你觉得自己运气欠佳，没有被心仪的专业录取时，也许正是这样“偶然”的机会，引领你走向一条康庄大道。

● 不必小心谨慎、不敢犯错误，而是敢于冒风险、勇于犯错误。因为你现在年轻，犯错误的成本非常低，失败了还可以从头再来。

● 不必先学技能、再找工作，而是可以先找工作、再学技能。虽然找工作“一步到位”最理想，但“多步到位”更现实——生活中，多数人毕业时都是在“骑驴找马”。

● 不是完成学业就万事大吉，而是要明白学无止境。

目前高校尤其是985/211高校中，给同学们上课的教师大都已获得博士学位，可很多老师每年都会参加各种学术交流会、教学研讨会及培训课程，不断地提高自己。

近年来，我国预期的人均寿命已接近80岁，同学们现在才20岁上下，怎么可能将未来60年的事情都预设好呢？预设好的人生会不会很无趣？亚当·马奇克（Adam Marchick）说得好：对一生进行充分规划永远都是一个好主意，但一定要记得写下来的时候要用铅笔，而且手边还要有块橡皮。

因此，在进行职业生涯规划时，请同学们千万不要在尚未体验之前就想有确定性的答案。对于诸如“毕业以后你想干什么工作？”“你想每个月挣多少钱？”“你40岁时想做到怎样的职位？”等问题，学习期间回答不出来并不要紧，重要的是思考哪些尝试对于你而言更有趣。所以，请同学们认真思考：此时此刻，你可以采取哪些行动来为自己的职业生涯创造意料之内和之外的好机会？

大学期间，同学们可以通过多种方式来创造机会、发现自我：阅读图书、文献；向老师、同学表达自己的兴趣；与老师、校友等建立关系；积极参加俱乐部/学生团体的活动及志愿者工作；尝试兼职工作、实习；参与学校项目，培养新的爱好；接触一些不熟悉的人；做课堂活动或项目的负责人；监控自己从事当前活动的情绪；等等。

大家可以做的事情有很多：如果你能够接受新的学习、工作环境，与你遇到的人分享自己的兴趣与经历，你就可能发现新的职业发展方向；如果你保持积极乐观的态度，就有可能将挫折转化为成功的机遇，要知道偶发事件是由更多的偶发事件引起的，“称心如意的事通常都是由一连串不如意的事情引发的”。所以，同学们要尝试利用偶然发生的事情，甚至利用偶然发生的坏事。比如，由于高考发挥失常、未能进入理想的大学或专业，有的同学在现在的学校鹤立鸡群，无意中发掘出了自己的领导力。大学期间，同学们有机会努力让所学的专业及未来的职业更适合自己。

因此，如果你现在尚未明确自己未来的职业发展目标，别担心。因为你学习“职业生涯规划”课的目的并非立即作出一个生涯决策，而是学会采取行动来为自己创造一个更加满意的人生。因此，本课程强调的是行动，而非决策本身。

有同学对“尝试利用偶然发生的事情，甚至利用偶然发生的坏事”感到不解：如何利用“坏事”呢？

对此，笔者有较为深刻的理解。在前面介绍的本人去香港科技大学读MBA的例子中，事情的起因是笔者被教育部推荐去澳大利亚留学，经过努力也考取了，但原先计划好的奖学金项目被终止了。在将近两个月的时间内，本人全力忙于准备申请材料、备考雅思等事务，耽误了学校的教学工作及公司的管理工作，当时对本人而言绝对是坏事。

好在笔者当时有一个平和的心态，坦然接受了这一切，并且以开放的心态接受了兄长、朋友、老师的建议，重新申请了学校，积极了解各方信息并最终顺利成行，为后来的职业生涯发展奠定了良好的基础。

后来，笔者对发生在自己及同学、朋友们身上的“幸运”故事进行了认真思考，提出了“幸运曲线”（见图 9—2）。

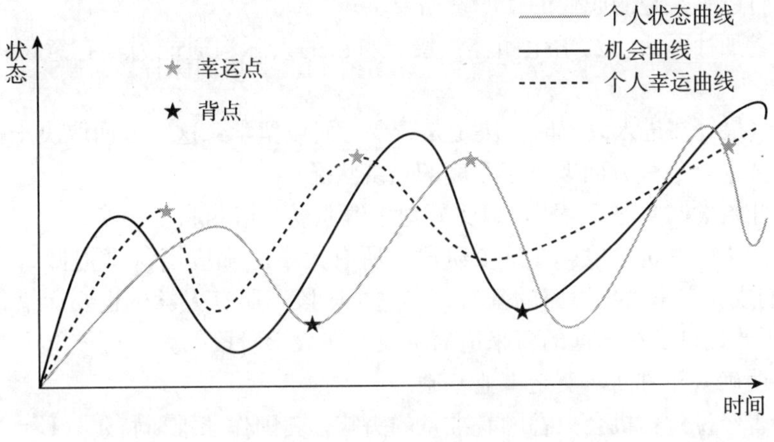

图 9—2 幸运曲线

人的情绪是有波动的，个人心理状态的好坏影响着我们对事情的判断和对机会的把握。同样，人的机会也是一条上下波动的曲线，这两条曲线相互作用，构成了我们的“运气”。幸运的时候，我们的个人状态好，抓住了机会，取得了成功（即图 9—2 中的幸运点）；“倒霉”的时候，我们情绪低落、偏又遇到很不顺心的事情（图 9—2 中的背点）。然而，机会曲线应该是有规律的，正所谓否极泰来。情绪是可以调整的，我们可以设法令自己从低落的情绪中较快地恢复到正常甚至较高水平。那些抱怨“一直没有好机会”的人，很可能是这样一种情况：赶上了背点，越想越觉得自己“倒霉”，长久地处于情绪低落的状态，因此，虽然机会曲线已经回复到峰顶，可情绪低落者抓不住——机会错过了；等到他的个人状态曲线终于回复到峰值，机会曲线已回落到中位，只能等待下一次机会了。可惜有这种心态的人往往没有耐心保持好状态等待下一次机会，常常会陷入恶性循环。

因此，要想抓住机遇、“创造”幸运，保持良好的个人状态很重要。除了情绪，身体状况也是构成个人状态的重要因素。大学时期是我们的身体机能最好的阶段，我们要利用这个最好的时机，不断地调整，保持较高的情绪水平，争取抓住更多的机会。

当然，个人状态好只是抓住机会的大前提，具体机会的把握靠的是信息捕捉、资源整合，因此要采取行动。机会不是等来的。职业生涯中的机会也是如此。正如伊瓦拉（Ibarra）所言，“我们通常喜欢认为，要成功地实现生涯转换，就要先知道我们想做什么，然后利用这一知识指导接下来的行动……而事实上转变通常都不是这么发生的。应该先开始行动，然后才会有所领悟”。美国万通人寿保险公司的广告词为：“你无法预测，但你可以准备”，一语中的。

在学习了这么多理论，完成了这么多练习，阅读了这么多别人的故事之后，请同学们马上行动吧！

- 了解自己的性格（人格类型）、职业兴趣和价值观，清楚自己的能力和特长所在；
- 了解自己感兴趣的职业的任职资格要求；
- 积极参加社团活动及学生团体，培养自己的人际沟通能力，有意识地积累人脉资源；
- 尽早（最好在进入大三时）决定是否要考研或留学：这一方面取决于你心仪职业的任职资格要求，另一方面取决于家庭的经济状况；
- 及早开始尝试实习/兼职，以更好地了解职场、培养职业素养。

大学是人生的关键阶段。在这个阶段，所有大学生都应当认真把握每一个“第一次”，让它们成为未来人生道路的基石。在这个阶段，所有大学生也要珍惜每一个“最后一次”，不要让自己在不远的将来追悔莫及。在大学阶段，大家应该努力为自己编织生活梦想，明确奋斗方向，奠定事业基础。

巴德斯曾经说过：机会只眷顾有准备的头脑。美国作家维斯特尔（Leo Wieseltier）也曾说过：杰出成就，无论公私，从来不是侥幸得来的。

请牢记：幸运绝非偶然！请同学们保持行动，藉此创造出更多的幸运！

本章小结

本章是对大学生进行的职业生涯规划及其实施行动的总结。通过本书前面介绍的职业生涯规划的理念与方法，很多同学已经确定了职业目标、制定了行动规划并采取了一些行动。然而，职业生涯规划不是一蹴而就的，往往要经过多次的目标修正与行为调整。对于尚未制定出生涯发展规划的同学，保持行动不仅能够提升可迁移能力，而且能够帮助大家尽早确定目标。

课后思考

请列出三个你童年时特别渴望从事的职业。以上职业中，从你目前所学的专业来看，是否有毕业后可能从事的？

在你到现在就读的大学学习现专业的过程中，哪一起偶发事件影响最大？该偶发事件发生前，你曾经采取过哪些行动？该偶发事件发生后，你采取了哪些行动使自己能够利用这件事情所提供的机会？

你对现在的状态满意吗？可以采取哪些行动加以改善？

推荐阅读

赠与今年的大学毕业生（二）

胡适

两年前（1936年）的6月底，我在《独立评论》（第七号）上发表了一篇《赠与今年的大学毕业生》，在那篇文字里我曾说，我要根据我个人的经验，赠送三个防身的药方给那些大学毕业生：

第一个方子是："总得时时寻一个两个值得研究的问题。"一个青年人离开了做学问的环境，若没有一个两个值得解答的疑难问题在脑子里打旋，就很难保持学生时代的追求知识的热心……

第二个方子是："总得多发展一点业余的兴趣。"毕业生寻得的职业未必适合他所学的；或者是他所学的，而未必真是他所心喜的。最好的救济是多发展他的职业以外的正当兴趣和活动。一个人的前程往往全看他怎样用他的闲暇时间。他在业余时间做的事业往往比他的职业还更重要……

第三个方子是："总得有一点信心。"我们应该信仰：今日国家民族的失败都由于过去的不努力；我们今日的努力必定有将来的大收成。一粒一粒的种，必有满仓满屋的收。成功不必在我，而功力必然不会白费。

这是我对两年前的大学生说的话，今年又到各大学办毕业的时候了。前两天我在北平参加了两个大学的毕业典礼，我心里要说的话，想来想去，还只是这三句话：要寻问题，要培养业余兴趣，要有信心。

但是，我记得两年前，我发表了那篇文字之后，就有一个大学毕业生写信来说："胡先生，你错了。我们毕业之后就失业了！吃饭的问题不能解决，哪能谈到研究的问题？职业找不到，哪能谈到业余？求了十几年的学，到头来不能糊自己一张嘴，如何能有信心？所以你的三个药方都没有用处！"

对于这样失望的毕业生，我要贡献第四个方子："你得先自己反省：不可专责备别人，更不必责备社会。"你应该想想：为什么同样一张文凭，别人拿了有效，你拿了就无效呢？仅仅因为别人有门路有援助而你没有呢？还是因为别人学到了本事而你没学到呢？为什么同叫做"大学"，他校的文凭有价值，而你的母校的文凭不值钱呢？还是仅仅因为社会只问虚名而不问实际呢？还是因为你的学校本来不够格呢？还是因为你的母校的名誉被你和你的同学闹得毁坏了，所以社会厌恶轻视你的学堂呢？——我们平心观察，不能不说今日中国的社会事业已有逐渐上轨道的趋势，公私机关的用人已渐渐变严格了。凡功课太松，管理太宽，教员不高明，学风不良的学校，每年尽管送出整百的毕业生，他们在社会上休想得着很好的位置。偶然有了位置，他们也不会长久保持的。反过来看那些认真办理而确能给学生一种良好训练的大学……他们的毕业生很少寻不着好位置的。我知道一两个月之前，几家大银行早就有人来北方物色经济学系的毕业人才了。前天我在清华大学，听说清华今年工科毕业的四十多人早已全被各种企业预聘去了。现在国内有许多机关的主办人真肯留心选用各大学的人才……

这些事都应该使我们明白，今日的中国社会已不是一张大学文凭就能骗得饭吃的了。拿了文凭而找不着工作的人们，应该要自己反省：社会需要的是人才，是本事，是学问，而我自己究竟是不是人才、有没有本领？从前在学校挑容易的功课，拥护敷衍的教员，打倒严格的教员，旷课、闹考、带夹带，种种躲懒取巧的手段到此全失了作用。躲懒取巧混来的文凭，在这新兴的严格用人的标准之下，原来只是一张废纸。即使这张文凭能够暂时混得一支饭碗，分得几个钟点，终究是靠不住保不牢的，终究要被后起的优秀人才挤掉的。打不破"铁饭碗"不是父兄的势力，不是阔校长的荐书，也不是同学党派的援引，只是真实的学问与训练。能够如此，才是反省。能够如此反省，方才有救援自己的希望。

"毕了业就失业"的人们怎样才可以救援自己呢？没有别的法子，只有格外努力，自己多学一点可靠的本事。二十多岁的青年，若能自己勉力，没有不能长进的。这个社会是最缺乏人才又是需要人才的。一点点的努力往往就有十倍百倍的奖励，一分的成绩往往可以得着十分百分的虚声。社会上的奖掖只有远超过我们所应得的，决没有真正的努力而不能得着社会的承认的。没有工作机会的人，只有格外努力训练自己可以希望得着工作，有工作机会的人而嫌待遇太薄地位太低的人，也只有格外努力工作可以靠成绩来抬高他的地位。只有责己是生路，因为只有自己的努力最靠得住。

职业生涯需要一点折腾

我以前以为自己是一个非常喜欢安定的风险厌恶者，害怕创业，拒绝赌博、投机，而最近离开第一份安定的央企工作，转行到风云诡谲的投行，进入仅有首席和我两个人的新团队开始白手起家，每天向客户们分析和推荐股票，算是把这两个忌讳都突破了。然而，莫名的，在这种半是被逼无奈，半是顺应时势的偶然选择中，我幸运地发现了真正适合自己（或者至少目前适合自己）的职业之路。

我并不迷信职业指南，毕竟每个人的优劣势、性别长相乃至毕业年份都会对其职业生涯带来颠覆性的影响，但如果你是一个聪慧勤勉、善于交流又有上进心的人，我想无论命运给你怎样一个开局，最后的结果都不会太差。在此聊聊过去求职 3 年、工作 3 年的一些转折经验，仅供年轻的后来者参考。

第一次折腾——保研是场需要预谋的大作战

抛开保研不谈，我在本科时期值得自豪的几件事分别是：连续 3 年拿到专业第一和一等奖学金，成为学校记者团团长并和北航青年一起组织了一次"5·12"地震灾后志愿者活动，在 2008 年残奥会期间当了一次举重场馆志愿者报纸主编并对报纸做了独创性改良（这件事后来成为我求职过程中证明自己创新能力的重要例证）。这些小成就都是在职业规划意识尚未觉醒时懵懂完成的，但或多或少是被"机会总是留给有准备的人"这样的意识所引领。

大二时上苏老师的"职业生涯规划"课，她犀利地指出，本科生未来的抉择无非是求职（无论是去别人单位还是自己创业）或者考（保）研（包括去国外读研），而后者仅仅是推迟了执行前者的时间，因此职业规划尤为重要。一直自我感觉良好的我才恍然大悟，感知到了紧迫。梳理考虑了这样那样的条件，在求职规划上起步较晚的我最终选择了外保，开始了成年后第一次劳其筋骨的折腾。

利用身为记者团成员的便利，我在采访成功保送北京大学中国经济研究中心的学姐后得到关于保研夏令营的信息，在教授的指导下学习摸索经济学课题的研究方法，选择了用引力模型验证影响服务贸易重要因素的课题，从联合国贸发组织数据库里费力地扒出了各国之间的服务贸易统计数据，撰写了人生第一篇尚算满意的小论文，结合前期绩点排名的优势，最终成功获得T大、N大、X大的夏令营邀请并拿到保研Offer。

借用玛丽·格丽娜所说的一句话——“那是可以回忆的时代，无数纯真藏在繁茂的枝叶里”，我很庆幸在北航繁重的课业压力之外能够从社团活动中找到大学生活的精彩所在，也很庆幸没有因为这些课外活动耽误基本学科知识和研究能力的积累，虽非刻意为之，但这两点对于我后来的求职皆必不可少——前者让我积累了团队合作、完成项目的实践经历，后者让我能够顺利保研，这也是培养并证明个人学习、分析能力的必要条件。

第二次折腾——实习的过程也许比结果更重要

“保研大业”完成之后，我的求职生涯迎来了第一个机会——被学院里一位老师推荐到了某国有政策银行的成本管理部实习。在那年冬天的短期实习中，最实在的收获也许是学会了用Excel强大的函数功能做一些日常财务分析，同时也让我感知到虽然做财务对我来说过于沉闷，但分析工作本身仍然颇有乐趣。

进入T大后，研一上半学期的课程颇为繁重，但进入下半学期后终于有了喘息的机会，在寒假快要过去的时候，我通过网申和远程面试得到了一次去C公司研究部宏观组做日常实习生的机会，意外之喜，如坠梦中。由于组里正式员工人手充足，我的任务主要是找数据、找文献，这次看似华丽的实习经历带给我的实际能力提升并不多。在当时最牛本土投行体验了3个月实习生活后，由于一些主客观原因，我并没有获得暑期实习的机会，心情十分沮丧。然而现在回想起来，正是这3个月，让我对卖方分析师开始有了半懂不懂的认知，也为我后来再度进入这个圈子埋下了一个草蛇灰线、伏延千里的因缘。

研一暑期，锲而不舍勇找实习机会的我顺利获得了去G证券公司投行部实习的Offer。尽管从一开始老板就一直强调“今年我们部门不会留应届生”，我也丝毫不觉得失望，一方面是因为自己本来就没想去广州，另一方面是因为自己对实习这件事有了更淡定的看法。由于广东地区有着极为丰富的私营企业资源，投行部的IPO项目已经排到了数年之后（当时没人料到IPO暂停带来的冲击），充实繁忙的“前线生活”让人斗志昂扬，哪怕为了写招股说明书工作到深夜也不觉疲惫，只觉得新鲜有趣。那两个月的回忆里满是潮汕地区的湛蓝天空，扑面而来的咸湿海风，美味绝伦的牛肉火锅，以及投行人专业严谨的神采。朴实地讲，那段日子让我开始学习和掌握如何有“卖点”、有逻辑、有理有据地行文来分析梳理一家拟上市公司，多年后它成了我日常研究报告撰写中最基本的能力素养。也是在那年夏天，我边实习边开始准备注册会计师考试，并于当年9月通过了会计和经济法两门专业测试，开启了我长达四年的注会考试征途，这段经历满是血泪挣扎，暂且不表。

回到北京后，非人的研二生活袭来，在导师的推荐下，我一边找工作，一边开始了长达一年半的兼职——为一家筹备中的私募做研究助理。在这个我从来没想获得Offer的实习过程中，我第一次在过年期间回京加班，第一次获得投行老前辈手把手的PPT技巧调教，第一次领到近万元的月薪，第一次赢得了老板的真心认可，也第一次体会到了在极度忙碌无序中完成任务后的无比愉悦。正是因为有了这样一份体验和认知，让我在多年以后在留在央企还是跳槽回投行中选择了后者。

第三次折腾——毕业求职是对恒心和信心的双重挑战

2011年末开始的正式求职岁月是艰难而忙碌的。适逢行业政策双重压力下外企投行、本土券商纷纷缩小招聘范围，金融业的竞争尤为激烈。

海投：个人的简历投递经验之谈还是在于一个“多”字，展开来有三点：海投，归纳，准确。海投保证了通过的基数更大，归纳旨在使得申请时填写的主观问题的答案更加有针对性，准确是通过多做练习使得逻辑测试等环节的答题速度和正确率得到保证。

笔试：不同类型公司的笔试千差万别，他人的经验虽能起到一定的指点作用，但关键还是在于专业知识的积累。印象比较深刻的是，我在几家国有银行的笔试中多次用到了注会考试里的基础知识，深感前期准备的重要性。

群面：群面中个人定位十分重要，不论领导人、“军师”还是协调者都可以出彩，但绝对不能忘记，比起凸显个人能力，保证小组团队完成项目才是这个测试环节最终的目的。记得在普华永道群面时，团队里来自杜克、北大等名牌大学的姑娘们争锋相对互不相让，最后成果乱七八糟，被HR评为她见过的“最糟糕的一次团队合作”，结果自然是团灭，好不凄惨。从个人的经验来看，除非群面中气氛太过于沉闷，大家都不想发言，或者单位需要的是偏aggressive的类型，否则做第二个发言的“军师”或者协调者角色往往比争做团队领导人来得更保险一些。而国企的群面似乎没有特定法则可依，仅作为HR的参考，因为后来的同事里有几个人甚至在群面时没有发过言。

单面：单面时先要了解企业和应聘岗位对于个人性格、能力的需求，有针对性地做好准备。外企面试中万变不离宝洁八大问，扎实做好“举例式”回答的准备分外重要。当然，真实而又能够体现个人能力、个性的例子往往来自大学生涯中的精彩经历。国企面试则感觉上各不相同，每个公司都有一套自己的择人准则，但对于勤奋、踏实、忠诚的偏好无疑都是一致的。

回顾那段日子，每天都在奔波、挫折、自我怀疑中前行，在海投了近百家单位，面试了数十家之后，我获得了6个尚算满意的Offer，最终选择进入一家央企石油公司战略管理部做行业研究。

第四次折腾——跳槽需要谨慎抉择，也需要说走就走的勇气

人生的精彩之处在于未来的多变和不可预知，进入第一家单位3年后，我来到了人生的又一个岔路口：是舒服地继续留在单位，等待第四年的升职，还是趁着股市向好，顺潮回到金融圈。综合考虑行业背景、职业发展路径、薪酬期待等多方面的因素，我最终选择了跳槽转型，从头开始。

一般来说，社会招聘中，学长学姐、亲朋好友的推荐比盲目投简历靠谱得多，但有时候命运之神也有自己的安排。一方面，受T大学妹的推荐，我拿到某外企石油公司投资分析师的Offer，而另一方面，在看到水木清华BBS上的一则券商行研分析师招聘贴后，我抱着试试看的心态投递简历，经历几番面试最终获得了这个职位。

我的跳槽比原来想的顺利许多，从着手到拿到Offer只用了两个月不到的时间，比起如何找下家，作出离开的决定似乎才是最大的挑战。个人的成长总需要和沉溺于安稳的惰性、害怕未知的恐惧作斗争，在明知一条路并不适合自己的时候，记得再折腾一把。

自本科到现在，经历了保研、实习、网申、面试、跳槽，职业生涯还只是处于起步阶段，毕竟，比起求职，工作本身才是艰巨和漫长的修行，而比起人生，职业生涯又只是其中一部分而已。我们寻找工作，不过是寻找一种生活形态，只要能达到自己的理想状态，那么在哪里，做什么，拿多少薪水，都不能定义你的成功还是失败。而我们努力"折腾"，无非是想在尝试和调整中找到最适合自己的那杯茶吧。

作者简烨为北航经济管理学院国际经济与贸易系2006级本科生，后保研T大经管学院经济系。

参考文献

［1］本-沙哈尔. 幸福超越完美［M］. 北京：机械工业出版社，2011.

［2］彼得森. 打开积极心理学之门［M］. 北京：机械工业出版社，2010.

［3］陈春花. 从现在出发［M］. 北京：机械工业出版社，2011.

［4］费里特. 卓越表现（第7版）［M］. 北京：机械工业出版社，2011.

［5］共青团中央，中华全国青年联合会，国际劳工组织组编. 大学生KAB创业基础［M］. 北京：高等教育出版社，2007.

［6］顾雪英. 当代大学生职业生涯规划［M］. 北京：高等教育出版社，2010.

［7］贾德. 苏菲的世界［M］. 北京：作家出版社，2003.

［8］阚雅玲，吴强，胡伟. 职业规划与成功素质训练［M］. 北京：机械工业出版社，2009.

［9］克虏伯等. 幸运绝非偶然［M］. 武汉：长江文艺出版社，2006.

［10］李开复. 做最好的自己［M］. 北京：人民出版社，2005.

［11］罗伯特·里尔登等. 职业生涯发展与规划［M］. 北京：中国人民大学出版社，2010.

［12］萨克尼克等. 职业的选择（第9版）［M］. 北京：机械工业出版社，2011.

［13］萨克尼克等. 职业指导（第7版）［M］. 北京：中国劳动社会保障出版社，2005.

［14］苏文平. 大学生的成功就业准备［J］. 中国大学生就业，2007（7）.

［15］苏文平. 我的职场感悟［J］. 中国大学生就业，2007（19）.

［16］苏文平. 赢在第四起跑线——大学生职业生涯规划［M］. 北京：机械工业出版社，2011.

［17］苏文平. 站在大三的岔路口上［J］. 中国大学生就业，2008（19）.

［18］王春林. 大学生职业生涯规划与就业创业指导［M］. 北京：机械工业出版社，2010.

［19］文开. 开心课堂［M］. 北京：清华大学出版社，2009.

［20］吴余舟. 大学生职业生涯规划与就业创业指导［M］. 北京：机械工业出版社，2010.

［21］吴芝仪. 我的生涯手册［M］. 北京：经济日报出版社，2008.

［22］席尔瓦等. 多元智能与学习风格［M］. 北京：教育科学出版社，2003.

［23］杨毅宏. 世界500强面试实录（第2版）［M］. 北京：机械工业出版社，2010.

［24］于海波等. 基于生涯资本理论的大学生可就业3C模型及其特征［J］. 教育研究，2013（5）.

［25］赵北平，雷五明. 大学生涯规划与职业发展［M］. 武汉：武汉大学出版

社，2006.

[26] 钟谷兰，杨开. 大学生职业生涯发展与规划 [M]. 上海：华东师范大学出版社，2008.

[27] 周宏岩，苏文平. 大学生职业生涯规划与创业指导 [M]. 北京：化学工业出版社，2008.

[28] 朱若霞. 如何掌控自己的人生 [M]. 北京：新世界出版社，2010.

[29] 庄明科，谢伟. 职业素养入门与提升 [M]. 北京：北京理工大学出版社，2009.

图书在版编目（CIP）数据

职业生涯规划与就业创业指导/苏文平编著.—北京：中国人民大学出版社，2016.4
21世纪通识教育系列教材
ISBN 978-7-300-22757-3

Ⅰ.①职…　Ⅱ.①苏…　Ⅲ.①大学生-职业选择-高等学校-教材　Ⅳ.①G647.38

中国版本图书馆CIP数据核字（2016）第073135号

21世纪通识教育系列教材
职业生涯规划与就业创业指导
苏文平　编著
Zhiye Shengya Guihua yu Jiuye Chuangye Zhidao

出版发行	中国人民大学出版社		
社　　址	北京中关村大街31号	**邮政编码**	100080
电　　话	010－62511242（总编室）		010－62511770（质管部）
	010－82501766（邮购部）		010－62514148（门市部）
	010－62515195（发行公司）		010－62515275（盗版举报）
网　　址	http://www.crup.com.cn		
经　　销	新华书店		
印　　刷	北京昌联印刷有限公司		
规　　格	185 mm×260 mm　16开本	**版　　次**	2016年4月第1版
印　　张	17.5　插页1	**印　　次**	2019年6月第7次印刷
字　　数	362 000	**定　　价**	35.00元

教师教学服务说明

中国人民大学出版社工商管理分社以出版经典、高品质的工商管理、财务会计、统计、市场营销、人力资源管理、运营管理、物流管理、旅游管理等领域的各层次教材为宗旨。

为了更好地为一线教师服务，近年来工商管理分社着力建设了一批数字化、立体化的网络教学资源。教师可以通过以下方式获得免费下载教学资源的权限：

在中国人民大学出版社网站 www.crup.com.cn 进行注册，注册后进入“会员中心”，在左侧点击“我的教师认证”，填写相关信息，提交后等待审核。我们将在一个工作日内为您开通相关资源的下载权限。

如您急需教学资源或需要其他帮助，请在工作时间与我们联络：

中国人民大学出版社　工商管理分社

联系电话：010-62515735，82501048，62515782，62515987

电子邮箱：rdcbsjg@crup.com.cn

通讯地址：北京市海淀区中关村大街甲 59 号文化大厦 1501 室（100872）